# Construcción de GRANDES MODELOS DE LENGUAJE desde cero

Construcción de

# GRANDES MODELOS DE LENGUAJE

desde cero

Sebastian Raschka

TÍTULOS ESPECIALES

Título original: *Build a Large Language Model (From Scratch)*

Primera edición: enero de 2026


Calle Valentín Beato, 21
28037 Madrid

ISBN: 978-84-415-5251-7
Depósito legal: M-17322-2025
Impreso en España - Printed in Spain

# Agradecimientos

Escribir un libro es un proyecto de envergadura, y me gustaría expresar mi sincera gratitud a mi esposa, Liza, por su paciencia y apoyo a lo largo de este proceso. Su amor incondicional y su aliento constante han sido absolutamente esenciales.

Le estoy increíblemente agradecido a Daniel Kleine, cuyos valiosos comentarios sobre los capítulos y el código fueron excepcionales. Con su buen ojo para el detalle y sus perspicaces sugerencias, las aportaciones de Daniel han transformado indudablemente este libro en una experiencia de lectura más fluida y agradable.

También me gustaría dar las gracias al maravilloso personal de Manning Publications, incluido Michael Stephens, por las numerosas y productivas discusiones que ayudaron a dar forma a la dirección que debía tomar este libro, y a Dustin Archibald, cuyos constructivos comentarios han sido cruciales, así como su orientación en el cumplimiento de las directrices de Manning. También agradezco su flexibilidad a la hora de dar cabida a los requisitos únicos de este enfoque tan poco convencional. Debo agradecer de forma especial a Aleksandar Dragosavljević, Kari Lucke y Mike Beady por su trabajo de maquetación, y a Susan Honeywell y su equipo por perfeccionar y pulir los gráficos.

Quiero expresar mi más sincero agradecimiento a Robin Campbell y a su excelente equipo de marketing por su inestimable apoyo durante todo el proceso de redacción.

Por último, hago extensivo mi agradecimiento a los revisores: Anandaganesh Balakrishnan, Anto Aravinth, Ayush Bihani, Bassam Ismail, Benjamin Muskalla, Bruno Sonnino, Christian Prokopp, Daniel Kleine, David Curran, Dibyendu Roy Chowdhury, Gary Pass, Georg Sommer, Giovanni Alzetta, Guillermo Alcántara, Jonathan Reeves, Kunal Ghosh, Nicolas Modrzyk, Paul Silisteanu, Raul Ciotescu, Scott Ling, Sriram Macharla, Sumit Pal, Vahid Mirjalili, Vaijanath Rao y Walter Reade, por sus exhaustivas valoraciones de los borradores. Su experta atención a los detalles y sus lúcidos comentarios han sido esenciales para mejorar la calidad de este libro.

A todos los que han contribuido a este viaje, les estoy sinceramente agradecido. Vuestro apoyo, experiencia y dedicación han sido fundamentales para que este libro vea la luz. Gracias a todos.

# Sobre el autor

SEBASTIAN RASCHKA lleva más de una década trabajando en machine learning e inteligencia artificial. Además de ser investigador, le apasiona la enseñanza. Es reconocido por sus libros sobre machine learning con Python y por sus contribuciones al código abierto.

Actualmente, Sebastian es ingeniero de investigación en Lightning AI, donde se especializa en la implementación y entrenamiento de grandes modelos de lenguaje (LLM). Anteriormente, fue profesor asistente en el Departamento de Estadística de la Universidad de Wisconsin-Madison, centrado principalmente en la investigación del deep learning. Puedes encontrar más información sobre él en su sitio web: `https://sebastianraschka.com`.

# Sobre la imagen de cubierta

La figura de la portada de este libro, titulada *Le duchesse*, o *La duquesa*, está tomada de un libro de Louis Curmer publicado en 1841. Todas las ilustraciones contenidas en él están finamente dibujadas y coloreadas a mano.

En aquella época, era fácil identificar dónde vivía la gente y cuál era su oficio o posición en la vida únicamente por su vestimenta. Manning celebra la inventiva e iniciativa del negocio informático con portadas de libros basadas en la rica diversidad de la cultura regional de hace siglos, revivida por imágenes de colecciones como esta.

# Contenidos

# *Prefacio*

Siempre me han fascinado los modelos lingüísticos. Hace más de una década, mi viaje por la IA comenzó con una clase sobre clasificación de patrones estadísticos, que me llevó a mi primer proyecto independiente: desarrollar un modelo y una aplicación web para detectar el estado de ánimo de una canción basándome en su letra.

En 2022, con el lanzamiento de ChatGPT, los grandes modelos de lenguaje o LLM (*Large Language Models*) han tomado el mundo al asalto y han revolucionado la forma de trabajar de muchos de nosotros. Estos modelos son increíblemente versátiles y ayudan en tareas como revisión gramatical, redacción de correos electrónicos, resumen de documentos extensos y mucho más. Esto se debe a su capacidad para analizar y generar texto similar al de las personas, algo de enorme importancia en varios campos, desde la atención al cliente a la creación de contenidos, e incluso en dominios más técnicos, como la codificación y el análisis de datos.

Como su nombre indica, los LLM son grandes o de gran tamaño, y abarcan entre millones y miles de millones de parámetros (a modo de comparación, utilizando métodos de machine learning o estadísticos más tradicionales, el conjunto de datos flor Iris puede clasificarse con una precisión superior al 90 % utilizando un modelo reducido con tan solo dos parámetros). Sin embargo, a pesar del gran tamaño de los LLM en comparación con otros métodos más tradicionales, no tienen por qué ser algo incomprensible.

En este libro aprenderás a construir un LLM paso a paso. Cuando llegues al final, tendrás una profunda comprensión de cómo funcionan estos modelos (como los utilizados en ChatGPT) a un nivel básico. Creo que desarrollar confianza con los conceptos fundamentales y el código subyacente es crucial para el éxito. No solamente ayuda a corregir errores y mejorar el rendimiento, sino que también permite experimentar con nuevas ideas.

Hace varios años, cuando empecé a trabajar con LLM, tuve que aprender a implementarlos por las malas, rebuscando entre muchos artículos de investigación y repositorios de código incompletos para poder comprenderlos de una forma general. Con este libro, donde desarrollo y comparto un tutorial de implementación paso a paso que detalla los principales componentes y fases de desarrollo de un LLM, espero lograr que estos modelos de lenguaje sean más accesibles.

Creo firmemente que la mejor manera de entender los grandes modelos de lenguaje es programar uno desde cero. ¡Verás lo divertido que puede llegar a ser!

¡Feliz lectura y programación!

# *Sobre el libro*

Este libro se ha escrito para ayudarte a comprender y crear tus propios grandes modelos de lenguaje (LLM) de tipo GPT desde cero. El libro comienza centrándose en los fundamentos del trabajo con datos de texto y la codificación de mecanismos de atención y, a continuación, te guía a través de la implementación de un modelo GPT completo desde el principio. Posteriormente aborda el mecanismo de preentrenamiento, así como el ajuste fino para tareas específicas, como la clasificación de textos y el seguimiento de instrucciones. Al final tendrás una comprensión profunda de cómo funcionan los LLM y dispondrás de las habilidades necesarias para construir tus propios modelos. Aunque dichos modelos sean de menor escala en comparación con los grandes modelos fundacionales, utilizan los mismos conceptos y sirven como potentes herramientas educativas para comprender los mecanismos y técnicas básicos utilizados en la construcción de los LLM más avanzados.

## Quién debería leer este libro

Este libro está dirigido a entusiastas del machine learning, ingenieros, investigadores, estudiantes y profesionales que deseen comprender en profundidad cómo funcionan los LLM y aprender a construir sus propios modelos desde cero. Tanto los principiantes como los desarrolladores experimentados podrán hacer uso de sus habilidades y conocimientos para comprender los conceptos y técnicas utilizados en la creación de LLM.

Lo que distingue a este libro es su exhaustiva cobertura de todo el proceso de creación de LLM, desde el trabajo con conjuntos de datos hasta la implementación de la arquitectura del modelo, su preentrenamiento con datos no etiquetados y su ajuste fino para tareas específicas. En el momento de escribir estas líneas, no existe ningún otro recurso que ofrezca un enfoque tan completo y práctico para construir LLM desde cero.

Para entender los ejemplos de código de este libro, debes disponer de sólidos conocimientos de programación en Python. Aunque puede venirte muy bien tener cierta familiaridad con el aprendizaje automático o machine learning (ML), el aprendizaje profundo o deep learning (DL) y la inteligencia artificial, no se requiere una amplia experiencia en estas áreas. Los LLM son un subconjunto único de la IA por lo que, incluso aunque seas relativamente nuevo en el campo, podrás entenderlo todo sin problemas.

Si tienes experiencia con redes neuronales profundas, puede que ciertos conceptos te resulten más familiares, porque los LLM se basan en estas arquitecturas. Sin embargo, el dominio de PyTorch no es un requisito previo. El apéndice A ofrece una breve introducción a PyTorch, con la que aprenderás las habilidades necesarias para comprender los ejemplos de código del libro.

A la hora de explorar el funcionamiento interno de los LLM, puede ser útil tener conocimientos de matemáticas a nivel de bachillerato, en particular del trabajo con vectores y matrices, aunque no es necesario que dichos conocimientos sean avanzados para comprender los conceptos e ideas clave de este libro.

El requisito previo más importante es una sólida base de programación en Python. Con este conocimiento, estarás bien preparado para explorar el fascinante mundo de los LLM y comprender los conceptos y ejemplos de código presentados en este libro.

## Cómo está organizado este libro: una hoja de ruta

Este libro está diseñado para ser leído secuencialmente, pues cada capítulo se basa en los conceptos y técnicas introducidos en los anteriores. El libro está dividido en siete capítulos, que cubren los aspectos esenciales de los LLM y su implementación.

El capítulo 1 ofrece una completa introducción sobre los conceptos fundamentales de los LLM. Explora la arquitectura *Transformer*, que constituye la base de modelos LLM como los utilizados en la plataforma ChatGPT.

El capítulo 2 presenta un plan para construir un LLM desde cero. Trata todo el proceso de preparación del texto para el entrenamiento del LLM, incluyendo la división del texto en tókenes de palabras y subpalabras, el uso de codificación de pares de símbolos para tokenización avanzada, el muestreo de ejemplos de entrenamiento con un enfoque de ventana deslizante, y la conversión de tókenes en vectores que alimentan al LLM.

El capítulo 3 aborda los mecanismos de atención utilizados en los LLM. Introduce una estructura básica de autoatención y va avanzando hacia un mecanismo de autoatención mejorado. También explica la implementación de un módulo de atención causal, que permite a los LLM generar un token cada vez, enmascarando pesos de atención seleccionados aleatoriamente mediante *dropout* para reducir el sobreajuste, y apilando varios módulos de atención causal en un solo módulo de *multihead attention*.

El capítulo 4 se centra en la codificación de un LLM tipo GPT, que pueda entrenarse para generar texto similar al de las personas. Abarca técnicas como la normalización de las activaciones de las capas para estabilizar el entrenamiento de las redes neuronales, la incorporación de conexiones de atajo en redes neuronales profundas para entrenar los modelos de forma más eficaz, la implementación de bloques *Transformer* para crear modelos GPT de varios tamaños y el cálculo del número de parámetros y los requisitos de almacenamiento de los modelos GPT.

El capítulo 5 aborda el proceso de preentrenamiento de los LLM. Abarca el cálculo de las pérdidas de los conjuntos de entrenamiento y validación para evaluar la calidad del texto generado por el LLM, la implementación de una función de entrenamiento y el preentrenamiento del LLM, el almacenamiento y la carga de los pesos del modelo para continuar entrenando un LLM, y la carga de pesos preentrenados de OpenAI.

El capítulo 6 presenta diferentes enfoques de afinamiento del LLM. Explica la preparación de un conjunto de datos para la clasificación de texto, la modificación de un LLM preentrenado para su ajuste fino, el afinamiento de un LLM para identificar mensajes de *spam* y la evaluación de la precisión de un clasificador LLM ya afinado.

El capítulo 7 explora el proceso de afinamiento de los LLM para seguir instrucciones. Incluye la preparación de un conjunto de datos, al que después se aplicará ajuste fino supervisado por instrucciones, la organización de los datos de instrucciones en lotes de entrenamiento, la carga de un LLM preentrenado y su afinamiento para seguir instrucciones humanas, la extracción de las respuestas a instrucciones generadas por el LLM para su valoración y la evaluación de un LLM afinado por instrucciones.

## Acerca del código

Todos los ejemplos de código fuente de este libro están disponibles para su descarga en la página web de Anaya Multimedia en `https://anayamultimedia.es`, en la opción Selecciona complemento que encontrará en la ficha correspondiente a este libro. También puede descargarlos de la página web del libro original en `https://www.manning.com/books/build-a-large-language-model-from-scratch`, así como en formato Jupyter Notebook en GitHub en `https://github.com/rasbt/LLMs-from-scratch`. No te preocupes si te quedas atascado: en el apéndice C encontrarás las soluciones a todos los ejercicios.

Este libro contiene muchos ejemplos de código fuente, tanto en listados numerados como incluidos dentro del texto de cada capítulo. En ambos casos, el código fuente está formateado en una `fuente monoespacial como esta` para distinguirlo del texto normal.

Uno de los objetivos clave de este libro es la accesibilidad. Por ello, los ejemplos de código se han diseñado cuidadosamente para que se ejecuten de forma eficiente en un ordenador portátil normal, sin necesidad de ningún hardware especial. Si tienes acceso a una GPU, algunas secciones ofrecen consejos útiles sobre cómo ampliar los conjuntos de datos y los modelos para aprovechar esa potencia adicional.

A lo largo del libro, utilizaremos PyTorch como tensor de referencia y una biblioteca de deep learning para implementar LLM desde cero. Si PyTorch es nuevo para ti, te recomiendo que empieces con el apéndice A, que proporciona una detallada introducción, con recomendaciones de configuración.

# 1 *Comprender los grandes modelos de lenguaje*

***En este capítulo encontrarás:***

- Explicaciones generales de los conceptos fundamentales de los grandes modelos de lenguaje.
- Información sobre la arquitectura *Transformer* de la que derivan los LLM.
- Un plan para construir un LLM desde cero.

Los grandes modelos de lenguaje o LLM (*Large Language Models*), como los que ofrece ChatGPT de OpenAI, son modelos de redes neuronales profundas que se han ido desarrollando en los últimos años. Han marcado el comienzo de una nueva era en el procesamiento del lenguaje natural (PLN). Antes de la llegada de los LLM, los métodos tradicionales destacaban en tareas de categorización, como la clasificación de correo electrónico no deseado y el reconocimiento de patrones sencillos, que se podían capturar con reglas elaboradas a mano o modelos más simples. Sin embargo, su rendimiento solía ser inferior en tareas lingüísticas que exigían complejas capacidades de comprensión y generación, como el análisis sintáctico de instrucciones detalladas, la realización de análisis contextuales y la creación de textos originales coherentes y adecuados al contexto. Por ejemplo, las generaciones anteriores de modelos de lenguaje no eran capaces de escribir un correo electrónico a partir de una lista de palabras clave, una tarea trivial para los LLM de hoy en día.

Los LLM tienen una notable habilidad para comprender, generar e interpretar el lenguaje humano. Sin embargo, es importante una puntualización: cuando decimos que los modelos de lenguaje «entienden», nos referimos a su capacidad para procesar y generar texto de forma que parezca coherente y contextualmente relevante, no a que posean una conciencia o comprensión similar a la humana.

Gracias a los avances en el deep learning —un subconjunto del machine learning y la inteligencia artificial (IA) centrado en las redes neuronales—, los LLM se entrenan con grandes cantidades de datos de texto. Este entrenamiento a gran escala les permite captar información contextual más profunda y sutilezas del lenguaje humano, a diferencia de enfoques anteriores. Como resultado, los grandes modelos de lenguaje han mejorado significativamente el rendimiento en una amplia gama de tareas de PLN, como la traducción de textos, el análisis de sentimientos, la respuesta a preguntas y muchas más.

Otra diferencia importante entre los LLM actuales y los modelos de PLN anteriores es que estos últimos solían diseñarse para tareas específicas, como la categorización de textos, la traducción de idiomas, etc. Mientras que esos primeros modelos de PLN destacaban en las aplicaciones específicas para las que habían sido creados, los LLM demuestran un dominio más amplio de una gran variedad de tareas de PLN.

El éxito de los LLM puede atribuirse a la arquitectura *Transformer* en la que se basan muchos de ellos, y a la gran cantidad de datos con los que son entrenados, lo cual les permite captar una amplia variedad de matices lingüísticos, contextos y patrones que serían difíciles de codificar manualmente. Este cambio hacia la implementación de modelos basados en la arquitectura *Transformer* y el uso de grandes conjuntos de datos para entrenar a los LLM ha transformado fundamentalmente el campo del PLN, y proporcionado herramientas más capaces de comprender el lenguaje humano e interactuar con él.

La siguiente discusión sienta las bases para lograr el objetivo principal de este libro: comprender los LLM implementando paso a paso con código un LLM tipo ChatGPT basado en la arquitectura *Transformer*.

## 1.1. ¿Qué es un LLM?

Un LLM es una red neuronal diseñada para comprender, generar y responder a textos similares a los humanos. Estos modelos son redes neuronales profundas entrenadas con cantidades ingentes de datos de texto, que a veces abarcan grandes secciones de todo el texto disponible públicamente en Internet.

La parte «de gran tamaño» de la expresión «modelo de lenguaje de gran tamaño» se refiere tanto a la magnitud del modelo en términos de parámetros como al inmenso conjunto de datos con el que se ha entrenado. Los modelos de este tipo suelen tener decenas o incluso cientos de miles de millones de parámetros, que son los pesos ajustables de la red que se optimizan durante el entrenamiento para predecir la siguiente palabra de una secuencia. La predicción de la palabra siguiente es crítica, porque aprovecha la naturaleza secuencial inherente al lenguaje para entrenar modelos capaces de comprender el contexto, la estructura y las relaciones dentro del texto. Sin embargo, es una tarea muy sencilla, por lo que a muchos investigadores les sorprende que pueda producir modelos tan capaces. En capítulos posteriores analizaremos y aplicaremos paso a paso el procedimiento de entrenamiento de la palabra siguiente.

Los LLM utilizan una arquitectura denominada *Transformer*, que les permite prestar atención selectiva a distintas partes de la entrada cuando deben hacer predicciones, lo cual les hace especialmente hábiles a la hora de manejar los matices y complejidades del lenguaje humano. Debido a que los LLM son capaces de generar texto, también se suele hacer referencia a ellos como una forma de inteligencia artificial generativa, a menudo abreviada como IA generativa o GenAI (del inglés *Generative IA*). Como se ilustra en la figura 1.1, la IA abarca el campo más amplio de la creación de máquinas capaces de realizar tareas que requieren una inteligencia similar a la humana, como la comprensión del lenguaje, el reconocimiento de patrones y la toma de decisiones, e incluye subcampos como machine learning (ML) y deep learning (DL).

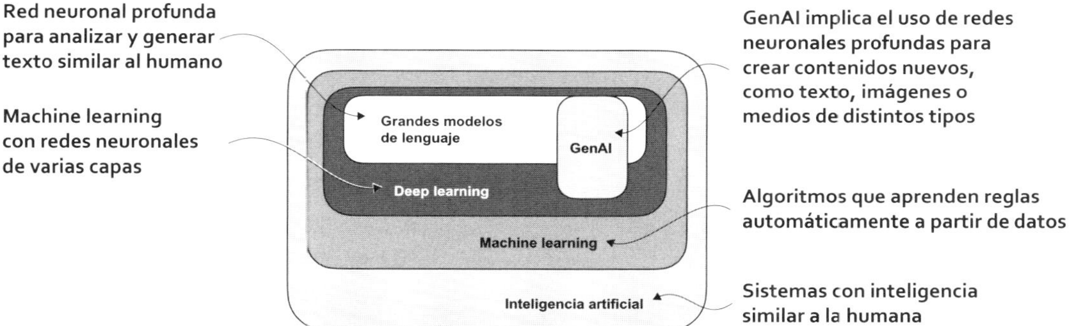


**Figura 1.1.** Como sugiere esta representación jerárquica de la relación entre los distintos campos, los LLM representan una aplicación específica de las técnicas de deep learning, al utilizar su capacidad para procesar y generar texto similar al humano. Deep learning (DL) o aprendizaje profundo es una rama especializada del machine learning (ML) o aprendizaje automático centrada en el uso de redes neuronales multicapa. Tanto ML como DL son campos orientados a implementar algoritmos que permitan a los ordenadores aprender de los datos y realizar tareas que normalmente requieren inteligencia humana.

Los algoritmos utilizados para implementar la IA son el objetivo del campo del machine learning. En concreto, el ML implica el desarrollo de algoritmos capaces de aprender de datos y hacer predicciones o tomar decisiones basadas en datos sin estar programados explícitamente para ello. Para ilustrarlo, imaginemos un filtro de correo no deseado como aplicación práctica del machine learning. En lugar de escribir manualmente las reglas para identificar los correos basura, un algoritmo de ML recibe ejemplos de correos etiquetados como *spam* y como legítimos. Al minimizar el error en sus predicciones sobre un conjunto de datos de entrenamiento, el modelo aprende a reconocer patrones y características indicativas de *spam*, y ello le permite clasificar los nuevos correos electrónicos como no deseados o legítimos.

Como se ilustra en la figura 1.1, el deep learning es un subconjunto del machine learning centrado en la utilización de redes neuronales con tres o más capas (también llamadas redes neuronales profundas) para representar patrones complejos y abstracciones en los datos. A diferencia del DL, el ML tradicional requiere la extracción manual de características, lo cual significa que los expertos humanos tienen que identificar y seleccionar las características más relevantes para el modelo.

Aunque el campo de la IA está dominado actualmente por ML y DL, también incluye otros enfoques, como el uso de sistemas basados en reglas, algoritmos genéticos, sistemas expertos, lógica difusa o razonamiento simbólico.

Volviendo al ejemplo de la clasificación de correo no deseado, en machine learning tradicional, los expertos humanos podrían extraer manualmente características del texto del correo electrónico, como la frecuencia de ciertas palabras desencadenantes (por ejemplo, «premio», «ganar», «gratis»), el número de signos de exclamación, el uso de todas las palabras en mayúsculas o la presencia de enlaces sospechosos. Este conjunto de datos, creado a partir de estas características definidas por los expertos, se utilizaría entonces para entrenar el modelo. A diferencia del ML tradicional, el deep learning no requiere la extracción manual de características. En otras palabras, los expertos humanos no necesitan identificar y seleccionar las características más relevantes para el caso de un modelo de DL (sin embargo, tanto el machine learning tradicional como el deep learning para la clasificación de correo basura siguen requiriendo la recopilación de etiquetas, como *spam* o no *spam*, que deben ser recopiladas por un experto o por los usuarios).

Veamos algunos de los problemas que los LLM pueden resolver hoy en día, los retos que abordan los LLM y la arquitectura general de LLM que implementaremos más adelante.

## 1.2. Aplicaciones de los LLM

Gracias a sus avanzadas capacidades para analizar y comprender datos de texto no estructurados, los LLM tienen una amplia gama de aplicaciones en diversos ámbitos. Hoy en día, los LLM se emplean para la traducción automática, la generación de textos novedosos (véase la figura 1.2), el análisis de sentimientos, el resumen de textos y muchas otras tareas. Recientemente, los LLM se han utilizado para la creación de contenidos, como la escritura de ficción, artículos e incluso código informático.

Los LLM también pueden alimentar sofisticados chatbots y asistentes virtuales, como ChatGPT de OpenAI o Gemini de Google (antes llamado Bard), capaces de responder a las consultas de los usuarios y aumentar la capacidad de motores de búsqueda tradicionales como Google Search o Microsoft Bing.

Además, los LLM pueden utilizarse para la recuperación eficaz de conocimientos a partir de grandes volúmenes de texto en áreas especializadas como la medicina o el derecho, lo cual incluye cribar documentos, resumir pasajes extensos y responder a preguntas técnicas.

En resumen, los LLM tienen un valor incalculable para automatizar casi cualquier tarea que implique analizar y generar texto. Sus aplicaciones son prácticamente infinitas, y a medida que seguimos innovando y explorando nuevas formas de utilizar estos modelos, está claro que los LLM tienen el potencial de redefinir nuestra relación con la tecnología y hacerla más conversacional, intuitiva y accesible.

Nos centraremos en comprender cómo funcionan los LLM desde la base, codificando un LLM capaz de generar texto. También conocerás las técnicas que permiten a los LLM realizar consultas, desde responder preguntas hasta resumir textos, traducir textos a diferentes idiomas y mucho más. En otras palabras, aprenderás cómo funcionan asistentes LLM complejos como ChatGPT construyendo uno paso a paso.

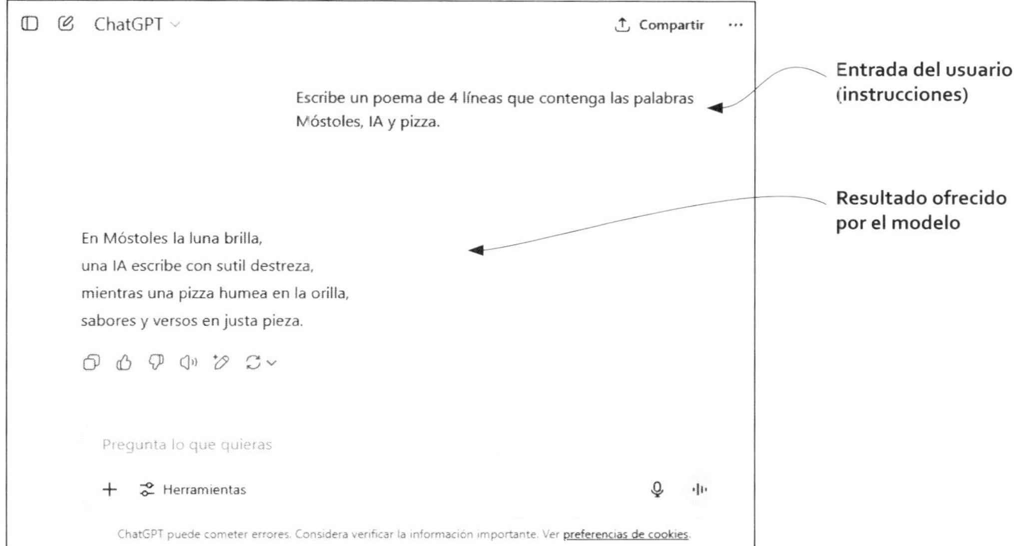


**Figura 1.2.** Las interfaces de los LLM permiten la comunicación en lenguaje natural entre los usuarios y los sistemas de IA. Esta imagen muestra a ChatGPT escribiendo un poema según las especificaciones del usuario.

## 1.3. Etapas de la creación y uso de LLM

¿Por qué deberías construir tu propio LLM? Codificar un LLM desde cero es un ejercicio excelente para comprender su mecánica y sus limitaciones. Además, nos proporciona los conocimientos necesarios para preentrenar o afinar las arquitecturas de LLM de código abierto existentes con nuestros propios conjuntos de datos o para tareas específicas.

> **NOTA:** La mayoría de los LLM actuales se implementan utilizando la biblioteca de deep learning PyTorch, que también utilizaremos nosotros. Los lectores pueden encontrar una introducción completa a PyTorch en el apéndice A.

La investigación ha demostrado que, en lo referente al rendimiento del modelo, los LLM personalizados (adaptados a tareas o dominios específicos) pueden superar a los LLM de uso general, como los que proporciona ChatGPT, diseñados para una amplia gama de aplicaciones. Algunos ejemplos son BloombergGPT (especializado en finanzas) y LLM adaptados para responder preguntas médicas (para más información, ver el apéndice B).

El uso de LLM personalizados ofrece varias ventajas, sobre todo en lo relativo a la privacidad de los datos. Por ejemplo, las empresas pueden preferir no compartir datos sensibles con proveedores de LLM externos como OpenAI por motivos de confidencialidad. Además, el desarrollo de LLM personalizados más pequeños permite su despliegue directamente en los dispositivos de los clientes, como portátiles y teléfonos inteligentes, algo que empresas como Apple están actualmente explorando. Esta implementación local puede disminuir significativamente la latencia y reducir los costes relacionados con el servidor. Además, los

LLM personalizados otorgan a los desarrolladores total autonomía, y les permiten controlar las actualizaciones y modificaciones del modelo según sea necesario. El proceso general de creación de un LLM incluye el preentrenamiento y el ajuste fino. El prefijo «pre» de la palabra «preentrenamiento» se refiere a la fase inicial en la que un modelo similar a un LLM es entrenado con un conjunto de datos amplio y diverso para desarrollar una amplia comprensión del lenguaje. Después, este modelo preentrenado sirve como recurso básico, que puede perfeccionarse mediante el ajuste fino, un proceso en el cual el modelo se entrena específicamente con un conjunto de datos más reducido y específico para tareas o campos concretos. En la figura 1.3 se representa este método de entrenamiento en dos fases: el preentrenamiento y el ajuste fino.

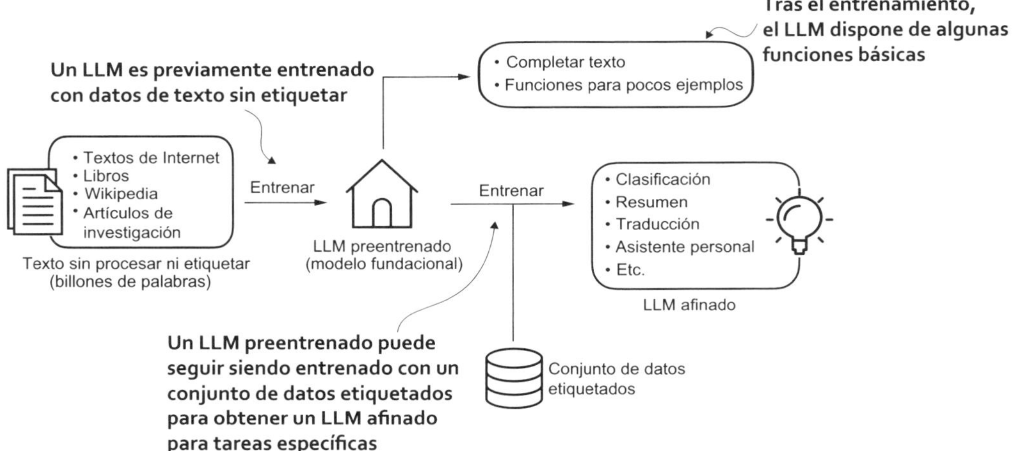


**Figura 1.3.** El preentrenamiento de un LLM implica la predicción de la palabra siguiente en grandes conjuntos de datos de texto. Un LLM preentrenado puede afinarse utilizando un conjunto de datos etiquetados más pequeño.

El primer paso para crear un LLM es entrenarlo con un gran corpus de datos de texto, a veces denominado texto sin procesar. Aquí, «sin procesar» se refiere al hecho de que estos datos son simplemente texto normal sin ninguna información de etiquetado (se pueden aplicar filtros, como eliminar caracteres de formato o documentos en idiomas desconocidos).

**NOTA:** Los lectores con experiencia en machine learning observarán que la información de etiquetado suele ser necesaria para los modelos de ML tradicionales y las redes neuronales profundas entrenadas mediante el paradigma de aprendizaje supervisado convencional. Este no es el caso de la fase de preentrenamiento de los LLM. En esta fase, los LLM utilizan el aprendizaje autosupervisado, en el cual el modelo genera sus propias etiquetas a partir de los datos de entrada.

Esta primera etapa de entrenamiento de un LLM también se conoce como preentrenamiento, que crea un LLM inicial preentrenado, a menudo llamado modelo básico o modelo fundacional. Un ejemplo típico de un modelo como este es GPT-3 (el precursor del modelo original ofrecido en ChatGPT). Este modelo es capaz de completar textos, es decir, terminar una frase a medio escribir proporcionada por un usuario. También tiene capacidades limitadas con pocos ejemplos, pues puede aprender a realizar nuevas tareas basándose tan solo en unos pocos ejemplos, en lugar de necesitar muchos datos de entrenamiento.

Tras obtener un LLM preentrenado con grandes conjuntos de datos de texto, en los que el LLM ha sido entrenado para predecir la siguiente palabra del texto, podemos seguir entrenando el modelo con datos etiquetados, lo que también se conoce como ajuste fino.

Las dos categorías más populares de ajuste fino de LLM son el ajuste fino por instrucciones y el ajuste fino por clasificación. En el ajuste fino por instrucciones, el conjunto de datos etiquetados consiste en pares de instrucciones y respuestas, como una consulta para traducir un texto acompañada del texto traducido correctamente. En el ajuste fino por clasificación, el conjunto de datos etiquetados consiste en textos y etiquetas de clase asociadas como, por ejemplo, correos electrónicos asociados con etiquetas «*spam*» y «no *spam*».

Hablaremos de las implementaciones de código para el preentrenamiento y el ajuste fino de un LLM, y profundizaremos en los detalles específicos, tanto del ajuste fino por instrucciones como por clasificación tras el preentrenamiento de un LLM básico.

## *1.4. Presentación de la arquitectura* Transformer

La mayoría de los LLM modernos se basan en la arquitectura *Transformer*, una arquitectura de red neuronal profunda introducida en el artículo de 2017 titulado «*Attention Is All You Need*» (La atención es todo lo que necesitas) (`https://arxiv.org/abs/1706.03762`). Para entender los LLM, debemos comprender el *Transformer* original, que se desarrolló para la traducción automática, traduciendo textos escritos en inglés al alemán y al francés. En la figura 1.4 se muestra una versión simplificada de esta arquitectura.

La arquitectura *Transformer* consta de dos submódulos: un codificador y un decodificador. El módulo codificador procesa el texto de entrada y lo codifica o encripta como una serie de representaciones numéricas o vectores que capturan la información contextual de la entrada. A continuación, el módulo decodificador toma estos vectores codificados y genera el texto de salida. En una tarea de traducción, por ejemplo, el codificador encriptaría el texto del idioma de origen en vectores, y el decodificador descifraría estos vectores para generar texto en el idioma de destino. Tanto el codificador como el decodificador constan de muchas capas conectadas por el denominado mecanismo de autoatención. Quizá tengas preguntas sobre cómo se procesan y codifican las entradas. No te preocupes, obtendrás tus respuestas en una implementación paso a paso que realizaremos en capítulos posteriores.

Un componente clave del *Transformer* y los LLM es el mecanismo de autoatención (no mostrado), que le permite al modelo sopesar la importancia de las distintas palabras o tókenes de una secuencia en relación con los demás. También le permite captar dependencias de largo alcance y relaciones contextuales dentro de los datos de entrada, y mejora su capacidad para generar resultados coherentes y contextualmente relevantes. Sin embargo, debido a su complejidad, aplazaremos su explicación hasta el capítulo 3, donde lo discutiremos e implementaremos paso a paso.

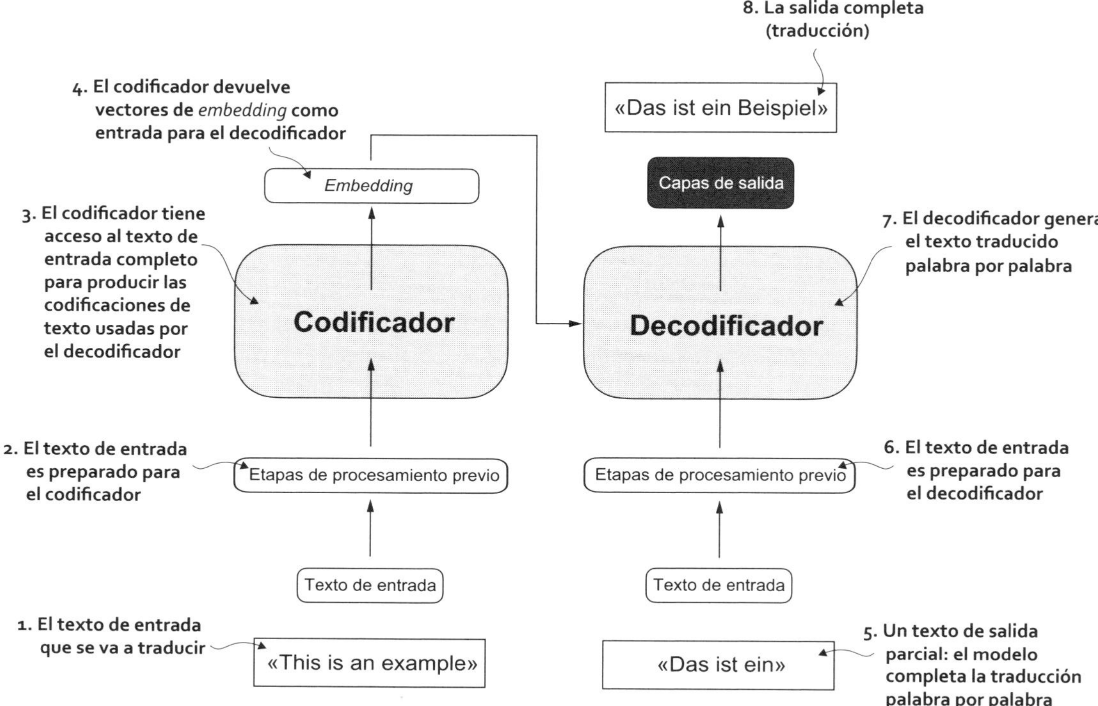


**Figura 1.4.** Representación simplificada de la arquitectura *Transformer* original, un modelo de deep learning para la traducción de idiomas. El *Transformer* consta de dos partes: (a) un codificador que procesa el texto de entrada y produce una representación *embedding* (una representación numérica que captura muchos factores diferentes en distintas dimensiones) del texto que el (b) decodificador utiliza para generar el texto traducido palabra por palabra. Esta figura muestra la fase final del proceso de traducción, en la cual el decodificador sólo tiene que generar la palabra final («Beispiel»), dado el texto de entrada original («This is an example») y una frase parcialmente traducida («Das ist ein»), para completar la traducción.

Las variantes posteriores de la arquitectura *Transformer*, como BERT (abreviatura de *Bidirectional Encoder Representations from Transformers*, o representaciones codificadoras bidireccionales tomadas de *Transformer*) y los distintos modelos GPT (abreviatura de *Generative Pretrained Transformers*, o *Transformer* generativos preentrenados), se basaron en este concepto para adaptar esta arquitectura a distintas tareas. Si estás interesado, consulta el apéndice B para obtener sugerencias de lectura sobre este tema.

BERT, que se basa en el submódulo codificador del *Transformer* original, difiere de GPT en su método de entrenamiento. Mientras que GPT está diseñado para tareas generativas, BERT y sus variantes se especializan en la predicción de palabras enmascaradas, donde el modelo predice palabras enmascaradas u ocultas en una frase determinada, como se muestra en la figura 1.5. Esta estrategia de entrenamiento única dota a BERT de puntos fuertes en tareas de clasificación de textos, como la predicción de sentimientos y la categorización de documentos. Como ejemplo de sus capacidades, en el momento de escribir este artículo, X (antes Twitter) utiliza BERT para detectar contenido tóxico.

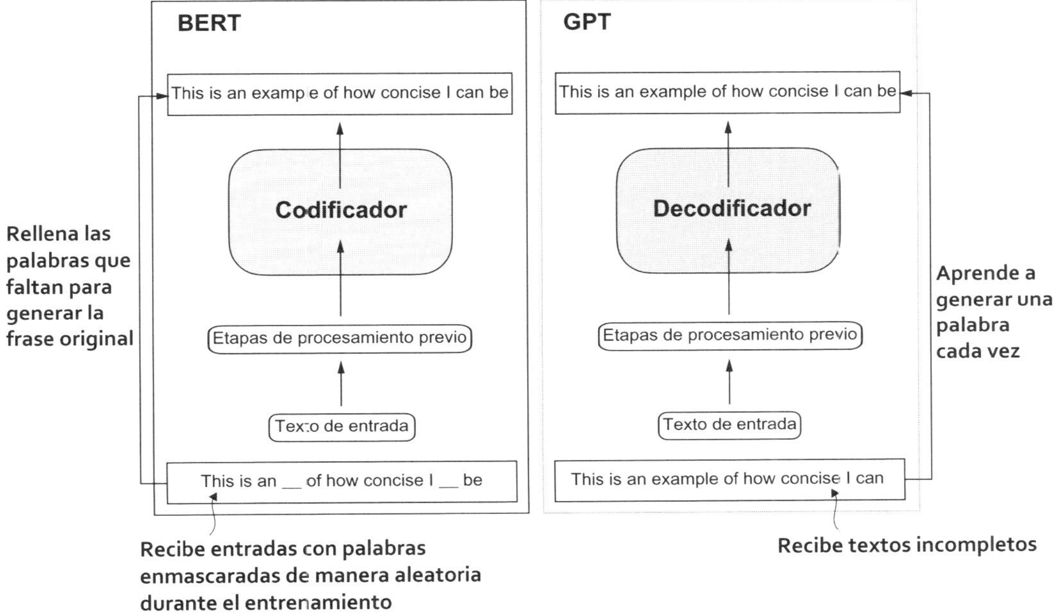


**Figura 1.5.** Representación visual de los submódulos codificador y decodificador del *Transformer*. A la izquierda, el segmento del codificador ilustra los LLM de tipo BERT, centrados en la predicción de palabras enmascaradas y utilizados principalmente para tareas como la clasificación de textos. A la derecha, el segmento del decodificador muestra modelos LLM de tipo GPT, diseñados para tareas generativas y para producir secuencias de texto coherentes.

GPT, por su parte, se centra en la parte decodificadora de la arquitectura *Transformer* original y está diseñado para tareas que requieren generar textos. Esto incluye la traducción automática, el resumen de textos, la escritura de ficción, la escritura de código informático, etc.

Los modelos GPT, diseñados y entrenados principalmente para realizar tareas de compleción de textos, también muestran una notable versatilidad en sus capacidades. Estos modelos son expertos en la ejecución de tareas de aprendizaje sin ejemplos y con pocos ejemplos. El aprendizaje sin ejemplos o *zero-shot* se refiere a la capacidad de generalizar tareas completamente desconocidas sin ningún ejemplo específico previo. Por otro lado, el aprendizaje con pocos ejemplos o *few-shot* implica aprender a partir de un número mínimo de ejemplos que el usuario proporciona como entrada, como muestra la figura 1.6.

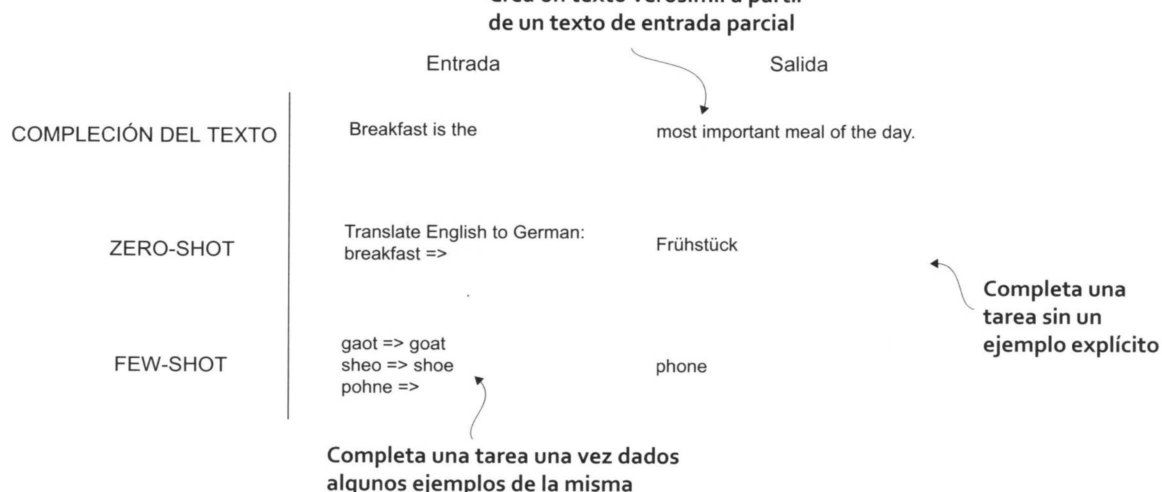


**Figura 1.6.** Además de completar textos, los LLM de tipo GPT pueden resolver varias tareas basándose en sus entradas sin necesidad de reentrenamiento, ajuste fino o cambios en la arquitectura del modelo específicos para la tarea en cuestión. A veces es útil proporcionar ejemplos del objetivo que se desea alcanzar dentro de la entrada, lo que se conoce como configuración con pocos ejemplos o *few-shot*. Sin embargo, los LLM de tipo GPT también son capaces de llevar a cabo tareas sin utilizar un ejemplo específico, lo cual se conoce como configuración sin ejemplos o *zero-shot*.

### *Transformer* frente a LLM

Los LLM actuales se basan en la arquitectura *Transformer*. De ahí que *Transformer* y LLM sean términos que a menudo se utilizan como sinónimos en la literatura del sector. Sin embargo, ha de tenerse en cuenta que no todos los *Transformer* son LLM, porque los primeros también se utilizan para la visión por ordenador. Asimismo, no todos los LLM son *Transformer*, pues existen LLM basados en arquitecturas recurrentes y convolucionales. La principal motivación de estos enfoques alternativos es mejorar la eficiencia computacional de los LLM. Queda por ver si estas arquitecturas LLM alternativas pueden competir con las capacidades de los LLM basados en *Transformer* y si se van a adoptar en la práctica. Para simplificar, utilizo la abreviatura «LLM» para referirme a los grandes modelos de lenguaje basados en *Transformer* similares a GPT (los lectores interesados encontrarán referencias bibliográficas que describen estas arquitecturas en el apéndice B).

## 1.5. Utilizar conjuntos de datos de gran tamaño

Los grandes conjuntos de datos de entrenamiento para modelos conocidos de tipo GPT y BERT representan corpus de texto diversos y exhaustivos que abarcan miles de millones de palabras e incluyen una amplia gama de temas y lenguajes naturales y de ordenador. Como ejemplo concreto, en la tabla 1.1 se resume el conjunto de datos utilizado para el preentrenamiento de GPT-3, que sirvió de modelo básico para la primera versión de ChatGPT.

**Tabla 1.1.** El conjunto de datos de preentrenamiento del conocido LLM GPT-3.

| Nombre del conjunto de datos | Descripción del conjunto de datos | Número de tókenes | Proporción de datos de entrenamiento |
|---|---|---|---|
| Common Crawl (filtrado) | Datos recopilados mediante rastreo web | 410 000 millones | 60 % |
| WebText2 | Datos recopilados mediante rastreo web | 19 000 millones | 22 % |
| Books1 | Corpus de libros basado en Internet | 12 000 millones | 8 % |
| Books2 | Corpus de libros basado en Internet | 55 000 millones | 8 % |
| Wikipedia | Texto de alta calidad | 3 000 millones | 3 % |

La tabla 1.1 ofrece el dato de número de tókenes. Un token es una unidad de texto leída por el modelo, y el número de tókenes de un conjunto de datos equivale aproximadamente al número de palabras y caracteres de puntuación del texto. El capítulo 2 aborda la tokenización, el proceso de convertir texto en tókenes.

La principal conclusión es que el tamaño y la diversidad de este conjunto de datos de entrenamiento permiten que estos modelos funcionen bien en diversas tareas, incluidas la sintaxis, la semántica y el contexto del lenguaje, e incluso en algunas que requieren conocimientos generales.

## Detalles sobre el conjunto de datos de GPT-3

La tabla 1.1 muestra el conjunto de datos utilizado para GPT-3. La columna de la tabla referida a proporciones suma el 100 % de los datos muestreados, ajustados por errores de redondeo. Aunque los subconjuntos de la columna Número de tókenes suman 499 000 millones, el modelo solo se entrenó con 300 000 millones de tókenes. Los autores del artículo sobre GPT-3 no especificaron la razón por la que el modelo no fue entrenado con los 499 000 millones de tókenes.

Para contextualizar, consideremos el tamaño del conjunto de datos Common Crawl, que por sí solo consta de 410 000 millones de tókenes y requiere unos 570 GB de almacenamiento. En comparación, las iteraciones posteriores de modelos de estilo GPT-3, como LLaMA de Meta, han ampliado su ámbito de entrenamiento para incluir fuentes de datos adicionales, como los artículos de investigación de Arxiv (92 GB) y las preguntas y respuestas relacionadas con el código de StackExchange (78 GB).

Los autores del artículo sobre GPT-3 no compartieron el conjunto de datos de entrenamiento, pero un conjunto de datos comparable disponible públicamente es Dolma, que aparece en el artículo «*Dolma: An Open Corpus of Three Trillion Tokens for LLM Pretraining Research*» (Dolma: un corpus abierto de tres billones de tókenes para la investigación del preentrenamiento de los LLM) publicado por Soldaini *et al.* en 2024 (`https://arxiv.org/abs/2402.00159`). Sin embargo, esta recopilación puede contener obras protegidas por derechos de autor, y las condiciones exactas de uso pueden depender de la situación específica para la que se deseen utilizar y del país.

La naturaleza previamente entrenada de estos modelos los hace increíblemente versátiles para su posterior ajuste en tareas derivadas, razón por la cual también se conocen como modelos básicos o fundacionales. El preentrenamiento de los LLM requiere tener acceso a recursos considerables y es muy costoso. Por ejemplo, el coste del preentrenamiento de GPT-3 se estima en 4,6 millones de dólares en términos de créditos de computación en la nube (`https://mng.bz/VxEW`).

La buena noticia es que muchos LLM preentrenados, disponibles como modelos de código abierto, pueden utilizarse como herramientas de uso general para escribir, extraer y editar textos que no formaban parte de los datos de entrenamiento. Además, los LLM se pueden afinar en tareas específicas con conjuntos de datos relativamente pequeños, lo cual reduce los recursos computacionales necesarios y mejora el rendimiento.

Implementaremos el código para el preentrenamiento y lo utilizaremos para preentrenar un LLM con fines educativos. Todos los cálculos pueden ejecutarse en hardware de consumo. Después de implementar el código de preentrenamiento, aprenderemos a reutilizar los pesos del modelo disponibles públicamente y a cargarlos en la arquitectura que crearemos; ello nos permitirá saltarnos la costosa etapa de preentrenamiento cuando apliquemos el ajuste fino a nuestro LLM.

## 1.6. Un vistazo más detallado a la arquitectura GPT

GPT fue introducida originalmente en el artículo «*Improving Language Understanding by Generative Pre-Training*» (Mejorar la comprensión del lenguaje mediante preentrenamiento generativo) (`https://mng.bz/x2qg`) de Radford *et al.*, todos de OpenAI. GPT-3 es una versión ampliada de este modelo que tiene más parámetros y fue entrenado con un conjunto de datos de mayor tamaño. Además, el modelo original ofrecido en ChatGPT se creó afinando GPT-3 con un gran conjunto de datos de instrucciones utilizando un método tomado del artículo sobre InstructGPT de OpenAI (`https://arxiv.org/abs/2203.02155`). Como muestra la figura 1.6, estos modelos son competentes en la compleción de textos y pueden realizar otras tareas, como la corrección ortográfica, la clasificación o la traducción de idiomas. En realidad, esto es de una importancia notable, porque los modelos GPT son entrenados previamente en una tarea de predicción de la siguiente palabra relativamente sencilla, como se muestra en la figura 1.7.

El modelo es entrenado sencillamente para
predecir la siguiente palabra



**Figura 1.7.** En la tarea de preentrenamiento de predicción de la palabra siguiente para modelos GPT, el sistema aprende a predecir la palabra siguiente de una frase observando las palabras que la preceden. Este enfoque ayuda al modelo a entender cómo encajan las palabras y las frases en el lenguaje, formando una base que puede aplicarse a otras tareas.

La tarea de predicción de la palabra siguiente es una forma de aprendizaje autosupervisado, que es a su vez una forma de autoetiquetado. Esto significa que no necesitamos recopilar etiquetas para los datos de entrenamiento de forma explícita, sino que podemos utilizar la estructura de los propios datos, es decir, utilizamos la siguiente palabra de una frase o documento como la etiqueta que el modelo debe predecir. Como esta tarea de predicción de la palabra siguiente nos permite crear etiquetas «sobre la marcha», es posible utilizar conjuntos de datos de texto sin etiquetar para entrenar LLM.

En comparación con la arquitectura *Transformer* original abordada en la sección 1.4, la arquitectura general de GPT es relativamente sencilla. En esencia, es únicamente la parte del decodificador sin el codificador (figura 1.8). Debido a que los modelos de tipo decodificador, como GPT, generan texto mediante la predicción de texto palabra por palabra, se consideran un tipo de modelo autorregresivo. Los modelos autorregresivos incorporan sus resultados anteriores como entradas para predicciones futuras. Por consiguiente, en GPT, cada palabra nueva se elige en función de la secuencia que la precede, lo cual mejora la coherencia del texto resultante.

Arquitecturas como GPT-3 también son notablemente mayores que el modelo *Transformer* original. Por ejemplo, el *Transformer* original repetía los bloques codificador y decodificador seis veces. GPT-3 tiene 96 capas de *Transformer* y 175 000 millones de parámetros en total.

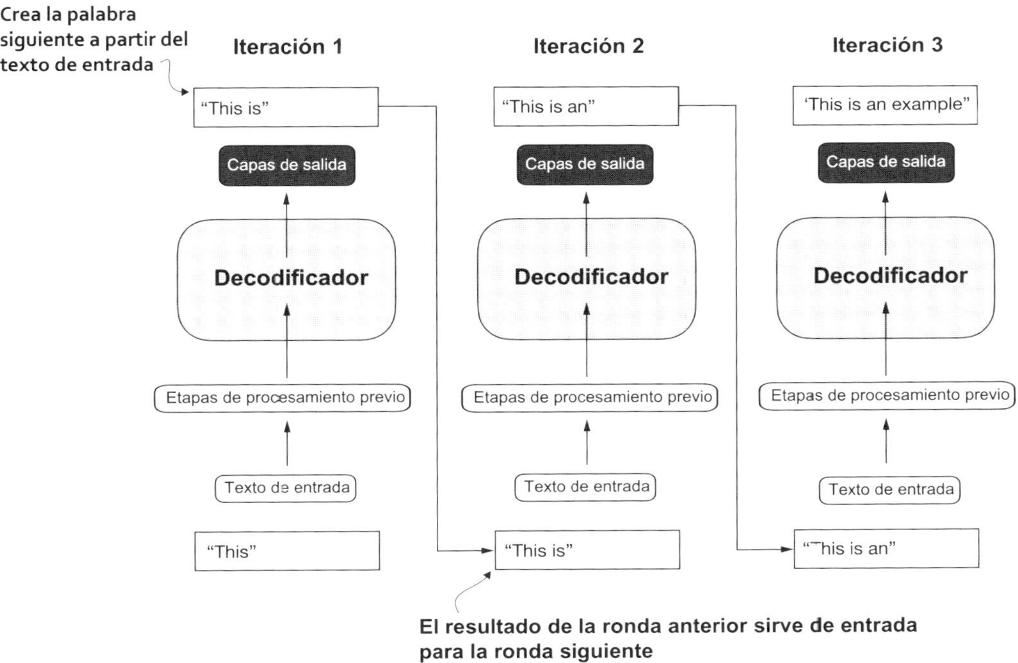


**Figura 1.8.** La arquitectura GPT emplea únicamente la parte decodificadora del *Transformer* original. Está diseñada para un procesamiento unidireccional, de izquierda a derecha, lo que la hace muy adecuada para tareas de generación de texto y predicción de la palabra siguiente para generar texto de forma iterativa, palabra por palabra.

GPT-3 fue introducida en 2020, lo que, según los estándares del deep learning y el desarrollo de grandes modelos de lenguaje, se considera mucho tiempo. Sin embargo, arquitecturas más recientes, como los modelos Llama de Meta, siguen basándose en los mismos conceptos subyacentes, introduciendo solo pequeñas modificaciones. Por lo tanto, la comprensión de GPT sigue siendo muy relevante. Me centro en la implementación de la arquitectura prominente en la que se basa GPT, ofreciendo al mismo tiempo indicaciones sobre ciertas modificaciones empleadas por LLM alternativos.

Aunque el modelo *Transformer* original, compuesto por bloques codificadores y decodificadores, fue diseñado explícitamente para la traducción de idiomas, los modelos GPT (a pesar de su arquitectura más grande pero más sencilla, solo decodificadora y orientada a la predicción de la palabra siguiente) también son capaces de realizar tareas de traducción. En un principio, esta capacidad resultó inesperada para los investigadores, porque surgió de un modelo entrenado principalmente en una tarea de predicción de la palabra siguiente, una tarea no dirigida específicamente a la traducción. La capacidad de realizar tareas para las que el modelo no ha sido entrenado explícitamente se denomina comportamiento emergente. Esta capacidad no se enseña explícitamente durante el entrenamiento, sino que surge como consecuencia natural de la exposición del modelo a grandes cantidades de datos multilingües en diversos contextos. El hecho de que los modelos GPT puedan «aprender» los patrones de traducción entre idiomas y realizar tareas de traducción, aunque no hayan sido entrenados específicamente para ello, demuestra las ventajas y capacidades de estos modelos lingüísticos generativos a gran escala. Podemos realizar tareas diferentes sin necesidad de utilizar modelos distintos para cada una de ellas.

## 1.7. Creando un modelo de lenguaje de gran tamaño

Ahora que hemos sentado las bases para entender los LLM, vamos a codificar uno desde cero. Tomaremos como base la idea fundamental de GPT y la abordaremos en tres etapas, como se muestra en la figura 1.9.

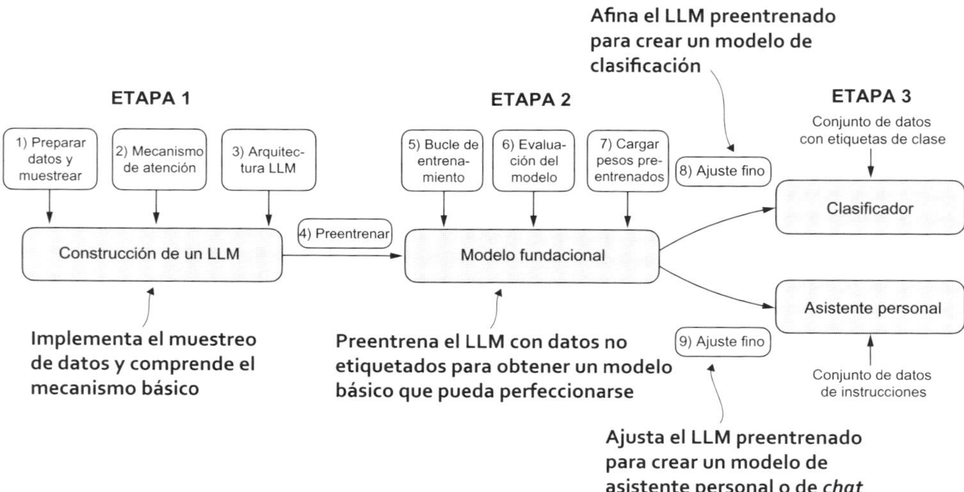


**Figura 1.9.** Las tres etapas principales de la codificación de un LLM son la implementación de la arquitectura del modelo y el proceso de preparación de datos (etapa 1), el preentrenamiento del LLM para crear un modelo básico (etapa 2) y el ajuste fino del modelo fundacional para convertirlo en un asistente personal o clasificador de texto (etapa 3).

En la etapa 1, aprenderemos los pasos fundamentales del procesamiento previo de los datos y codificaremos el mecanismo de atención del corazón de cada LLM. A continuación, en la fase 2, aprenderemos a codificar y preentrenar un LLM de tipo GPT capaz de generar nuevos textos. También repasaremos los fundamentos de la evaluación de los LLM, esencial para desarrollar sistemas de PLN capaces.

Preentrenar un LLM desde cero es una tarea importante, que requiere entre miles y millones de dólares en costes de computación para modelos tipo GPT. Por lo tanto, el objetivo de la fase 2 es la implementación del entrenamiento con fines educativos usando un pequeño conjunto de datos. Además, también proporciono ejemplos de código para cargar pesos del modelo disponibles públicamente.

Por último, en la etapa 3, tomaremos un LLM preentrenado y lo afinaremos para que siga instrucciones como responder consultas o clasificar textos, las tareas más comunes en muchas aplicaciones e investigaciones del mundo real.

Espero que estés deseando embarcarte en este apasionante viaje.

## Resumen

- Los LLM han transformado el campo del procesamiento del lenguaje natural, antaño centrada principalmente en sistemas basados en reglas explícitas y métodos estadísticos más sencillos. La llegada de los LLM introdujo nuevos enfoques basados en deep learning, que condujeron a avances en la comprensión, generación y traducción del lenguaje de las personas.
- Los LLM modernos son entrenados siguiendo dos etapas principales:
  - En primer lugar, son preentrenados con un gran corpus de texto sin etiquetar utilizando la predicción de la siguiente palabra de una frase como etiqueta.
  - A continuación, son perfeccionados con un conjunto de datos más pequeño y etiquetado para seguir instrucciones o realizar tareas de clasificación.
- Los LLM se basan en la arquitectura *Transformer*. La idea clave de esta arquitectura es un mecanismo de atención que le proporciona al LLM acceso selectivo a la secuencia de entrada completa cuando genera la salida palabra por palabra.
- La arquitectura *Transformer* original consiste en un codificador para analizar el texto y un decodificador para generarlo.
- Los LLM para generar texto y seguir instrucciones, como GPT-3 y ChatGPT, solo implementan módulos decodificadores, lo que simplifica la arquitectura.
- Los grandes conjuntos de datos compuestos por miles de millones de palabras son esenciales para el preentrenamiento de los LLM.
- Aunque la tarea general de preentrenamiento de los modelos tipo GPT consiste en predecir la siguiente palabra de una frase, estos LLM presentan propiedades emergentes, como la capacidad de clasificar, traducir o resumir textos.

# 2 Trabajar con datos de texto

**En este capítulo encontrarás:**

- Cómo preparar el texto para el entrenamiento de grandes modelos de lenguaje.
- Cómo dividir texto en tókenes de palabra y subpalabra.
- La codificación por pares de símbolos como una forma más avanzada de tokenizar texto.
- Muestreo de ejemplos de entrenamiento con un enfoque de ventana deslizante.
- Cómo convertir tókenes en vectores para alimentar un LLM.

Hasta ahora hemos estudiado la estructura general de los grandes modelos de lenguaje (LLM: *Large Language Models*) y hemos aprendido que se utilizan grandes cantidades de texto para preentrenarlos. En concreto, nos hemos centrado en los LLM basados en la arquitectura *Transformer*, la base de los modelos utilizados en ChatGPT, y en otros LLM conocidos de tipo GPT.

Durante la fase de preentrenamiento, los LLM procesan el texto palabra por palabra. Entrenando modelos de lenguaje con millones o miles de millones de parámetros y utilizando una tarea de predicción de la palabra siguiente se obtienen modelos con capacidades impresionantes, que después se pueden afinar para que sigan instrucciones generales o realicen tareas específicas. Pero antes de implementar y entrenar LLM, necesitamos preparar el conjunto de datos de entrenamiento, como se ilustra en la figura 2.1.

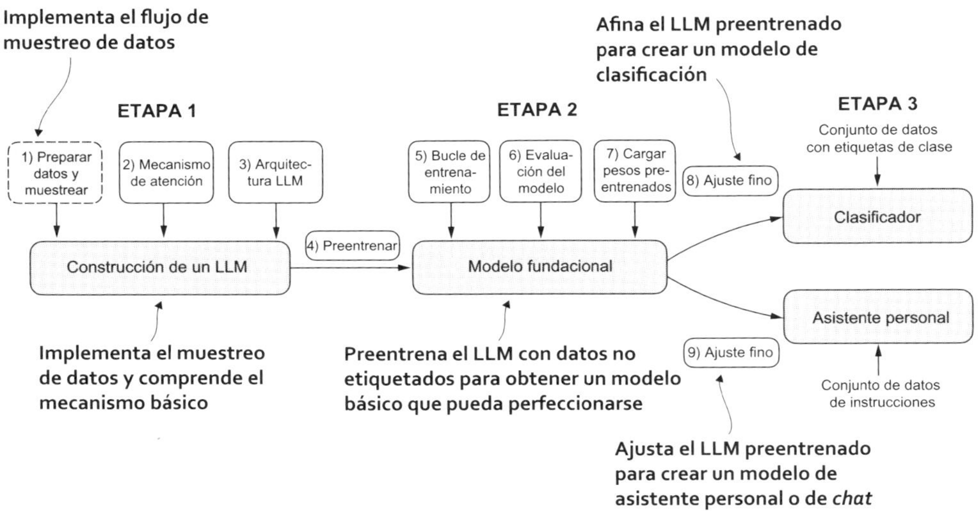


**Figura 2.1.** Las tres etapas principales de la codificación de un LLM. Este capítulo se centra en el paso 1 de la etapa 1, es decir, la implementación del flujo de muestreo de datos.

Aprenderás a preparar el texto de entrada para el entrenamiento de los LLM, lo que implica dividir el texto en tókenes individuales de palabra y subpalabra, que luego se pueden codificar en representaciones vectoriales para el LLM. También veremos cómo realizar esquemas avanzados de tokenización, como la codificación por pares de símbolos (utilizada en modelos como GPT). Por último, elaboraremos una estrategia de muestreo y carga de datos para producir los pares de entrada-salida necesarios para entrenar los LLM.

## 2.1. Comprender las representaciones vectoriales de palabras

Los modelos de redes neuronales profundas, incluidos los LLM, no trabajan directamente con texto sin procesar. Como el texto es categórico, no es compatible con las operaciones matemáticas utilizadas para implementar y entrenar redes neuronales. Por lo tanto, necesitamos una forma de representar las palabras como vectores con valores continuos.

**NOTA:** Los lectores que no estén familiarizados con los vectores y tensores en un contexto computacional pueden obtener más información en el apéndice A, sección A.2.2.

El concepto de convertir datos en vectores se denomina *embedding* o representación vectorial. Utilizando una determinada capa de red neuronal u otro modelo de red neuronal preentrenado, podemos representar mediante vectores distintos tipos de datos, por ejemplo, vídeo, audio y texto, como se ilustra en la figura 2.2. Sin embargo, es importante tener en cuenta que los distintos formatos de datos requieren modelos de representación vectorial diferentes. Por ejemplo, un modelo diseñado para texto no sería adecuado para obtener *embedding* de datos de audio o vídeo.

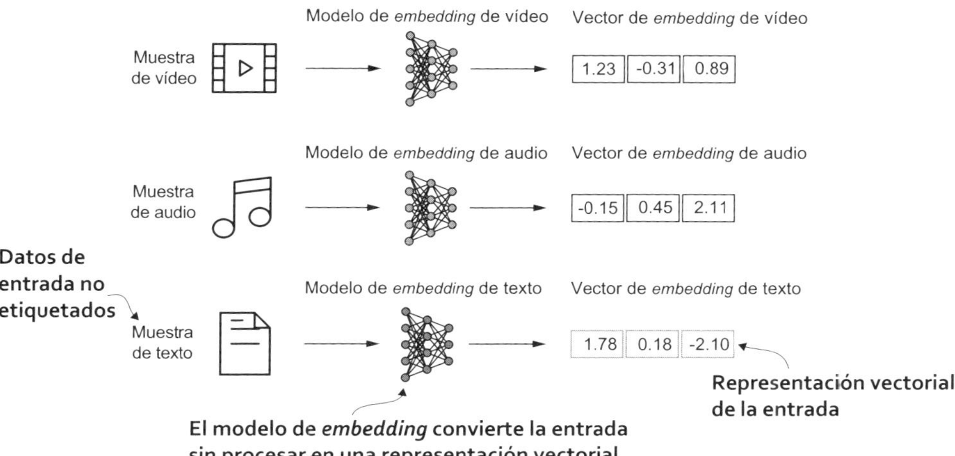


**Figura 2.2.** Los modelos de deep learning no pueden trabajar con formatos de datos como vídeo, audio y texto sin procesar. Por esta razón utilizamos un modelo de *embedding* para transformarlos en una representación vectorial densa que las arquitecturas de DL puedan comprender y procesar fácilmente. En concreto, esta figura ilustra el proceso de conversión de datos sin procesar en un vector numérico tridimensional.

En esencia, una representación vectorial o *embedding* es la asignación de objetos discretos, como palabras, imágenes o incluso documentos enteros, a puntos en un espacio vectorial continuo. El objetivo principal de las representaciones vectoriales es convertir datos no numéricos en un formato que las redes neuronales puedan procesar.

Aunque los *embedding* de palabras son la forma más común de representación vectorial de texto, también hay *embedding* de frases, párrafos o documentos completos. Estás últimas son opciones comunes para la generación aumentada con recuperación. Esta técnica combina la generación (como la producción de texto) con la recuperación (como la búsqueda en una base de conocimientos externa) para extraer información de un documento, pero queda fuera del alcance de este libro. Como nuestro objetivo es entrenar LLM de tipo GPT, que aprenden a generar texto palabra por palabra, nos centraremos en el *embedding* de palabras.

Se han desarrollado varios algoritmos y estructuras para generar representaciones vectoriales de palabras. Uno de los primeros y más populares es Word2Vec. Este método entrena una arquitectura de red neuronal para generar *embedding* de palabras mediante la predicción del contexto de una palabra dada la palabra objetivo, o viceversa. La idea principal de Word2Vec es que las palabras que aparecen en contextos similares tienden a tener significados similares. En consecuencia, cuando se proyectan en representaciones bidimensionales de palabras con fines de visualización, los términos similares se agrupan, como se muestra en la figura 2.3.

Los *embedding* de palabras pueden tener distintas dimensiones, desde una hasta miles. Una mayor dimensionalidad puede captar relaciones más matizadas, pero a costa de la eficiencia computacional.

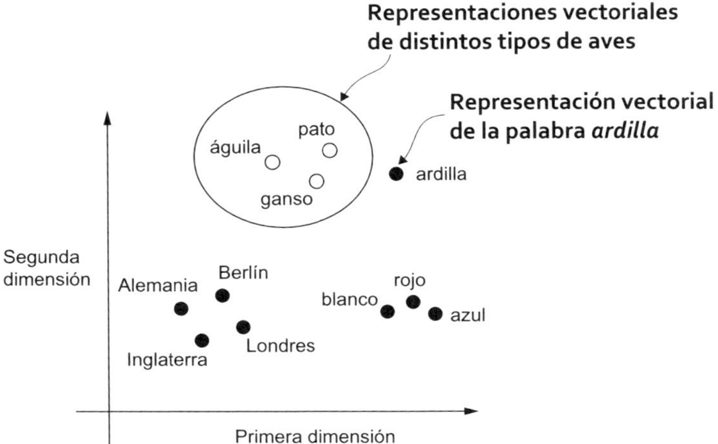


**Figura 2.3.** Si las representaciones vectoriales de palabras son bidimensionales, podemos trazarlas en un diagrama de dispersión de dos dimensiones para poder visualizarlas, como se muestra aquí. Cuando se utilizan técnicas de *embedding* de palabras, como Word2Vec, las palabras que corresponden a conceptos similares suelen aparecer cerca unas de otras en el espacio de representación. Por ejemplo, los distintos tipos de pájaros aparecen más próximos entre sí que los países y las ciudades.

Aunque podemos utilizar modelos preentrenados como Word2Vec para generar *embedding* para modelos de ML, los LLM suelen producir sus propios vectores, que forman parte de la capa de entrada y se actualizan durante el entrenamiento. La ventaja de optimizar los *embedding* como parte del entrenamiento del LLM, en lugar de utilizar Word2Vec, es que los vectores se optimizan para la tarea en cuestión y los datos específicos de que se trate. Implementaremos estas capas de representación más adelante en este capítulo (los LLM también pueden crear *embedding* de salida contextualizados, como veremos en el capítulo 3).

Las representaciones vectoriales de muchas dimensiones suponen un desafío para la visualización, porque nuestra percepción sensorial y las representaciones gráficas comunes están inherentemente limitadas a tres dimensiones o menos, razón por la cual la figura 2.3 muestra vectores bidimensionales en un diagrama de dispersión de dos dimensiones. Sin embargo, cuando trabajamos con LLM, solemos utilizar vectores con una dimensionalidad mucho mayor. Tanto para GPT-2 como para GPT-3, el tamaño del *embedding* (a menudo denominado dimensionalidad de los estados ocultos del modelo) varía en función de la variante y el tamaño específicos del modelo. Se trata de un compromiso entre rendimiento y eficiencia. Los modelos GPT-2 más pequeños (con 117 y 125 millones de parámetros) utilizan un tamaño de vector de 768 dimensiones para ofrecer ejemplos concretos, mientras que el modelo GPT-3 más grande (175 000 millones de parámetros) utiliza un tamaño de *embedding* de 12 288 dimensiones.

A continuación, recorreremos los pasos necesarios para preparar las representaciones vectoriales utilizadas por un LLM, que incluyen dividir el texto en palabras, convertir las palabras en tókenes y transformar los tókenes en vectores de *embedding*.

## 2.2. Tokenización del texto

Hablemos de cómo dividir el texto de entrada en tókenes individuales, un paso de procesamiento previo necesario para crear representaciones vectoriales para un LLM. Estos tókenes son palabras individuales o caracteres especiales, incluidos los signos de puntuación, como se muestra en la figura 2.4.

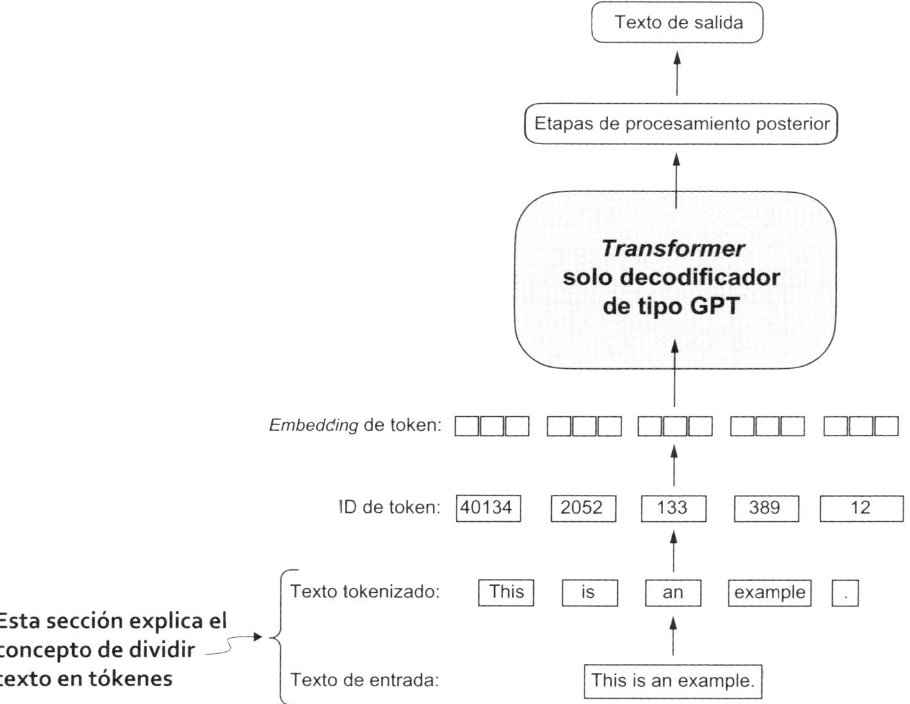


**Figura 2.4.** Vista de los pasos del procesamiento de textos en el contexto de un LLM. Aquí dividimos un texto de entrada en tókenes individuales, que pueden ser palabras o caracteres especiales, como los signos de puntuación.

El texto que tokenizaremos para entrenar LLM es *The Verdict* (El veredicto), un relato corto de Edith Wharton, que ha sido liberado para dominio público y, por tanto, se permite su uso para tareas de entrenamiento de LLM. El texto está disponible en Wikisource en `https://en.wikisource.org/wiki/The_Verdict`, y puedes copiarlo y pegarlo en un archivo de texto. Yo lo copié en un archivo de texto denominado `the-verdict.txt`.

También puedes encontrar este archivo txt en el repositorio GitHub de este libro en `https://mng.bz/Adng`. Puedes descargar el archivo con el siguiente código Python:

```
import urllib.request
    url = ("https://raw.githubusercontent.com/rasbt/"
           "LLMs-from-scratch/main/ch02/01_main-chapter-code/"
           "the-verdict.txt")
    file_path = "the-verdict.txt"
    urllib.request.urlretrieve(url, file_path)
```

A continuación, podemos cargar el archivo `the-verdict.txt` mediante las utilidades estándares de lectura de archivos de Python.

**Listado 2.1. Lectura en Python de un relato corto como muestra de texto**

```
with open("the-verdict.txt", "r", encoding="utf-8") as f:
        raw_text = f.read()
print("Total number of character:", len(raw_text))
print(raw_text[:99])
```

El comando `print` imprime el número total de caracteres seguido de los 99 primeros caracteres del archivo txt con fines ilustrativos:

```
Total number of character: 20479
I HAD always thought Jack Gisburn rather a cheap genius--though a good fellow
      enough--so it was no
```

Nuestro objetivo es tokenizar esta breve historia de 20 479 caracteres en palabras individuales y caracteres especiales, que podamos convertir en *embedding* para el entrenamiento de LLM.

> **NOTA:** Es habitual procesar millones de artículos y cientos de miles de libros (muchos gigabytes de texto) cuando se trabaja con LLM. Sin embargo, para fines educativos, es suficiente trabajar con muestras de texto más pequeñas, como un solo libro, para ilustrar las ideas principales que subyacen a los pasos del procesamiento de textos y para que sea posible ejecutarlo en un tiempo razonable en hardware de consumo.

¿Cuál es la mejor manera de dividir este texto para obtener una lista de tókenes? Para ello, haremos una pequeña excursión y utilizaremos la biblioteca `re` de expresiones regulares de Python con fines ilustrativos (no es necesario que aprendas o memorices sintaxis de expresiones regulares, pues más tarde utilizaremos un tokenizador ya creado de antemano).

Con un texto de ejemplo sencillo, podemos usar el comando `re.split` con la siguiente sintaxis para dividir un texto en espacios en blanco:

```
import re
text = "Hello, world. This, is a test."
result = re.split(r'(\s)', text)
print(result)
```

El resultado es una lista de palabras, espacios en blanco y signos de puntuación:

```
['Hello,', ' ', 'world.', ' ', 'This,', ' ', 'is', ' ', 'a', ' ', 'test.']
```

Este sencillo esquema de tokenización funciona principalmente para separar el texto de ejemplo en palabras, pero algunas de ellas siguen conectadas a signos de puntuación que queremos tener como entradas diferentes en la lista. Tampoco ponemos todo el texto en minúsculas porque las mayúsculas ayudan a los LLM a distinguir entre nombres propios y comunes, a entender la estructura de las frases y a aprender a generar texto con las mayúsculas correctas.

Cambiemos las divisiones de la expresión regular por espacios en blanco (`\s`), comas y puntos (`[,.]`):

```
result = re.split(r'([,.]|\s)', text)
print(result)
```

Vemos que las palabras y los signos de puntuación son ahora entradas de lista distintas, tal como queríamos:

```
['Hello', ',', '', ' ', 'world', '.', '', ' ', 'This', ',', '', ' ', 'is', ' ',
'a', ' ', 'test', '.', '']
```

Un pequeño problema pendiente es que la lista sigue incluyendo espacios en blanco. De manera opcional podemos eliminar estos caracteres redundantes de forma segura de la siguiente manera:

```
result = [item for item in result if item.strip()]
print(result)
```

El resultado sin espacios en blanco es el siguiente:

```
['Hello', ',', 'world', '.', 'This', ',', 'is', 'a', 'test', '.']
```

**NOTA:** Durante el desarrollo de un tokenizador sencillo, la decisión de codificar los espacios en blanco como caracteres distintos o simplemente eliminarlos depende de nuestra aplicación y de sus requisitos. Eliminar los espacios en blanco reduce los requisitos de memoria y computación. Sin embargo, mantenerlos puede ser útil si entrenamos modelos que son sensibles a la estructura exacta del texto (por ejemplo, el código Python, que es sensible a la sangría y al espaciado). En este caso, eliminamos los espacios en blanco por simplicidad y brevedad de los resultados tokenizados. Más adelante, cambiaremos a un esquema de tokenización que incluya los espacios en blanco.

El esquema de tokenización que hemos ideado aquí funciona bien con un texto de muestra sencillo. Modifiquémoslo un poco más para que también pueda tratar otros tipos de puntuación, como los signos de interrogación, las comillas y los guiones dobles que hemos visto antes en los 99 primeros caracteres del relato de Edith Wharton, junto con otros caracteres especiales:

```
text = "Hello, world. Is this-- a test?"
result = re.split(r'([,.:;?_!"()\']|--|\s)', text)
result = [item.strip() for item in result if item.strip()]
print(result)
```

El resultado es:

```
['Hello', ',', 'world', '.', 'Is', 'this', '--', 'a', 'test', '?']
```

Como observamos en los resultados resumidos en la figura 2.5, nuestro esquema de tokenización puede manejar con éxito los distintos caracteres especiales del texto.

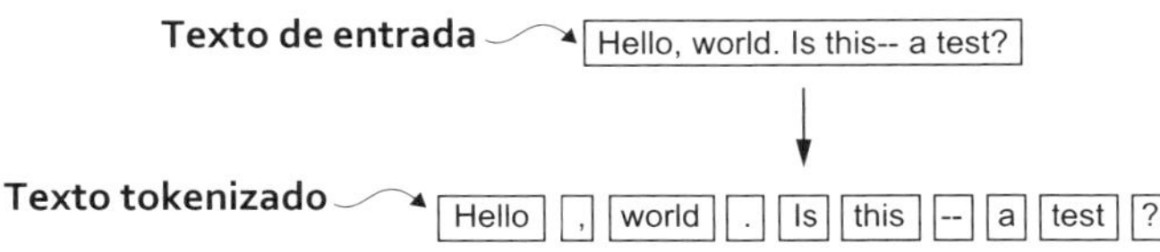


**Figura 2.5.** El esquema de tokenización que hemos aplicado hasta ahora divide el texto en palabras y signos de puntuación. En este ejemplo concreto, el texto de muestra se divide en 10 tókenes individuales.

Ahora que ya tenemos un tokenizador básico en funcionamiento, apliquémoslo al relato completo de Edith Wharton:

```
preprocessed = re.split(r'([,.:;?_!"()\']|--|\s)', raw_text)
preprocessed = [item.strip() for item in preprocessed if item.strip()]
print(len(preprocessed))
```

Esta sentencia de impresión produce 4690, que es el número de tókenes de este texto (sin espacios en blanco). Imprimamos los primeros 30 tókenes para una rápida comprobación visual:

```
print(preprocessed[:30])
```

El resultado muestra que nuestro tokenizador parece manejar bien el texto, porque todas las palabras y caracteres especiales están perfectamente separados:

```
['I', 'HAD', 'always', 'thought', 'Jack', 'Gisburn', 'rather', 'a',
'cheap', 'genius', '--', 'though', 'a', 'good', 'fellow', 'enough',
'--', 'so', 'it', 'was', 'no', 'great', 'surprise', 'to', 'me', 'to',
'hear', 'that', ',', 'in']
```

## 2.3. Convertir tókenes en identificadores de token

A continuación, convertiremos estos tókenes de una cadena Python en una representación de enteros para producir los ID de token. Este es un paso intermedio antes de convertir los ID en vectores de *embedding*.

Para transformar los tókenes generados previamente en ID de token, primero tenemos que construir un vocabulario. Este vocabulario define cómo asignamos cada palabra y carácter especial a un número entero único, tal y como se muestra en la figura 2.6.

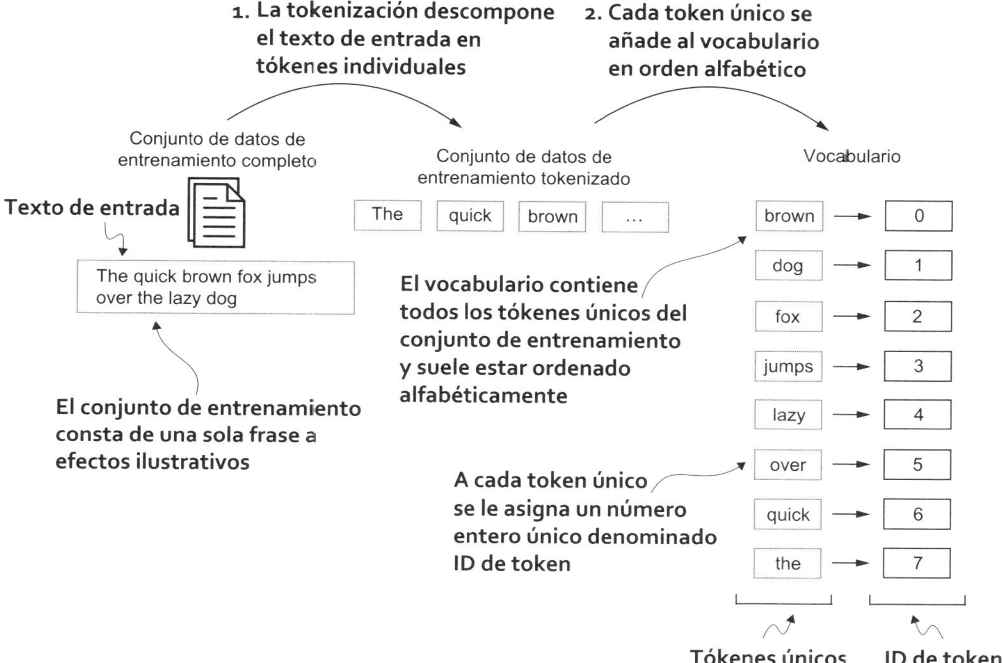


**Figura 2.6.** Construimos un vocabulario dividiendo todo el texto de un conjunto de datos de entrenamiento en tókenes individuales. A continuación, los tókenes se ordenan alfabéticamente y se eliminan los duplicados. Los tókenes únicos se agregan después a un vocabulario que define una correspondencia entre cada token único y un valor entero único. El vocabulario representado en la figura es reducido de manera intencionada, y no contiene signos de puntuación ni caracteres especiales para simplificar.

Ahora que hemos tokenizado el relato de Edith Wharton y le hemos asignado a una variable de Python llamada `preprocessed`, creamos una lista con todos los tókenes únicos y la ordenamos alfabéticamente para determinar el tamaño del vocabulario:

```
all_words = sorted(set(preprocessed))
vocab_size = len(all_words)
print(vocab_size)
```

Tras determinar que el tamaño del vocabulario es de 1130 mediante este código, lo creamos e imprimimos sus 51 primeras entradas con fines ilustrativos.

**Listado 2.2 Crear un vocabulario**

```
vocab = {token:integer for integer,token in enumerate(all_words)}
for i, item in enumerate(vocab.items()):
    print(item)
    if i >= 50:
        break
```

El resultado es

```
('!', 0)
('"', 1)
("'", 2)
...
('Her', 49)
('Hermia', 50)
```

Observamos que el diccionario contiene tókenes individuales asociados a etiquetas de número entero único. Nuestro siguiente objetivo es aplicar este vocabulario para convertir texto nuevo en ID de token (figura 2.7).

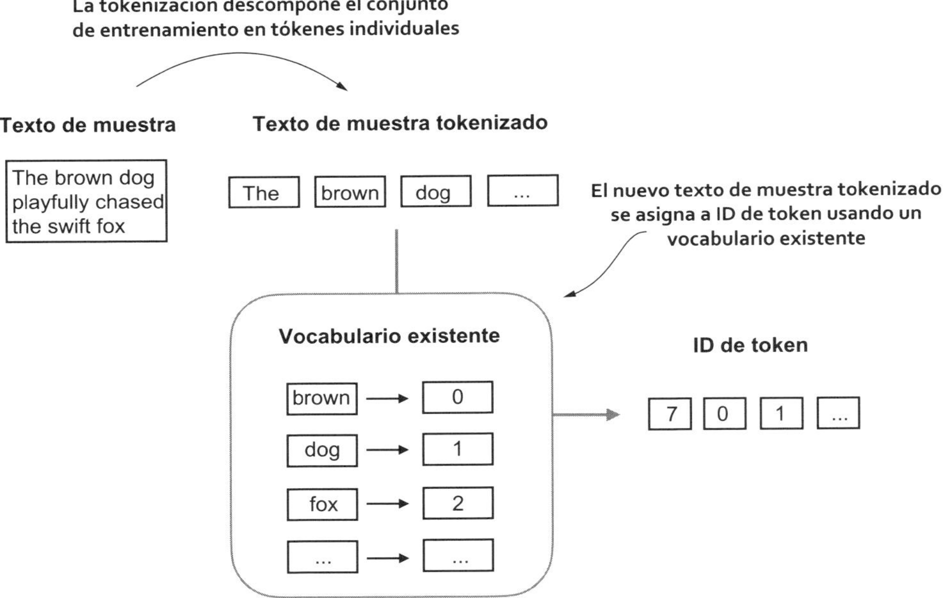


**Figura 2.7.** A partir de una nueva muestra de texto, se tokeniza el texto y se utiliza el vocabulario para convertir los tókenes de texto en identificadores. El vocabulario se construye a partir del conjunto de entrenamiento y puede aplicarse al mismo y a cualquier muestra de texto nueva. Para simplificar, el vocabulario representado no contiene signos de puntuación ni caracteres especiales.

Cuando queremos convertir los resultados de un LLM de números a texto, necesitamos una forma de transformar los ID de token en texto. Para ello, creamos una versión inversa del vocabulario que reasigne los ID de token a los tókenes de texto correspondientes.

Implementemos una clase tokenizadora completa en Python con un método `encode` que divida el texto en tókenes y lleve a cabo la asignación de cadena de texto a entero para producir ID de token mediante el vocabulario. Realizaremos también un método `decode` que lleve a cabo la correspondencia inversa de entero a cadena de texto para convertir los ID de token de nuevo en texto. El siguiente listado muestra el código para la implementación de este tokenizador.

**Listado 2.3 Implementación de un tokenizador de texto sencillo**

```
class SimpleTokenizerV1:
    def __init__(self, vocab):
        self.str_to_int = vocab
        self.int_to_str = {i:s for s,i in vocab.items()}

    def encode(self, text):
        preprocessed = re.split(r'([,.?_!"()\']|--|\s)', text)
        preprocessed = [
            item.strip() for item in preprocessed if item.strip()
        ]
        ids = [self.str_to_int[s] for s in preprocessed]
        return ids

    def decode(self, ids):
        text = " ".join([self.int_to_str[i] for i in ids])

        text = re.sub(r'\s+([,.?!"()\'])', r'\1', text)
        return text
```

Almacena el vocabulario como un atributo de clase al que pueden acceder los métodos `encode` y `decode` (`__init__`).

Crea un vocabulario inverso que reasigna los ID de token a los tókenes del texto original (`self.int_to_str`).

Procesa el texto de entrada y lo convierte en ID de token (`encode`).

Reconvierte los ID de token en texto (`decode`).

Elimina los espacios que haya antes de los signos de puntuación especificados (`re.sub`).

Utilizando la clase `SimpleTokenizerV1` de Python, ya podemos instanciar nuevos objetos tokenizadores a través de un vocabulario existente, que luego utilizaremos para codificar y decodificar texto, como se ilustra en la figura 2.8.

Instanciemos un nuevo objeto tokenizador a partir de la clase `SimpleTokenizerV1` y tokenicemos un pasaje del relato de Edith Wharton para probarlo en la práctica:

```
tokenizer = SimpleTokenizerV1(vocab)
text = """"It's the last he painted, you know,"
       Mrs. Gisburn said with pardonable pride."""
ids = tokenizer.encode(text)
print(ids)
```

El código anterior produce los siguientes ID de token:

```
[1, 56, 2, 850, 988, 602, 533, 746, 5, 1126, 596, 5, 1, 67, 7, 38, 851, 1108, 754,
793, 7]
```

A continuación, veamos si podemos reconvertir estos ID de token en texto utilizando el método `decode`:

```
print(tokenizer.decode(ids))
```

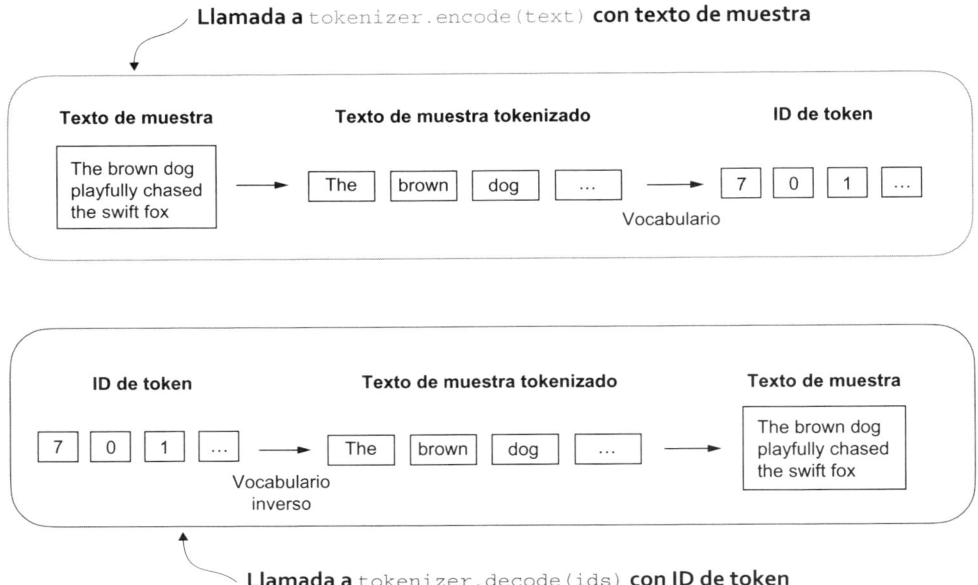


**Figura 2.8.** Las implementaciones de tokenizadores comparten dos métodos comunes: uno de codificación y otro de decodificación. El primero toma el texto de muestra, lo divide en tókenes individuales y los convierte en ID de token mediante el vocabulario. El segundo toma los ID de token, los convierte de nuevo en tókenes de texto y los concatena formando texto natural.

El resultado de esto es:

```
'" It\' s the last he painted, you know," Mrs. Gisburn said with pardonable pride.'
```

Basándonos en este resultado, vemos que el método de decodificación ha reconvertido con éxito los ID de token al texto original.

Hasta aquí, todo bien. Hemos implementado un tokenizador capaz de tokenizar y detokenizar texto basándonos en un fragmento del conjunto de entrenamiento. Apliquémoslo ahora a una nueva muestra de texto no contenida en el conjunto de entrenamiento:

```
text = "Hello, do you like tea?"
print(tokenizer.encode(text))
```

Al ejecutar este código se producirá el siguiente error:

```
KeyError: 'Hello'
```

El problema es que la palabra *Hello* no se utilizó en el relato *The Verdict*. Por lo tanto, no figura en el vocabulario. Esto pone de manifiesto la necesidad de considerar conjuntos de entrenamiento extensos y variados para ampliar el vocabulario cuando se trabaja con LLM.

A continuación, probaremos el tokenizador con texto que contiene palabras desconocidas y hablaremos sobre tókenes especiales adicionales que pueden utilizarse para proporcionar más contexto a un LLM durante su entrenamiento.

## 2.4. Añadir tókenes de contexto especiales

Tenemos que modificar el tokenizador para que pueda manejar palabras desconocidas. También es necesario resolver el uso y la incorporación de tókenes de contexto especiales que puedan mejorar la comprensión por parte de un modelo del contexto o de otra información relevante del texto. Estos tókenes especiales pueden incluir, por ejemplo, marcadores de palabras desconocidas y límites de documentos. En concreto, modificaremos el vocabulario y el tokenizador, `SimpleTokenizerV2`, para que admita dos nuevos tókenes, `<|unk|>` y `<|endoftext|>`, como se ilustra en la figura 2.9.

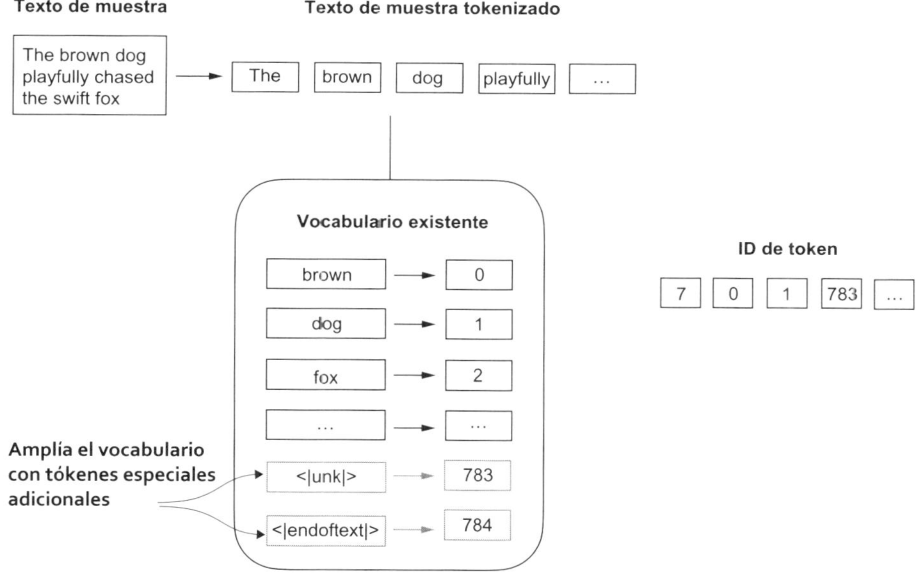


**Figura 2.9.** Añadimos tókenes especiales a un vocabulario para manejar determinados contextos. Por ejemplo, añadimos un token `<|unk|>` para representar palabras nuevas y desconocidas que no formaban parte de los datos de entrenamiento y, por tanto, no estaban incluidas en el vocabulario existente. Además, incorporamos un token `<|endoftext|>` que podemos utilizar para separar dos fuentes de texto no relacionadas.

Modificamos el tokenizador para que utilice un token `<|unk|>` si encuentra una palabra que no forma parte del vocabulario, y añadimos además otro token entre textos no relacionados. Por ejemplo, al entrenar LLM de tipo GPT con diferentes documentos o libros, es habitual insertar un token antes de cada documento o libro que sigue a una fuente de texto anterior, como se ilustra en la figura 2.10. Esto le permite al modelo LLM entender que, aunque estas fuentes de texto están concatenadas para el entrenamiento, en realidad no están relacionadas.

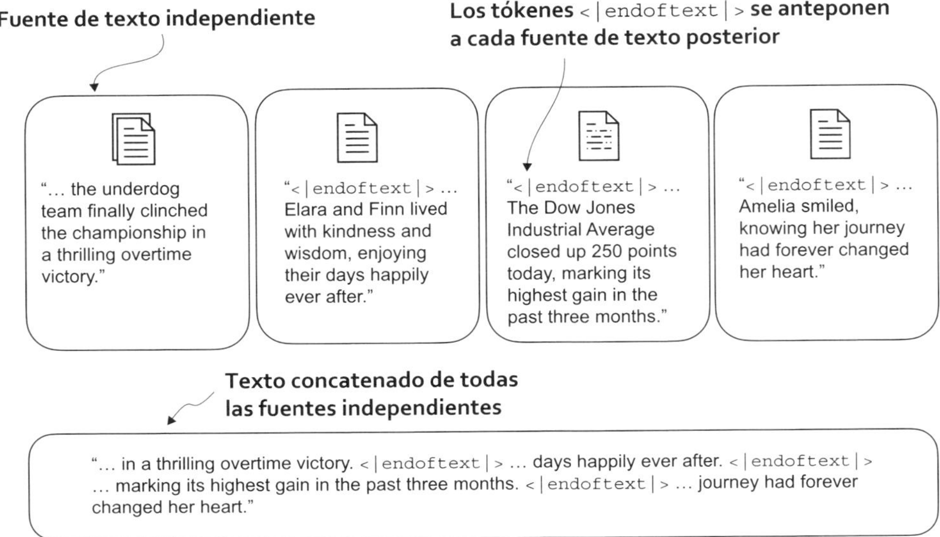


**Figura 2.10.** Cuando trabajamos con varias fuentes de texto independientes, añadimos tókenes `<|endoftext|>` entre estos textos. Estos tókenes actúan como marcadores, señalando el inicio o el final de un segmento concreto, lo cual permite un procesamiento y una comprensión más eficaces por parte del LLM.

Modifiquemos ahora el vocabulario para que incluya estos dos tókenes especiales, `<unk>` y `<|endoftext|>`, añadiéndolos a nuestra lista de palabras únicas:

```
all_tokens = sorted(list(set(preprocessed)))
all_tokens.extend(["<|endoftext|>", "<|unk|>"])
vocab = {token:integer for integer,token in enumerate(all_tokens)}

print(len(vocab.items()))
```

Según el resultado de esta sentencia de impresión, el nuevo tamaño del vocabulario es 1132 (antes era 1130).

Como comprobación rápida adicional, imprimamos las últimas cinco entradas del vocabulario actualizado:

```
for i, item in enumerate(list(vocab.items())[-5:]):
        print(item)
```

Este código imprime

```
('younger', 1127)
('your', 1128)
('yourself', 1129)
('<|endoftext|>', 1130)
('<|unk|>', 1131)
```

Según el resultado del código, podemos confirmar que los dos nuevos tókenes especiales se han incorporado con éxito al vocabulario. A continuación, ajustamos el tokenizador del listado de código 2.3, como se muestra en el siguiente listado.

**Listado 2.4. Un sencillo tokenizador de texto que maneja palabras desconocidas**

```
class SimpleTokenizerV2:
    def __init__(self, vocab):
        self.str_to_int = vocab
        self.int_to_str = { i:s for s,i in vocab.items()}

    def encode(self, text):
        preprocessed = re.split(r'([,.:;?_!"()\']|--|\s)', text)
        preprocessed = [
            item.strip() for item in preprocessed if item.strip()
        ]
        preprocessed = [item if item in self.str_to_int
                        else "<|unk|>" for item in preprocessed]

        ids = [self.str_to_int[s] for s in preprocessed]
        return ids

    def decode(self, ids):
        text = " ".join([self.int_to_str[i] for i in ids])

        text = re.sub(r'\s+([,.:;?!"()\'])', r'\1', text)
        return text
```

**Sustituye palabras desconocidas por tókenes `<|unk|>`**

**Sustituye los espacios que hay antes de los signos de puntuación especificados**

Comparado con el tokenizador `SimpleTokenizerV1` que implementamos en el listado 2.3, el nuevo `SimpleTokenizerV2` sustituye las palabras desconocidas por tókenes `<|unk|>`.

Probemos ahora este nuevo tokenizador en la práctica. Para ello, utilizaremos una muestra de texto que concatenamos a partir de dos frases independientes y no relacionadas:

```
text1 = "Hello, do you like tea?"
text2 = "In the sunlit terraces of the palace."
text = " <|endoftext|> ".join((text1, text2))
print(text)
```

El resultado es

```
Hello, do you like tea? <|endoftext|> In the sunlit terraces of the palace.
```

A continuación, tokenizamos el texto de muestra utilizando el `SimpleTokenizerV2` con el vocabulario que creamos previamente en el listado 2.2:

```
tokenizer = SimpleTokenizerV2(vocab)
print(tokenizer.encode(text))
```

Esto imprime los siguientes ID de token:

```
[1131, 5, 355, 1126, 628, 975, 10, 1130, 55, 988, 956, 984, 722, 988, 1131, 7]
```

Vemos que la lista contiene 1130 para el token separador <|endoftext|>, así como dos tókenes 1131, que se utilizan para palabras desconocidas.

Detokenicemos el texto para una comprobación rápida:

```
print(tokenizer.decode(tokenizer.encode(text)))
```

El resultado es

```
<|unk|>, do you like tea? <|endoftext|> In the sunlit terraces of the <|unk|>.
```

Al comparar este texto detokenizado con el texto de entrada original, sabemos que el conjunto de datos de entrenamiento, el relato *The Verdict* de Edith Wharton, no contiene las palabras *Hello* y *palace*.

Dependiendo del modelo LLM, algunos investigadores consideran también tókenes especiales adicionales como los siguientes:

- [BOS] (*Beginning Of Sequence*: inicio de secuencia): este token marca el inicio de un texto. Indica al LLM dónde comienza una parte del contenido.
- [EOS] (*End Of Sequence*: fin de secuencia): este token se coloca al final de un texto y es especialmente útil cuando se concatenan varios textos no relacionados, de forma similar a <|endoftext|>. Por ejemplo, al combinar dos artículos o libros diferentes de Wikipedia, el token [EOS] indica dónde termina uno y empieza el siguiente.
- [PAD] (*Padding*: relleno): cuando se entrenan LLM con tamaños de lote superiores a uno, el lote puede contener textos de distintas longitudes. Para garantizar que todos los textos tengan la misma longitud, los textos más cortos se amplían o «rellenan» utilizando el token [PAD], hasta la longitud del texto más largo del lote.

El tokenizador utilizado para los modelos GPT no necesita ninguno de estos tókenes; únicamente emplea un token <|endoftext|> por simplicidad. El token <|endoftext|> es análogo a [EOS], y también se utiliza para rellenar textos. Sin embargo, como veremos en capítulos posteriores, cuando entrenamos con entradas por lotes, normalmente usamos una máscara, lo cual significa que no tenemos en cuenta los tókenes que han sido rellenados, de ahí que el token específico elegido para el relleno sea intrascendente.

Además, el tokenizador de los modelos GPT tampoco utiliza un token <|unk|> para las palabras que no están en el vocabulario. En su lugar, los modelos GPT utilizan un tokenizador de codificación por pares de símbolos, que descompone las palabras en unidades de subpalabra, de lo que hablaremos a continuación.

## 2.5. Codificación por pares de símbolos

Veamos un esquema de tokenización más sofisticado basado en un concepto llamado codificación por pares de símbolos (BPE: *Byte Pair Encoding*). El tokenizador BPS se utilizó para entrenar modelos LLM como GPT-2, GPT-3 y el modelo original utilizado en ChatGPT.

Como la implementación de BPE puede ser relativamente complicada, utilizaremos una biblioteca de código abierto existente en Python llamada tiktoken (https://github.com/openai/tiktoken), que implementa el algoritmo BPE de forma muy eficiente basándose en código fuente de Rust. Al igual que otras bibliotecas de Python, podemos instalar la biblioteca tiktoken mediante el instalador pip de Python desde la línea de comandos:

```
pip install tiktoken
```

El código que utilizaremos está basado en tiktoken 0.7.0. Puedes utilizar el siguiente código para comprobar la versión que tienes instalada actualmente:

```
from importlib.metadata import version
import tiktoken
print("tiktoken version:', version("tiktoken"))
```

Una vez instalado, instanciamos el tokenizador BPE desde tiktoken de la siguiente manera:

```
tokenizer = tiktoken.get_encoding("gpt2")
```

El uso de este tokenizador es similar al SimpleTokenizerV2 que implementamos anteriormente mediante un método encode:

```
text = (
    "Hello, do you like tea? <|endoftext|> In the sunlit terraces"
     "of someunknownPlace."
)
integers = tokenizer.encode(text, allowed_special={"<|endoftext|>"})
print(integers)
```

Este código imprime los siguientes ID de token:

```
[15496, 11, 466, 345, 588, 8887, 30, 220, 50256, 554, 262, 4252, 18250, 8812,
2114, 286, 617, 34680, 27271, 13]
```

A continuación, podemos convertir los ID de token de nuevo en texto utilizando el método decode, similar a nuestro SimpleTokenizerV2:

```
strings = tokenizer.decode(integers)
print(strings)
```

El código imprime

```
Hello, do you like tea? <|endoftext|> In the sunlit terraces of  someunknownPlace.
```

Podemos hacer dos observaciones importantes basándonos en los ID de token y en el texto decodificado. En primer lugar, al token <|endoftext|> se le asigna un ID de token relativamente grande, es decir, 50256. De hecho, el tokenizador BPE, que se utilizó para entrenar modelos como GPT-2, GPT-3 y el modelo original utilizado en ChatGPT, tiene un vocabulario total de 50 257 palabras, de las cuales <|endoftext|> tiene asignado el ID de token más grande.

En segundo lugar, el tokenizador BPE codifica y decodifica correctamente palabras desconocidas, como `someunknownPlace`. El tokenizador BPE puede manejar cualquier palabra desconocida. ¿Cómo lo consigue sin usar tókenes <|unk|>?

El algoritmo subyacente a BPE descompone las palabras que no están en su vocabulario predefinido en unidades de subpalabra más pequeñas o incluso en caracteres individuales, lo que le permite manejar palabras que le son desconocidas. Así, gracias al algoritmo BPE, si el tokenizador encuentra una palabra desconocida durante la tokenización, puede representarla como una secuencia de tókenes de subpalabras o caracteres, como se ilustra en la figura 2.11.

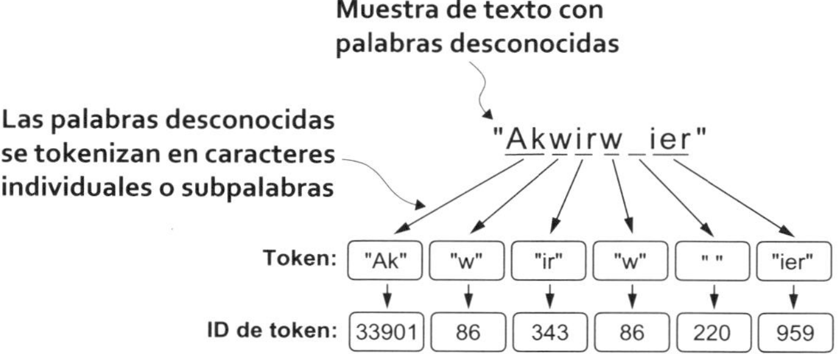


**Figura 2.11.** Los tokenizadores BPE descomponen las palabras desconocidas en subpalabras y caracteres individuales. De este modo, un tokenizador BPE puede analizar cualquier palabra y no necesita sustituir palabras desconocidas por tókenes especiales, como <|unk|>.

La capacidad de descomponer palabras desconocidas en caracteres individuales garantiza que el tokenizador y, en consecuencia, el LLM que se entrena con él, puedan procesar cualquier texto, aunque contenga palabras que no estaban presentes en sus datos de entrenamiento.

### Ejercicio 2.1 Codificación por pares de símbolos de palabras desconocidas

Prueba el tokenizador BPE de la biblioteca tiktoken con las palabras desconocidas «Akwirw ier» e imprime los ID de token individuales. A continuación, llama a la función `decode` con cada uno de los enteros resultantes de esta lista para reproducir la asignación mostrada en la figura 2.11. Por último, llama al método `decode` con los ID de token para comprobar si es capaz de reconstruir la entrada original, «Akwirw ier».

El tratamiento detallado y la implementación de BPE está fuera del alcance de este libro, pero, en resumen, construye su vocabulario mediante la fusión iterativa de caracteres frecuentes en subpalabras y de subpalabras frecuentes en palabras. Por ejemplo, BPE empieza añadiendo todos los caracteres individuales a su vocabulario («a», «b», etc.). A continuación, une en subpalabras las combinaciones de caracteres que aparecen juntas con frecuencia. Por ejemplo, «d» y «e» pueden fusionarse en la subpalabra «de», común en muchas palabras. Las fusiones se determinan mediante un umbral de frecuencia.

## 2.6. Muestreo de datos con una ventana deslizante

El siguiente paso en la creación de representaciones vectoriales o *embedding* para el LLM es generar los pares entrada-objetivo necesarios para entrenar el modelo. ¿Qué aspecto tienen estos pares? Como ya hemos aprendido, los LLM son preentrenados prediciendo la siguiente palabra de un texto, tal y como se muestra en la figura 2.12.

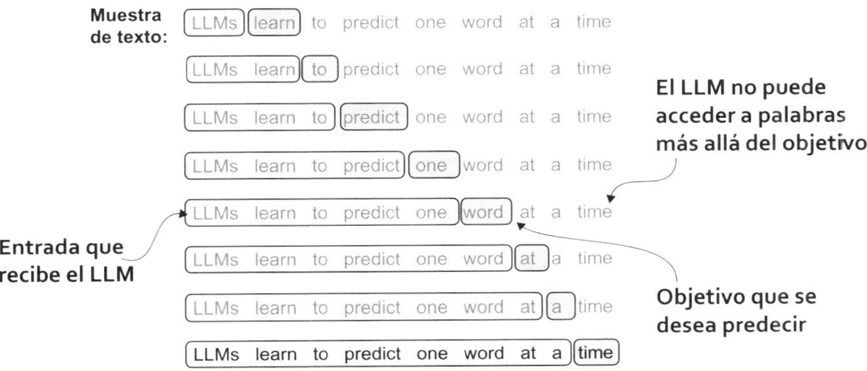


**Figura 2.12.** Dada una muestra de texto, extrae bloques de entrada como submuestras que le sirven de entrada al LLM, y la tarea de predicción del LLM durante el entrenamiento es predecir la siguiente palabra que va detrás del bloque de entrada. Durante el entrenamiento, ocultamos todas las palabras que están más allá del objetivo. Ten en cuenta que el texto mostrado en esta figura debe someterse a la tokenización antes de que el LLM pueda procesarlo; sin embargo, esta figura omite el paso de tokenización para mayor claridad.

Implementemos un cargador de datos que obtenga los pares entrada-objetivo de la figura 2.12 a partir del conjunto de datos de entrenamiento y utilizando un enfoque de ventana deslizante. Para empezar, vamos a tokenizar el relato completo *The Verdict* utilizando el tokenizador BPE:

```
with open("the-verdict.txt", "r", encoding="utf-8") as f:
    raw_text = f.read()

enc_text = tokenizer.encode(raw_text)
print(len(enc_text))
```

La ejecución de este código devolverá `5145`, el número total de tókenes del conjunto de entrenamiento, después de aplicar el tokenizador BPE.

A continuación, eliminamos los primeros 50 tókenes del conjunto de datos con fines demostrativos, pues en los pasos siguientes se obtiene un pasaje de texto un poco más interesante:

```
enc_sample = enc_text[50:]
```

Una de las formas más fáciles e intuitivas de formar los pares entrada-objetivo para la tarea de predicción de la palabra siguiente es crear dos variables, `x` e `y`, donde `x` contiene los tókenes de entrada e `y` contiene los objetivos, que son las entradas desplazadas en 1:

```
context_size = 4
x = enc_sample[:context_size]
y = enc_sample[1:context_size+1]
print(f"x: {x}")
print(f"y:      {y}")
```

**El tamaño del contexto determina cuántos tókenes se incluyen en la entrada**

Ejecutando el código anterior se obtiene el siguiente resultado:

```
x: [290, 4920, 2241, 287]
y:      [4920, 2241, 287, 257]
```

Al procesar las entradas junto con los objetivos, que son las entradas desplazadas una posición, podemos crear las tareas de predicción de la palabra siguiente (véase la figura 2.12), como sigue:

```
for i in range(1, context_size+1):
   context = enc_sample[:i]
   desired = enc_sample[i]
   print(context, "---->", desired)
```

El código imprime

```
[290] ----> 4920
[290, 4920] ----> 2241
[290, 4920, 2241] ----> 287
[290, 4920, 2241, 287] ----> 257
```

Todo lo que hay a la izquierda de la flecha (—>) se refiere a la entrada que recibiría un LLM, y el ID de token situado a la derecha de la flecha representa el ID de token objetivo que el LLM debe predecir. Repitamos el código anterior pero convirtamos los ID de token en texto:

```
for i in range(1, context_size+1):
   context = enc_sample[:i]
   desired = enc_sample[i]
   print(tokenizer.decode(context), "---->", tokenizer.decode([desired]))
```

Los siguientes resultados muestran el aspecto de la entrada y de las salidas en formato de texto:

```
and ---->  established
and established ---->  himself
and established himself ---->  in
and established himself in ---->  a
```

Ya hemos creado los pares entrada-objetivo que podemos utilizar para el entrenamiento del LLM. Solo nos queda una tarea antes de poder convertir los tókenes en representaciones vectoriales: implementar un cargador de datos eficiente que procese el conjunto de datos de entrada completo y devuelva las entradas y los objetivos como tensores PyTorch, que pueden considerarse matrices multidimensionales. En concreto, nos interesa devolver dos tensores: uno de entrada, que contenga el texto que ve el LLM, y otro objetivo, que incluya los objetivos que el LLM debe predecir, tal y como se muestra en la figura 2.13. Aunque la figura muestra los tókenes en formato de cadena de texto con fines ilustrativos, la implementación del código manejará directamente ID de token, porque el método `encode` del tokenizador BPE realiza tanto la tokenización como la conversión en ID de token en un único paso.

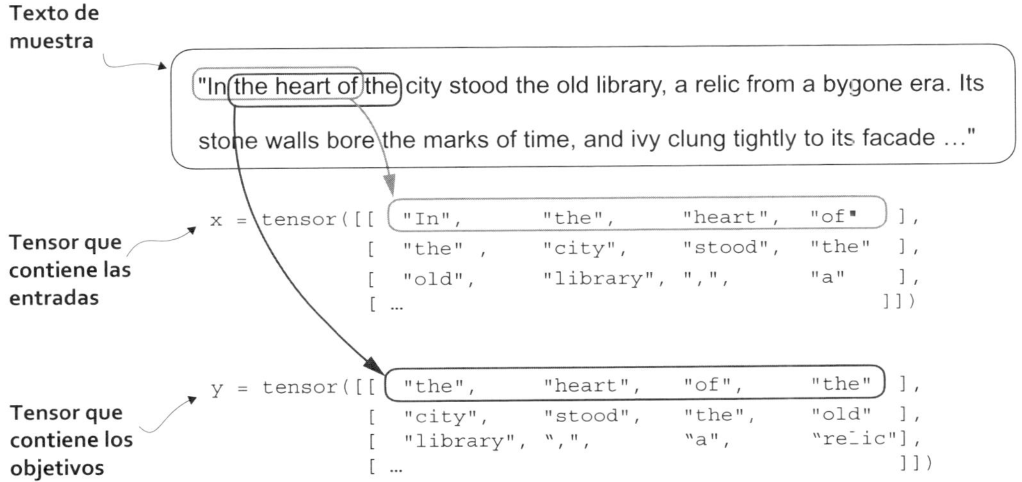


**Figura 2.13.** Para implementar cargadores de datos eficientes, recogemos las entradas en un tensor, `x`, donde cada fila representa un contexto de entrada. Un segundo tensor, `y`, contiene los objetivos de predicción correspondientes (siguientes palabras), que se crean desplazando la entrada una posición.

> **NOTA:** Para la implementación eficiente del cargador de datos, utilizaremos las clases `Dataset` y `DataLoader` integradas de PyTorch. Para obtener información adicional y orientación sobre la instalación de PyTorch, consulta la sección A.2.1.3 en el apéndice A.

El código de la clase `Dataset` se muestra en el siguiente listado.

**Listado 2.5 Un conjunto de datos para entradas y objetivos por lotes**

```
import torch
from torch.utils.data import Dataset, DataLoader

class GPTDatasetV1(Dataset):
    def __init__(self, txt, tokenizer, max_length, stride):
        self.input_ids = []
        self.target_ids = []

        token_ids = tokenizer.encode(txt)
        for i in range(0, len(token_ids) - max_length, stride):
            input_chunk = token_ids[i:i + max_length]
            target_chunk = token_ids[i + 1: i + max_length + 1]
            self.input_ids.append(torch.tensor(input_chunk))
            self.target_ids.append(torch.tensor(target_chunk))
```

Tokeniza todo el texto

Utiliza una ventana deslizante para dividir el libro en secuencias superpuestas de `max_length`

```
    def __len__(self):
        return len(self.input_ids)

    def __getitem__(self, idx):
        return self.input_ids[idx], self.target_ids[idx]
```

Devuelve el número total de filas del conjunto de datos

Devuelve una sola fila del conjunto de datos

La clase `GPTDatasetV1` se basa en la clase `Dataset` de PyTorch y define cómo se obtienen las filas individuales del conjunto de datos, donde cada fila consiste en un número de ID de token (basado en un `max_length`) asignado a un tensor `input_chunk`. El tensor `target_chunk` contiene los objetivos correspondientes. Recomiendo seguir leyendo para ver qué aspecto tienen los datos devueltos por este conjunto de datos al combinarlo con un `DataLoader` de PyTorch, lo que aportará más intuición y claridad.

**NOTA:** Si no conoces la estructura de las clases `Dataset` de PyTorch, como la mostrada en el listado 2.5, consulta la sección A.6 del apéndice A, que explica la estructura general y el uso de las clases `Dataset` y `DataLoader` de PyTorch.

El siguiente código utiliza `GPTDatasetV1` para cargar las entradas por lotes mediante un `DataLoader` de PyTorch.

**Listado 2.6. Un cargador de datos para generar lotes con pares entrada-objetivo**

```
def create_dataloader_v1(txt, batch_size=4, max_length=256,
                         stride=128, shuffle=True, drop_last=True,
                         num_workers=0):
    tokenizer = tiktoken.get_encoding("gpt2")
    dataset = GPTDatasetV1(txt, tokenizer, max_length, stride)
    dataloader = DataLoader(
        dataset,
        batch_size=batch_size,
        shuffle=shuffle,
        drop_last=drop_last,
        num_workers=num_workers
    )

    return dataloader
```

Inicializa el tokenizador

Crea el conjunto de datos

`drop_last=True` **elimina el último lote si es inferior al** `batch_size` **especificado para evitar picos de pérdidas durante el entrenamiento**

El número de procesos de CPU que se utilizará para el procesamiento previo

Probaremos el cargador `dataloader` con un tamaño de lote de 1 para un LLM con un tamaño de contexto de 4 para vislumbrar cómo trabajan juntas la clase `GPTDatasetV1` del listado 2.5 y la función `create_dataloader_v1` del listado 2.6:

```
with open("the-verdict.txt", "r", encoding="utf-8") as f:
    raw_text = f.read()

dataloader = create_dataloader_v1(
    raw_text, batch_size=1, max_length=4, stride=1, shuffle=False)
data_iter = iter(dataloader)
first_batch = next(data_iter)
print(first_batch)
```

Convierte `dataloader` en un iterador de Python para obtener la siguiente entrada mediante la función next() integrada de Python.

Ejecutando el código anterior se obtiene lo siguiente:

```
[tensor([[   40,   367, 2885, 1464]]), tensor([[ 367, 2885, 1464, 1807]])]
```

La variable `first_batch` contiene dos tensores: el primero almacena los ID de token de entrada y el segundo almacena los ID de token objetivo. Debido a que `max_length` está establecido en 4, cada uno de los dos tensores contiene cuatro ID de token. Ten en cuenta que un tamaño de entrada de 4 es bastante reducido, y solo se ha elegido por simplicidad. Es común entrenar LLM con tamaños de entrada de al menos 256.

Para entender el significado de `stride=1`, recuperemos otro lote de este conjunto de datos:

```
second_batch = next(data_iter)
print(second_batch)
```

El segundo lote tiene el siguiente contenido:

```
[tensor([[ 367, 2885, 1464, 1807]]), tensor([[2885, 1464, 1807, 3619]])]
```

Si comparamos los lotes primero y segundo, observamos que los ID de token del segundo lote están desplazados una posición (por ejemplo, el segundo ID de la entrada del primer lote es 367, que es el primer ID de la entrada del segundo lote). La configuración `stride` dicta el número de posiciones que se desplazan las entradas entre los lotes, emulando un enfoque de ventana deslizante, como se muestra en la figura 2.14.

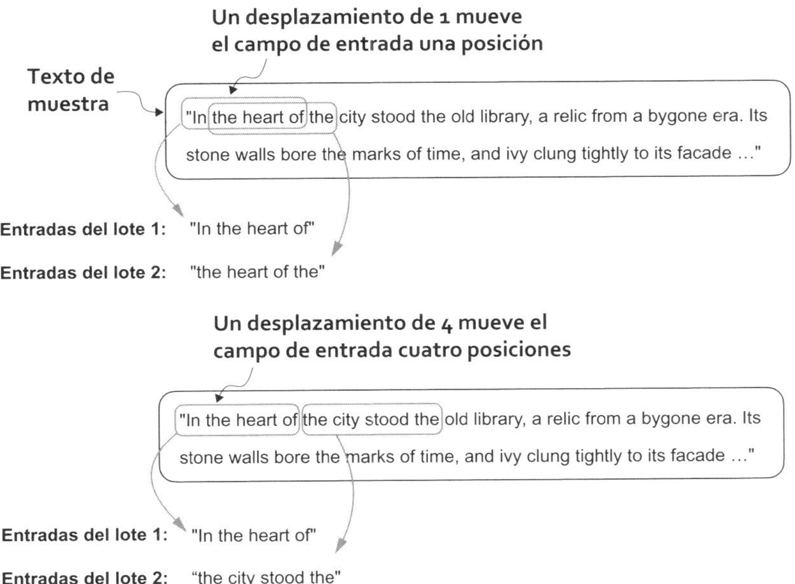


**Figura 2.14.** Al crear varios lotes a partir del conjunto de datos de entrada, deslizamos una ventana de entrada a lo largo del texto. Si el desplazamiento se fija en 1, movemos la ventana de entrada una posición al crear el siguiente lote. Si fijamos el desplazamiento en el mismo valor que el tamaño de la ventana de entrada, podemos evitar solapamientos entre los lotes.

### Ejercicio 2.2. Cargadores de datos con diferentes desplazamientos y tamaños de contexto

Para vislumbrar cómo funciona el cargador de datos, intenta ejecutarlo con diferentes configuraciones como `max_length=2` y `stride=2`, y `max_length=8` y `stride=2`.

Los tamaños de lote de 1, como los que hemos muestreado del cargador de datos hasta ahora, son útiles a efectos ilustrativos. Si tienes experiencia previa con deep learning, quizá ya sepas que los tamaños de lote pequeños requieren menos memoria durante el entrenamiento, pero dan lugar a actualizaciones del modelo con más ruido. Al igual que en el DL normal, el tamaño del lote es un término medio, y un hiperparámetro con el que experimentar al entrenar los LLM.

Veamos brevemente cómo podemos utilizar el cargador de datos para muestrear con un tamaño de lote superior a 1:

```
dataloader = create_dataloader_v1(
    raw_text, batch_size=8, max_length=4, stride=4,
    shuffle=False
)

data_iter = iter(dataloader)
inputs, targets = next(data_iter)
print("Inputs:\n", inputs)
print("\nTargets:\n", targets)
```

Esto imprime

```
Inputs:
 tensor([[   40,   367,  2885,  1464],
        [ 1807,  3619,   402,   271],
        [10899,  2138,   257,  7026],
        [15632,   438,  2016,   257],
        [  922,  5891,  1576,   438],
        [  568,   340,   373,   645],
        [ 1049,  5975,   284,   502],
        [  284,  3285,   326,    11]])
Targets:
 tensor([[  367,  2885,  1464,  1807],
        [ 3619,   402,   271, 10899],
        [ 2138,   257,  7026, 15632],
        [  438,  2016,   257,   922],
        [ 5891,  1576,   438,   568],
        [  340,   373,   645,  1049],
        [ 5975,   284,   502,   284],
        [ 3285,   326,    11,   287]])
```

Ten en cuenta que aumentamos el desplazamiento a 4 para aprovechar al máximo el conjunto de datos (no nos saltamos ni una sola palabra). De este modo se evita cualquier solapamiento entre los lotes, pues más solapamiento podría dar lugar a un mayor sobreajuste.

## 2.7. Crear representaciones vectoriales de tókenes

El último paso en la preparación del texto de entrada para el entrenamiento del LLM es convertir los ID de token en representaciones vectoriales, como se muestra en la figura 2.15. Como paso preliminar, debemos inicializar estos pesos de *embedding* con valores aleatorios. Esta inicialización sirve como punto de partida para el proceso de aprendizaje del LLM. En el capítulo 5 optimizaremos los pesos de *embedding* como parte de su entrenamiento.

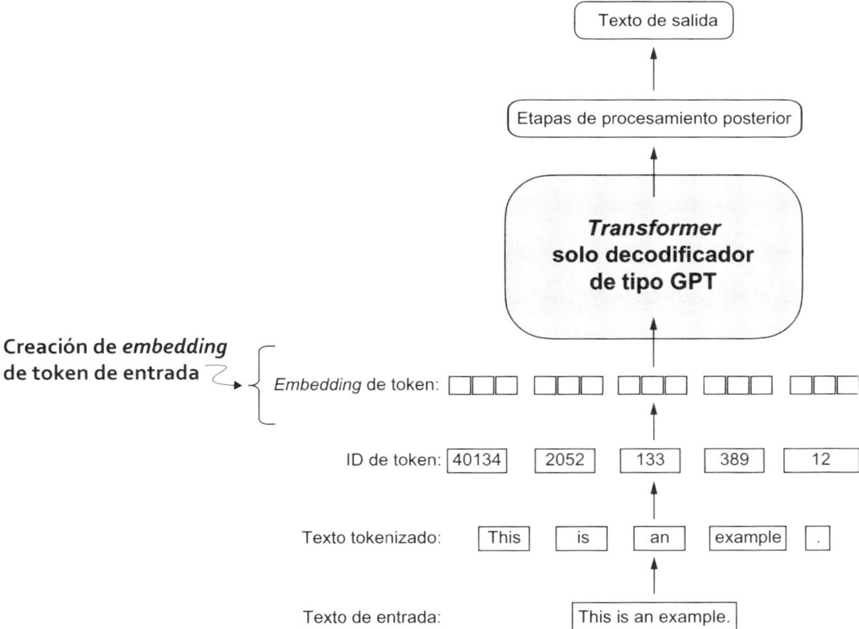


**Figura 2.15.** La preparación consiste en tokenizar el texto, convertir los tókenes de texto en ID de token y transformar estos últimos en representaciones vectoriales. En este caso, consideramos los ID de token creados previamente para crear las representaciones vectoriales de tókenes.

Es necesaria una representación vectorial continua, o *embedding*, porque los LLM de tipo GPT son redes neuronales profundas entrenadas con el algoritmo de retropropagación.

**NOTA:** Si no estás familiarizado con el método de entrenamiento de redes neuronales con retropropagación, lee la sección A.4 del apéndice A.

Veamos cómo funciona la conversión de ID de token a vector de *embedding* con un ejemplo práctico. Supongamos que tenemos los siguientes cuatro tókenes de entrada con ID 2, 3, 5 y 1:

```
input_ids = torch.tensor([2, 3, 5, 1])
```

Para simplificar, supongamos que tenemos un vocabulario reducido de solo 6 palabras (en lugar de las 50 257 palabras del vocabulario del tokenizador BPE), y queremos crear *embedding* de tamaño 3 (en GPT-3, este tamaño es de 12 288 dimensiones):

```
vocab_size = 6
output_dim = 3
```

Usando `vocab_size` y `output_dim`, podemos instanciar una capa de representación en PyTorch, estableciendo la semilla aleatoria en `123` a efectos de reproducibilidad:

```
torch.manual_seed(123)
embedding_layer = torch.nn.Embedding(vocab_size, output_dim)
print(embedding_layer.weight)
```

La sentencia de impresión imprime la matriz de pesos subyacente de la capa de representación vectorial:

```
Parameter containing:
tensor([[ 0.3374, -0.1778,      -0.1690],
        [ 0.9178, 1.5810,        1.3010],
        [ 1.2753, -0.2010,      -0.1606],
        [-0.4015, 0.9666,       -1.1481],
        [-1.1589, 0.3255,       -0.6315],
        [-2.8400, -0.7849,      -1.4096]], requires_grad=True)
```

La matriz de pesos de la capa de representación vectorial contiene valores pequeños y aleatorios. Estos valores se optimizan durante el entrenamiento del LLM como parte de la propia optimización del LLM. Además, podemos ver que la matriz de pesos tiene seis filas y tres columnas. Hay una fila para cada uno de los seis posibles tókenes del vocabulario, y hay una columna para cada una de las tres dimensiones de *embedding*.

Apliquémosla ahora a un ID de token para obtener la representación vectorial:

```
print(embedding_layer(torch.tensor([3])))
```

El vector de *embedding* devuelto es

```
tensor([[-0.4015,  0.9666, -1.1481]], grad_fn=<EmbeddingBackward0>)
```

Si comparamos este vector para el ID de token 3 con la matriz anterior, vemos que es idéntico a la cuarta fila (Python comienza con un índice cero, por lo que es la fila correspondiente al índice 3). En otras palabras, la capa de representación vectorial es esencialmente una operación de búsqueda que recupera filas de su matriz de pesos mediante un ID de token.

**NOTA:** Para los lectores que estén familiarizados con la codificación *one-hot*, el método de la capa de representación vectorial o *embedding* descrito aquí es básicamente una forma más eficiente de implementar la codificación *one-hot* seguida de la multiplicación de matrices en una capa totalmente conectada, que se ilustra en el código adicional disponible en GitHub en `https://mng.bz/ZEB5`. Como la capa de representación vectorial no es más que una implementación más eficiente que equivale al método de codificación *one-hot* y multiplicación matricial, puede considerarse como una capa de red neuronal optimizable mediante retropropagación.

Ya hemos visto cómo convertir un único ID de token en una representación vectorial tridimensional. Apliquémoslo ahora a los cuatro ID de entrada (`torch.tensor([2, 3, 5, 1])`):

```
print(embedding_layer(input_ids))
```

El resultado obtenido revela una matriz de 4 x 3:

```
tensor([[ 1.2753, -0.2010, -0.1606],
        [-0.4015, 0.9666, -1.1481],
        [-2.8400, -0.7849, -1.4096],
        [ 0.9178, 1.5810, 1.3010]], grad_fn=<EmbeddingBackward0>)
```

Cada fila de esta matriz de salida se obtiene mediante una operación de búsqueda a partir de la matriz de pesos de representación vectorial, como se ilustra en la figura 2.16.

Una vez creados los vectores de *embedding* a partir de los ID de token, les añadiremos a los primeros una pequeña modificación para codificar la información posicional referente a un token dentro de un texto.

## 2.8. Codificación de las posiciones de las palabras

En principio, las representaciones vectoriales de tókenes son una entrada adecuada para un LLM. Sin embargo, una pequeña deficiencia de estos modelos de lenguaje es que su mecanismo de autoatención (véase el capítulo 3) no tiene la noción de posición u orden para los tókenes dentro de una secuencia. La capa de representación vectorial o *embedding* introducida anteriormente funciona de forma que siempre se asigna el mismo ID de token a la misma representación vectorial, independientemente de dónde se sitúe el ID de token en la secuencia de entrada, como se muestra en la figura 2.17.

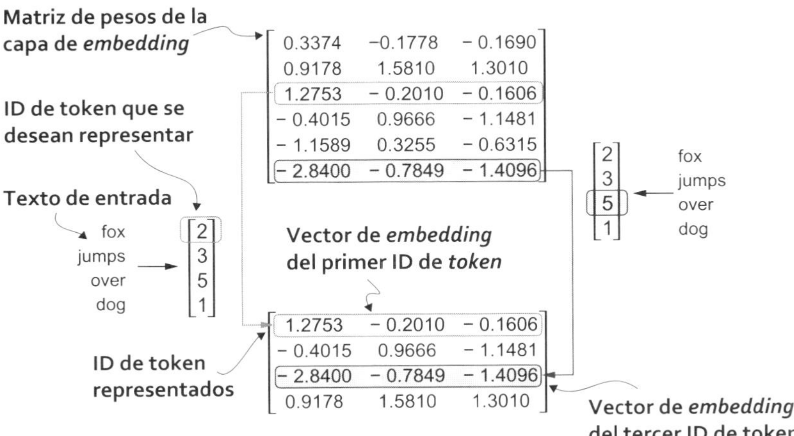


**Figura 2.16.** Las capas de *embedding* realizan una operación de búsqueda, recuperando la representación vectorial correspondiente al ID de token de la matriz de pesos de la capa de *embedding*. Por ejemplo, la representación vectorial del ID de token 5 es la sexta fila de la matriz de pesos de la capa de *embedding* (es la sexta fila en lugar de la quinta porque Python empieza a contar en 0). Asumimos que los ID de token fueron producidos por el vocabulario reducido de la sección 2.3.

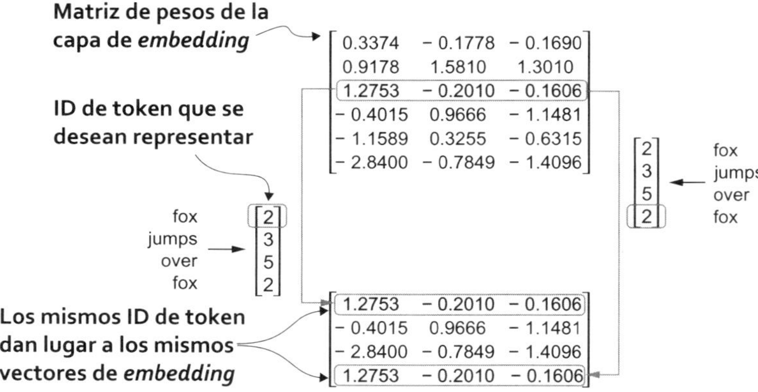


**Figura 2.17.** La capa de representación vectorial convierte un ID de token en el mismo vector, independientemente de dónde se encuentre en la secuencia de entrada. Por ejemplo, el ID de token 5, tanto si está en la primera como en la cuarta posición del vector de entrada del ID de token, dará como resultado el mismo vector de *embedding*.

En principio, la representación vectorial determinista e independiente de la posición del ID de token es buena a efectos de reproducibilidad. Sin embargo, como el propio mecanismo de autoatención de los LLM también es independiente de la posición, resulta útil inyectarle al modelo información adicional sobre la posición.

Para ello, podemos utilizar dos grandes categorías de *embedding* que tienen en cuenta la posición: posicionales relativos y posicionales absolutos. Los *embedding* posicionales absolutos se asocian directamente con posiciones específicas de una secuencia. Para cada posición en la secuencia de entrada, se añade un *embedding* único a la representación vectorial del token para indicar su ubicación exacta. Por ejemplo, el primer token tendrá un *embedding* posicional específico, el segundo token otro distinto, y así sucesivamente, como se ilustra en la figura 2.18.

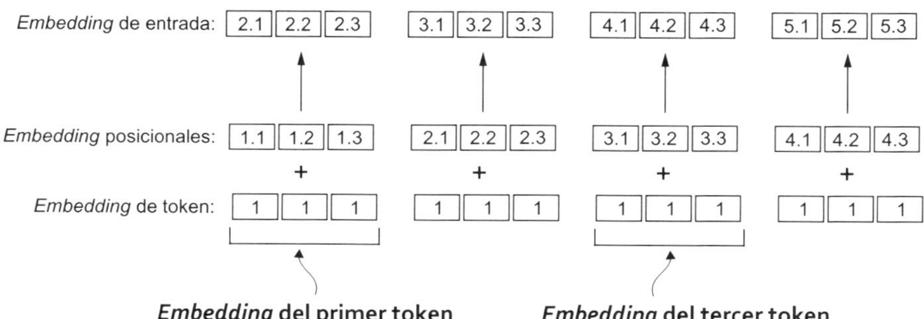


**Figura 2.18.** Los *embedding* posicionales se añaden a la representación vectorial de token para crear los *embedding* de entrada para un LLM. Los vectores posicionales tienen la misma dimensión que los *embedding* de token originales. Los *embedding* de token se muestran con el valor 1 para simplificar.

En lugar de centrarse en la posición absoluta de un token, los *embedding* posicionales relativos se centran en la posición relativa o la distancia entre tókenes. Esto significa que el modelo aprende las relaciones en términos de «a qué distancia» en lugar de «en qué posición exacta». La ventaja es que el modelo puede generalizar mejor a secuencias de longitudes variables, aunque no las haya visto durante el entrenamiento.

Ambos tipos de representación vectorial posicional pretenden aumentar la capacidad de los LLM para comprender el orden y las relaciones entre los tókenes, y garantizar predicciones más precisas y conscientes del contexto. La elección de uno u otro suele depender de la aplicación específica y de la naturaleza de los datos que se procesan.

Los modelos GPT de OpenAI utilizan *embedding* posicionales absolutos que se optimizan durante el proceso de entrenamiento, en lugar de ser fijos o predefinidos, como las codificaciones posicionales del modelo *Transformer* original. Este proceso de optimización forma parte del entrenamiento del modelo como tal. Por ahora, crearemos los *embedding* posicionales iniciales para obtener las entradas del LLM.

Con anterioridad nos centramos en tamaños de vector muy pequeños por simplicidad. Ahora, vamos a considerar tamaños más realistas y útiles, y codificaremos los tókenes de entrada en una representación vectorial de 256 dimensiones, más pequeña que la que utilizaba el modelo GPT-3 original (en GPT-3, el tamaño es de 12 288 dimensiones), pero que sigue siendo razonable para la experimentación. Además, suponemos que los ID de token fueron creados por el tokenizador BPE que implementamos anteriormente, que tiene un vocabulario de 50 257 dimensiones:

```
vocab_size = 50257
output_dim = 256
token_embedding_layer = torch.nn.Embedding(vocab_size, output_dim)
```

Utilizando la capa `token_embedding_layer` anterior, si muestreamos datos del cargador de datos, representamos cada token de cada lote en un vector de 256 dimensiones. Si tenemos un tamaño de lote de 8 con cuatro tókenes cada uno, el resultado será un tensor de 8 x 4 x 256.

Instanciemos primero el cargador de datos (véase la sección 2.6):

```
max_length = 4
dataloader = create_dataloader_v1(
    raw_text, batch_size=8, max_length=max_length,
   stride=max_length, shuffle=False
)
data_iter = iter(dataloader)
inputs, targets = next(data_iter)
print("Token IDs:\n", inputs)
print("\nInputs shape:\n", inputs.shape)
```

Este código imprime

```
Token IDs:
 tensor([[   40,    367, 2885, 1464],
        [ 1807,   3619,  402,  271],
        [10899,   2138,  257, 7026],
        [15632,    438, 2016,  257],
```

```
        [ 922,     5891, 1576,  438],
        [ 568,      340,  373,  645],
        [ 1049,    5975,  284,  502],
        [ 284,     3285,  326,   11]])

Inputs shape:
 torch.Size([8, 4])
```

Como podemos observar, el tensor de ID de token es de 8 x 4 dimensiones, lo que significa que el lote de datos consta de ocho muestras de texto con cuatro tókenes cada una.

Utilicemos ahora la capa de *embedding* para representar estos ID de token en vectores de 256 dimensiones:

```
token_embeddings = token_embedding_layer(inputs)
print(token_embeddings.shape)
```

La llamada a la función de impresión devuelve

```
torch.Size([8, 4, 256])
```

El tensor de salida de 8 x 4 x 256 dimensiones muestra que cada ID de token está ahora representado como un vector de 256 dimensiones.

Para el método de *embedding* absoluto de un modelo GPT, solo tenemos que crear otra capa de representación que tenga la misma dimensión que la capa `token_embedding_layer`:

```
context_length = max_length
pos_embedding_layer = torch.nn.Embedding(context_length, output_dim)
pos_embeddings = pos_embedding_layer(torch.arange(context_length)) print(pos_
embeddings.shape)
```

La entrada de `pos_embeddings` suele ser un vector temporal `torch.arange (context_length)`, que contiene una secuencia de números 0, 1, ..., hasta la longitud máxima de entrada -1. La variable `context_length` representa el tamaño de entrada admitido por el LLM. Aquí, la elegimos similar a la longitud máxima del texto de entrada. En la práctica, el texto de entrada puede ser más largo que la longitud de contexto admitida, en cuyo caso tenemos que truncar el texto.

La salida de la sentencia de impresión es

```
torch.Size([4, 256])
```

Observamos que el tensor de *embedding* posicional consta de cuatro vectores de 256 dimensiones. Ahora podemos añadirlos directamente a las representaciones vectoriales de tókenes, donde PyTorch añadirá el tensor `pos_embeddings` de 4 x 256 dimensiones a cada tensor de *embedding* de token de 4 x 256 dimensiones en cada uno de los ocho lotes:

```
input_embeddings = token_embeddings + pos_embeddings
print(input_embeddings.shape)
```

El resultado es

```
torch.Size([8, 4, 256])
```

Los `input_embeddings` que hemos creado, como se resume en la figura 2.19, son los ejemplos de entrada representados que ahora pueden ser procesados por los módulos principales de LLM, que empezaremos a implementar en el próximo capítulo.

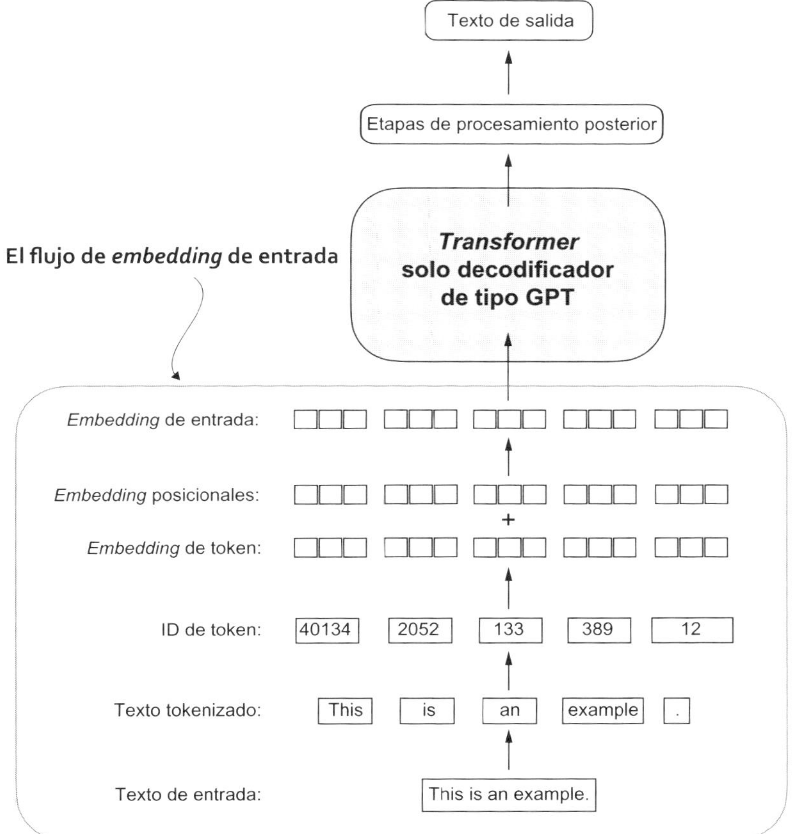


**Figura 2.19.** Como parte del flujo de procesamiento de la entrada, el texto se divide en tókenes individuales. A continuación, se convierten en identificadores usando un vocabulario. Los ID de token se convierten en vectores a los que se añaden *embedding* posicionales de un tamaño similar, lo que da como resultado representaciones vectoriales de entrada que se utilizan como entrada para las principales capas del LLM.

## Resumen

- Los LLM requieren que los datos de texto se conviertan en vectores numéricos, conocidos como *embedding*, porque no pueden trabajar con texto sin procesar. Los *embedding* transforman datos discretos (como palabras o imágenes) en espacios vectoriales continuos, lo que los hace compatibles con las operaciones de las redes neuronales.

- En primer lugar, el texto sin procesar se divide en tókenes, que pueden ser palabras o caracteres. A continuación, los tókenes se convierten en representaciones enteras, denominadas ID de token.
- Se pueden añadir tókenes especiales, como `<|unk|>` y `<|endoftext|>`, para mejorar la comprensión del modelo y manejar diversos contextos, como palabras desconocidas o marcar el límite entre textos no relacionados.
- El tokenizador de codificación por pares de símbolos (BPE: *Byte Pair Encoder*), utilizado en modelos LLM como GPT-2 y GPT-3, puede tratar eficazmente palabras desconocidas dividiéndolas en unidades de subpalabra o caracteres individuales.
- Utilizamos un enfoque de ventana deslizante en los datos tokenizados para generar pares entrada-objetivo para el entrenamiento de LLM.
- Las capas de *embedding* en PyTorch funcionan como una operación de búsqueda, recuperando vectores correspondientes a ID de token. Los vectores resultantes proporcionan representaciones continuas de los tókenes, lo cual es crucial para entrenar modelos de deep learning como los LLM.
- Mientras que los *embedding* de token proporcionan representaciones vectoriales consistentes para cada token, carecen del sentido de la posición del token en una secuencia. Para rectificar esto, existen dos tipos principales de *embedding* posicionales: absolutos y relativos. Los modelos GPT de OpenAI utilizan los posicionales absolutos, que se añaden a los vectores de *embedding* de token y se optimizan durante el entrenamiento del modelo.

# 3 Codificar los mecanismos de atención

**_En este capítulo encontrarás:_**

- Las razones para utilizar mecanismos de atención en las redes neuronales.
- Una estructura básica de autoatención, y su progreso hacia un mecanismo de autoatención mejorado.
- Un módulo de atención causal, que permite a las LLM generar un token cada vez.
- Cómo enmascarar pesos de atención seleccionados aleatoriamente mediante *dropout* para reducir el sobreajuste.
- Cómo apilar varios módulos de atención causal en un módulo de *multi-head attention* (atención de múltiples cabezas).

Llegados a este punto, ya sabes cómo preparar el texto de entrada para el entrenamiento de los LLM: dividiéndolo en tókenes individuales de palabras y subpalabras, que pueden codificarse para el LLM como representaciones vectoriales o *embedding*.

Ahora abordaremos una parte fundamental de la arquitectura LLM, los mecanismos de atención, como se ilustra en la figura 3.1. Los examinaremos a fondo de forma aislada, centrándonos en ellos a nivel mecánico. Después nos ocuparemos de las partes restantes del LLM que rodean al mecanismo de autoatención, para verlo en acción y crear un modelo que genere texto.

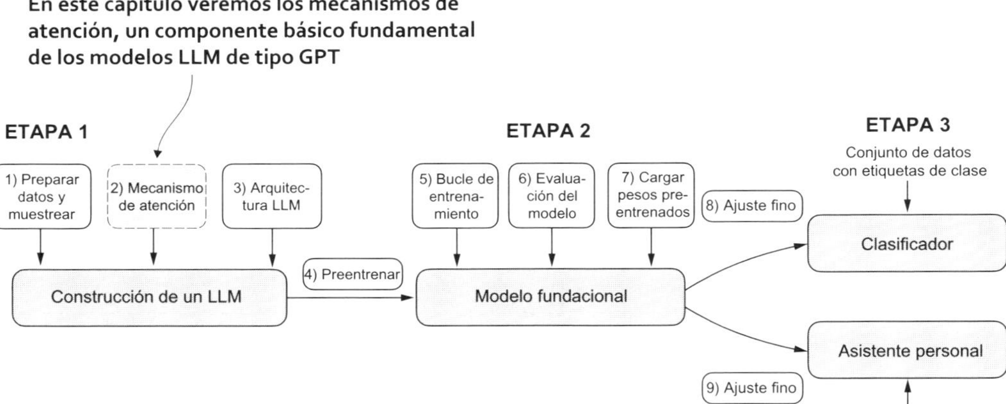


**Figura 3.1.** Las tres etapas principales de la codificación de un LLM. Este capítulo se centra en el paso 2 de la etapa 1, es decir, la implementación de los mecanismos de atención, una parte esencial de la arquitectura LLM.

Implementaremos cuatro variantes diferentes de mecanismos de atención, como muestra la figura 3.2. Estas variantes se basan unas en otras, y el objetivo es alcanzar una implementación compacta y eficiente de la *multi-head attention* (atención de múltiples cabezas), que luego podamos conectar a la arquitectura LLM (que codificaremos en el próximo capítulo).

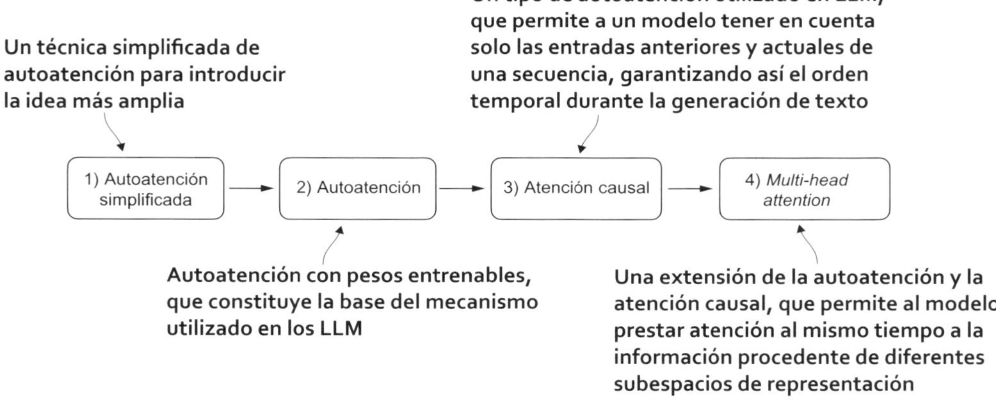


**Figura 3.2.** La figura muestra los diferentes mecanismos de atención que codificaremos en este capítulo, comenzando con una versión simplificada de la autoatención antes de añadir los pesos entrenables. El mecanismo de atención causal añade una máscara a la autoatención, que permite al LLM generar una palabra cada vez. Por último, la *multi-head attention* organiza el mecanismo de atención en múltiples cabezas, lo que permite al modelo capturar varios aspectos de los datos de entrada en paralelo.

## 3.1. El problema de representar secuencias largas

Antes de sumergirnos en el mecanismo de autoatención que se encuentra en el corazón de los grandes modelos de lenguaje, consideremos el problema de las arquitecturas anteriores a los LLM que no incluyen mecanismos de atención. Supongamos que queremos desarrollar un modelo de traducción de idiomas que traduzca texto de un idioma a otro. Como se muestra en la figura 3.3, no es posible simplemente traducir un texto palabra por palabra, debido a las estructuras gramaticales del idioma de origen y de destino.

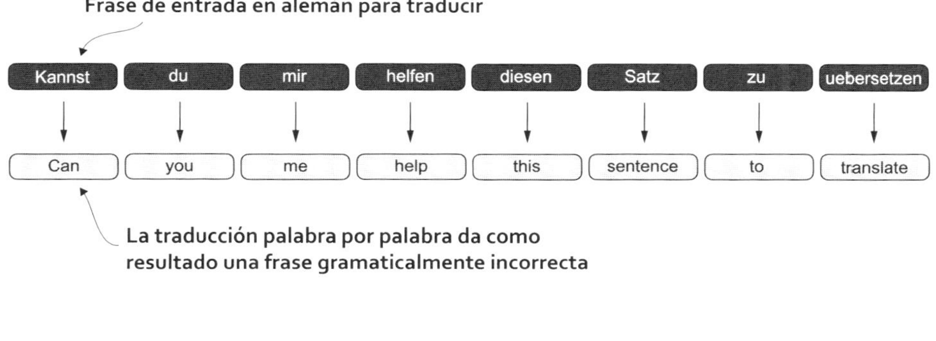


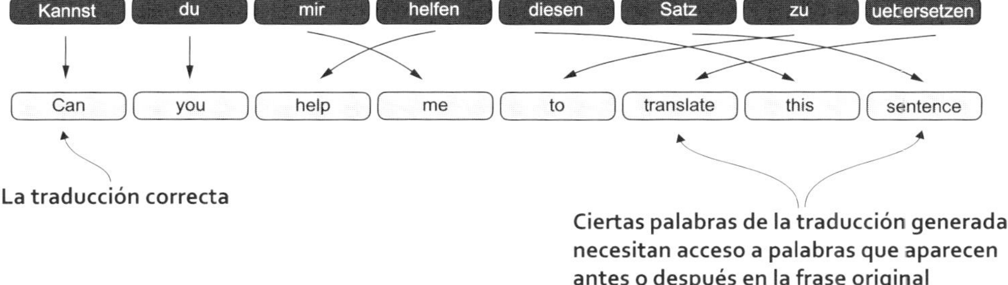


**Figura 3.3.** Al traducir un texto de un idioma a otro, como por ejemplo del alemán al inglés, no es posible limitarse a traducir palabra por palabra. Por el contrario, el proceso de traducción requiere comprensión contextual y alineación gramatical.

Para resolver este problema, es habitual utilizar una red neuronal profunda con dos submódulos, un codificador y un decodificador. La tarea del codificador consiste en leer y procesar primero el texto completo, y después el decodificador produce el texto traducido.

Antes de la llegada de los *Transformer*, las redes neuronales recurrentes (RNN: *Recurrent Neural Network*) eran la arquitectura codificador-decodificador más utilizada para la traducción de idiomas. Una RNN es un tipo de red neuronal en la cual las salidas de pasos anteriores se introducen como entradas en el paso actual, por lo que es muy adecuada para datos secuenciales (como el texto). Si no estás familiarizado con este tipo de redes, no te preocupes, porque no es necesario que conozcas su funcionamiento detallado para seguir esta explicación; ahora nos centraremos más en el concepto general de la configuración codificador-decodificador.

En una RNN con codificador-decodificador, el texto de entrada se introduce en el codificador, que lo procesa secuencialmente. El codificador actualiza su estado oculto (los valores internos en las capas ocultas) en cada paso, intentando capturar el significado completo de la frase de entrada en el estado oculto final, como se ilustra en la figura 3.4. A continuación, el decodificador toma este estado oculto final para empezar a generar la frase traducida, palabra por palabra. También actualiza su estado oculto en cada paso, que se supone que contiene el contexto necesario para la predicción de la palabra siguiente.

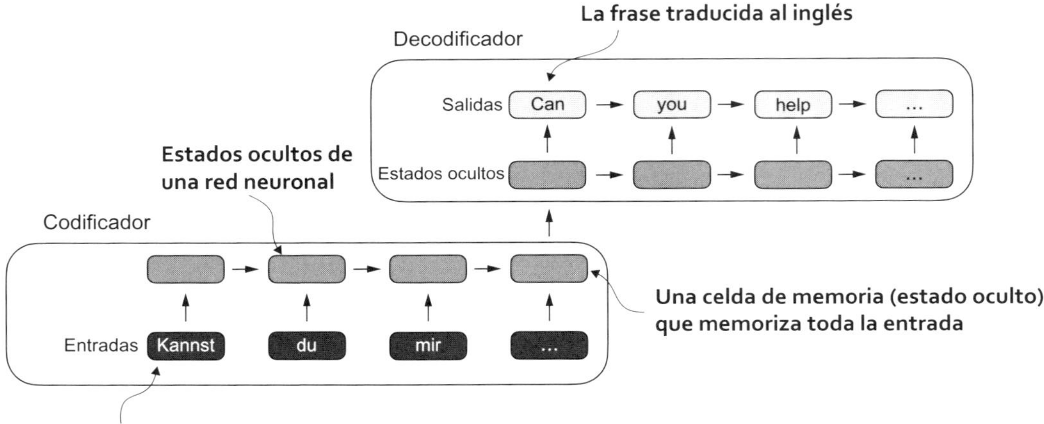


**Figura 3.4.** Antes de la llegada de los modelos *Transformer*, las RNN con arquitectura codificador-decodificador eran una opción habitual para la traducción automática. El codificador toma como entrada una secuencia de tókenes de la lengua de partida, donde un estado oculto (una capa intermedia de la red neuronal) del codificador encripta una representación comprimida de toda la secuencia de entrada. A continuación, el decodificador utiliza su estado oculto actual para iniciar la traducción, token a token.

Aunque no necesitamos conocer el funcionamiento interno de estas RNN con codificador-decodificador, la idea clave es que la parte codificadora procesa todo el texto de entrada en un estado oculto (celda de memoria). A continuación, el decodificador toma este estado oculto para producir la salida. Se puede pensar en este estado oculto como un vector de *embedding*, un concepto que ya tratamos en el capítulo 2.

La gran limitación de las RNN con codificador-decodificador es que la red no puede acceder directamente a estados ocultos anteriores del codificador durante la fase de decodificación. En consecuencia, depende únicamente del estado oculto actual, que encapsula toda la información relevante. Esto puede provocar una pérdida de contexto, sobre todo en frases complejas, en las que las dependencias pueden abarcar grandes distancias.

Afortunadamente, no es esencial entender las RNN para construir un LLM. Basta con recordar que las RNN con arquitectura codificador-decodificador tenían un inconveniente que motivó el diseño de los mecanismos de atención.

## 3.2. Captura de dependencias de datos con mecanismos de atención

Las RNN funcionan bien para traducir frases cortas, pero no son tan buenas para textos más largos, porque no tienen acceso directo a las palabras anteriores de la entrada. Una de las principales deficiencias de este enfoque es que la RNN debe recordar toda la entrada codificada en un único estado oculto antes de pasarla al decodificador (figura 3.4). De ahí que los investigadores desarrollaran en 2014 el mecanismo de atención de Bahdanau para RNN (que lleva el nombre del primer autor del artículo correspondiente; para más información, consulta el apéndice B), que modifica la RNN con codificador-decodificador, de modo que el decodificador pueda acceder selectivamente a diferentes partes de la secuencia de entrada en cada paso de decodificación, como se observa en la figura 3.5.

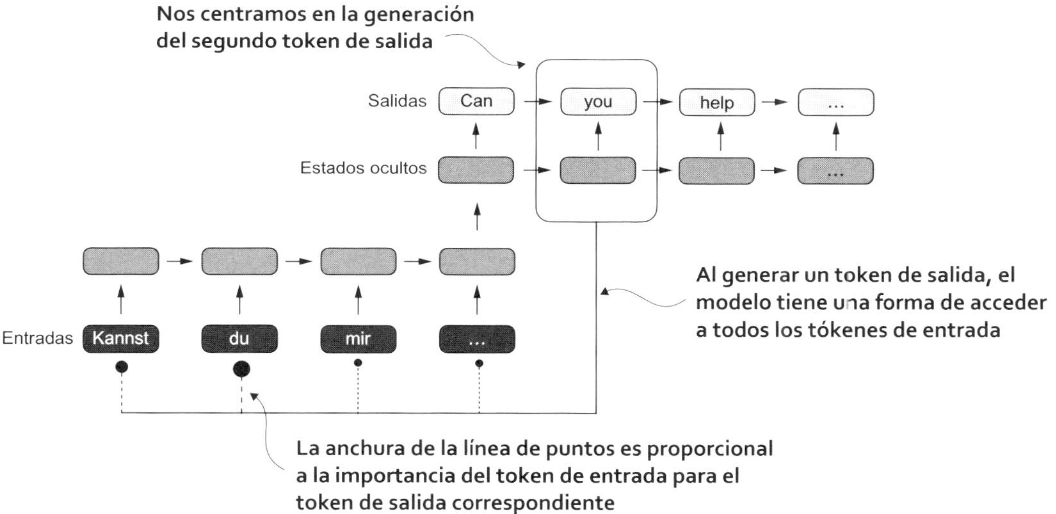


**Figura 3.5.** Mediante un mecanismo de atención, la parte de la red que genera el texto decodificado puede acceder selectivamente a todos los tókenes de entrada. Esto significa que algunos tókenes de entrada son más importantes que otros para generar un token de salida determinado. La importancia viene determinada por los pesos de atención, que calcularemos más adelante. Ten en cuenta que esta figura muestra la idea general que subyace a la atención, y no representa la implementación exacta del mecanismo Bahdanau, un método de RNN que queda fuera del ámbito de este libro.

Curiosamente, solo tres años después los investigadores descubrieron que las arquitecturas de RNN no son necesarias para construir redes neuronales profundas para el procesamiento del lenguaje natural, y propusieron la arquitectura *Transformer* original (analizada en el capítulo 1), que incluye un mecanismo de autoatención inspirado en el de Bahdanau.

La autoatención es un mecanismo que permite que cada posición en la secuencia de entrada considere la relevancia de (o «atienda a») todas las demás posiciones de la misma secuencia al procesar la representación de una secuencia. La autoatención es un componente clave de los LLM contemporáneos basados en la arquitectura *Transformer*, como la serie GPT.

Este capítulo se centra en la codificación y comprensión de este mecanismo de autoatención utilizado en los modelos tipo GPT, como se ilustra en la figura 3.6. En el próximo capítulo codificaremos las partes restantes del LLM.

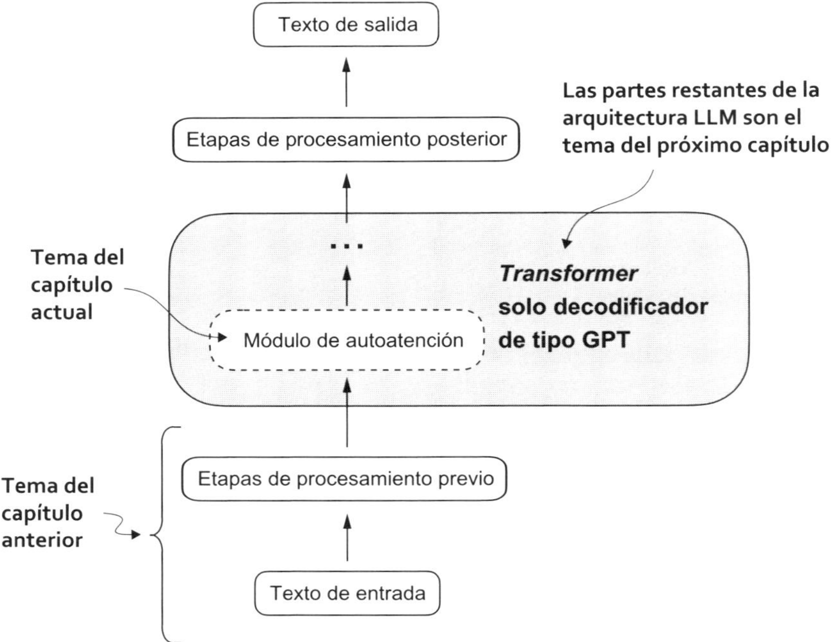


**Figura 3.6.** La autoatención es un mecanismo de los *Transformer* que se utiliza para calcular representaciones de entrada más eficientes, al permitir que cada posición de una secuencia interactúe con todas las demás posiciones de la misma secuencia y sopese así su importancia. En este capítulo, codificaremos este mecanismo de autoatención desde cero antes de construir las partes restantes del LLM tipo GPT en el capítulo siguiente.

## 3.3. Atender a diferentes partes de la entrada con autoatención

A continuación veremos el funcionamiento interno del mecanismo de autoatención y aprenderemos a codificarlo desde cero. La autoatención es la piedra angular de todo LLM basado en la arquitectura *Transformer*. Este tema requerirá mucha concentración y atención pero, una vez que comprendas sus fundamentos, habrás conquistado uno de los aspectos más difíciles de este libro y de la implementación de LLM en general.

**La parte «auto» de la autoatención**

En la expresión «autoatención», la parte «auto» se refiere a la capacidad del mecanismo para calcular los pesos de atención relacionando distintas posiciones dentro de una misma secuencia de entrada. Evalúa y aprende las relaciones y dependencias entre varias partes de la propia entrada, como las palabras de una frase o los píxeles de una imagen.

Esto contrasta con los mecanismos de atención tradicionales, en los que la atención se centra en las relaciones entre elementos de dos secuencias diferentes, como ocurre por ejemplo en los modelos secuencia-secuencia, en los que la atención podría estar entre una secuencia de entrada y una secuencia de salida, como muestra el ejemplo representado en la figura 3.5.

Como la autoatención puede parecer compleja, especialmente si es la primera vez que te encuentras con ella, comenzaremos por examinar una versión simplificada. Después implementaremos el mecanismo de autoatención con pesos entrenables utilizados en los LLM.

### 3.3.1. Un mecanismo de autoatención sencillo sin pesos entrenables

Comencemos implementando una variante simplificada de la autoatención, libre de cualquier peso entrenable, tal y como se resume en la figura 3.7. El objetivo es ilustrar algunos conceptos clave de la autoatención antes de añadir pesos entrenables.

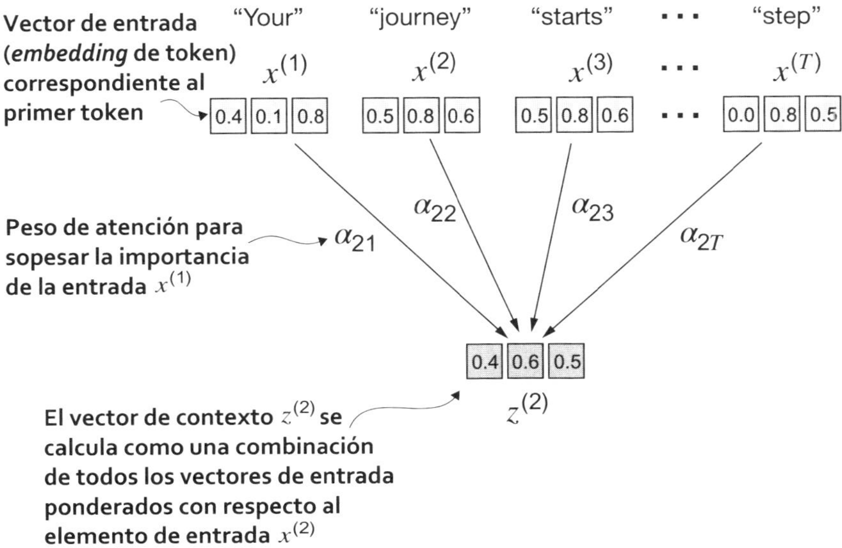


**Figura 3.7.** El objetivo de la autoatención es calcular un vector de contexto para cada elemento de entrada que combine la información de todos los demás elementos de entrada. En este ejemplo, calculamos el vector de contexto $z^{(2)}$. La importancia o contribución de cada elemento de entrada para calcular $z^{(2)}$ viene determinada por los pesos de atención $\alpha_{21}$ a $\alpha_{2T}$. Al procesar $z^{(2)}$, los pesos de atención se calculan con respecto al elemento de entrada $x^{(2)}$ y a todas las demás entradas.

La figura 3.7 muestra una secuencia de entrada, denotada como $x$, que consta de $T$ elementos representados como $x^{(1)}$ a $x^{(T)}$. Esta secuencia suele representar texto, como una frase, que ya se ha transformado en una representación vectorial de tókenes.

Por ejemplo, consideremos un texto de entrada como *Your journey starts with one step*. En este caso, cada elemento de la secuencia, como $x^{(1)}$, corresponde a un vector de *embedding* de $d$ dimensiones que representa un token específico, como *Your*. La figura 3.7 muestra estos vectores de entrada como *embedding* tridimensionales.

En la autoatención, nuestro objetivo es calcular los vectores de contexto $z^{(i)}$ para cada elemento $x^{(i)}$ de la secuencia de entrada. Un vector de contexto puede interpretarse como un vector de *embedding* enriquecido.

Para ilustrar este concepto, centrémonos en el vector de *embedding* del segundo elemento de entrada, $x^{(2)}$ (que corresponde al token *journey*), y en el vector de contexto correspondiente, $z^{(2)}$, que se muestra en la parte inferior de la figura 3.7. Este vector de contexto mejorado, $z^{(2)}$, es un *embedding* que contiene información sobre $x^{(2)}$ y todos los demás elementos de entrada, $x^{(1)}$ a $x^{(T)}$.

Los vectores de contexto desempeñan un papel crucial en la autoatención. Su propósito es crear representaciones enriquecidas de cada elemento de una secuencia de entrada (como una frase) incorporando información de todos los demás elementos de la secuencia (figura 3.7). Esto es esencial en los LLM, que necesitan comprender la relación de las palabras de una frase entre sí y la relevancia de unas con respecto a las otras. Más adelante, añadiremos pesos entrenables, que ayudan a un LLM a aprender a construir estos vectores de contexto, de forma que sean lo bastante relevantes como para que el LLM genere el siguiente token. Pero primero, implementemos un mecanismo de autoatención simplificado para calcular estos pesos y el vector de contexto resultante paso a paso.

Consideremos la siguiente frase de entrada, que ya se ha representado en vectores tridimensionales (véase el capítulo 2). He elegido una dimensión de *embedding* pequeña para asegurarme de que cabe en la página sin tener que añadir saltos de línea:

```
import torch
inputs = torch.tensor(
  [[0.43, 0.15, 0.89],      #   Your        (x^1)
   [0.55, 0.87, 0.66],      #   journey     (x^2)
   [0.57, 0.85, 0.64],      #   starts      (x^3)
   [0.22, 0.58, 0.33],      #   with        (x^4)
   [0.77, 0.25, 0.10],      #   one         (x^5)
   [0.05, 0.80, 0.55]]      #   step        (x^6)
)
```

El primer paso para implementar la autoatención es calcular los valores intermedios $\omega$, denominados puntuaciones de atención, tal y como muestra la figura 3.8. Debido a limitaciones espaciales, la figura muestra los valores del tensor `inputs` anterior en una versión truncada; por ejemplo, 0.87 se trunca a 0.8. En esta versión truncada, las representaciones vectoriales de las palabras *journey* y *starts* parecen similares, pero es casualidad.

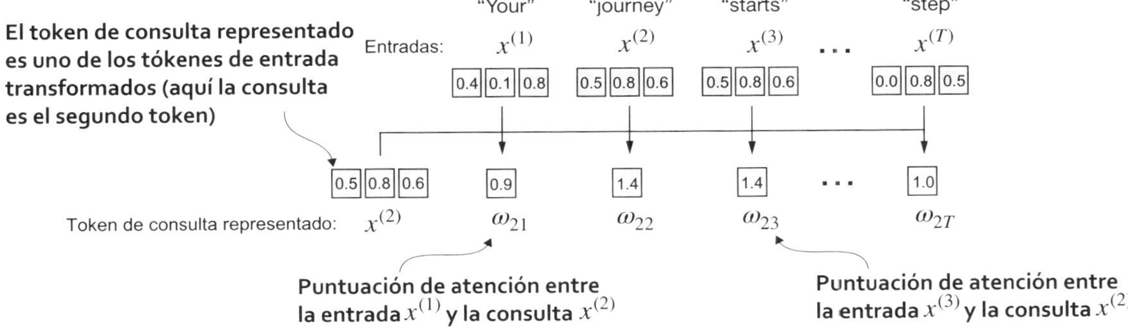


**Figura 3.8.** El objetivo general es ilustrar el proceso del vector de contexto $z^{(2)}$ utilizando el segundo elemento de entrada, $x^{(2)}$, como consulta. Esta figura muestra el primer paso intermedio, que consiste en calcular las puntuaciones de atención ω entre la consulta $x^{(2)}$ y todos los demás elementos de entrada como un producto escalar (ten en cuenta que los números se truncan a un dígito después del punto decimal para reducir la confusión visual).

La figura 3.8 ilustra cómo calculamos las puntuaciones de atención intermedias entre el token de consulta y cada token de entrada. Determinamos estas puntuaciones calculando el producto escalar de la consulta, $x^{(2)}$, con todos los demás tókenes de entrada:

```
query = inputs[1]
attn_scores_2 = torch.empty(inputs.shape[0])
for i, x_i in enumerate(inputs):
    attn_scores_2[i] = torch.dot(x_i, query)
print(attn_scores_2)
```

El segundo token de entrada sirve como consulta

Las puntuaciones de atención obtenidas son

```
tensor([0.9544, 1.4950, 1.4754, 0.8434, 0.7070, 1.0865])
```

## Comprender los productos escalares

Un producto escalar es, esencialmente, una forma concisa de multiplicar dos vectores elemento a elemento y luego sumar los productos, proceso demostrable de la siguiente manera:

```
res = 0.
for idx, element in enumerate(inputs[0]):
    res += inputs[0][idx] * query[idx]
print(res)
print(torch.dot(inputs[0], query))
```

El resultado confirma que la suma de la multiplicación elemento a elemento da los mismos resultados que el producto escalar:

```
tensor(0.9544)
tensor(0.9544)
```

Aparte de considerar la operación del producto escalar como una herramienta matemática que combina dos vectores para obtener un valor escalar, el producto escalar es una medida de similitud, porque cuantifica el grado de alineación entre dos vectores: un producto escalar más alto indica un mayor grado de alineación o similitud entre los vectores. En el contexto de los mecanismos de autoatención, el producto escalar determina en qué medida cada elemento de una secuencia se centra o «presta atención» a cualquier otro elemento: cuanto mayor es el producto escalar, mayor es la similitud y la puntuación de atención entre dos elementos.

En el siguiente paso, que muestra la figura 3.9, normalizamos cada una de las puntuaciones de atención obtenidas anteriormente. El objetivo principal de la normalización es obtener pesos de atención que sumen 1, y se trata de un convenio que resulta útil para la interpretación y el mantenimiento de la estabilidad del entrenamiento en un LLM. A continuación se muestra un método sencillo para llevar a cabo este paso de normalización:

```
attn_weights_2_tmp = attn_scores_2 / attn_scores_2.sum()
print("Attention weights:", attn_weights_2_tmp)
print("Sum:", attn_weights_2_tmp.sum())
```

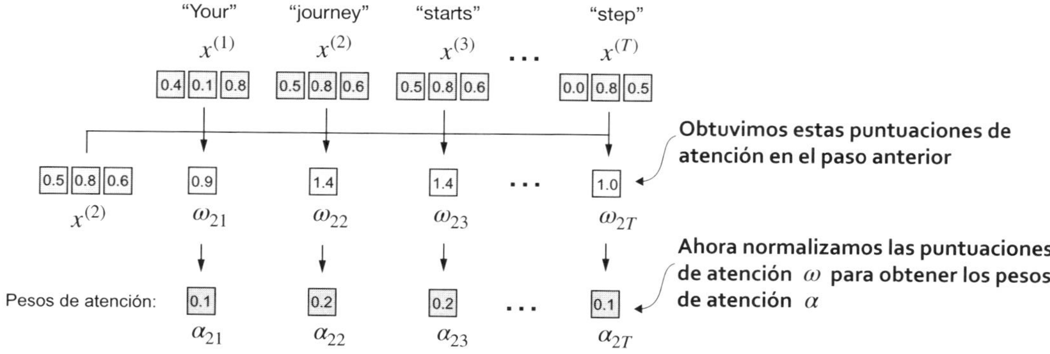


**Figura 3.9.** Después de calcular las puntuaciones de atención $\omega_{21}$ a $\omega_{2T}$ con respecto a la consulta de entrada $x^{(2)}$, el siguiente paso es obtener los pesos de atención $\alpha_{21}$ a $\alpha_{2T}$ normalizando las puntuaciones de atención.

Como muestra el resultado, los pesos de atención ahora suman 1:

```
Attention weights: tensor([0.1455, 0.2278, 0.2249, 0.1285, 0.1077, 0.1656])
Sum: tensor(1.0000)
```

En la práctica, es más habitual y recomendable utilizar la función *softmax* para la normalización. Este enfoque es más eficaz a la hora de gestionar valores extremos, y ofrece propiedades de gradiente más favorables durante el entrenamiento. A continuación se muestra una implementación básica de la función *softmax* para normalizar las puntuaciones de atención:

```
def softmax_naive(x):
    return torch.exp(x) / torch.exp(x).sum(dim=0)

attn_weights_2_naive = softmax_naive(attn_scores_2)
print("Attention weights:", attn_weights_2_naive)
print("Sum:", attn_weights_2_naive.sum())
```

Como se observa en el resultado, la función *softmax* cumple igualmente el objetivo, y normaliza los pesos de atención, de modo que su suma sea 1.

```
Attention weights: tensor([0.1385, 0.2379, 0.2333, 0.1240, 0.1082, 0.1581])
Sum: tensor(1.)
```

Además, la función *softmax* garantiza que los pesos de atención sean siempre positivos, lo que permite que el resultado sea interpretable como probabilidades o como importancia relativa, donde los pesos más altos indican una mayor importancia.

Ten en cuenta que esta implementación ingenua de *softmax* (`softmax_naive`) puede encontrarse con problemas de inestabilidad numérica, como desbordamiento y subdesbordamiento, cuando se trata de valores de entrada grandes o pequeños. Por lo tanto, en la práctica, es recomendable utilizar la implementación de *softmax* de PyTorch, ampliamente optimizada para mejorar el rendimiento:

```
attn_weights_2 = torch.softmax(attn_scores_2, dim=0)
print("Attention weights:", attn_weights_2)
print("Sum:", attn_weights_2.sum())
```

En este caso, se obtienen los mismos resultados que con nuestra función `softmax_naive` anterior:

```
Attention weights: tensor([0.1385, 0.2379, 0.2333, 0.1240, 0.1082, 0.1581])
Sum: tensor(1.)
```

Ahora que hemos calculado los pesos de atención normalizados, estamos listos para el paso final, como se muestra en la figura 3.10: obtener el vector de contexto $z^{(2)}$ multiplicando los tókenes de entrada representados, $x^{(i)}$, por los pesos de atención correspondientes, y sumando luego los vectores resultantes. Por lo tanto, el vector de contexto $z^{(2)}$ es la suma ponderada de todos los vectores de entrada, obtenida multiplicando cada vector de entrada por su peso de atención correspondiente:

```
query = inputs[1]
context_vec_2 = torch.zeros(query.shape)
for i,x_i in enumerate(inputs):
    context_vec_2 += attn_weights_2[i]*x_i
print(context_vec_2)
```

**El segundo token de entrada es la consulta**

Los resultados de este cálculo son

```
tensor([0.4419, 0.6515, 0.5683])
```

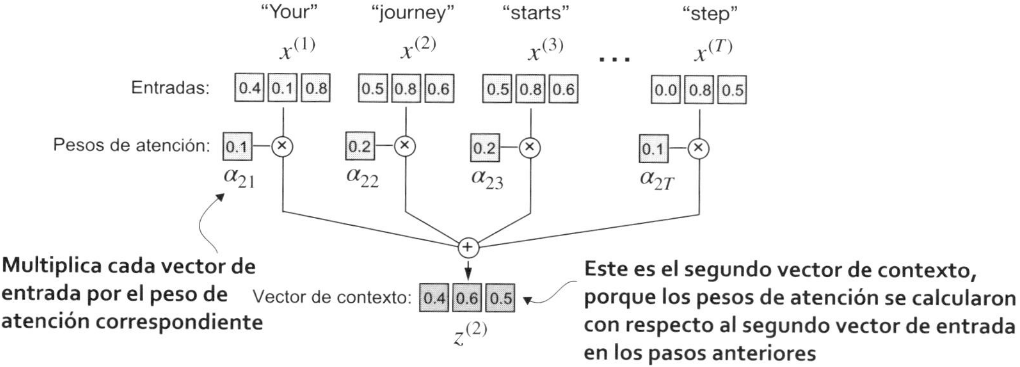


**Figura 3.10.** El último paso, tras calcular y normalizar las puntuaciones de atención para obtener los pesos de atención para la consulta $x^{(2)}$, es calcular el vector de contexto $z^{(2)}$. Este vector es una combinación de todos los vectores de entrada $x^{(1)}$ a $x^{(T)}$, ponderados según los pesos de atención.

A continuación, generalizaremos este procedimiento para calcular vectores de contexto de manera que obtengamos todos los vectores de contexto al mismo tiempo.

### 3.3.2. Cálculo de los pesos de atención para todos los tókenes de entrada

Hasta ahora, hemos calculado los pesos de atención y el vector de contexto para la entrada 2, como se muestra en la fila resaltada de la figura 3.11. Ahora vamos a ampliar este cálculo para obtener los pesos de atención y los vectores de contexto para todas las entradas.

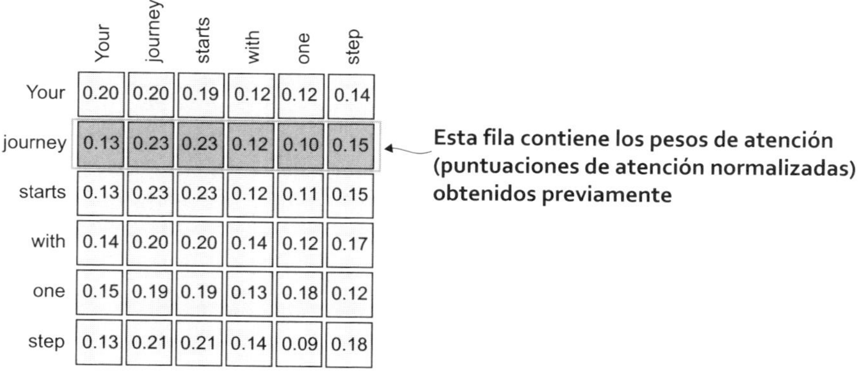


| | Your | journey | starts | with | one | step |
|---|---|---|---|---|---|---|
| Your | 0.20 | 0.20 | 0.19 | 0.12 | 0.12 | 0.14 |
| journey | 0.13 | 0.23 | 0.23 | 0.12 | 0.10 | 0.15 |
| starts | 0.13 | 0.23 | 0.23 | 0.12 | 0.11 | 0.15 |
| with | 0.14 | 0.20 | 0.20 | 0.14 | 0.12 | 0.17 |
| one | 0.15 | 0.19 | 0.19 | 0.13 | 0.18 | 0.12 |
| step | 0.13 | 0.21 | 0.21 | 0.14 | 0.09 | 0.18 |

**Figura 3.11.** La fila resaltada muestra los pesos de atención para el segundo elemento de entrada como una consulta. Ahora generalizaremos el cálculo para obtener todos los demás pesos de atención (ten en cuenta que los números de esta figura se han truncado a dos dígitos después del punto decimal para atenuar la confusión visual. Los valores de cada fila deben sumar 1.0 o el 100 %).

Seguimos los mismos tres pasos que antes (véase la figura 3.12), salvo que realizamos algunas modificaciones en el código para calcular todos los vectores de contexto en lugar de solo el segundo, $z^{(2)}$:

```
attn_scores = torch.empty(6, 6)
for i, x_i in enumerate(inputs):
    for j, x_j in enumerate(inputs):
        attn_scores[i, j] = torch.dot(x_i, x_j)
print(attn_scores)
```

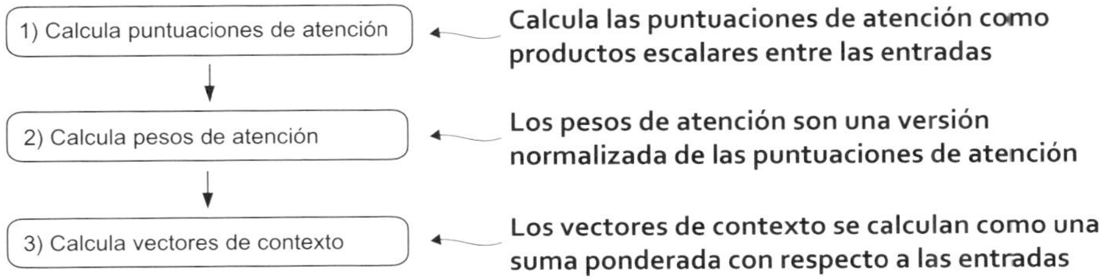

**Figura 3.12.** En el paso 1, añadimos un bucle `for` adicional para obtener los productos escalares de todos los pares de entradas.

Las puntuaciones de atención resultantes son las siguientes:

```
tensor([[0.9995,        0.9544,    0.9422,      0.4753,    0.4576,    0.6310],
        [0.9544,        1.4950,    1.4754,      0.8434,    0.7070,    1.0865],
        [0.9422,        1.4754,    1.4570,      0.8296,    0.7154,    1.0605],
        [0.4753,        0.8434,    0.8296,      0.4937,    0.3474,    0.6565],
        [0.4576,        0.7070,    0.7154,      0.3474,    0.6654,    0.2935],
        [0.6310,        1.0865,    1.0605,      0.6565,    0.2935,    0.9450]])
```

Cada elemento del tensor representa una puntuación de atención entre cada par de entradas, como vimos en la figura 3.11. Ten en cuenta que los valores de esa figura están normalizados, por lo que difieren de las puntuaciones de atención no normalizadas del tensor anterior. Nos ocuparemos de la normalización más adelante.

Al calcular el tensor de puntuación de atención anterior, utilizamos bucles `for` en Python. Sin embargo, estos bucles suelen ser lentos, y es posible obtener los mismos resultados utilizando la multiplicación de matrices:

```
attn_scores = inputs @ inputs.T
print(attn_scores)
```

Confirmamos visualmente que los resultados son los mismos que antes:

```
tensor([[0.9995,        0.9544,    0.9422,      0.4753,    0.4576,    0.6310],
        [0.9544,        1.4950,    1.4754,      0.8434,    0.7070,    1.0865],
        [0.9422,        1.4754,    1.4570,      0.8296,    0.7154,    1.0605],
        [0.4753,        0.8434,    0.8296,      0.4937,    0.3474,    0.6565],
        [0.4576,        0.7070,    0.7154,      0.3474,    0.6654,    0.2935],
        [0.6310,        1.0865,    1.0605,      0.6565,    0.2935,    0.9450]])
```

En el paso 2 de la figura 3.12, normalizamos cada fila para que los valores de cada fila sumen 1:

```
attn_weights = torch.softmax(attn_scores, dim=-1)
print(attn_weights)
```

Esto devuelve el siguiente tensor de pesos de atención, que coincide con los valores mostrados en la figura 3.10:

```
tensor([[0.2098,    0.2006,    0.1981,    0.1242,    0.1220,    0.1452],
        [0.1385,    0.2379,    0.2333,    0.1240,    0.1082,    0.1581],
        [0.1390,    0.2369,    0.2326,    0.1242,    0.1108,    0.1565],
        [0.1435,    0.2074,    0.2046,    0.1462,    0.1263,    0.1720],
        [0.1526,    0.1958,    0.1975,    0.1367,    0.1879,    0.1295],
        [0.1385,    0.2184,    0.2128,    0.1420,    0.0988,    0.1896]])
```

En el contexto de uso de PyTorch, el parámetro `dim` en funciones como `torch.softmax` especifica la dimensión del tensor de entrada a lo largo de la cual se calculará la función. Al establecer `dim=-1`, estamos indicando a la función `softmax` que aplique la normalización a lo largo de la última dimensión del tensor `attn_scores`. Si `attn_scores` es un tensor bidimensional (por ejemplo, con una forma de [filas, columnas]), se normalizará a lo largo de las columnas, para que los valores de cada fila (sumando la dimensión de la columna) sumen 1.

Verificamos que todas las filas suman efectivamente 1:

```
row_2_sum = sum([0.1385, 0.2379, 0.2333, 0.1240, 0.1082, 0.1581])
print("Row 2 sum:", row_2_sum)
print("All row sums:", attn_weights.sum(dim=-1))
```

El resultado es

```
Row 2 sum: 1.0
All row sums: tensor([1.0000, 1.0000, 1.0000, 1.0000, 1.0000, 1.0000])
```

En el tercer y último paso de la figura 3.12, utilizamos estos pesos de atención para obtener todos los vectores de contexto mediante multiplicación de matrices:

```
all_context_vecs = attn_weights @ inputs
print(all_context_vecs)
```

En el tensor de salida resultante, cada fila contiene un vector de contexto tridimensional:

```
tensor([[0.4421,    0.5931,    0.5790],
        [0.4419,    0.6515,    0.5683],
        [0.4431,    0.6496,    0.5671],
        [0.4304,    0.6298,    0.5510],
        [0.4671,    0.5910,    0.5266],
        [0.4177,    0.6503,    0.5645]])
```

Volvemos a verificar que el código es correcto comparando la segunda fila con el vector de contexto $z^{(2)}$ que obtuvimos en la sección 3.3.1:

```
print("Previous 2nd context vector:", context_vec_2)
```

Según este resultado, vemos que el `context_vec_2` calculado anteriormente coincide exactamente con la segunda fila del tensor anterior:

```
Previous 2nd context vector: tensor([0.4419, 0.6515, 0.5683])
```

Con esto concluye la guía para la escritura del código que nos permite crear un mecanismo sencillo de autoatención. A continuación, añadiremos pesos entrenables, lo que permitirá al LLM aprender de los datos y mejorar su rendimiento en tareas específicas.

## 3.4. Implementación de la autoatención con pesos entrenables

Nuestro siguiente paso será implementar el mecanismo de autoatención utilizado en la arquitectura original *Transformer*, los modelos GPT y la mayoría de los demás LLM conocidos. Este mecanismo de autoatención también se denomina atención por producto escalar escalado. La figura 3.13 muestra cómo encaja este mecanismo de autoatención en el contexto más amplio de la implementación de un LLM.

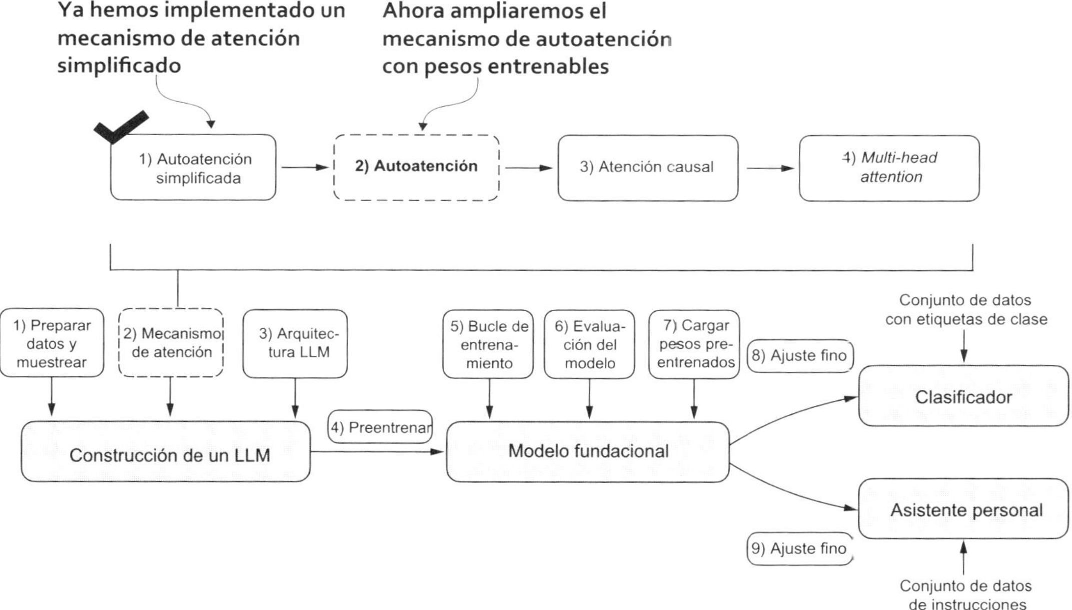


**Figura 3.13.** Anteriormente hemos codificado un mecanismo de atención simplificado para comprender el funcionamiento básico de los mecanismos de atención. Ahora le añadiremos a este mecanismo pesos entrenables y más adelante lo ampliaremos, añadiendo una máscara causal y múltiples cabezas.

Como se ilustra en la figura 3.13, el mecanismo de autoatención con pesos entrenables se basa en los conceptos anteriores: queremos calcular vectores de contexto como sumas ponderadas sobre los vectores de entrada específicos de un determinado elemento de entrada. Como verás, solo hay ligeras diferencias en comparación con el mecanismo de autoatención básico codificado anteriormente.

La diferencia más notable es la introducción de matrices de pesos, que se actualizan durante el entrenamiento del modelo. Estas matrices de pesos entrenables son cruciales para que el modelo (concretamente, el módulo de atención dentro del modelo) pueda aprender a producir vectores de contexto «buenos» (entrenaremos el LLM en el capítulo 5).

Abordaremos este mecanismo de autoatención en dos subsecciones. Primero, lo codificaremos paso a paso como hicimos antes y, en segundo lugar, organizaremos el código en una clase Python compacta que se pueda importar en la arquitectura LLM.

### 3.4.1. Calcular paso a paso los pesos de atención

Realizaremos el mecanismo de autoatención paso a paso introduciendo las tres matrices de peso entrenables $W_q$, $W_k$ y $W_v$. Estas tres matrices se utilizan para proyectar los tókenes de entrada representados, $x^{(i)}$, en vectores de consulta, clave y valor, respectivamente, como muestra la figura 3.14.

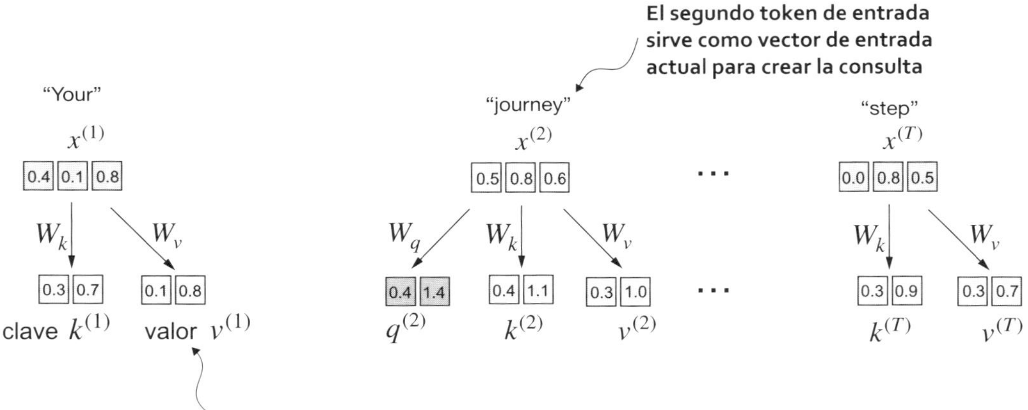


**Figura 3.14.** En el primer paso del mecanismo de autoatención con matrices de pesos entrenables, calculamos los vectores de consulta (*q*), clave (*k*) y valor (*v*) para los elementos de entrada *x*. Al igual que en secciones anteriores, designamos la segunda entrada, $x^{(2)}$, como la entrada de consulta. El vector de consulta $q^{(2)}$ se obtiene mediante la multiplicación matricial entre la entrada $x^{(2)}$ y la matriz de pesos $W_q$. Del mismo modo, obtenemos los vectores de clave y valor mediante la multiplicación matricial que involucra las matrices de pesos $W_k$ y $W_v$.

Antes hemos definido el segundo elemento de entrada $x^{(2)}$ como la consulta, al calcular los pesos de atención simplificados para obtener el vector de contexto $z^{(2)}$. A continuación generalizamos esta acción de forma que se calculen todos los vectores de contexto $z^{(1)}$ ... $z^{(T)}$ para la frase de entrada de seis palabras *Your journey starts with one step.*

De forma similar, empezamos aquí calculando solo un vector de contexto, $z^{(2)}$, con fines ilustrativos. Después modificaremos este código para calcular todos los vectores de contexto.

Comencemos definiendo algunas variables:

```
x_2 = inputs[1]              # El segundo elemento de entrada
d_in = inputs.shape[1]       # El tamaño de embedding de entrada, d=3
d_out = 2                    # El tamaño de embedding de salida, d_out=2
```

Ten en cuenta que, en los modelos de tipo GPT, las dimensiones de entrada y salida suelen ser las mismas, pero, para seguir mejor el código, utilizaremos aquí dimensiones de entrada (`d_in=3`) y salida (`d_out=2`) diferentes. A continuación, inicializamos las tres matrices de pesos $W_q$, $W_k$ y $W_v$ que aparecen en la figura 3.14:

```
torch.manual_seed(123)
W_query = torch.nn.Parameter(torch.rand(d_in, d_out), requires_grad=False)
W_key   = torch.nn.Parameter(torch.rand(d_in, d_out), requires_grad=False)
W_value = torch.nn.Parameter(torch.rand(d_in, d_out), requires_grad=False)
```

Establecemos `requires_grad=False` para reducir el desorden en los resultados, pero si fuéramos a utilizar las matrices de peso para el entrenamiento del modelo, estableceríamos `requires_grad=True` para actualizar estas matrices durante el entrenamiento del modelo.

Calculemos ahora los vectores de consulta, clave y valor:

```
query_2 = x_2 @ W_query
key_2 = x_2 @ W_key
value_2 = x_2 @ W_value
print(query_2)
```

El resultado de la consulta es un vector bidimensional, porque hemos establecido el número de columnas de la matriz de pesos correspondiente, a través de `d_out`, en 2:

```
tensor([0.4306, 1.4551])
```

### Parámetros de peso frente a pesos de atención

En las matrices de pesos $W$, el término «pesos» es la abreviatura de «parámetros de peso», los valores de una red neuronal que se optimizan durante el entrenamiento. No debe confundirse con los pesos de atención. Como ya hemos visto, los pesos de atención determinan en qué medida un vector de contexto depende de las diferentes partes de la entrada (es decir, en qué medida la red se centra en las diferentes partes de la entrada).

En resumen, los parámetros de peso son los coeficientes fundamentales aprendidos que definen las conexiones de la red, mientras que los pesos de atención son valores dinámicos y específicos del contexto.

Aunque nuestro objetivo temporal sea solo calcular el vector de contexto $z^{(2)}$, seguimos necesitando los vectores de clave y valor para todos los elementos de entrada, porque intervienen en el cálculo de los pesos de atención con respecto a la consulta $q^{(2)}$ (véase la figura 3.14).

Obtenemos todas las claves y valores mediante la multiplicación de matrices:

```
keys = inputs @ W_key
values = inputs @ W_value
print("keys.shape:", keys.shape)
print("values.shape:", values.shape)
```

En los resultados se observa que hemos proyectado con éxito los seis tókenes de entrada de un espacio tridimensional a un espacio de representación vectorial bidimensional:

```
keys.shape: torch.Size([6, 2])
values.shape: torch.Size([6, 2])
```

El segundo paso consiste en calcular las puntuaciones de atención, tal y como muestra la figura 3.15.

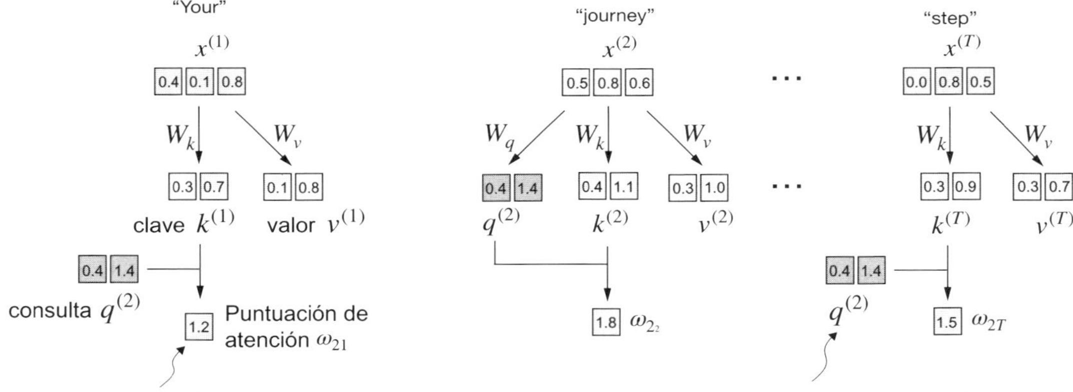


**Figura 3.15.** El cálculo de la puntuación de atención es un cálculo de producto escalar similar al que utilizamos en el mecanismo de autoatención simplificado de la sección 3.3. La novedad en este caso es que no calculamos directamente el producto escalar entre los elementos de entrada, sino que utilizamos la consulta y la clave obtenidas al transformar las entradas a través de las respectivas matrices de pesos.

En primer lugar, calculemos la puntuación de atención $\omega_{22}$:

```
keys_2 = keys[1]                          # Recuerda que Python comienza a indexar desde o
attn_score_22 = query_2.dot(keys_2)
print(attn_score_22)
```

El resultado de la puntuación de atención no normalizada es

```
tensor(1.8524)
```

Una vez más, podemos generalizar este cálculo a todas las puntuaciones de atención mediante la multiplicación de matrices:

```
attn_scores_2 = query_2 @ keys.T      # Todas las puntuaciones de atención para una consulta dada
print(attn_scores_2)
```

Tras una rápida comprobación, vemos que el segundo elemento de la salida coincide con el valor `attn_score_22` calculado anteriormente:

```
tensor([1.2705, 1.8524, 1.8111, 1.0795, 0.5577, 1.5440])
```

Ahora queremos pasar de las puntuaciones de atención a los pesos de atención, como se ilustra en la figura 3.16. Calculamos los pesos de atención escalando las puntuaciones de atención y utilizando la función *softmax*. Sin embargo, ahora escalamos las puntuaciones de atención dividiéndolas por la raíz cuadrada de la dimensión de *embedding* de las claves (tomar la raíz cuadrada es matemáticamente lo mismo que elevar a la potencia 0,5):

```
d_k = keys.shape[-1]
attn_weights_2 = torch.softmax(attn_scores_2 / d_k**0.5, dim=-1)
print(attn_weights_2)
```

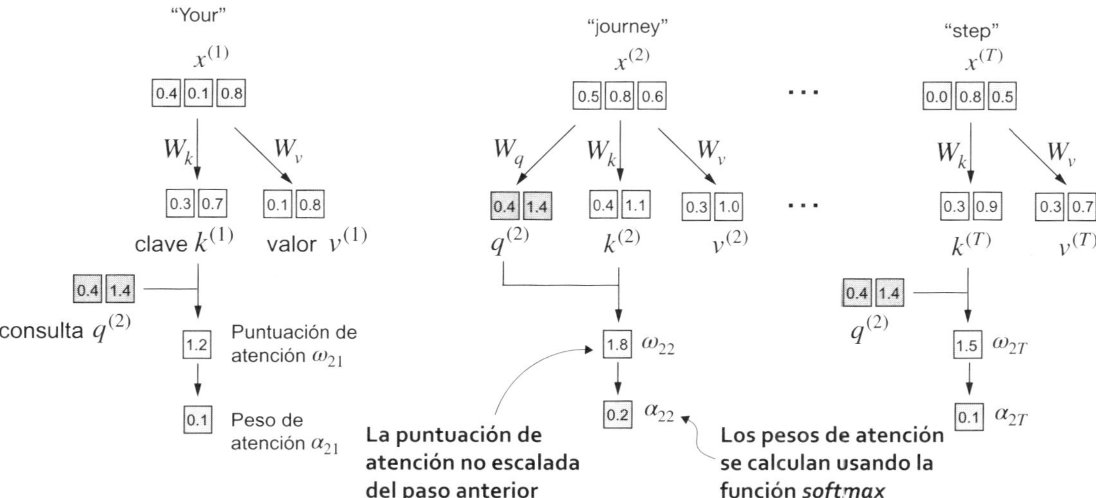


**Figura 3.16.** Después de calcular las puntuaciones de atención ω, el siguiente paso es normalizar estas puntuaciones mediante la función *softmax* para obtener los pesos de atención α.

Los pesos de atención resultantes son

```
tensor([0.1500, 0.2264, 0.2199, 0.1311, 0.0906, 0.1820])
```

### La lógica de la atención por producto escalar escalado

La razón de la normalización por el tamaño de la dimensión de *embedding* es mejorar el rendimiento del entrenamiento evitando gradientes pequeños. Por ejemplo, al escalar la dimensión de *embedding*, que suele ser superior a 1000 para los LLM de tipo GPT, los productos escalares grandes pueden dar lugar a gradientes muy pequeños durante la retropropagación, debido a la función *softmax* que se les aplica. A medida que aumentan los productos escalares, esta función se comporta más como una función escalonada, lo cual da lugar a gradientes cercanos a cero. Estos pequeños gradientes pueden ralentizar drásticamente el aprendizaje o provocar el estancamiento del entrenamiento.

El escalado por la raíz cuadrada de la dimensión de *embedding* es la razón por la que este mecanismo de autoatención también se denomina atención por producto escalar escalado.

Ahora, el último paso es calcular los vectores de contexto, tal y como se ilustra en la figura 3.17.

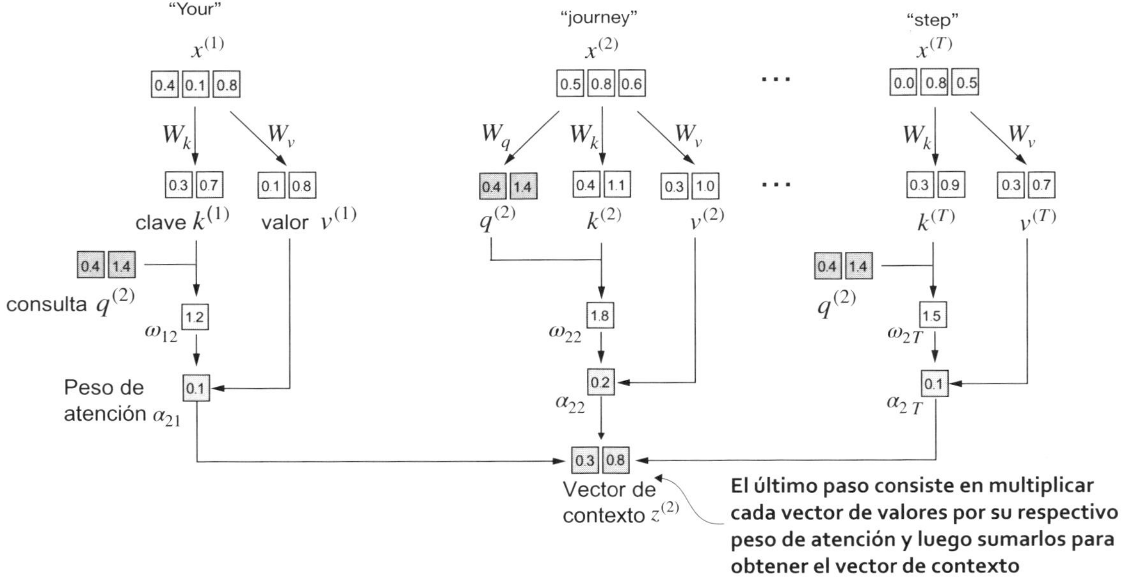


**Figura 3.17.** En el paso final del cálculo de la autoatención, calculamos el vector de contexto combinando todos los vectores de valor mediante los pesos de atención.

De forma similar a cuando calculamos el vector de contexto como una suma ponderada de los vectores de entrada (véase la sección 3.3), ahora calculamos el vector de contexto como una suma ponderada de los vectores de valor. En este caso, los pesos de atención sirven como factor de ponderación que evalúa la importancia respectiva de cada vector de valor.

Al igual que antes, podemos utilizar la multiplicación de matrices para obtener el resultado en un solo paso:

```
context_vec_2 = attn_weights_2 @ values
print(context_vec_2)
```

El contenido del vector resultante es el siguiente:

```
tensor([0.3061, 0.8210])
```

Hasta ahora, solo hemos calculado un único vector de contexto, $z^{(2)}$. A continuación, generalizaremos el código para calcular todos los vectores de contexto de la secuencia de entrada, desde $z^{(1)}$ hasta $z^{(T)}$.

**¿Por qué consulta, clave y valor?**

En el contexto de los mecanismos de atención, los términos «clave», «consulta» y «valor» se han tomado prestados del ámbito de la recuperación de información y las bases de datos, donde se utilizan conceptos similares para almacenar, buscar y recuperar información.

Una consulta es análoga a una consulta de búsqueda en una base de datos. Representa el elemento actual (por ejemplo, una palabra o un token en una frase) en el que se centra el modelo o que intenta comprender. La consulta se utiliza para sondear las demás partes de la secuencia de entrada y determinar cuánta atención se les debe prestar.

La clave es como una clave de base de datos, que se utiliza para indexar y buscar. En el mecanismo de atención, cada elemento de la secuencia de entrada (por ejemplo, cada palabra de una frase) tiene una clave asociada. Estas claves se utilizan para hacer coincidir la consulta.

El valor en este contexto es similar al valor de un par clave-valor en una base de datos. Representa el contenido real o la representación de los elementos de entrada. Una vez que el modelo determina qué claves (y, por lo tanto, qué partes de la entrada) son más relevantes para la consulta (el elemento de enfoque actual), recupera los valores correspondientes.

### 3.4.2. Implementación de una clase Python compacta de autoatención

Hasta aquí hemos seguido muchos pasos para obtener los resultados de la autoatención. Lo hemos hecho principalmente con fines ilustrativos, de manera que pudiéramos seguir cada paso uno por uno. En la práctica, teniendo en cuenta la implementación del LLM del siguiente capítulo, resulta útil organizar este código en una clase Python, como se muestra en el siguiente listado.

**Listado 3.1. Una clase compacta de autoatención**

```
import torch.nn as nn
class SelfAttention_v1(nn.Module):
    def __init__(self, d_in, d_out):
        super().__init__()
        self.W_query = nn.Parameter(torch.rand(d_in, d_out))
```

```
        self.W_key   = nn.Parameter(torch.rand(d_in, d_out))
        self.W_value = nn.Parameter(torch.rand(d_in, d_out))
    def forward(self, x):
        keys = x @ self.W_key
        queries = x @ self.W_query
        values = x @ self.W_value
        attn_scores = queries @ keys.T # omega
        attn_weights = torch.softmax(
            attn_scores / keys.shape[-1]**0.5, dim=-1
        )
        context_vec = attn_weights @ values
        return context_vec
```

En este código de PyTorch, `SelfAttention_v1` es una clase derivada de `nn.Module`, un componente fundamental de los modelos de PyTorch, que proporciona las funcionalidades necesarias para la creación y gestión de capas de modelos.

El método `__init__` inicializa matrices de pesos entrenables (`W_query`, `W_key` y `W_value`) para consultas, claves y valores, cada una de las cuales transforma la dimensión de entrada `d_in` en una dimensión de salida `d_out`.

Durante el paso hacia adelante utilizando el método *forward*, calculamos las puntuaciones de atención (`attn_scores`) multiplicando las consultas y las claves, y normalizando estas puntuaciones utilizando *softmax*. Por último, creamos un vector de contexto ponderando los valores con estas puntuaciones de atención normalizadas. Utilizamos esta clase de la siguiente manera:

```
torch.manual_seed(123)
sa_v1 = SelfAttention_v1(d_in, d_out)
print(sa_v1(inputs))
```

Como el valor `inputs` contiene seis vectores de *embedding*, este código da como resultado una matriz que almacena los seis vectores de contexto:

```
tensor([[0.2996,    0.8053],
        [0.3061,    0.8210],
        [0.3058,    0.8203],
        [0.2948,    0.7939],
        [0.2927,    0.7891],
        [0.2990,    0.8040]], grad_fn=<MmBackward0>)
```

Como comprobación rápida, observa que la segunda fila (`[0.3061, 0.8210]`) coincide con el contenido de `context_vec_2` de la sección anterior. La figura 3.18 resume el mecanismo de autoatención que acabamos de realizar.

La autoatención implica las matrices de pesos entrenables $W_q$, $W_k$ y $W_v$, que transforman los datos de entrada en consultas, claves y valores (respectivamente), componentes cruciales del mecanismo de atención. A medida que el modelo se expone a más datos durante el entrenamiento, va ajustando estos pesos, como veremos en los próximos capítulos.

Podemos mejorar aún más la implementación de `SelfAttention_v1` utilizando las capas `nn.Linear` de PyTorch, que realizan de una manera eficaz la multiplicación de matrices cuando las unidades de sesgo están desactivadas. Además, una ventaja significativa de utilizar `nn.Linear` en lugar de implementar manualmente `nn.Parameter(torch.rand(...))` es que `nn.Linear` tiene un esquema de inicialización de pesos optimizado, lo que contribuye a un entrenamiento del modelo más estable y eficaz.

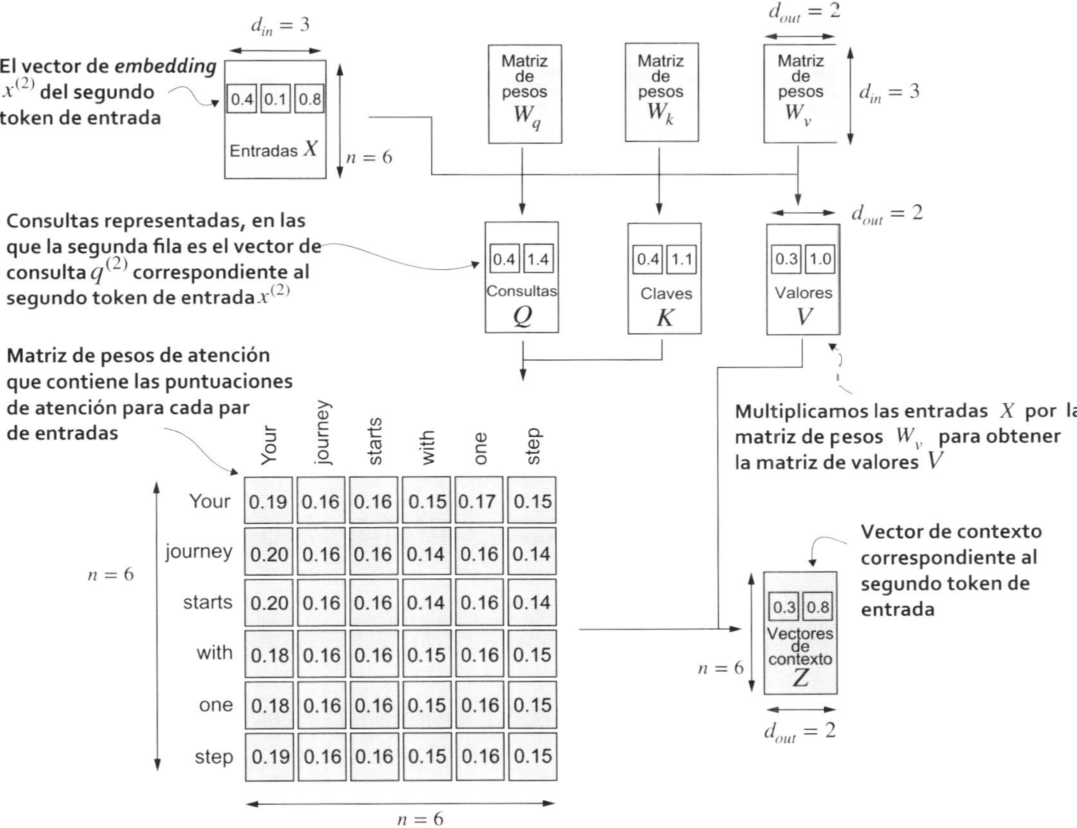


**Figura 3.18.** En la autoatención, transformamos los vectores de entrada de la matriz de entrada *X* con las tres matrices de pesos $W_q$, $W_k$ y $W_v$. A continuación, calculamos la matriz de pesos de atención basándonos en las consultas (*Q*) y claves (*K*) resultantes. Utilizando los pesos y valores de atención (*V*), calculamos los vectores de contexto (*Z*). Para mayor claridad visual, nos centramos en un único texto de entrada con *n* tókenes, en lugar de un lote de múltiples entradas. En consecuencia, en este contexto el tensor de entrada tridimensional queda simplificado a una matriz de dos dimensiones. Este enfoque permite una visualización y comprensión más sencillas de los procesos involucrados. Para mantener la coherencia con figuras posteriores, los valores de la matriz de atención no representan los pesos de atención reales (los números de esta figura se han truncado a dos dígitos después del punto decimal para reducir la confusión visual. Los valores de cada fila deben sumar 1.0 o el 100 %).

**Listado 3.2. Una clase de autoatención que utiliza capas Linear de PyTorch**

```
class SelfAttention_v2(nn.Module):
    def __init__(self, d_in, d_out, qkv_bias=False):
        super().__init__()
        self.W_query = nn.Linear(d_in, d_out, bias=qkv_bias)
        self.W_key   = nn.Linear(d_in, d_out, bias=qkv_bias)
        self.W_value = nn.Linear(d_in, d_out, bias=qkv_bias)

    def forward(self, x):
        keys = self.W_key(x)
        queries = self.W_query(x)
        values = self.W_value(x)
        attn_scores = queries @ keys.T
        attn_weights = torch.softmax(
            attn_scores / keys.shape[-1]**0.5, dim=-1
        )
        context_vec = attn_weights @ values
        return context_vec
```

Puedes utilizar `SelfAttention_v2` de forma similar a `SelfAttention_v1`:

```
torch.manual_seed(789)
sa_v2 = SelfAttention_v2(d_in, d_out)
print(sa_v2(inputs))
```

El resultado es

```
tensor([[-0.0739,       0.0713],
        [-0.0748,       0.0703],
        [-0.0749,       0.0702],
        [-0.0760,       0.0685],
        [-0.0763,       0.0679],
        [-0.0754,       0.0693]], grad_fn=<MmBackward0>)
```

Ten en cuenta que `SelfAttention_v1` y `SelfAttention_v2` dan resultados diferentes, porque utilizan pesos iniciales distintos para las matrices de pesos, pues `nn.Linear` utiliza un esquema de inicialización de pesos más sofisticado.

## Ejercicio 3.1. Comparación entre SelfAttention_v1 y SelfAttention_v2

Ten en cuenta que `nn.Linear` en `SelfAttention_v2` utiliza un esquema de inicialización de pesos diferente al de `nn.Parameter(torch.rand(d_in, d_out))` utilizado en `SelfAttention_v1`, lo que hace que ambos mecanismos produzcan resultados diferentes. Para comprobar que ambas implementaciones, `SelfAttention_v1` y `SelfAttention_v2`, son similares en todos los demás aspectos, transferimos las matrices de pesos de un objeto `SelfAttention_v2` a un `SelfAttention_v1`, de modo que ambos objetos produzcan los mismos resultados.

Tu tarea consiste en asignar correctamente los pesos de una instancia de `SelfAttention_v2` a una instancia de `SelfAttention_v1`. Para ello, debes comprender la relación entre los pesos de ambas versiones (pista: `nn.Linear` almacena la matriz de pesos en forma transpuesta). Tras la asignación, deberías verificar que ambas instancias producen los mismos resultados.

A continuación, realizaremos mejoras en el mecanismo de autoatención, centrándonos específicamente en incorporar elementos causales y de múltiples cabezas. El aspecto causal implica modificar el mecanismo de atención para evitar que el modelo acceda a información futura en la secuencia, lo cual es crucial para tareas como el modelado del lenguaje, donde cada predicción de palabra solo debe depender de las palabras anteriores.

El componente de múltiples cabezas implica dividir el mecanismo de atención precisamente en eso, varias cabezas. Cada una de ellas aprende aspectos distintos de los datos, lo que permite al modelo prestar atención simultáneamente a la información de diferentes subespacios de representación en diferentes posiciones. Esto mejora el rendimiento del modelo en tareas complejas.

## 3.5. Ocultar palabras futuras con atención causal

Para muchas tareas de LLM, al predecir el siguiente token de una secuencia, es conveniente que el mecanismo de autoatención solo tenga en cuenta los tókenes que aparecen antes de la posición actual. La atención causal, también conocida como atención enmascarada, es una forma especializada de autoatención. Mientras calcula las puntuaciones de atención, limita al modelo a que tenga en cuenta solo las entradas anteriores y actuales de una secuencia cuando procesa cualquier token dado. Esto difiere del mecanismo de autoatención estándar, que permite acceder a toda la secuencia de entrada de una sola vez.

Ahora modificaremos el mecanismo de autoatención estándar para crear un mecanismo de atención causal, esencial para el desarrollo de un LLM que tendrá lugar en los capítulos siguientes. Para lograrlo en LLM de tipo GPT, por cada token procesado enmascaramos los tókenes futuros, que vienen después del token actual del texto de entrada, como se ilustra en la figura 3.19.

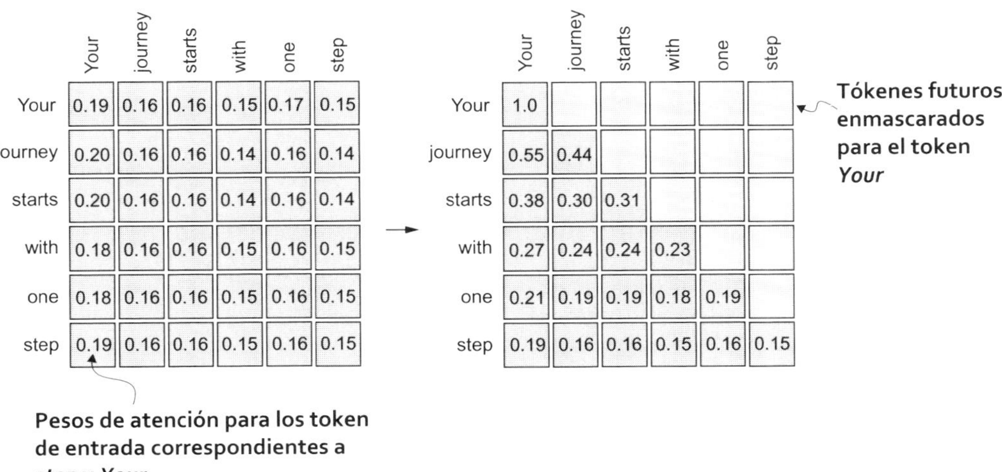


**Figura 3.19.** En la atención causal, enmascaramos los pesos de atención por encima de la diagonal, de modo que, para una cierta entrada, el LLM no pueda acceder a tókenes futuros al calcular los vectores de contexto utilizando los pesos de atención. Por ejemplo, para la palabra *journey* de la segunda fila, solo conservamos los pesos de atención de las palabras anteriores (*Your*) y de la posición actual (*journey*).

Enmascaramos los pesos de atención por encima de la diagonal y normalizamos los pesos de atención no enmascarados, de manera que la suma de los pesos de atención sea 1 en cada fila. Más adelante, implementaremos en código este procedimiento de enmascaramiento y normalización.

### 3.5.1. Aplicación de una máscara de atención causal

Nuestro siguiente paso es implementar con código la máscara de atención causal. Para realizar los pasos necesarios que permitan aplicar una máscara de atención causal y obtener los pesos de atención enmascarados, tal y como se resume en la figura 3.20, trabajaremos con las puntuaciones y los pesos de atención de la sección anterior para codificar el mecanismo de atención causal.

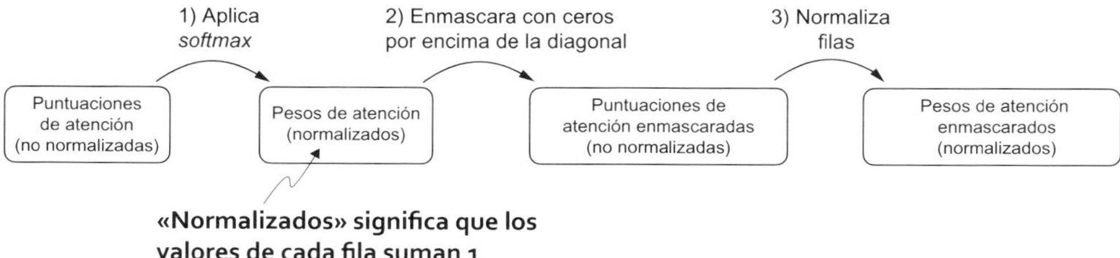


**Figura 3.20.** Una forma de obtener la matriz de pesos de atención enmascarados en la atención causal es aplicar la función *softmax* a las puntuaciones de atención, poniendo a cero los elementos por encima de la diagonal y normalizando la matriz resultante.

En el primer paso, calculamos los pesos de atención utilizando la función *softmax*, tal y como hemos hecho anteriormente:

```
queries = sa_v2.W_query(inputs)
keys = sa_v2.W_key(inputs)
attn_scores = queries @ keys.T
attn_weights = torch.softmax(attn_scores / keys.shape[-1]**0.5, dim=-1)
print(attn_weights)
```

**Reutiliza las matrices de consulta y pesos de claves del objeto** `SelfAttention_v2` **de la sección anterior por comodidad**

Esto da como resultado los siguientes pesos de atención:

```
tensor([[0.1921, 0.1646, 0.1652, 0.1550, 0.1721, 0.1510],
        [0.2041, 0.1659, 0.1662, 0.1496, 0.1665, 0.1477],
        [0.2036, 0.1659, 0.1662, 0.1498, 0.1664, 0.1480],
        [0.1869, 0.1667, 0.1668, 0.1571, 0.1661, 0.1564],
        [0.1830, 0.1669, 0.1670, 0.1588, 0.1658, 0.1585],
        [0.1935, 0.1663, 0.1666, 0.1542, 0.1666, 0.1529]],
       grad_fn=<SoftmaxBackward0>)
```

Implementamos el segundo paso utilizando la función `tril` de PyTorch para crear una máscara, en la que los valores que están por encima de la diagonal sean cero:

```
context_length = attn_scores.shape[0]
mask_simple = torch.tril(torch.ones(context_length, context_length))
print(mask_simple)
```

La máscara resultante es

```
tensor([[1.,    0.,    0.,    0.,    0.,    0.],
        [1.,    1.,    0.,    0.,    0.,    0.],
        [1.,    1.,    1.,    0.,    0.,    0.],
        [1.,    1.,    1.,    1.,    0.,    0.],
        [1.,    1.,    1.,    1.,    1.,    0.],
        [1.,    1.,    1.,    1.,    1.,    1.]])
```

Ya podemos multiplicar esta máscara por los pesos de atención para poner a cero los valores por encima de la diagonal:

```
masked_simple = attn_weights*mask_simple
print(masked_simple)
```

Observamos que los elementos situados por encima de la diagonal se han puesto a cero correctamente:

```
tensor([[0.1921, 0.0000, 0.0000, 0.0000, 0.0000, 0.0000],
        [0.2041, 0.1659, 0.0000, 0.0000, 0.0000, 0.0000],
        [0.2036, 0.1659, 0.1662, 0.0000, 0.0000, 0.0000],
        [0.1869, 0.1667, 0.1668, 0.1571, 0.0000, 0.0000],
        [0.1830, 0.1669, 0.1670, 0.1588, 0.1658, 0.0000],
        [0.1935, 0.1663, 0.1666, 0.1542, 0.1666, 0.1529]],
       grad_fn=<MulBackward0>)
```

El tercer paso consiste en normalizar de nuevo los pesos de atención para que vuelvan a sumar 1 en cada fila. Para ello, dividimos cada elemento de cada fila por la suma de cada fila:

```
row_sums = masked_simple.sum(dim=-1, keepdim=True)
masked_simple_norm = masked_simple / row_sums
print(masked_simple_norm)
```

El resultado es una matriz de pesos de atención, en la que los pesos por encima de la diagonal se ponen a cero y las filas suman 1:

```
tensor([[1.0000, 0.0000, 0.0000, 0.0000, 0.0000, 0.0000],
        [0.5517, 0.4483, 0.0000, 0.0000, 0.0000, 0.0000],
        [0.3800, 0.3097, 0.3103, 0.0000, 0.0000, 0.0000],
        [0.2758, 0.2460, 0.2462, 0.2319, 0.0000, 0.0000],
        [0.2175, 0.1983, 0.1984, 0.1888, 0.1971, 0.0000],
        [0.1935, 0.1663, 0.1666, 0.1542, 0.1666, 0.1529]],
       grad_fn=<DivBackward0>)
```

### Fuga de información

Cuando aplicamos una máscara y luego volvemos a normalizar los pesos de atención, en un principio podría parecer que la información de los tókenes futuros (que pretendemos enmascarar) podría seguir influyendo en el token actual, porque sus valores forman parte del cálculo *softmax*. Sin embargo, la idea clave es que, cuando renormalizamos los pesos de atención después del enmascaramiento, lo que estamos haciendo básicamente es recalcular el valor *softmax* con un subconjunto más pequeño (pues las posiciones enmascaradas no contribuyen a dicho valor).

La elegancia matemática de *softmax* radica en que, a pesar de incluir inicialmente todas las posiciones en el denominador, tras el enmascaramiento y la renormalización el efecto de las posiciones enmascaradas se anula, porque no contribuyen de forma significativa a la puntuación *softmax*.

En términos más sencillos, después del enmascaramiento y la renormalización, es como si la distribución de los pesos de atención se hubiera calculado solo entre las posiciones no enmascaradas desde el principio. Esto garantiza que no haya fuga de información de los tókenes futuros (o de otro modo enmascarados), tal y como pretendíamos.

Aunque en este momento podríamos dar por concluida nuestra implementación de la atención causal, aún admite mejoras. Tomemos una propiedad matemática de la función *softmax* y obtengamos el cálculo de los pesos de atención enmascarados de una manera más eficiente en menos pasos, como muestra la figura 3.21.

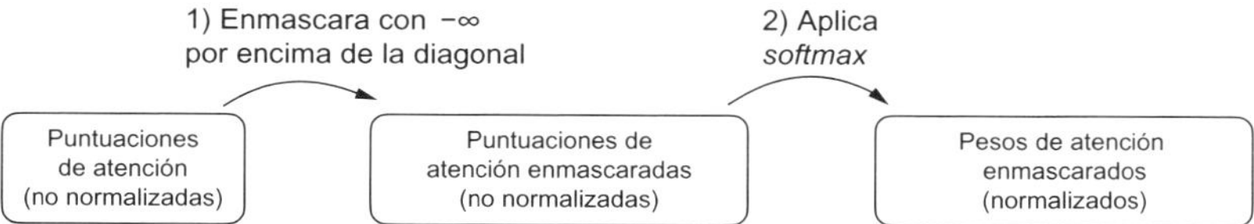


**Figura 3.21.** Una forma más eficiente de obtener la matriz de pesos de atención enmascarada en atención causal es enmascarar las puntuaciones de atención con valores de infinito negativo antes de aplicar la función *softmax*.

La función *softmax* convierte sus entradas en una distribución de probabilidad. Cuando hay valores de infinito negativo (-∞) en una fila, la función *softmax* los trata como probabilidad cero (matemáticamente, esto se debe a que $e^{\infty}$ se aproxima a 0).

Implementamos este «truco» de enmascaramiento más eficiente creando una máscara con unos por encima de la diagonal y reemplazando después estos unos por valores de infinito negativo (`-inf`):

```
mask = torch.triu(torch.ones(context_length, context_length), diagonal=1)
masked = attn_scores.masked_fill(mask.bool(), -torch.inf)
print(masked)
```

Estas líneas de código dan como resultado la siguiente máscara:

```
tensor([[0.2899,   -inf,   -inf,   -inf,   -inf,   -inf],
        [0.4656, 0.1723,   -inf,   -inf,   -inf,   -inf],
        [0.4594, 0.1703, 0.1731,   -inf,   -inf,   -inf],
        [0.2642, 0.1024, 0.1036, 0.0186,   -inf,   -inf],
        [0.2183, 0.0874, 0.0882, 0.0177, 0.0786,   -inf],
        [0.3408, 0.1270, 0.1290, 0.0198, 0.1290, 0.0078]],
       grad_fn=<MaskedFillBackward0>)
```

Ya solo tenemos que aplicar la función *softmax* a estos resultados enmascarados, y listo:

```
attn_weights = torch.softmax(masked / keys.shape[-1]**0.5, dim=1)
print(attn_weights)
```

Como observamos en el resultado, los valores de cada fila suman 1, por lo que no es necesario realizar ninguna normalización adicional:

```
tensor([[1.0000, 0.0000, 0.0000, 0.0000, 0.0000, 0.0000],
        [0.5517, 0.4483, 0.0000, 0.0000, 0.0000, 0.0000],
        [0.3800, 0.3097, 0.3103, 0.0000, 0.0000, 0.0000],
        [0.2758, 0.2460, 0.2462, 0.2319, 0.0000, 0.0000],
        [0.2175, 0.1983, 0.1984, 0.1888, 0.1971, 0.0000],
        [0.1935, 0.1663, 0.1666, 0.1542, 0.1666, 0.1529]],
       grad_fn=<SoftmaxBackward0>)
```

Ya podríamos utilizar los pesos de atención modificados para calcular los vectores de contexto mediante `context_vec = attn_weights @ values`, como en la sección 3.4. Sin embargo, primero abordaremos otro pequeño ajuste en el mecanismo de atención causal, que resulta útil para reducir el sobreajuste al entrenar los LLM.

### 3.5.2. Enmascaramiento de pesos de atención adicionales con dropout

El *dropout* en deep learning es una técnica en la que se ignoran aleatoriamente unidades de la capa oculta durante el entrenamiento, «eliminándolas» de forma efectiva. Este método ayuda a evitar el sobreajuste al garantizar que un modelo no dependa excesivamente de ningún conjunto específico de unidades de la capa oculta. Es importante destacar que el *dropout* solo se utiliza durante el entrenamiento, desactivándose después.

En la arquitectura *Transformer*, incluidos modelos como GPT, el *dropout* en el mecanismo de atención se aplica normalmente en dos momentos específicos: después de calcular los pesos de atención o después de aplicar los pesos de atención a los vectores de valor. Aquí aplicaremos la máscara de *dropout* después de obtener los pesos de atención, como muestra la figura 3.22, porque es la variante más común en la práctica. En el siguiente ejemplo de código, utilizamos una tasa de *dropout* del 50 %, lo que significa enmascarar la mitad de los pesos de atención (cuando entrenemos el modelo GPT en capítulos posteriores, utilizaremos una tasa más baja, como 0,1 o 0,2). Para simplificar, aplicamos primero la implementación de *dropout* de PyTorch a un tensor de 6 x 6 formado por unos:

```
torch.manual_seed(123)
dropout = torch.nn.Dropout(0.5)    # Elegimos una tasa de dropout del 50 %
example = torch.ones(6, 6)         # Aquí creamos una matriz de unos
print(dropout(example))
```

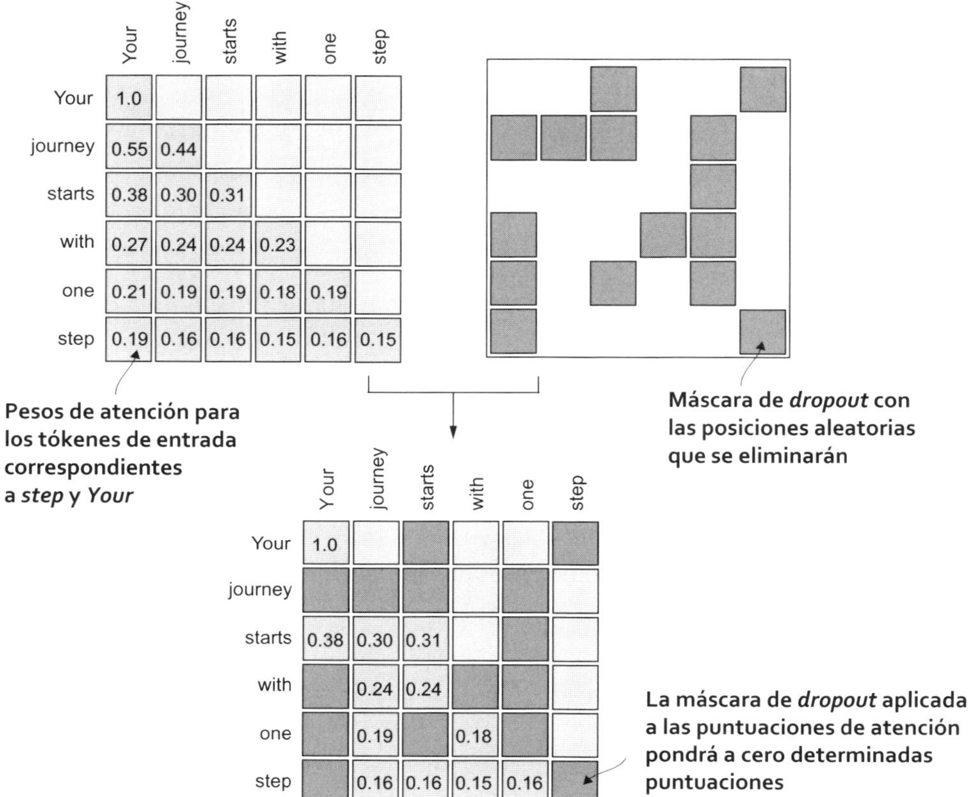


**Figura 3.22.** Utilizando la máscara de atención causal (arriba a la izquierda), aplicamos una máscara de *dropout* adicional (arriba a la derecha) para poner a cero los pesos de atención adicionales y reducir el sobreajuste durante el entrenamiento.

Observamos que aproximadamente la mitad de los valores se han puesto a cero:

```
tensor([[2., 2., 0., 2., 2., 0.],
        [0., 0., 0., 2., 0., 2.],
        [2., 2., 2., 2., 0., 2.],
        [0., 2., 2., 0., 0., 2.],
        [0., 2., 0., 2., 0., 2.],
        [0., 2., 2., 2., 2., 0.]])
```

Al aplicar *dropout* a una matriz de pesos de atención con una tasa del 50 %, la mitad de los elementos de la matriz se establecen aleatoriamente en cero. Para compensar la reducción de elementos activos, los valores de los elementos restantes de la matriz se amplían en un factor de $1/0,5 = 2$. Esta ampliación es crucial para mantener el equilibrio general de los pesos de atención, lo que garantiza que la influencia media del mecanismo de atención se mantenga constante tanto durante la fase de entrenamiento como durante la de inferencia.

Apliquemos ahora *dropout* a la propia matriz de pesos de atención:

```
torch.manual_seed(123)
print(dropout(attn_weights))
```

La matriz de pesos de atención resultante tiene ahora elementos adicionales puestos a cero y los unos restantes reescalados:

```
tensor([[2.0000, 0.0000, 0 .0000, 0.0000, 0.0000, 0.0000],
        [0.0000, 0.0000, 0.0000, 0.0000, 0.0000, 0.0000],
        [0.7599, 0.6194, 0.6206, 0.0000, 0.0000, 0.0000],
        [0.0000, 0.4921, 0.4925, 0.0000, 0.0000, 0.0000],
        [0.0000, 0.3966, 0.0000, 0.3775, 0.0000, 0.0000],
        [0.0000, 0.3327, 0.3331, 0.3084, 0.3331, 0.0000]],
       grad_fn=<MulBackward0>
```

Ten en cuenta que los resultados del *dropout* pueden variar en función de tu sistema operativo (tienes más información sobre esta inconsistencia en el gestor de incidencias de PyTorch, en `https://github.com/pytorch/pytorch/issues/121595`).

Una vez comprendidos los conceptos de atención causal y enmascaramiento de *dropout*, podemos desarrollar una clase concisa en Python. Esta clase está diseñada para facilitar la aplicación eficiente de estas dos técnicas.

### 3.5.3. Implementación de una clase de atención causal compacta

Ahora incorporaremos las modificaciones de atención causal y *dropout* en la clase `SelfAttention` de Python que desarrollamos en la sección 3.4. Esta clase servirá como plantilla para desarrollar la *multi-head attention*, la clase de atención final que implementaremos.

Pero, antes de empezar, asegurémonos de que el código puede manejar lotes que constan de más de una entrada, de modo que la clase `CausalAttention` admita las salidas por lotes producidas por el cargador de datos que realizamos en el capítulo 2.

Para simplificar, y con el fin de simular dichas entradas por lotes, duplicamos el ejemplo de texto de entrada:

```
batch = torch.stack((inputs, inputs), dim=0)
print(batch.shape)
```

**Dos entradas con seis tókenes cada una; cada token tiene una dimensión de *embedding* de 3**

Esto da como resultado un tensor tridimensional compuesto por dos textos de entrada con seis tókenes cada uno, donde cada token es un vector de *embedding* tridimensional:

```
torch.Size([2, 6, 3])
```

La siguiente clase `CausalAttention` es similar a la clase `SelfAttention` que implementamos anteriormente, excepto porque hemos añadido los componentes de *dropout* y máscara causal.

**Listado 3.3. Una clase de atención causal compacta**

```
class CausalAttention(nn.Module):
    def __init__(self, d_in, d_out, context_length,
                 dropout, qkv_bias=False):
        super().__init__()
        self.d_out = d_out
        self.W_query = nn.Linear(d_in, d_out, bias=qkv_bias)
        self.W_key   = nn.Linear(d_in, d_out, bias=qkv_bias)
        self.W_value = nn.Linear(d_in, d_out, bias=qkv_bias)
        self.dropout = nn.Dropout(dropout)
        self.register_buffer(
           'mask',
           torch.triu(torch.ones(context_length, context_length),
           diagonal=1)
        )

    def forward(self, x):
        b, num_tokens, d_in = x.shape
        keys = self.W_key(x)
        queries = self.W_query(x)
        values = self.W_value(x)

        attn_scores = queries @ keys.transpose(1, 2)
        attn_scores.masked_fill_(
            self.mask.bool()[:num_tokens, :num_tokens], -torch.inf)
        attn_weights = torch.softmax(
            attn_scores / keys.shape[-1]**0.5, dim=-1
        )
        attn_weights = self.dropout(attn_weights)

        context_vec = attn_weights @ values
        return context_vec
```

**A diferencia de la clase** `SelfAttention_v1` **anterior, hemos añadido una capa de *dropout***

**La llamada** `register_buffer` **también es una novedad (tienes más información en el texto siguiente)**

**Transponemos las dimensiones 1 y 2, manteniendo la dimensión del lote en la primera posición (0)**

**En PyTorch, las operaciones con un guion bajo al final se realizan in situ, lo que evita copias de memoria innecesarias**

Aunque todas las líneas de código añadidas deberían resultarte familiares a estas alturas, hemos añadido ahora una llamada `self.register_buffer()` en el método `__init__`. El uso de `register_buffer` en PyTorch no es estrictamente necesario para todas las situaciones, pero en este caso ofrece varias ventajas. Por ejemplo, cuando utilizamos la clase `CausalAttention` en nuestro LLM, los búferes se mueven automáticamente al dispositivo adecuado (CPU o GPU) junto con nuestro modelo, lo que será relevante a la hora de entrenar nuestro LLM. Esto significa que no necesitamos asegurarnos manualmente de que estos tensores estén en el mismo dispositivo que los parámetros de nuestro modelo, evitando así errores de incompatibilidad entre dispositivos.

Utilizamos la clase `CausalAttention` de la siguiente manera, de forma similar a como hicimos anteriormente con `SelfAttention`:

```
torch.manual_seed(123)
context_length = batch.shape[1]
ca = CausalAttention(d_in, d_out, context_length, 0.0)
context_vecs = ca(batch)
print("context_vecs.shape:", context_vecs.shape)
```

El vector de contexto resultante es un tensor tridimensional, en el que cada token se representa ahora mediante un *embedding* bidimensional:

```
context_vecs.shape: torch.Size([2, 6, 2])
```

La figura 3.23 resume lo que hemos logrado hasta ahora. Nos hemos centrado en el concepto y la implementación de la atención causal en las redes neuronales. A continuación, ampliaremos este concepto y realizaremos un módulo de *multi-head attention*, que implementa varios mecanismos de atención causal en paralelo.

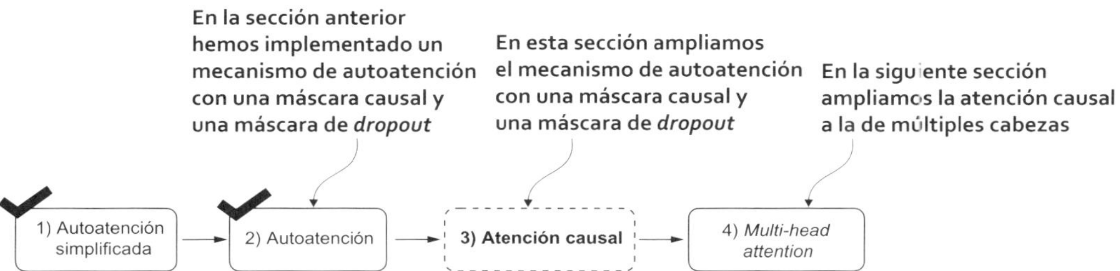


**Figura 3.23.** Esto es lo que hemos hecho hasta ahora. Comenzamos con un mecanismo de atención simplificado, añadimos pesos entrenables y, a continuación, agregamos una máscara de atención causal. A continuación, ampliaremos el mecanismo de atención causal y codificaremos la *multi-head attention*, que utilizaremos en nuestro LLM.

## 3.6. Ampliar la atención de una sola cabeza a múltiples cabezas

Nuestro último paso será ampliar la clase de atención causal implementada anteriormente a múltiples cabezas. Esto también se denomina atención de múltiples cabezas o *multi-head attention*. El término «múltiples cabezas» (*multi-head*, en inglés) se refiere a la división del mecanismo de atención en varias «cabezas», cada una de las cuales funciona de forma independiente. En este contexto, un único módulo de atención causal puede considerarse una atención de una sola cabeza, en la que solo hay un conjunto de pesos de atención que procesan la entrada de forma secuencial.

Ahora abordaremos esta ampliación de la atención causal a la atención de múltiples cabezas. En primer lugar, construiremos intuitivamente un módulo de *multi-head attention* apilando varios módulos `CausalAttention`. A continuación, realizaremos el mismo módulo de atención de varias cabezas de una forma más complicada, pero más eficiente desde el punto de vista computacional.

### 3.6.1. Apilar múltiples capas de atención de una sola cabeza

En términos prácticos, la implementación de la atención de múltiples cabezas implica crear varias instancias del mecanismo de autoatención (véase la figura 3.18), cada una con sus propios pesos, y luego combinar sus resultados. El uso de múltiples instancias del mecanismo de autoatención puede requerir un gran esfuerzo computacional, pero es crucial para el tipo de reconocimiento de patrones complejos por el que se conocen los modelos como los LLM basados en *Transformer*.

La figura 3.24 ilustra la estructura de un módulo de *multi-head attention*, que consiste en varios módulos de atención de una sola cabeza, como se ha descrito anteriormente en la figura 3.18, apilados uno encima de otro.

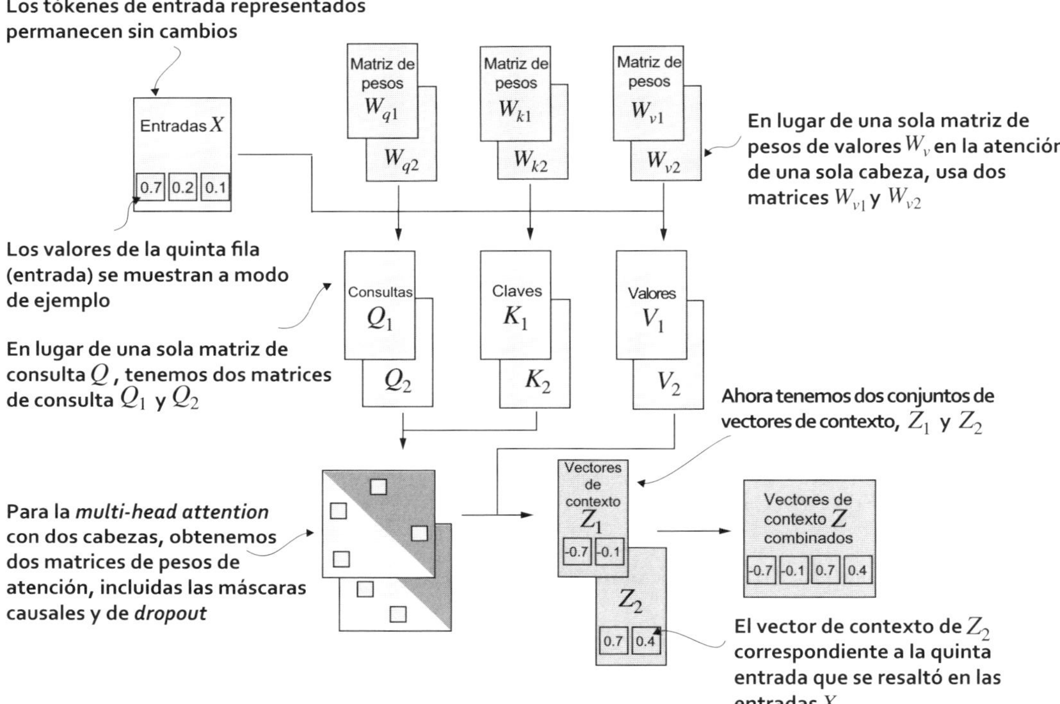


**Figura 3.24.** El módulo de *multi-head attention* incluye dos módulos de atención de una sola cabeza apilados uno encima del otro. Así, en lugar de utilizar una única matriz $W_v$ para calcular las matrices de valores, en un módulo de *multi-head attention* con dos cabezas tenemos ahora dos matrices de pesos de valores: $W_{v1}$ y $W_{v2}$. Lo mismo se aplica a las otras matrices de pesos, $W_Q$ y $W_k$. Obtenemos dos conjuntos de vectores de contexto $Z_1$ y $Z_2$, que combinamos en una única matriz de vectores de contexto $Z$.

Como se mencionó anteriormente, la idea principal de la atención de múltiples cabezas es ejecutar el mecanismo de atención varias veces (en paralelo) con diferentes proyecciones lineales aprendidas, como resultado de multiplicar los datos de entrada (los vectores de consulta, clave y valor en los mecanismos de atención) por una matriz de pesos. En el código, logramos esto codificando una sencilla clase `MultiHeadAttentionWrapper`, que apila varias instancias de nuestro módulo `CausalAttention` previamente realizado.

**Listado 3.4. Una clase contenedora para realizar la *multi-head attention***

```
class MultiHeadAttentionWrapper(nn.Module):
    def __init__(self, d_in, d_out, context_length,
                 dropout, num_heads, qkv_bias=False):
        super().__init__()
        self.heads = nn.ModuleList(
            [CausalAttention(
                 d_in, d_out, context_length, dropout, qkv_bias
             )
             for _ in range(num_heads)]
        )

    def forward(self, x):
        return torch.cat([head(x) for head in self.heads], dim=-1)
```

Por ejemplo, si utilizamos esta clase `MultiHeadAttentionWrapper` con dos cabezas de atención (mediante `num_heads=2`) y una dimensión de salida `CausalAttention d_out=2`, obtenemos un vector de contexto de cuatro dimensiones (`d_out*num_heads=4`), tal y como se muestra en la figura 3.25.

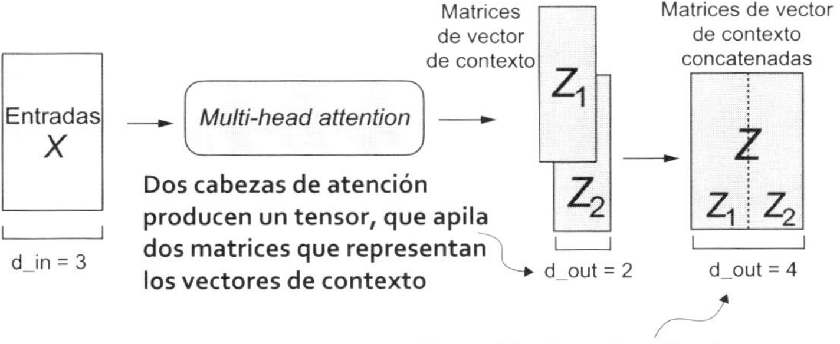


**Figura 3.25.** Utilizando `MultiHeadAttentionWrapper` especificamos el número de cabezas de atención (`num_heads`). Si establecemos `num_heads=2`, como en este ejemplo, obtenemos un tensor con dos conjuntos de matrices de vectores de contexto. En cada matriz de vectores de contexto, las filas representan los vectores de contexto correspondientes a los tókenes, y las columnas corresponden a la dimensión de *embedding* especificada mediante `d_out=4`. Concatenamos estas matrices de vectores de contexto a lo largo de la dimensión de columna. Como tenemos dos cabezas de atención y una dimensión de *embedding* de 2, la dimensión de *embedding* final es 2 x 2 = 4.

Para ilustrar esto con un ejemplo concreto, utilizamos la clase `MultiHeadAttentionWrapper`, similar a la clase `CausalAttention` anterior:

```
torch.manual_seed(123)
context_length = batch.shape[1] # This is the number of tokens
d_in, d_out = 3, 2
```

```
mha = MultiHeadAttentionWrapper(
    d_in, d_out, context_length, 0.0, num_heads=2
)
context_vecs = mha(batch)

print(context_vecs)
print("context_vecs.shape:", context_vecs.shape)
```

Este código da como resultado el siguiente tensor, que representa los vectores de contexto:

```
tensor([[[-0.4519, 0.2216, 0.4772, 0.1063],
         [-0.5874, 0.0058, 0.5891, 0.3257],
         [-0.6300, -0.0632, 0.6202, 0.3860],
         [-0.5675, -0.0843, 0.5478, 0.3589],
         [-0.5526, -0.0981, 0.5321, 0.3428],
         [-0.5299, -0.1081, 0.5077, 0.3493]],

        [[-0.4519, 0.2216, 0.4772, 0.1063],
         [-0.5874, 0.0058, 0.5891, 0.3257],
         [-0.6300, -0.0632, 0.6202, 0.3860],
         [-0.5675, -0.0843, 0.5478, 0.3589],
         [-0.5526, -0.0981, 0.5321, 0.3428],
         [-0.5299, -0.1081, 0.5077, 0.3493]]], grad_fn=<CatBackward0>)
context_vecs.shape: torch.Size([2, 6, 4])
```

La primera dimensión del tensor `context_vecs` resultante es 2, porque tenemos dos textos de entrada (los textos de entrada están duplicados, por lo que los vectores de contexto son exactamente iguales para ambos). La segunda dimensión se refiere a los 6 tókenes de cada entrada, y la tercera dimensión se refiere a la representación tetradimensional de cada token.

### Ejercicio 3.2. Devolver vectores de *embedding* bidimensionales

Cambia los argumentos de entrada de la llamada `MultiHeadAttentionWrapper(..., num_heads=2)`, de modo que los vectores de contexto de salida sean bidimensionales en lugar de tetradimensionales, manteniendo la configuración `num_heads=2`. Sugerencia: no es necesario modificar la implementación de la clase; basta con cambiar uno de los otros argumentos de entrada.

Hasta ahora, hemos realizado una clase `MultiHeadAttentionWrapper` que combina varios módulos de atención de una sola cabeza. Sin embargo, estos módulos se procesan secuencialmente mediante `[head(x) for head in self.heads]` en el método *forward*. Podemos mejorar esta implementación procesando las cabezas en paralelo, y una forma de lograrlo es calculando simultáneamente las salidas de todas las cabezas de atención con ayuda de la multiplicación de matrices.

## 3.6.2. Implementación de la multi-head attention con divisiones de pesos

Hasta ahora, hemos creado una clase `MultiHeadAttentionWrapper` para realizar *multi-head attention* apilando varios módulos de atención de una sola cabeza, lo que se ha llevado a cabo instanciando y combinando varios objetos `CausalAttention`.

En lugar de mantener dos clases separadas, `MultiHeadAttentionWrapper` y `CausalAttention`, combinamos estos conceptos en una única clase `MultiHeadAttention`. Además de fusionar `MultiHeadAttentionWrapper` con el código de creación de `CausalAttention`, realizaremos algunas otras modificaciones para implementar la *multi-head attention* de la manera más eficiente.

En `MultiHeadAttentionWrapper` se implementan varias cabezas creando una lista de objetos `CausalAttention` (`self.heads`), cada uno de los cuales representa una cabeza de atención independiente. La clase `CausalAttention` aplica el mecanismo de atención de forma independiente, y los resultados de cada cabeza se concatenan. Por el contrario, la siguiente clase `MultiHeadAttention` integra la funcionalidad *multi-head* en una sola clase. Divide la entrada en múltiples cabezas remodelando los tensores proyectados de consulta, clave y valor, y luego combina los resultados de dichas cabezas después de calcular la atención.

Echemos un vistazo a la clase `MultiHeadAttention` antes de seguir hablando más sobre ella.

**Listado 3.5. Una clase *multi-head attention* eficiente**

```
class MultiHeadAttention(nn.Module):
    def __init__(self, d_in, d_out,
                 context_length, dropout, num_heads, qkv_bias=False):
        super().__init__()
        assert (d_out % num_heads == 0), \
            "d_out must be divisible by num_heads"
        self.d_out = d_out
        self.num_heads = num_heads
        self.head_dim = d_out // num_heads
        self.W_query = nn.Linear(d_in, d_out, bias=qkv_bias)
        self.W_key = nn.Linear(d_in, d_out, bias=qkv_bias)
        self.W_value = nn.Linear(d_in, d_out, bias=qkv_bias)
        self.out_proj = nn.Linear(d_out, d_out)
        self.dropout = nn.Dropout(dropout)
        self.register_buffer(
            "mask",
            torch.triu(torch.ones(context_length, context_length),
                       diagonal=1)
        )

def forward(self, x):
        b, num_tokens, d_in = x.shape
        keys = self.W_key(x)
        queries = self.W_query(x)
        values = self.W_value(x)
```

Reduce la dimensión de proyección para que coincida con la dimensión de salida deseada

Utiliza una capa `Linear` para combinar las salidas de las cabezas

Forma del tensor: `(b, num_tokens, d_out)`

```
    keys = keys.view(b, num_tokens, self.num_heads, self.head_dim)
    values = values.view(b, num_tokens, self.num_heads, self.head_dim)
    queries = queries.view(
        b, num_tokens, self.num_heads, self.head_dim
    )

    keys = keys.transpose(1, 2)
    queries = queries.transpose(1, 2)
    values = values.transpose(1, 2)

    attn_scores = queries @ keys.transpose(2, 3)
    mask_bool = self.mask.bool()[:num_tokens, :num_tokens]

    attn_scores.masked_fill_(mask_bool, -torch.inf)

    attn_weights = torch.softmax(
        attn_scores / keys.shape[-1]**0.5, dim=-1)
    attn_weights = self.dropout(attn_weights)

    context_vec = (attn_weights @ values).transpose(1, 2)

    context_vec = context_vec.contiguous().view(
        b, num_tokens, self.d_out
    )
    context_vec = self.out_proj(context_vec)
    return context_vec
```

**Dividimos implícitamente la matriz añadiendo una dimensión** `num_heads`**. A continuación, desplegamos la última dimensión:** `(b, num_tokens, d_out) -> (b, num_tokens, num_heads, head_dim)`

**Transpone de la forma** `(b, num_tokens, num_heads, head_dim)` **a** `(b, num_heads, num_tokens, head_dim)`

**Calcula el producto escalar para cada cabeza**

**Máscaras truncadas al número de tókenes**

**Utiliza la máscara para rellenar las puntuaciones de atención**

**Forma del tensor:** `(b, num_tokens, n_heads, head_dim)`

**Combina cabezas, donde** `self.d_out = self.num_heads * self.head_dim`

**Añade una proyección lineal opcional**

Aunque la remodelación (`.view`) y transposición (`.transpose`) de los tensores de la clase `MultiHeadAttention` parecen muy complicadas desde el punto de vista matemático, esta clase desarrolla el mismo concepto que la clase `MultiHeadAttentionWrapper` anterior.

A grandes rasgos, en la anterior `MultiHeadAttentionWrapper` apilamos varias capas de atención de una sola cabeza que combinamos en una capa de *multi-head attention*. La clase `MultiHeadAttention` adopta un enfoque integrado. Comienza con una capa de varias cabezas y luego la divide internamente en cabezas de atención individuales, como se ilustra en la figura 3.26.

La división de los tensores de consulta, clave y valor se logra mediante operaciones de remodelación y transposición de tensores con ayuda de los métodos `.view` y `.transpose` de PyTorch. La entrada se transforma primero (mediante capas lineales para consultas, claves y valores) y luego se remodela para representar varias cabezas.

La operación clave es dividir la dimensión `d_out` en `num_heads` y `head_dim`, donde `head_dim = d_out / num_heads`. Después esta división se lleva a cabo usando el método `.view`: un tensor de dimensiones `(b, num_tokens, d_out)` se remodela a la dimensión `(b, num_tokens, num_heads, head_dim)`.

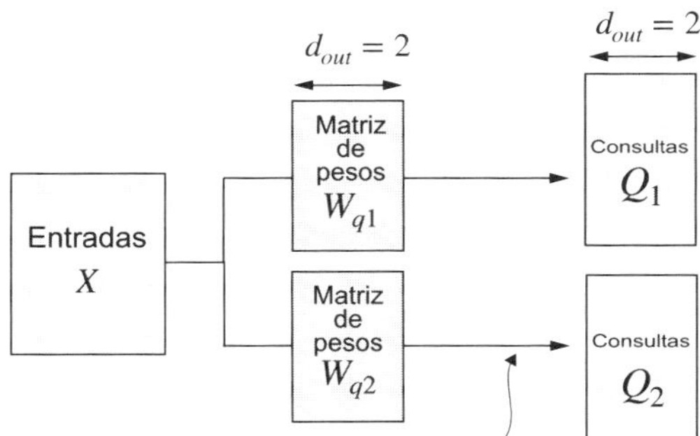


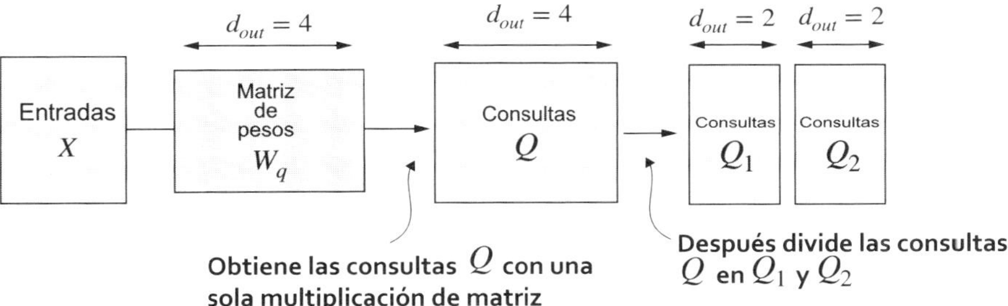


**Figura 3.26.** En la clase `MultiHeadAttentionWrapper` con dos cabezas de atención, nicializamos dos matrices de pesos, $W_{q1}$ y $W_{q2}$, y calculamos dos matrices de consulta, $Q_1$ y $Q_2$ (parte superior). En la clase `MultiheadAttention` inicializamos una matriz de pesos más grande, $W_q$, realizamos solo una multiplicación de matrices con las entradas para obtener una matriz de consulta $Q$ y, a continuación, dividimos la matriz de consultas en $Q_1$ y $Q_2$ (parte inferior). Hacemos lo mismo con las claves y los valores, que no se muestran para reducir la congestión visual.

A continuación, los tensores se transponen para colocar la dimensión `num_heads` antes de la dimensión `num_tokens`, lo que da como resultado una forma de `(b, num_heads, num_tokens, head_dim)`. Esta transposición es crucial para alinear correctamente las consultas, las claves y los valores en las diferentes cabezas y realizar multiplicaciones matriciales por lotes de manera eficiente.

Para ilustrar esta multiplicación matricial por lotes, supongamos que tenemos el siguiente tensor:

```
a = torch.tensor([[[[0.2745, 0.6584, 0.2775, 0.8573],
                    [0.8993, 0.0390, 0.9268, 0.7388],
                    [0.7179, 0.7058, 0.9156, 0.4340]],

                   [[0.0772, 0.3565, 0.1479, 0.5331],
                    [0.4066, 0.2318, 0.4545, 0.9737],
                    [0.4606, 0.5159, 0.4220, 0.5786]]]])
```

**La forma de este tensor es** `(b, num_heads, num_tokens, head_dim) = (1, 2, 3, 4)`

Realizamos ahora una multiplicación matricial por lotes entre el propio tensor y una vista del tensor, en la que hemos transpuesto las dos últimas dimensiones, `num_tokens` y `head_dim`:

```
print(a @ a.transpose(2, 3))
```

El resultado es

```
tensor([[[[1.3208, 1.1631, 1.2879],
          [1.1631, 2.2150, 1.8424],
          [1.2879, 1.8424, 2.0402]],

         [[0.4391, 0.7003, 0.5903],
          [0.7003, 1.3737, 1.0620],
          [0.5903, 1.0620, 0.9912]]]])
```

En este caso, la implementación de la multiplicación de matrices en PyTorch maneja el tensor de entrada de cuatro dimensiones de manera que la multiplicación de matrices se lleva a cabo entre las dos últimas dimensiones `(num_tokens, head_dim)`, y luego se repite para cada cabeza individual.

Por ejemplo, lo anterior se convierte en una forma más compacta de calcular la multiplicación de matrices para cada cabeza por separado:

```
first_head = a[0, 0, :, :]
first_res = first_head @ first_head.T
print("First head:\n", first_res)

second_head = a[0, 1, :, :]
second_res = second_head @ second_head.T
print("\nSecond head:\n", second_res)
```

Los resultados son exactamente los mismos que obtuvimos al utilizar la multiplicación de matrices por lotes `print(a @ a.transpose(2, 3))`:

```
First head:
  tensor([[1.3208, 1.1631, 1.2879],
          [1.1631, 2.2150, 1.8424],
          [1.2879, 1.8424, 2.0402]])

Second head:
  tensor([[0.4391, 0.7003, 0.5903],
          [0.7003, 1.3737, 1.0620],
          [0.5903, 1.0620, 0.9912]])
```

Siguiendo con `MultiHeadAttention`, después de calcular los pesos de atención y los vectores de contexto, los vectores de contexto de todas las cabezas se transponen de nuevo a la forma `(b, num_tokens, num_heads, head_dim)`. A continuación, estos vectores se remodelan (aplanan) a la forma `(b, num_tokens, d_out)`, combinando eficazmente las salidas de todas las cabezas.

Hemos añadido además una capa de proyección de salida (`self.out_proj`) a `MultiHeadAttention` después de combinar las cabezas, que no está presente en la clase `CausalAttention`. Esta capa de proyección de salida no es estrictamente necesaria (consulta el apéndice B para más detalles), pero se utiliza comúnmente en muchas arquitecturas LLM, por lo que la he añadido aquí para completar la información.

Aunque la clase `MultiHeadAttention` parece más complicada que `MultiHeadAttentionWrapper` por la remodelación y transposición adicionales de los tensores, es más eficiente. La razón es que solo necesitamos una multiplicación de matrices para calcular las claves, por ejemplo, `keys = self.W_key(x)` (lo mismo ocurre con las consultas y los valores). En `MultiHeadAttentionWrapper` necesitábamos repetir esta multiplicación de matrices, uno de los pasos más costosos desde el punto de vista computacional, para cada cabeza de atención.

La clase `MultiHeadAttention` se puede utilizar de forma similar a las clases `SelfAttention` y `CausalAttention`, que ya realizamos anteriormente:

```
torch.manual_seed(123)
batch_size, context_length, d_in = batch.shape
d_out = 2
mha = MultiHeadAttention(d_in, d_out, context_length, 0.0, num_heads=2)
context_vecs = mha(batch)
print(context_vecs)
print("context_vecs.shape:", context_vecs.shape)
```

Los resultados muestran que la dimensión de salida está controlada directamente por el argumento `d_out`:

```
tensor([[[0.3190, 0.4858],
         [0.2943, 0.3897],
         [0.2856, 0.3593],
         [0.2693, 0.3873],
         [0.2639, 0.3928],
         [0.2575, 0.4028]],

        [[0.3190, 0.4858],
         [0.2943, 0.3897],
         [0.2856, 0.3593],
         [0.2693, 0.3873],
         [0.2639, 0.3928],
         [0.2575, 0.4028]]], grad_fn=<ViewBackward0>)
context_vecs.shape: torch.Size([2, 6, 2])
```

Ya hemos implementado la clase `MultiHeadAttention`, que utilizaremos cuando implementemos y entrenemos el LLM. Ten en cuenta que, aunque el código es totalmente funcional, he utilizado tamaños de representación y números de cabezas de atención relativamente pequeños para que los resultados sean legibles.

A modo de comparación, el modelo GPT-2 más pequeño (117 millones de parámetros) tiene 12 cabezas de atención y un tamaño de *embedding* del vector de contexto de 768. El modelo GPT-2 más grande (1500 millones de parámetros) tiene 25 cabezas de atención y un tamaño de *embedding* del vector de contexto de 1600. Los tamaños de *embedding* de las entradas de tókenes y las representaciones de contexto son los mismos en los modelos GPT (`d_in = d_out`).

**Ejercicio 3.3. Inicialización de los módulos de atención de tamaño GPT-2**

Utilizando la clase `MultiHeadAttention`, inicializa un módulo de *multi-head attention* que tenga el mismo número de cabezas de atención que el modelo GPT-2 más pequeño (12 cabezas). Asegúrate también de utilizar los tamaños de *embedding* de entrada y salida respectivos similares a los de GPT-2 (768 dimensiones). Ten en cuenta que el modelo GPT-2 más pequeño admite una longitud de contexto de 1024 tókenes.

## Resumen

- Los mecanismos de atención transforman los elementos de entrada en representaciones vectoriales de contexto mejoradas, que incorporan información sobre todas las entradas.
- Un mecanismo de autoatención calcula la representación vectorial de contexto como una suma ponderada de las entradas.
- En un mecanismo de atención simplificado, los pesos de atención se calculan mediante productos escalares.
- Un producto escalar es una forma concisa de multiplicar dos vectores elemento por elemento y luego sumar los productos.
- Las multiplicaciones matriciales, aunque no son estrictamente necesarias, nos ayudan a implementar los cálculos de forma más eficiente y compacta, sustituyendo los bucles anidados.
- En los mecanismos de autoatención utilizados en los LLM, también llamados atención por producto escalar escalado, incluimos matrices de pesos entrenables para calcular las transformaciones intermedias de las entradas: consultas, valores y claves.
- Cuando trabajamos con LLM que leen y generan texto de izquierda a derecha, añadimos una máscara de atención causal, para evitar que el LLM acceda a tókenes futuros.
- Además de las máscaras de atención causal para poner a cero los pesos de atención, podemos añadir una máscara de *dropout* para reducir el sobreajuste en los LLM.
- Los módulos de atención en los LLM basados en la arquitectura *Transformer* implican varias instancias de atención causal, lo que se denomina *multi-head attention*, o atención de múltiples cabezas.
- Es posible crear un módulo de *multi-head attention* apilando múltiples instancias de módulos de atención causal.
- Una forma más eficiente de crear módulos de *multi-head attention* implica multiplicaciones matriciales por lotes.

# Implementar un modelo GPT desde cero para generar texto

4

**En este capítulo encontrarás:**

- Cómo codificar grandes modelos de lenguaje o LLM de tipo GPT capaz de entrenarse para generar texto similar al humano.
- Cómo normalizar las activaciones de las capas para estabilizar el entrenamiento de la red neuronal.
- Cómo incorporar conexiones de atajo a redes neuronales profundas.
- Cómo realizar bloques *Transformer* para crear modelos GPT de varios tamaños.
- Cómo obtener el número de parámetros y los requisitos de almacenamiento de los modelos GPT.

Ya has aprendido a codificar el mecanismo de *multi-head attention* o atención de múltiples cabezas, uno de los componentes principales de los LLM. Ahora nos encargaremos de los demás componentes básicos de un LLM, y los ensamblaremos en un modelo de tipo GPT, que entrenaremos en el próximo capítulo para generar texto similar al humano.

La arquitectura LLM a la que se hace referencia en la figura 4.1 consta de varios componentes básicos. Comenzaremos con una vista general de la arquitectura del modelo antes de abordar los componentes individuales con más detalle.

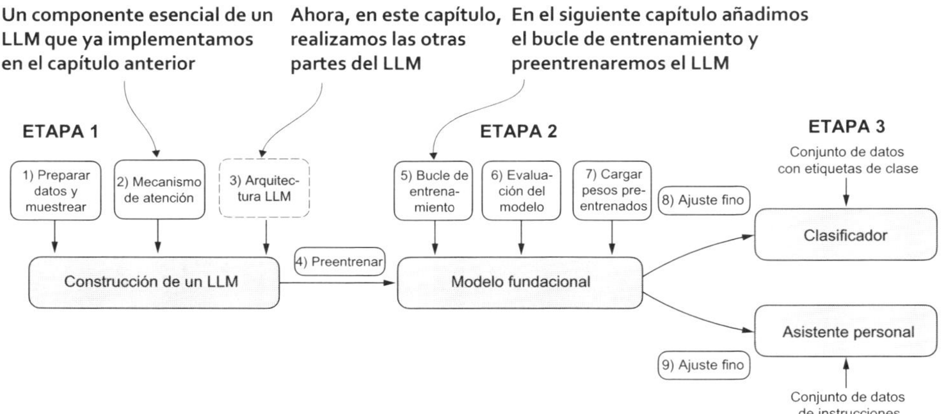


**Figura 4.1.** Las tres etapas principales de la codificación de un LLM. Este capítulo se centra en el paso 3 de la etapa 1, es decir, la implementación de la arquitectura LLM.

## 4.1. Codificar una arquitectura LLM

Los LLM, como GPT (que significa *Generative Pretrained Transformer*, o transformador generativo preentrenado), son grandes arquitecturas de redes neuronales profundas diseñadas para generar texto nuevo palabra a palabra (o token a token). Sin embargo, a pesar de su tamaño, la arquitectura del modelo es menos complicada de lo que podría pensarse, porque muchos de sus componentes se repiten, como veremos más adelante. La figura 4.2 ofrece una vista completa de un LLM de tipo GPT, con sus componentes principales resaltados.

Ya hemos tratado varios aspectos de la arquitectura LLM, como la tokenización y representación vectorial de entradas, y el módulo de *multi-head attention* enmascarada. Ahora implementaremos la estructura central del modelo GPT, incluidos sus bloques *Transformer*, que más adelante entrenaremos para generar texto similar al humano.

Previamente hemos utilizado dimensiones de *embedding* más pequeñas para simplificar, pues nos aseguraba que los conceptos y ejemplos cupieran cómodamente en una sola página. Ahora ampliaremos al tamaño de un modelo GPT-2 pequeño, concretamente la versión más reducida con 124 millones de parámetros, tal y como se describe en el documento *Language Models Are Unsupervised Multitask Learners* (los modelos de lenguaje son aprendices multitarea no supervisados), de Radford *et al.* (`https://mng.bz/yoBq`). Ten en cuenta que, aunque el informe original menciona 117 millones de parámetros, posteriormente este dato fue corregido. En el capítulo 6 nos centraremos en cargar pesos preentrenados en nuestra implementación y adaptarlos para modelos GPT-2 más grandes, con 345, 762 y 1542 millones de parámetros.

En el contexto del deep learning y los LLM como GPT, el término «parámetros» se refiere a los pesos entrenables del modelo. Estos pesos son, en esencia, las variables internas del modelo, que se ajustan y optimizan durante el proceso de entrenamiento, para minimizar una función de pérdida específica. Esta optimización permite al modelo aprender a partir de los datos de entrenamiento.

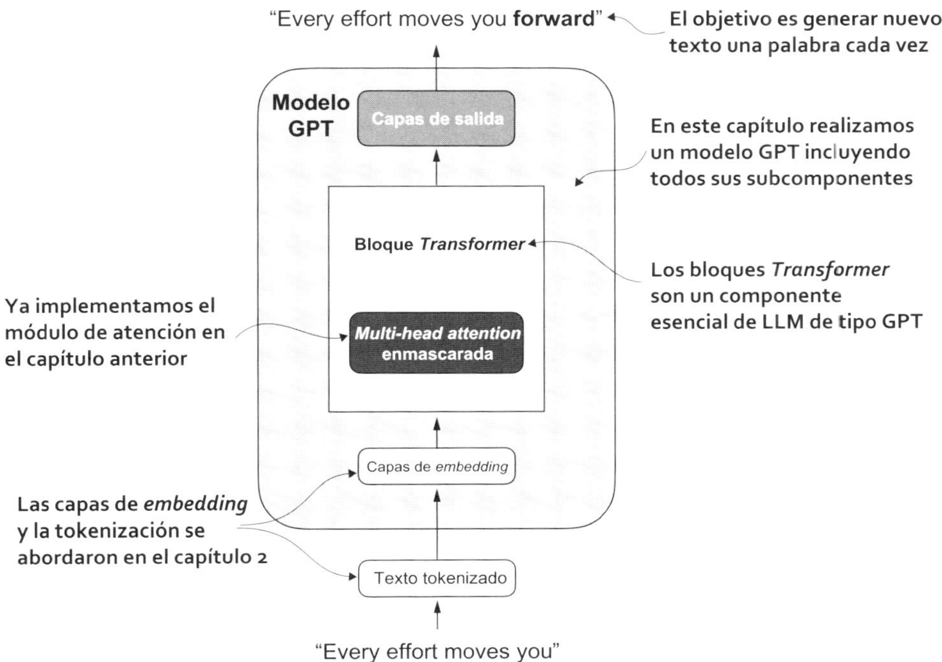


**Figura 4.2.** Un modelo GPT. Además de las capas de *embedding*, consta de uno o más bloques *Transformer*, que contienen el módulo de *multi-head attention* enmascarada implementado anteriormente.

Por ejemplo, en una capa de red neuronal representada por una matriz (o tensor) de pesos de 2048 x 2048 dimensiones, cada elemento de esta matriz es un parámetro. Como hay 2048 filas y 2048 columnas, el número total de parámetros en esta capa es 2048 multiplicado por 2048, lo que equivale a 4 194 304 parámetros.

## GPT-2 frente a GPT-3

Nos estamos centrando en GPT-2 porque OpenAI ha hecho públicos los pesos del modelo preentrenado, que cargaremos en nuestra implementación en el capítulo 6. GPT-3 es fundamentalmente igual en términos de arquitectura del modelo, excepto porque ha sido ampliado de 1500 millones de parámetros en GPT-2 a 175 000 millones de parámetros en GPT-3, y ha sido entrenado con más datos. En el momento de escribir este artículo, los pesos de GPT-3 no están disponibles públicamente. GPT-2 también es una mejor opción para aprender a implementar LLM, porque se puede ejecutar en un solo ordenador portátil, mientras que GPT-3 requiere un clúster de GPU para el entrenamiento y la inferencia. Según Lambda Labs (`https://lambdalabs.com/`), se necesitarían 355 años para entrenar GPT-3 con una sola GPU V100 para centros de datos y 665 años con una GPU RTX 8000 de consumo.

Especificamos la configuración del modelo GPT-2 pequeño mediante el siguiente diccionario Python, que utilizaremos más adelante en los ejemplos de código:

```
GPT_CONFIG_124M = {
    "vocab_size": 50257,          #  Vocabulary size
    "context_length": 1024,       #  Context length
    "emb_dim": 768,               #  Embedding dimension
    "n_heads": 12,                #  Number of attention heads
    "n_layers": 12,               #  Number of layers
    "drop_rate": 0.1,             #  Dropout rate
    "qkv_bias": False             #  Query-Key-Value bias
}
```

En el diccionario `GPT_CONFIG_124M` usamos nombres de variables concisos para mayor claridad, y para evitar líneas de código largas:

- `vocab_size` hace referencia a un vocabulario de 50 257 palabras, tal y como lo utiliza el tokenizador BPE (véase el capítulo 2).
- `context_length` denota el número máximo de tókenes de entrada que el modelo puede manejar a través de las representaciones vectoriales posicionales (véase el capítulo 2).
- `emb_dim` representa el tamaño de *embedding*, transformando cada token en un vector de 768 dimensiones.
- `n_heads` indica el recuento de cabezas de atención en el mecanismo de *multi-head attention* (véase el capítulo 3).
- `n_layers` especifica el número de bloques *Transformer* del modelo, tema que trataremos en la próxima sección.
- `drop_rate` indica la intensidad del mecanismo de *dropout* (0.1 implica un *dropout* aleatorio del 10 % de las unidades ocultas) para evitar el sobreajuste (véase el capítulo 3).
- `qkv_bias` determina si se incluye un vector de sesgo en las capas lineales de la *multi-head attention* para los cálculos de consulta, clave y valor. Inicialmente lo desactivaremos, siguiendo las normas de los LLM modernos, pero lo revisaremos cuando carguemos los pesos preentrenados de GPT-2 de OpenAI en nuestro modelo (véase el capítulo 6).

Con esta configuración, implementaremos una arquitectura GPT provisional (`DummyGPTModel`), tal y como se muestra en la figura 4.3. Esto nos proporcionará una visión general de cómo encaja todo y de qué otros componentes necesitamos codificar para montar la arquitectura completa del modelo GPT.

Los recuadros numerados de la figura 4.3 ilustran el orden en el que abordamos los conceptos individuales necesarios para codificar la arquitectura GPT final. Comenzaremos con el paso 1, una arquitectura base GPT provisional que llamaremos `DummyGPTModel`.

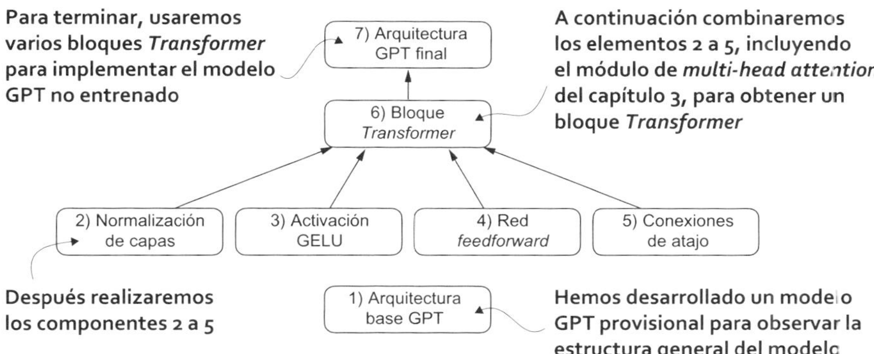


**Figura 4.3.** El orden en el que codificamos la arquitectura GPT. Empezamos por la arquitectura base de GPT, que es provisional, antes de pasar a los elementos centrales individuales para, finalmente, ensamblarlos en un bloque *Transformer* y obtener así la arquitectura GPT definitiva.

**Listado 4.1. Una clase de arquitectura de modelo GPT provisional**

```
import torch
import torch.nn as nn

class DummyGPTModel(nn.Module):
    def __init__(self, cfg):
        super().__init__()
        self.tok_emb = nn.Embedding(cfg["vocab_size"], cfg["emb_dim"])
        self.pos_emb = nn.Embedding(cfg["context_length"], cfg["emb_dim"])
        self.drop_emb = nn.Dropout(cfg["drop_rate"])
        self.trf_blocks = nn.Sequential(
            *[DummyTransformerBlock(cfg)
              for _ in range(cfg["n_layers"])]
        )
        self.final_norm = DummyLayerNorm(cfg["emb_dim"])
        self.out_head = nn.Linear(
            cfg["emb_dim"], cfg["vocab_size"], bias=False
        )

    def forward(self, in_idx):
        batch_size, seq_len = in_idx.shape
        tok_embeds = self.tok_emb(in_idx)
        pos_embeds = self.pos_emb(
            torch.arange(seq_len, device=in_idx.device)
        )
        x = tok_embeds + pos_embeds
        x = self.drop_emb(x)
        x = self.trf_blocks(x)
        x = self.final_norm(x)
        logits = self.out_head(x)
        return logits
```

Utiliza un componente provisional en lugar de `TransformerBlock`

Utiliza un componente provisional en lugar de `LayerNorm`

```
class DummyTransformerBlock(nn.Module):
    def __init__(self, cfg):
        super().__init__()

    def forward(self, x):
        return x

class DummyLayerNorm(nn.Module):
    def __init__(self, normalized_shape, eps=1e-5):
        super().__init__()

    def forward(self, x):
        return x
```

**Una sencilla clase provisional, que más adelante será sustituida por un** `TransformerBlock` **real**

**Este bloque no hace nada, solo devuelve su entrada**

**Una sencilla clase provisional, que más adelante será sustituida por un** `LayerNorm` **real**

**Aquí los parámetros solo sirven para imitar la interfaz** `LayerNorm`

La clase `DummyGPTModel` de este código define una versión simplificada de un modelo de tipo GPT utilizando el módulo de red neuronal de PyTorch (`nn.Module`). La arquitectura del modelo de la clase `DummyGPTModel` consta de *embedding* posicionales y de token, *dropout*, una serie de bloques *Transformer* (`DummyTransformerBlock`), una normalización de capa final (`DummyLayerNorm`) y una capa de salida lineal (`out_head`). La configuración se pasa a través de un diccionario de Python, por ejemplo, el diccionario `GPT_CONFIG_124M` creado anteriormente.

El método `forward` describe el flujo de datos que pasa a través del modelo: obtiene los *embedding* posicionales y de token para los índices de entrada, aplica *dropout*, procesa los datos a través de los bloques *Transformer*, aplica la normalización y, finalmente, produce *logit* con la capa de salida lineal.

El código del listado 4.1 ya es funcional. Pero ten en cuenta que, por ahora, usaremos clases provisionales (`DummyLayerNorm` y `DummyTransformerBlock`) para el bloque *Transformer* y la normalización de capas, que desarrollaremos más adelante.

A continuación, prepararemos los datos de entrada e inicializaremos un nuevo modelo GPT para ilustrar su uso. Partiendo de nuestra codificación del tokenizador (véase el capítulo 2), consideremos ahora una visión general de cómo fluyen los datos dentro y fuera de un modelo GPT, como muestra la figura 4.4.

Para realizar estos pasos, tokenizamos un lote formado por dos entradas de texto para el modelo GPT utilizando el tokenizador tiktoken del capítulo 2:

```
import tiktoken

tokenizer = tiktoken.get_encoding("gpt2")
batch = []
txt1 = "Every effort moves you"
txt2 = "Every day holds a"

batch.append(torch.tensor(tokenizer.encode(txt1)))
batch.append(torch.tensor(tokenizer.encode(txt2)))
batch = torch.stack(batch, dim=0)
print(batch)
```

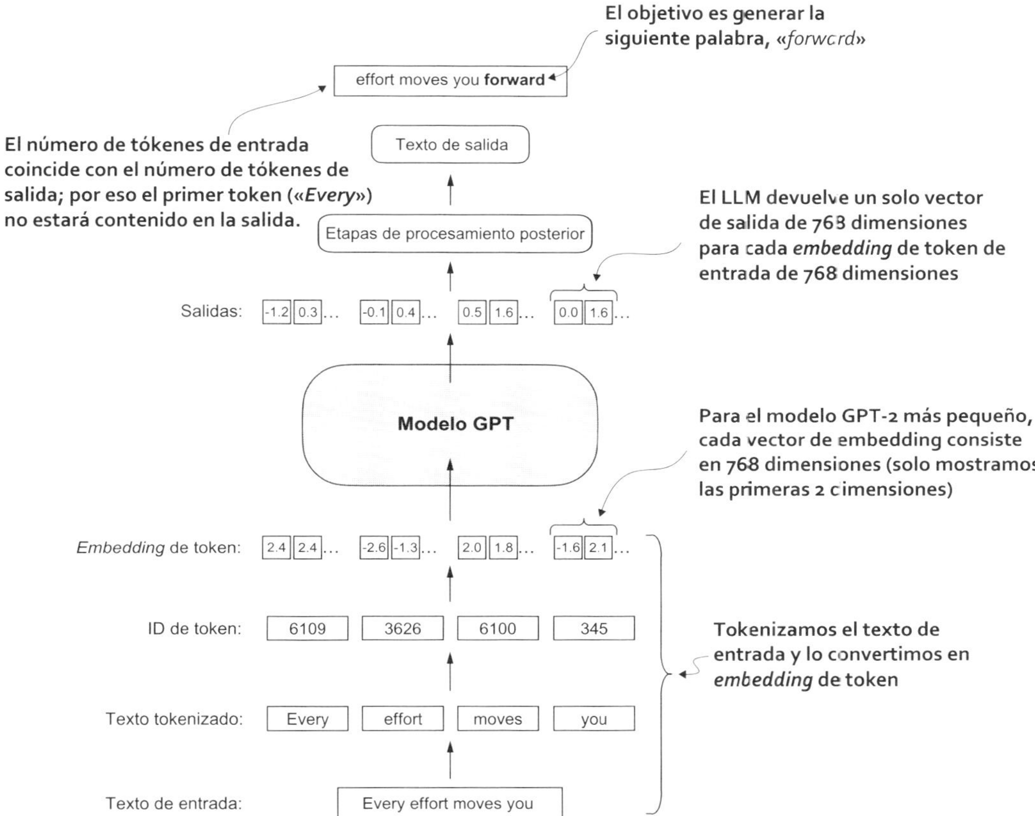


**Figura 4.4.** Una visión general que muestra cómo se tokenizan, representan y alimentan los datos de entrada al modelo GPT. Ten en cuenta que en nuestra clase `DummyGPTClass` codificada previamente, la representación vectorial de token se gestiona dentro del modelo GPT. En los LLM, la dimensión del token de entrada representado suele coincidir con la dimensión de salida. Los *embedding* de salida de la figura representan los vectores de contexto (véase el capítulo 3).

Los ID de token resultantes para los dos textos son los siguientes:

```
tensor([[6109, 3626, 6100, 345],
        [6109, 1110, 6622, 257]])
```

**La primera fila corresponde al primer texto y la segunda al segundo texto**

A continuación, inicializamos una nueva instancia de `DummyGPTModel` con 124 millones de parámetros y le proporcionamos el valor `batch` tokenizado:

```
torch.manual_seed(123)
model = DummyGPTModel(GPT_CONFIG_124M)
logits = model(batch)
print("Output shape:", logits.shape)
print(logits)
```

Los resultados del modelo, comúnmente denominados *logit*, son los siguientes:

```
Output shape: torch.Size([2, 4, 50257])
tensor([[[-1.2034,  0.3201, -0.7130,  ..., -1.5548, -0.2390, -0.4667],
         [-0.1192,  0.4539, -0.4432,  ...,  0.2392,  1.3469,  1.2430],
         [ 0.5307,  1.6720, -0.4695,  ...,  1.1966,  0.0111,  0.5835],
         [ 0.0139,  1.6755, -0.3388,  ...,  1.1586, -0.0435, -1.0400]],

        [[-1.0908,  0.1798, -0.9484,  ..., -1.6047,  0.2439, -0.4530],
         [-0.7860,  0.5581, -0.0610,  ...,  0.4835, -0.0077,  1.6621],
         [ 0.3567,  1.2698, -0.6398,  ..., -0.0162, -0.1296,  0.3717],
         [-0.2407, -0.7349, -0.5102,  ...,  2.0057, -0.3694,  0.1814]]],
       grad_fn=<UnsafeViewBackward0>)
```

El tensor de salida tiene dos filas, que corresponden a las dos muestras de texto. Cada muestra consta de cuatro tókenes, y cada token es un vector de 50 257 dimensiones, que coincide con el tamaño del vocabulario del tokenizador.

La representación vectorial tiene 50 257 dimensiones porque cada una de estas dimensiones se refiere a un token único del vocabulario. Cuando realicemos el código del procesamiento posterior, convertiremos estos vectores de 50 257 dimensiones de nuevo en ID de token, que luego podremos decodificar en palabras.

Ahora que hemos analizado de arriba abajo la arquitectura GPT y sus entradas y salidas, codificaremos los elementos provisionales por separado, comenzando por la clase de normalización de capas definitiva, que sustituirá a `DummyLayerNorm` en el código anterior.

## 4.2. Normalización de activaciones con normalización de capas

El entrenamiento de redes neuronales profundas con muchas capas puede resultar a veces complicado, debido a problemas como la desaparición o la explosión de gradientes. Estos problemas provocan una dinámica de entrenamiento inestable y dificultan que la red ajuste eficazmente sus pesos. En esencia, el proceso de aprendizaje tiene problemas para encontrar un conjunto de parámetros (pesos) para la red neuronal que minimice la función de pérdida. En otras palabras, la red tiene dificultades para aprender los patrones subyacentes de los datos hasta el punto que le permita realizar predicciones o tomar decisiones precisas.

**NOTA:** Si eres nuevo en el entrenamiento de redes neuronales y los conceptos de gradientes, puedes encontrar una breve introducción a estos conceptos en la sección A.4 del apéndice A. Pero no es necesario tener un profundo conocimiento matemático de los gradientes para seguir el contenido de este libro.

Ahora implementaremos la normalización de capas para mejorar la estabilidad y la eficiencia del entrenamiento de redes neuronales. La idea principal de la normalización de capas es ajustar las activaciones (salidas) de una capa de red neuronal para que tengan una media de 0 y una varianza de 1, también conocida como varianza unitaria. Este ajuste acelera la convergencia hacia pesos efectivos y garantiza un entrenamiento consistente y fiable. En GPT-2 y en las arquitecturas *Transformer* modernas, la normalización de capas se aplica normalmente antes y después del módulo de *multi-head attention* y, como hemos visto con la clase provisional `DummyLayerNorm`, antes de la capa de salida final. La figura 4.5 ofrece una visión general de cómo funciona la normalización de capas.

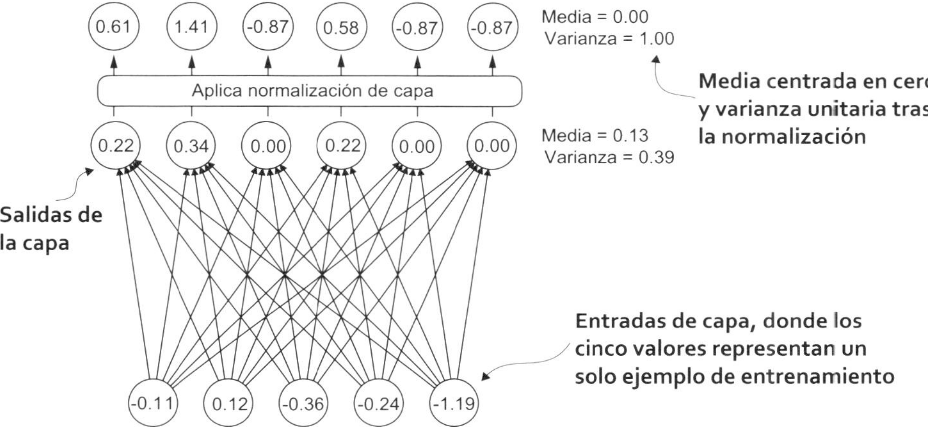


**Figura 4.5.** Una ilustración de la normalización de capas, en la que las seis salidas de la capa, también llamadas activaciones, se normalizan, de modo que tengan una media de 0 y una varianza de 1.

Recreamos el ejemplo mostrado en la figura 4.5 mediante el siguiente código, en el que implementamos una capa de red neuronal con cinco entradas y seis salidas que aplicamos a dos ejemplos de entrada:

```
torch.manual_seed(123)
batch_example = torch.randn(2, 5)
layer = nn.Sequential(nn.Linear(5, 6), nn.ReLU())
out = layer(batch_example)
print(out)
```

**Crea dos ejemplos de entrenamiento con cinco dimensiones (características) cada uno**

Este código obtiene el siguiente tensor, donde la primera fila enumera las salidas de capa para la primera entrada y la segunda fila enumera las salidas de capa para la segunda fila:

```
tensor([[0.2260, 0.3470, 0.0000, 0.2216, 0.0000, 0.0000],
        [0.2133, 0.2394, 0.0000, 0.5198, 0.3297, 0.0000]],
       grad_fn=<ReluBackward0>)
```

La capa de red neuronal que hemos codificado consta de una capa lineal seguida de una función de activación no lineal, ReLU (abreviatura de *Rectified Linear Unit*, es decir, unidad lineal rectificada), una función de activación estándar en las redes neuronales. Si no estás familiarizado con ReLU, lo que hace simplemente es establecer un umbral de 0 para las entradas negativas; ello garantiza que una capa solo genere valores positivos, y además explica por qué la salida de la capa resultante no contiene ningún valor negativo. Más adelante, utilizaremos otra función de activación más sofisticada en GPT.

Antes de aplicar la normalización de capas a estas salidas, examinemos la media y la varianza:

```
mean = out.mean(dim=-1, keepdim=True)
var = out.var(dim=-1, keepdim=True)
print("Mean:\n", mean)
print("Variance:\n", var)
```

El resultado es

```
Mean:
  tensor([[0.1324],
          [0.2170]], grad_fn=<MeanBackward1>)

Variance:
  tensor([[0.0231],
          [0.0398]], grad_fn=<VarBackward0>)
```

La primera fila del tensor medio contiene en este caso el valor medio de la primera fila de entrada, y la segunda fila de salida contiene el promedio de la segunda fila de entrada.

El uso de `keepdim=True` en operaciones como el cálculo de la media o la varianza garantiza que el tensor de salida conserve el mismo número de dimensiones que el tensor de entrada, aunque la operación reduzca el tensor a lo largo de la dimensión especificada mediante `dim`. Por ejemplo, sin `keepdim=True`, el tensor medio devuelto sería un vector bidimensional `[0.1324, 0.2170]` en lugar de una matriz de 2 x 1 dimensiones `[[0,1324], [0,2170]]`.

El parámetro `dim` especifica la dimensión a lo largo de la cual se debe realizar el cálculo de la estadística (en este caso, la media o la varianza) en un tensor. Como se explica en la figura 4.6, para un tensor bidimensional (como una matriz), utilizar `dim=-1` en el caso de operaciones como el cálculo de la media o la varianza es lo mismo que usar `dim=1`.

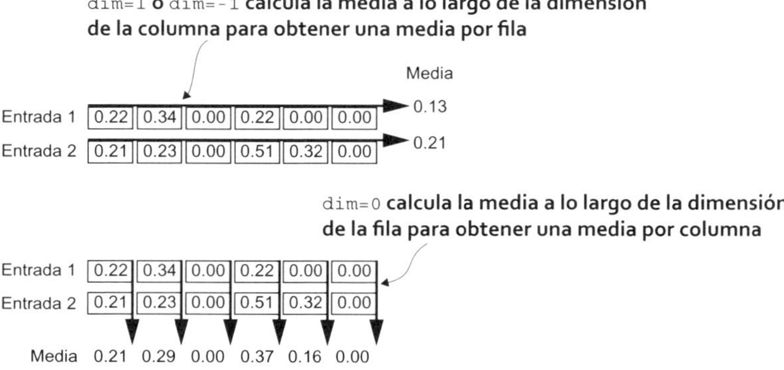


**Figura 4.6.** Ilustración del parámetro `dim` al calcular la media de un tensor. Por ejemplo, si tenemos un tensor bidimensional (matriz) con dimensiones `[filas, columnas]`, al utilizar `dim=0` se realizará la operación a lo largo de las filas (verticalmente, como se muestra en la parte inferior), lo que dará como resultado una salida que agrega los datos a cada columna. Si se usa `dim=1` o `dim=-1` se realizará la operación a lo largo de las columnas (horizontalmente, como se muestra en la parte superior), lo que dará como resultado una salida que agrega los datos a cada fila.

Esto se debe a que `-1` se refiere a la última dimensión del tensor, que corresponde a las columnas en un tensor bidimensional. Más adelante, al añadir la normalización de capas al modelo GPT, que produce tensores tridimensionales con la forma `[batch_size, num_tokens, embedding_size]`, podemos seguir utilizando `dim=-1` para la normalización en la última dimensión, evitando un cambio de `dim=1` a `dim=2`.

A continuación, apliquemos la normalización de capas a los resultados de las capas que obtuvimos anteriormente. La operación consiste en restar la media y dividir por la raíz cuadrada de la varianza (también conocida como desviación estándar):

```
out_norm = (out - mean) / torch.sqrt(var)
mean = out_norm.mean(dim=-1, keepdim=True)
var = out_norm.var(dim=-1, keepdim=True)
print("Normalized layer outputs:\n", out_norm)
print("Mean:\n", mean)
print("Variance:\n", var)
```

Como se observa en los resultados, las salidas normalizadas de la capa, que ahora también contienen valores negativos, tienen una media de 0 y una varianza de 1:

```
Normalized layer outputs:
 tensor([[ 0.6159, 1.4126, -0.8719, 0.5872, -0.8719, -0.8719],
        [-0.0189, 0.1121, -1.0876, 1.5173, 0.5647, -1.0876]],
       grad_fn=<DivBackward0>)
Mean:
 tensor([[-5.9605e-08],
        [1.9868e-08]], grad_fn=<MeanBackward1>)
Variance:
 tensor([[1.],
        [1.]], grad_fn=<VarBackward0>)
```

Ten en cuenta que el valor -5.9605e-08 del tensor de salida es la notación científica de -5,9605 x $10^{-8}$, es decir, -0,000000059605 en forma decimal. Este valor es muy cercano a 0, pero no es exactamente cero, debido a pequeños errores numéricos que pueden acumularse por la precisión finita con la que los ordenadores representan los números. Para mejorar la legibilidad, también podemos desactivar la notación científica al imprimir los valores del tensor estableciendo `sci_mode` en `False`:

```
torch.set_printoptions(sci_mode=False)
print("Mean:\n", mean)
print("Variance:\n", var)
```

El resultado es

```
Mean:
 tensor([[ 0.0000],
        [ 0.0000]], grad_fn=<MeanBackward1>)

Variance:
 tensor([[1.],
       [1.]], grad_fn=<VarBackward0>)
```

Hasta ahora, hemos codificado y aplicado la normalización de capas en un proceso paso a paso. Ahora encapsularemos este proceso en un módulo PyTorch que usaremos más adelante en el modelo GPT.

**Listado 4.2. Una clase de normalización de capas**

```
class LayerNorm(nn.Module):
    def __init__(self, emb_dim):
        super().__init__()
        self.eps = 1e-5
        self.scale = nn.Parameter(torch.ones(emb_dim))
        self.shift = nn.Parameter(torch.zeros(emb_dim))

    def forward(self, x):
        mean = x.mean(dim=-1, keepdim=True)
        var = x.var(dim=-1, keepdim=True, unbiased=False)
        norm_x = (x - mean) / torch.sqrt(var + self.eps)
        return self.scale * norm_x + self.shift
```

Esta implementación específica de la normalización de capas opera sobre la última dimensión del tensor de entrada `x`, que representa la dimensión de *embedding* (`emb_dim`). La variable `eps` es una constante pequeña (epsilon) que se añade a la varianza para evitar la división por cero durante la normalización. La escala y el desplazamiento son dos parámetros entrenables (de la misma dimensión que la entrada), que el LLM ajusta automáticamente durante el entrenamiento si se determina que hacerlo mejoraría el rendimiento del modelo en su tarea de entrenamiento. Esto permite al modelo aprender la escala y el desplazamiento adecuados que mejor se adaptan a los datos que está procesando.

## Varianza sesgada

En nuestro método de cálculo de la varianza, utilizamos un detalle de implementación estableciendo `unbiased=False`. Para aquellos que tengan curiosidad por saber qué significa esto, en el cálculo de la varianza, dividimos por el número de entradas `n` en la fórmula de la varianza. Este enfoque no aplica la corrección de Bessel, que normalmente utiliza `n - 1` en lugar de `n` en el denominador para ajustar el sesgo en la estimación de la varianza de la muestra. Esta decisión da lugar a la denominada «estimación sesgada de la varianza». Para los LLM, donde la dimensión de *embedding* `n` es significativamente grande, la diferencia entre utilizar `n` y `n - 1` es prácticamente insignificante. Elegí este enfoque para garantizar la compatibilidad con las capas de normalización del modelo GPT-2, y porque refleja el comportamiento predeterminado de TensorFlow, que se utilizó para implementar el modelo GPT-2 original. El uso de una configuración similar garantiza que nuestro método sea compatible con los pesos preentrenados que cargaremos en el capítulo 6.

Probemos ahora el módulo `LayerNorm` en la práctica y apliquémoslo a la entrada por lotes:

```
ln = LayerNorm(emb_dim=5)
out_ln = ln(batch_example)
mean = out_ln.mean(dim=-1, keepdim=True)
var = out_ln.var(dim=-1, unbiased=False, keepdim=True)
print("Mean:\n", mean)
print("Variance:\n", var)
```

Los resultados muestran que el código de normalización de capas funciona según lo esperado y normaliza los valores de cada una de las dos entradas, de modo que tengan una media de 0 y una varianza de 1:

```
Mean:
 tensor([[ -0.0000],
        [ 0.0000]], grad_fn=<MeanBackward1>)

Variance:
 tensor([[1.0000],
        [1.0000]], grad_fn=<VarBackward0>)
```

Ya hemos hablado de dos de los componentes básicos que necesitaremos para implementar la arquitectura GPT, como muestra la figura 4.7. A continuación, veremos la función de activación GELU, una de las funciones de activación empleadas en los LLM, en lugar de la función ReLU tradicional que utilizábamos anteriormente.

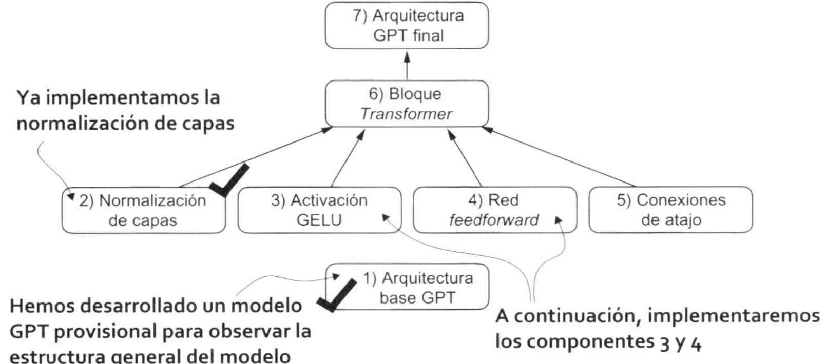


**Figura 4.7.** Los componentes básicos necesarios para construir la arquitectura GPT. Hasta ahora, hemos completado la arquitectura base de GPT y la normalización de capas. A continuación, nos centraremos en la activación GELU y la red *feedforward*.

## Normalización de capas frente a normalización por lotes

Si estás familiarizado con la normalización por lotes, un método de normalización común y tradicional para las redes neuronales, es posible que te preguntes en qué se diferencia de la normalización de capas. A diferencia de la normalización por lotes, que normaliza a lo largo de la dimensión del lote, la normalización de capas normaliza a lo largo de la dimensión de las características. Los LLM suelen requerir importantes recursos computacionales, y el hardware disponible o el uso específico pueden determinar el tamaño del lote durante el entrenamiento o la inferencia. Como la normalización de capas normaliza cada entrada independientemente del tamaño del lote, ofrece más flexibilidad y estabilidad en estas situaciones. Esto es especialmente beneficioso para el entrenamiento distribuido o cuando se implementan modelos en entornos con recursos limitados.

## 4.3. Implementación de una red feedforward con activaciones GELU

A continuación, realizaremos un pequeño submódulo de red neuronal que se utiliza como parte del bloque *Transformer* en los LLM. Empezaremos implementando la función de activación GELU, que desempeña un papel crucial en este submódulo de red neuronal.

**NOTA:** Para obtener más información sobre la implementación de redes neuronales en PyTorch, consulta la sección A.5 del apéndice A.

Históricamente, la función de activación ReLU se ha utilizado habitualmente en deep learning debido a su simplicidad y eficacia en diversas arquitecturas de redes neuronales. Sin embargo, en los LLM se emplean otras funciones de activación, además de la tradicional ReLU. Dos ejemplos destacados son GELU (*Gaussian Error Linear Unit*: unidad lineal de error gaussiano) y SwiGLU (*Swish-Gated Linear Unit*: unidad lineal con puerta Swish).

GELU y SwiGLU son funciones de activación más complejas y suaves, que incorporan unidades lineales gaussianas y sigmoidales, respectivamente. Ofrecen un rendimiento mejorado para los modelos de DL, a diferencia de ReLU, que es más simple.

La función de activación GELU se puede implementar de varias maneras; la versión exacta se define como $GELU(x) = x \cdot \Phi(x)$, donde $\Phi(x)$ es la función de distribución acumulativa de la distribución gaussiana estándar. Sin embargo, en la práctica es habitual implementar una aproximación computacionalmente más económica (el modelo GPT-2 original también se entrenó con esta aproximación, descubierta gracias al ajuste de curvas):

$$GELU(x) \approx 0.5 \cdot x \cdot \left(1 + tanh\left[\sqrt{\frac{2}{\pi}} \cdot \left(x + 0.044715 \cdot x^3\right)\right]\right)$$

Implementamos en código esta función como un módulo PyTorch.

**Listado 4.3. Una implementación de la función de activación GELU**

```
class GELU(nn.Module):
    def __init__(self):
        super().__init__()

    def forward(self, x):
        return 0.5 * x * (1 + torch.tanh(
            torch.sqrt(torch.tensor(2.0 / torch.pi)) *
            (x + 0.044715 * torch.pow(x, 3))
        ))
```

A continuación, para hacernos una idea de cómo es esta función GELU y cómo se compara con la función ReLU, representemos estas funciones una al lado de la otra:

```
import matplotlib.pyplot as plt
gelu, relu = GELU(), nn.ReLU()

x = torch.linspace(-3, 3, 100)
y_gelu, y_relu = gelu(x), relu(x)
plt.figure(figsize=(8, 3))
for i, (y, label) in enumerate(zip([y_gelu, y_relu], ["GELU", "ReLU"]), 1):
    plt.subplot(1, 2, i)
    plt.plot(x, y)
    plt.title(f"{label} activation function")
    plt.xlabel("x")
    plt.ylabel(f"{label}(x)")
    plt.grid(True)
plt.tight_layout()
plt.show()
```

**Crea 100 puntos de datos de muestra en el rango -3 a 3**

Como se observa en el gráfico resultante de la figura 4.8, ReLU (derecha) es una función lineal por tramos, que devuelve directamente la entrada si es positiva, y cero en caso contrario. GELU (izquierda) es una función suave y no lineal que se aproxima a ReLU, pero con un gradiente distinto de cero para casi todos los valores negativos (excepto aproximadamente en $x = -0.75$).

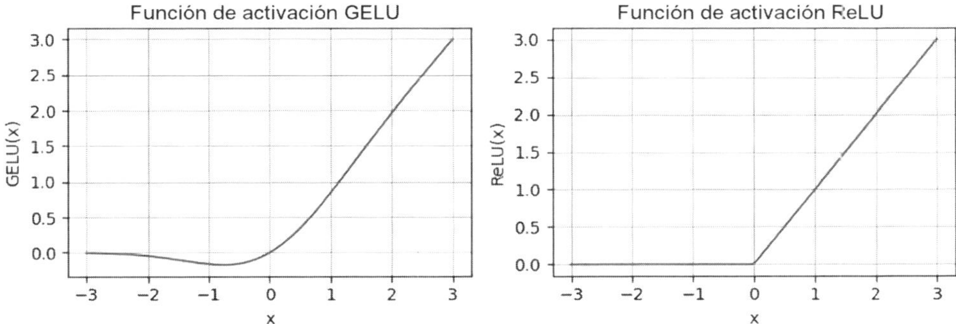


**Figura 4.8.** El resultado de los gráficos GELU y ReLU utilizando matplotlib. El eje x muestra las entradas de la función y el eje y muestra sus salidas.

La suavidad de GELU puede conducir a mejores propiedades de optimización durante el entrenamiento, pues permite ajustes más matizados en los parámetros del modelo. Por el contrario, ReLU tiene una esquina en cero (figura 4.18, derecha), lo cual a veces puede dificultar la optimización, especialmente en redes muy profundas o con arquitecturas complejas. Además, a diferencia de ReLU, que da como resultado cero para cualquier entrada negativa, GELU permite una salida pequeña, distinta de cero, para los valores negativos. Esta característica significa que, durante el proceso de entrenamiento, las neuronas que reciben entradas negativas pueden seguir contribuyendo al proceso de aprendizaje, aunque en menor medida que las entradas positivas.

A continuación, empleemos la función GELU para codificar el pequeño módulo de red neuronal, `FeedForward`, que utilizaremos más adelante en el bloque *Transformer* del LLM.

**Listado 4.4. Un módulo de red neuronal *feedforward***

```
class FeedForward(nn.Module):
    def __init__(self, cfg):
        super().__init__()
        self.layers = nn.Sequential(
            nn.Linear(cfg["emb_dim"], 4 * cfg["emb_dim"]),
            GELU(),
            nn.Linear(4 * cfg["emb_dim"], cfg["emb_dim"]),
        )

    def forward(self, x):
        return self.layers(x)
```

Vemos que el módulo `FeedForward` es una pequeña red neuronal que consta de dos capas lineales y una función de activación GELU. En el modelo GPT de 124 millones de parámetros, recibe los lotes de entrada con tókenes que tienen un tamaño de *embedding* de 768 cada uno mediante el diccionario `GPT_CONFIG_124M`, donde `GPT_CONFIG_124M["emb_dim"] = 768`. La figura 4.9 muestra cómo se manipula el tamaño de *embedding* dentro de esta pequeña red neuronal *feedforward* cuando le pasamos algunas entradas.

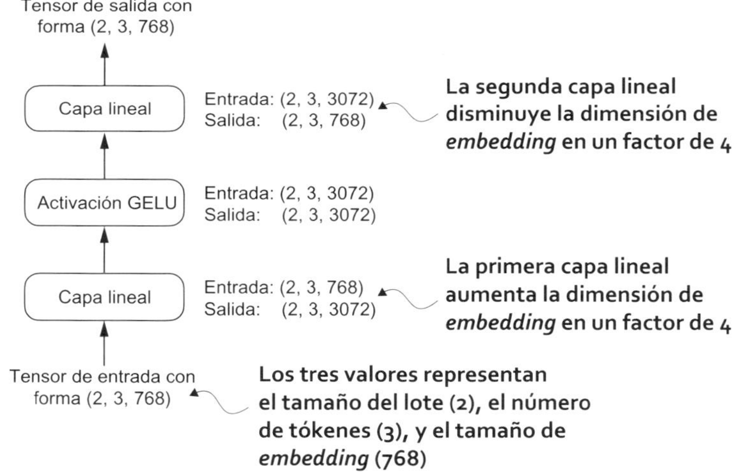


**Figura 4.9.** Resumen de las conexiones entre las capas de la red neuronal *feedforward*. Esta red neuronal puede adaptarse a tamaños de lotes y números de tókenes variables en la entrada. Sin embargo, el tamaño de *embedding* de cada token se determina y fija al inicializar los pesos.

Siguiendo el ejemplo de la figura 4.9, inicialicemos un nuevo módulo `FeedForward` con un tamaño de *embedding* de token de 768 y alimentémoslo con una entrada por lotes, con dos muestras y tres tókenes en cada una:

```
ffn = FeedForward(GPT_CONFIG_124M)
x = torch.rand(2, 3, 768)
out = ffn(x)
print(out.shape)
```

Crea una entrada de muestra con una dimensión de lote de 2

Observamos que la forma del tensor de salida es la misma que la del tensor de entrada:

```
torch.Size([2, 3, 768])
```

El módulo `FeedForward` desempeña un papel crucial en la mejora de la capacidad del modelo para aprender y generalizar los datos. Aunque las dimensiones de entrada y salida de este módulo son las mismas, internamente expande la dimensión de *embedding* a un espacio de mayor dimensión a través de la primera capa lineal, como se ilustra en la figura 4.10. A esta expansión le sigue una activación GELU no lineal y, a continuación, una contracción de vuelta a la dimensión original con la segunda transformación lineal. Este diseño permite explorar un espacio de representación más rico.

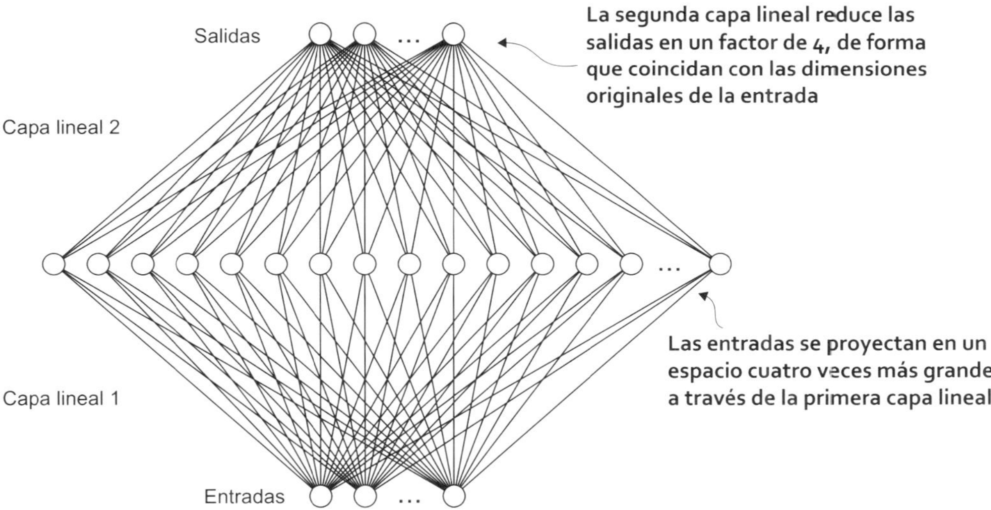


**Figura 4.10.** Ilustración de la expansión y contracción de las salidas de las capas en la red neuronal *feedforward*. En primer lugar, las entradas se expanden en un factor de 4, pasando de 768 a 3072 valores. A continuación, la segunda capa comprime los 3072 valores de nuevo en una representación de 768 dimensiones.

Además, la uniformidad en las dimensiones de entrada y salida simplifica la arquitectura al permitir el apilamiento de múltiples capas, como haremos más adelante, sin necesidad de ajustar las dimensiones entre ellas, para lograr que el modelo sea más escalable.

Como muestra la figura 4.11, ya hemos implementado la mayoría de los componentes básicos del LLM. A continuación, repasaremos el concepto de conexiones de atajo que insertamos entre diferentes capas de una red neuronal, importantes para mejorar el rendimiento del entrenamiento en arquitecturas de redes neuronales profundas.

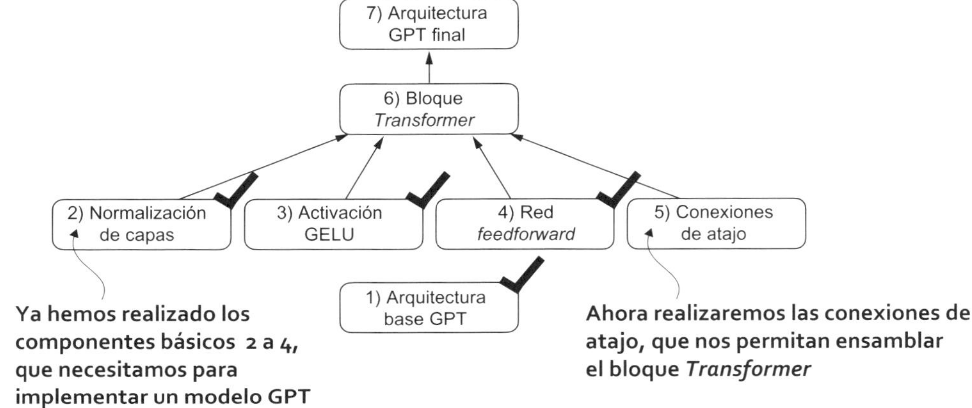


**Figura 4.11.** Los componentes básicos necesarios para construir la arquitectura GPT. Las marcas de verificación negras indican los que ya hemos explicado.

## 4.4. Incorporar conexiones de atajo

Analicemos el concepto que hay detrás de las conexiones de atajo, también conocidas como conexiones de salto o residuales. Originalmente, las conexiones de atajo se propusieron para redes profundas en visión por ordenador (concretamente, en redes residuales), con el fin de mitigar el problema de los gradientes que desaparecen. El problema de los gradientes que desaparecen alude a la cuestión de que los gradientes (que guían las actualizaciones de peso durante el entrenamiento) se vuelven progresivamente más pequeños a medida que se propagan hacia atrás a través de las capas, y esto dificulta el entrenamiento eficaz de las capas anteriores.

La figura 4.12 muestra que una conexión de atajo crea una ruta alternativa más corta para que el gradiente fluya a través de la red, saltándose una o más capas, lo que se consigue añadiendo la salida de una capa a la salida de una capa posterior. Por eso estas conexiones también se conocen como conexiones de salto. Desempeñan un papel crucial en la preservación del flujo de gradientes durante el paso hacia atrás en el entrenamiento.

En el siguiente listado, codificamos la red neuronal de la figura 4.12 para ver cómo podemos añadir conexiones de atajo en el método `forward`.

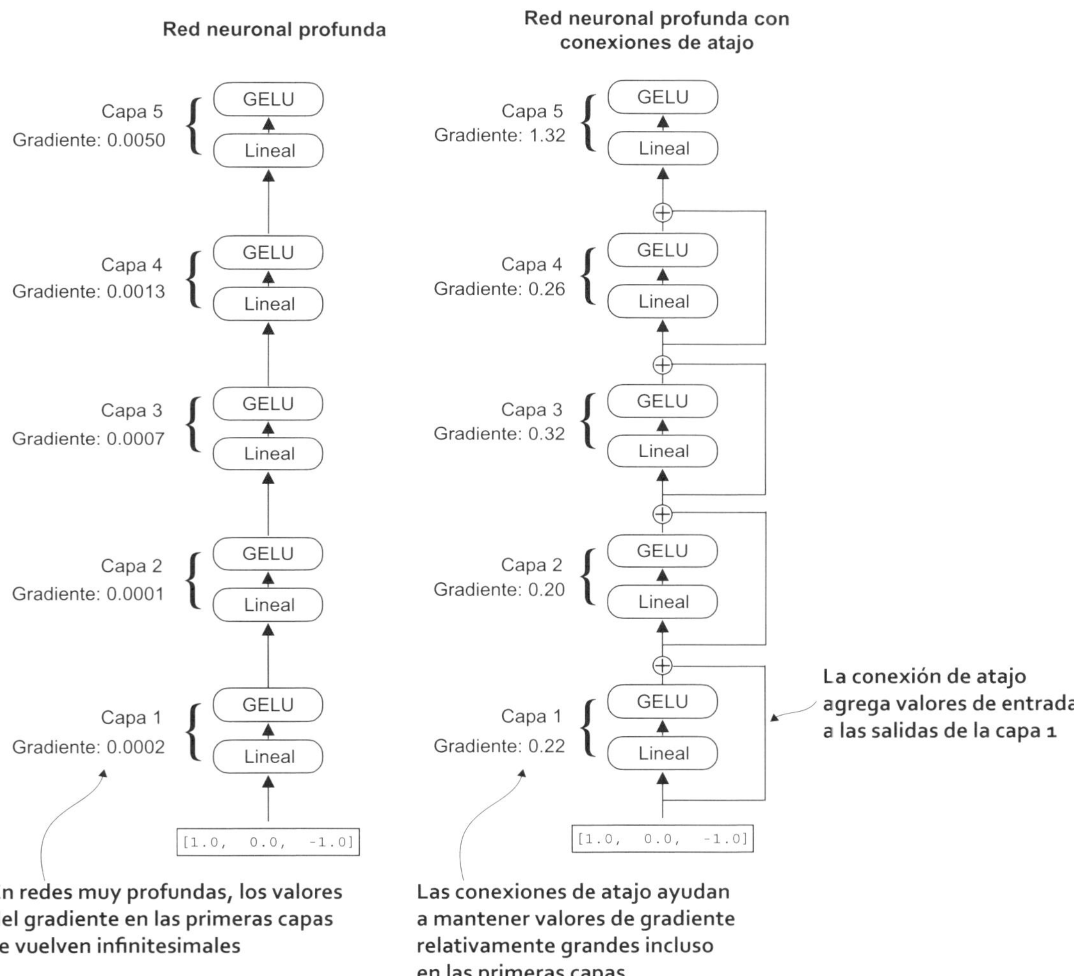


**Figura 4.12.** Comparación entre una red neuronal profunda compuesta por cinco capas sin conexiones de atajo (izquierda) y con conexiones de atajo (derecha). Las conexiones de atajo implican añadir las entradas de una capa a sus salidas, creando así una ruta alternativa que evita ciertas capas. Los gradientes indican el gradiente absoluto medio en cada capa, que calculamos en el listado 4.5.

**Listado 4.5. Una red neuronal para ilustrar las conexiones de atajo**

```
class ExampleDeepNeuralNetwork(nn.Module):
    def __init__(self, layer_sizes, use_shortcut):
        super().__init__()
        self.use_shortcut = use_shortcut
        self.layers = nn.ModuleList([            # Implementa cinco capas
```

```
            nn.Sequential(nn.Linear(layer_sizes[0], layer_sizes[1]),
                          GELU()),
            nn.Sequential(nn.Linear(layer_sizes[1], layer_sizes[2]),
                          GELU()),
            nn.Sequential(nn.Linear(layer_sizes[2], layer_sizes[3]),
                          GELU()),
            nn.Sequential(nn.Linear(layer_sizes[3], layer_sizes[4]),
                          GELU()),
            nn.Sequential(nn.Linear(layer_sizes[4], layer_sizes[5]),
                          GELU())
        ])

    def forward(self, x):
        for layer in self.layers:
            layer_output = layer(x)          # Calcula la salida de la capa actual
            if self.use_shortcut and x.shape == layer_output.shape:    # Comprueba si se puede aplicar el atajo
                x = x + layer_output
            else:
                x = layer_output
        return x
```

El código implementa una red neuronal profunda con cinco capas, cada una de las cuales consta de una capa lineal y una función de activación GELU. En el paso hacia adelante, pasamos iterativamente la entrada a través de las capas y, opcionalmente, añadimos las conexiones de atajo si el atributo `self.use_shortcut` está establecido en `True`.

Usemos este código para inicializar una red neuronal sin conexiones de atajo. Cada capa se inicializará de manera que acepte un ejemplo con tres valores de entrada y devuelva tres valores de salida. La última capa devuelve un único valor de salida:

```
layer_sizes = [3, 3, 3, 3, 3, 1]
sample_input = torch.tensor([[1., 0., -1.]])
torch.manual_seed(123)          # Especifica la semilla aleatoria para los pesos iniciales con fines de reproducibilidad
model_without_shortcut = ExampleDeepNeuralNetwork(
    layer_sizes, use_shortcut=False
)
```

A continuación, implementamos una función que calcula los gradientes en el paso hacia atrás del modelo:

```
def print_gradients(model, x):
    output = model(x)          # Paso hacia adelante
    target = torch.tensor([[0.]])

    loss = nn.MSELoss()
    loss = loss(output, target)          # Calcula la pérdida en función de la proximidad entre el objetivo y el resultado

    loss.backward()          # Paso hacia atrás para calcular los gradientes
    for name, param in model.named_parameters():
        if 'weight' in name:
            print(f"{name} has gradient mean of {param.grad.abs().mean().item()}")
```

Este código especifica una función de pérdida, que calcula la proximidad entre la salida del modelo y un objetivo especificado por el usuario (en este caso, para simplificar, el valor 0). A continuación, al llamar a `loss.backward()`, PyTorch calcula el gradiente de pérdida para cada capa del modelo. Iteramos por los parámetros de peso mediante `model.named_parameters()`. Supongamos que tenemos una matriz de parámetros de peso de 3 x 3 para una determinada capa. En ese caso, dicha capa tendrá valores de gradiente de 3 x 3, y obtenemos el gradiente absoluto medio de estos valores de gradiente de 3 x 3 para obtener un único valor de gradiente por capa y comparar más fácilmente los gradientes entre capas.

En resumen, `.backward()` es un método conveniente en PyTorch que calcula los gradientes de pérdida, necesarios durante el entrenamiento del modelo, sin tener que realizar nosotros mismos los cálculos matemáticos para obtener el gradiente, y de ese modo hacer más accesible el trabajo con redes neuronales profundas.

**NOTA:** Si no estás familiarizado con el concepto de gradientes y el entrenamiento de redes neuronales, te recomiendo leer las secciones A.4 y A.7 del apéndice A.

Utilicemos ahora la función `print_gradients` y apliquémosla al modelo sin conexiones de salto:

```
print_gradients(model_without_shortcut, sample_input)
```

El resultado es

```
layers.0.0.weight has gradient mean of 0.00020173587836325169
layers.1.0.weight has gradient mean of 0.0001201116101583466
layers.2.0.weight has gradient mean of 0.0007152041653171182
layers.3.0.weight has gradient mean of 0.001398873864673078
layers.4.0.weight has gradient mean of 0.005049646366387606
```

El resultado de la función `print_gradients` muestra que los gradientes se reducen a medida que avanzamos desde la última capa (`layers.4`) hasta la primera (`layers.0`); ello se conoce como el problema del gradiente desaparecido.

Ahora instanciemos un modelo con conexiones de salto y veamos cómo se compara:

```
torch.manual_seed(123)
model_with_shortcut = ExampleDeepNeuralNetwork(
    layer_sizes, use_shortcut=True
)
print_gradients(model_with_shortcut, sample_input)
```

El resultado es

```
layers.0.0.weight has gradient mean of 0.22169792652130127
layers.1.0.weight has gradient mean of 0.20694105327129364
layers.2.0.weight has gradient mean of 0.32896995544433594
layers.3.0.weight has gradient mean of 0.2665732502937317
layers.4.0.weight has gradient mean of 1.3258541822433472
```

La última capa (`layers.4`) sigue teniendo un gradiente mayor que las demás. Sin embargo, el valor del gradiente se estabiliza a medida que avanzamos hacia la primera capa (`layers.0`), y no se reduce a un valor insignificante.

En conclusión, las conexiones de atajo son importantes para superar las limitaciones que plantea el problema del gradiente desaparecido en las redes neuronales profundas. Las conexiones de atajo son un componente básico de los modelos muy grandes, como los LLM, y ayudarán a facilitar un entrenamiento más eficaz al garantizar un flujo de gradiente constante entre las capas cuando entrenemos el modelo GPT en el próximo capítulo.

A continuación, conectaremos todos los conceptos tratados anteriormente (normalización de capas, activaciones GELU, módulo *feedforward* y conexiones de atajo) en un bloque *Transformer*, que es el componente final que necesitamos para codificar la arquitectura GPT.

## 4.5. Conexión entre capas de atención y capas lineales en un bloque Transformer

Implementemos ahora el bloque *Transformer*, un componente fundamental de GPT y otras arquitecturas LLM. Este bloque, que se repite una docena de veces en la arquitectura GPT-2 de 124 millones de parámetros, combina varios conceptos que hemos cubierto anteriormente: *multi-head attention*, normalización de capas, *dropout*, capas *feedforward* y activaciones GELU. Más adelante, conectaremos este bloque *Transformer* con el resto de las partes de la arquitectura GPT.

La figura 4.13 muestra un bloque *Transformer* que combina varios componentes, entre ellos el módulo de *multi-head attention* enmascarada (véase el capítulo 3) y el módulo `FeedForward` que ya implementamos previamente (véase la sección 4.3). Cuando un bloque *Transformer* procesa una secuencia de entrada, cada elemento de la secuencia (por ejemplo, una palabra o un token de subpalabra) se representa mediante un vector de tamaño fijo (en este caso, 768 dimensiones). Las operaciones que tienen lugar dentro del bloque *Transformer*, incluidas la *multi-head attention* y las capas *feedforward*, están diseñadas para transformar estos vectores de manera que se preserve su dimensionalidad.

La idea es que el mecanismo de autoatención del bloque de atención de múltiples cabezas identifique y analice las relaciones entre los elementos de la secuencia de entrada. Por el contrario, la red *feedforward* modifica los datos individualmente en cada posición. Esta combinación no solo permite una comprensión y un procesamiento más matizados de la entrada, sino que también mejora la capacidad general del modelo para manejar patrones de datos complejos.

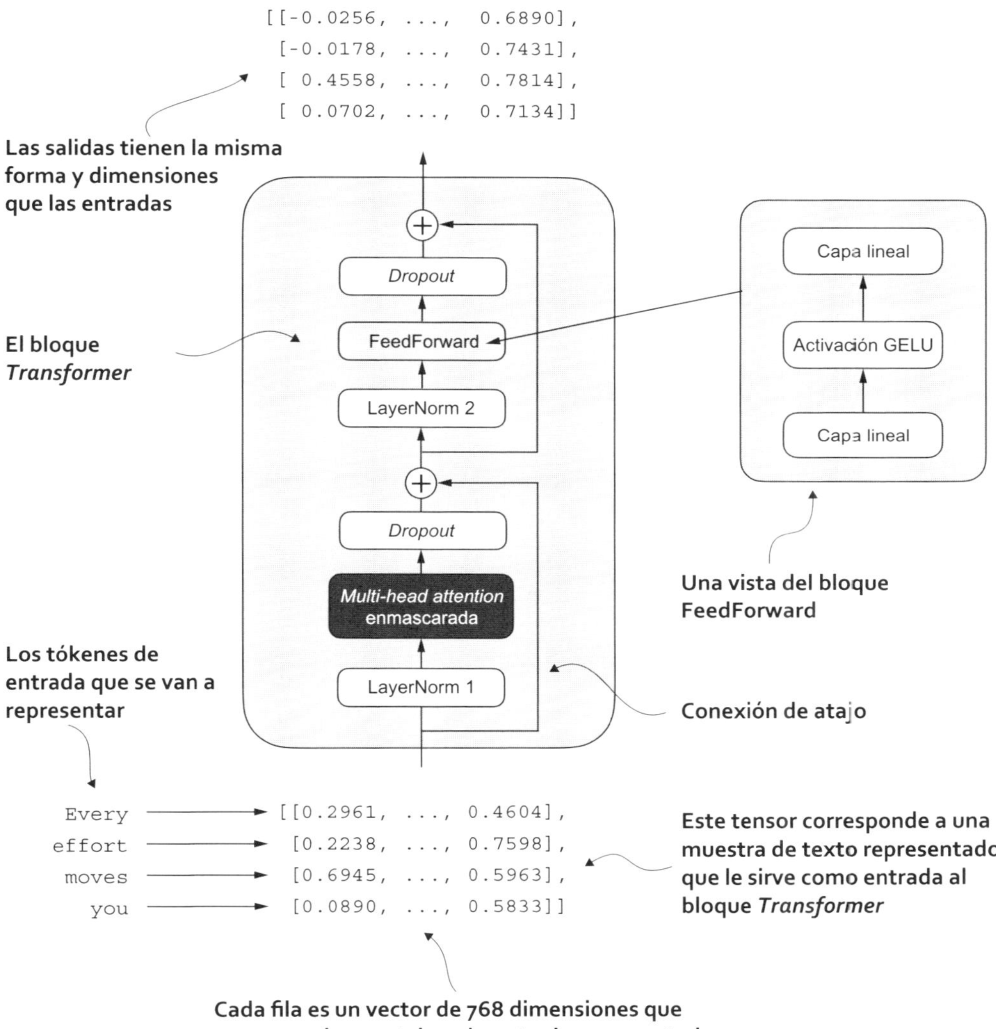


**Figura 4.13.** Ilustración de un bloque *Transformer*. Los tókenes de entrada se han representado en vectores de 768 dimensiones. Cada fila corresponde a la representación vectorial de un token. Las salidas del bloque *Transformer* son vectores de la misma dimensión que la entrada, que luego pueden introducirse en capas posteriores de un LLM.

A continuación creamos con código el bloque `TransformerBlock`.

**Listado 4.6. El componente bloque *Transformer* de GPT**

```
from chapter03 import MultiHeadAttention

class TransformerBlock(nn.Module):
    def __init__(self, cfg):
        super().__init__()
        self.att = MultiHeadAttention(
            d_in=cfg["emb_dim"],
            d_out=cfg["emb_dim"],
            context_length=cfg["context_length"],
            num_heads=cfg["n_heads"],
            dropout=cfg["drop_rate"],
            qkv_bias=cfg["qkv_bias"])
        self.ff = FeedForward(cfg)
        self.norm1 = LayerNorm(cfg["emb_dim"])
        self.norm2 = LayerNorm(cfg["emb_dim"])
        self.drop_shortcut = nn.Dropout(cfg["drop_rate"])

    def forward(self, x):

        shortcut = x                          # Conexión de atajo para el bloque de atención
        x = self.norm1(x)
        x = self.att(x)
        x = self.drop_shortcut(x)
        x = x + shortcut                      # Añade de nuevo la entrada original

        shortcut = x                          # Conexión de atajo para el bloque feedforward
        x = self.norm2(x)
        x = self.ff(x)
        x = self.drop_shortcut(x)
        x = x + shortcut                      # Añade de nuevo la entrada original
        return x
```

Este código define una clase `TransformerBlock` en PyTorch que incluye un mecanismo de atención de múltiples cabezas (`MultiHeadAttention`) y una red de propagación hacia adelante (`FeedForward`), ambos configurados en base a un diccionario de configuración existente (`cfg`), como `GPT_CONFIG_124M`.

La normalización de capas (`LayerNorm`) se aplica antes de cada uno de estos dos componentes, y el *dropout* se aplica después de ellos para regularizar el modelo y evitar el sobreajuste. Esto también se conoce como normalización de capas previa o Pre-LayerNorm. Las arquitecturas más antiguas, como el modelo *Transformer* original, aplicaban la normalización de capas después de las redes de autoatención y propagación hacia delante, lo cual se conoce como normalización de capas posterior o Post-LayerNorm, y a menudo conduce a una peor dinámica de entrenamiento.

La clase también implementa el paso hacia adelante, en el que cada componente va seguido de una conexión de atajo, que añade la entrada del bloque a su salida. Esta característica esencial ayuda a que los gradientes fluyan a través de la red durante el entrenamiento y mejora el aprendizaje de los modelos profundos (véase la sección 4.4)

Utilizando el diccionario `GPT_CONFIG_124M` que definimos anteriormente, instanciemos un bloque *Transformer* y alimentémoslo con algunos datos de muestra:

```
torch.manual_seed(123)
x = torch.rand(2, 4, 768)
block = TransformerBlock(GPT_CONFIG_124M)
output = block(x)

print("Input shape:", x.shape)
print("Output shape:", output.shape)
```

**Crea una entrada de muestra con forma** `[batch_size, num_tokens, emb_dim]`

El resultado es

```
Input shape: torch.Size([2, 4, 768])
Output shape: torch.Size([2, 4, 768])
```

Observamos que el bloque *Transformer* mantiene las dimensiones de entrada en su salida, un indicador de que la arquitectura *Transformer* procesa secuencias de datos sin alterar su forma a lo largo de la red.

La preservación de la forma a lo largo de la arquitectura del bloque *Transformer* no es casual, sino un aspecto crucial de su diseño. Este diseño permite su aplicación eficaz en una amplia gama de tareas de secuencia a secuencia, en las que cada vector de salida corresponde directamente a un vector de entrada, manteniendo una relación uno a uno.

Sin embargo, la salida es un vector de contexto que encapsula información de toda la secuencia de entrada (véase el capítulo 3). Esto significa que, aunque las dimensiones físicas de la secuencia (longitud y tamaño de las características) permanecen inalteradas al pasar por el bloque *Transformer*, el contenido de cada vector de salida se recodifica para integrar información contextual de toda la secuencia de entrada.

Con el bloque *Transformer* ya creado, ahora disponemos de todos los componentes necesarios para implementar la arquitectura GPT. Como muestra la figura 4.14, el bloque *Transformer* combina la normalización de capas, la red *feedforward*, las activaciones GELU y las conexiones de atajo. Como veremos más adelante, este bloque constituirá el componente principal de la arquitectura GPT.

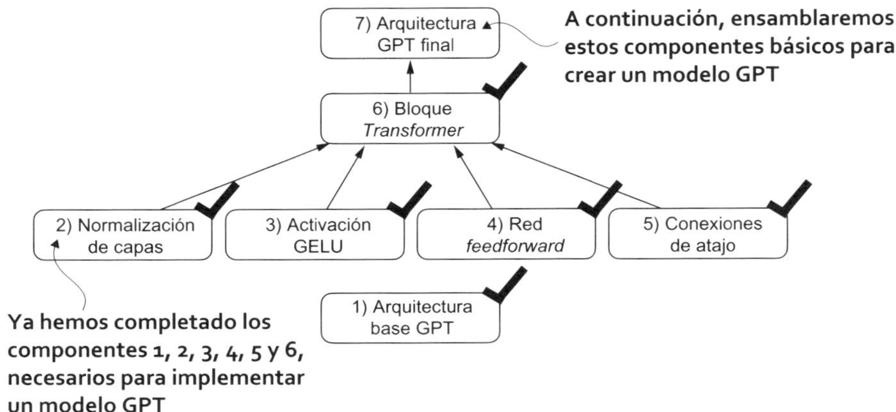


**Figura 4.14.** Los componentes necesarios para construir la arquitectura GPT. Las marcas de verificación negras indican los que ya hemos completado.

## 4.6. Codificación del modelo GPT

Comenzamos este capítulo con una descripción general de la arquitectura GPT, que denominamos `DummyGPTModel`. En la implementación del código para `DummyGPTModel` mostramos las entradas y salidas del modelo GPT, pero sus componentes básicos seguían siendo una caja negra que usaba las clases provisionales `DummyTransformerBlock` y `DummyLayerNorm`.

Ahora sustituiremos estas clases temporales por las clases `TransformerBlock` y `LayerNorm` reales, que también codificamos previamente, para ensamblar una versión totalmente funcional de la versión original de GPT-2 con 124 millones de parámetros. En el capítulo 5 preentrenaremos un modelo GPT-2, y en el capítulo 6 cargaremos los pesos preentrenados de OpenAI.

Antes de ensamblar el modelo GPT-2 en código, veamos su estructura general, tal y como se muestra en la figura 4.15, que incluye todos los conceptos que hemos cubierto hasta ahora. Observamos que el bloque *Transformer* se repite muchas veces a lo largo de la arquitectura del modelo GPT. En el caso del modelo GPT-2 de 124 millones de parámetros se repite 12 veces, dato especificado mediante la entrada `n_layers` del diccionario `GPT_CONFIG_12`. En el caso del modelo GPT-2 de 124 millones de parámetros, se repite 12 veces, lo que especificamos a través de la entrada `n_layers` en el diccionario `GPT_CONFIG_124M`. Este bloque *Transformer* se repite 48 veces en el modelo GPT-2 más grande, con 1542 millones de parámetros.

La salida del bloque *Transformer* final pasa después por una etapa de normalización de capa final, antes de llegar a la capa de salida lineal. Esta capa asigna la salida del *Transformer* a un espacio de alta dimensión (en este caso, 50 257 dimensiones, correspondientes al tamaño del vocabulario del modelo) para predecir el siguiente token de la secuencia.

Codifiquemos a continuación la arquitectura de la figura 4.15.

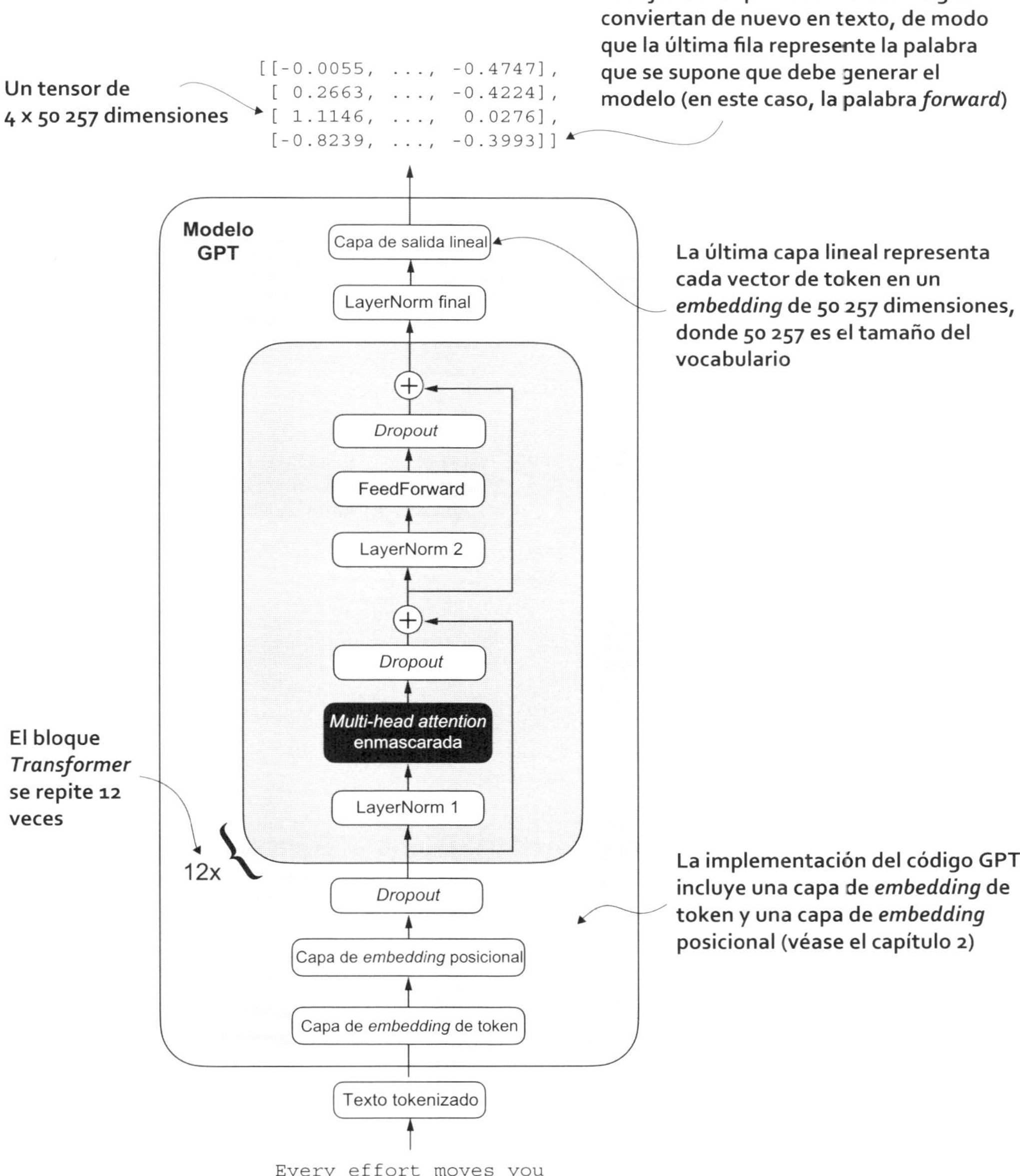

El objetivo es que estos embedding se conviertan de nuevo en texto, de modo que la última fila represente la palabra que se supone que debe generar el modelo (en este caso, la palabra *forward*)
Un tensor de 4 x 50 257 dimensiones
[[-0.0055, ..., -0.4747],
[ 0.2663, ..., -0.4224],
[ 1.1146, ..., 0.0276],
[-0.8239, ..., -0.3993]]
Modelo GPT
Capa de salida lineal
La última capa lineal representa cada vector de token en un *embedding* de 50 257 dimensiones, donde 50 257 es el tamaño del vocabulario
LayerNorm final
*Dropout*
FeedForward
LayerNorm 2
*Dropout*
*Multi-head attention* enmascarada
LayerNorm 1
El bloque *Transformer* se repite 12 veces
12x
*Dropout*
La implementación del código GPT incluye una capa de *embedding* de token y una capa de *embedding* posicional (véase el capítulo 2)
Capa de *embedding* posicional
Capa de *embedding* de token
Texto tokenizado
Every effort moves you

**Figura 4.15.** Descripción general de la arquitectura del modelo GPT, que muestra el flujo de datos a través del modelo GPT. Comenzando desde la parte inferior, el texto tokenizado se convierte primero en representaciones vectoriales de token, que luego se amplían con *embedding* posicionales. Esta información combinada forma un tensor que se pasa a través de una serie de bloques *Transformer* mostrados en el centro (cada uno de los cuales contiene capas de *multi-head attention* y redes neuronales *feedforward* con *dropout* y normalización de capas), que se apilan uno encima del otro y se repiten 12 veces.

**Listado 4.7. Implementación de la arquitectura del modelo GPT**

```
class GPTModel(nn.Module):
    def __init__(self, cfg):
        super().__init__()
        self.tok_emb = nn.Embedding(cfg["vocab_size"], cfg["emb_dim"])
        self.pos_emb = nn.Embedding(cfg["context_length"], cfg["emb_dim"])
        self.drop_emb = nn.Dropout(cfg["drop_rate"])

        self.trf_blocks = nn.Sequential(
            *[TransformerBlock(cfg) for _ in range(cfg["n_layers"])])

        self.final_norm = LayerNorm(cfg["emb_dim"])
        self.out_head = nn.Linear(
            cfg["emb_dim"], cfg["vocab_size"], bias=False
        )

    def forward(self, in_idx):
        batch_size, seq_len = in_idx.shape
        tok_embeds = self.tok_emb(in_idx)

        pos_embeds = self.pos_emb(
            torch.arange(seq_len, device=in_idx.device)
        )
        x = tok_embeds + pos_embeds
        x = self.drop_emb(x)
        x = self.trf_blocks(x)
        x = self.final_norm(x)
        logits = self.out_head(x)
        return logits
```

**La configuración del dispositivo nos permitirá entrenar el modelo en una CPU o GPU, dependiendo del dispositivo en el que se encuentren los datos de entrada**

Gracias a la clase `TransformerBlock`, la clase `GPTModel` es relativamente pequeña y compacta.

El constructor `__init__` de esta clase `GPTModel` inicializa las capas de *embedding* posicionales y de token utilizando las configuraciones pasadas a través de un diccionario Python, `cfg`. Estas capas de *embedding* se encargan de convertir los índices de tókenes de entrada en vectores densos y añadir información posicional (véase el capítulo 2).

A continuación, el método `__init__` crea una pila secuencial de módulos `TransformerBlock` igual al número de capas especificadas en `cfg`. Tras los bloques *Transformer*, se aplica una capa `LayerNorm`, que estandariza las salidas de los bloques *Transformer* para estabilizar el proceso de aprendizaje. Por último, se define una cabeza de salida lineal sin sesgo, que proyecta la salida del *Transformer* en el espacio de vocabulario del tokenizador, para generar *logit* para cada token del vocabulario.

El método *forward* toma un lote de índices de tókenes de entrada, calcula sus *embedding*, aplica los *embedding* posicionales, pasa la secuencia a través de los bloques *Transformer*, normaliza la salida final y, a continuación, calcula los *logit*, que representan las probabilidades no normalizadas del siguiente token. Convertiremos estos *logit* en tókenes y salidas de texto en la siguiente sección.

Ahora inicialicemos el modelo GPT de 124 millones de parámetros utilizando el diccionario `GPT_CONFIG_124M` que le pasamos al parámetro `cfg`, y alimentémoslo con la entrada de texto por lotes creada previamente:

```
torch.manual_seed(123)
model = GPTModel(GPT_CONFIG_124M)

out = model(batch)
print("Input batch:\n", batch)
print("\nOutput shape:", out.shape)
print(out)
```

Este código obtiene el contenido del lote de entrada seguido del tensor de salida:

```
Input batch:
 tensor([[6109, 3626, 6100, 345],
         [6109, 1110, 6622, 257]])

Output shape: torch.Size([2, 4, 50257])
tensor([[[ 0.3613,  0.4222, -0.0711, ...,  0.3483,  0.4661, -0.2838],
         [-0.1792, -0.5660, -0.9485, ...,  0.0477,  0.5181, -0.3168],
         [ 0.7120,  0.0332,  0.1085, ...,  0.1018, -0.4327, -0.2553],
         [-1.0076,  0.3418, -0.1190, ...,  0.7195,  0.4023,  0.0532]],

        [[-0.2564,  0.0900,  0.0335, ...,  0.2659,  0.4454, -0.6806],
         [ 0.1230,  0.3653, -0.2074, ...,  0.7705,  0.2710,  0.2246],
         [ 1.0558,  1.0318, -0.2800, ...,  0.6936,  0.3205, -0.3178],
         [-0.1565,  0.3926,  0.3288, ...,  1.2630, -0.1858,  0.0388]]],
      grad_fn=<UnsafeViewBackward0>)
```



Se observa que el tensor de salida tiene la forma `[2, 4, 50257]`, porque hemos pasado dos textos de entrada con cuatro tókenes cada uno. La última dimensión, `50257`, corresponde al tamaño del vocabulario del tokenizador. Más adelante veremos cómo convertir cada uno de estos vectores de salida de 50 257 dimensiones de nuevo en tókenes.

Antes de avanzar y codificar la función que convierte los resultados del modelo en texto, dediquemos un poco más de tiempo a la arquitectura del modelo en sí y analicemos su tamaño. Utilizando el método `numel()`, abreviatura de «número de elementos», recopilamos el número total de parámetros en los tensores de parámetros del modelo:

```
total_params = sum(p.numel() for p in model.parameters())
print(f"Total number of parameters: {total_params:,}")
```

El resultado es

```
Total number of parameters: 163,009,536
```

Ahora bien, un lector curioso podría notar una discrepancia. Antes hemos hablado de inicializar un modelo GPT de 124 millones de parámetros; entonces, ¿por qué el número real de parámetros es de 163 millones?

La razón es un concepto llamado compartición de pesos, que se utilizó en la arquitectura original de GPT-2. Significa que la arquitectura original de GPT-2 reutiliza los pesos de la capa de *embedding* de token en su capa de salida. Para entenderlo mejor, echemos un vistazo a las formas de la capa de *embedding* de token y la capa de salida lineal que inicializamos anteriormente en el modelo a través de `GPTModel`:

```
print("Token embedding layer shape:", model.tok_emb.weight.shape)
print("Output layer shape:", model.out_head.weight.shape)
```

Como se observa en los resultados, los tensores de peso de ambas capas tienen la misma forma:

```
Token embedding layer shape: torch.Size([50257, 768])
Output layer shape: torch.Size([50257, 768])
```

Las capas de salida y de *embedding* de token son muy grandes debido al número de filas necesarias para los 50 257 términos del vocabulario del tokenizador. Eliminemos el recuento de parámetros de la capa de salida del recuento total del modelo GPT-2 según la compartición de pesos:

```
total_params_gpt2 = (
    total_params - sum(p.numel()
    for p in model.out_head.parameters())
)
print(f"Number of trainable parameters "
      f"considering weight tying: {total_params_gpt2:,}"
)
```

El resultado es

```
Number of trainable parameters considering weight tying: 124,412,160
```

Vemos que el modelo ahora solo tiene 124 millones de parámetros, coincidentes con el tamaño original del modelo GPT-2.

La compartición de pesos reduce el consumo total de memoria y la complejidad computacional del modelo. Sin embargo, según mi experiencia, el uso de capas separadas de *embedding* de token y de salida da como resultado un mejor entrenamiento y rendimiento del modelo; por eso en nuestra implementación de `GPTModel` utilizamos capas separadas. Lo mismo ocurre con los LLM modernos. Sin embargo, revisaremos e implementaremos el concepto de compartición de pesos más adelante, en el capítulo 6, cuando carguemos los pesos preentrenados de OpenAI.

**Ejercicio 4.1. Número de parámetros en los módulos *feedforward* y de atención**

Calcula y compara el número de parámetros que contiene el módulo *feedforward* y los contenidos en el módulo de *multi-head attention.*

Por último, calculemos los requisitos de memoria de los 163 millones de parámetros de nuestro objeto GPTModel:

```
total_size_bytes = total_params * 4
total_size_mb = total_size_bytes / (1024 * 1024)
print(f"Total size of the model: {total_size_mb:.2f} MB")
```

Calcula el tamaño total en bytes (suponiendo float32, 4 bytes por parámetro)

Convierte a megabytes

El resultado es

```
Total size of the model: 621.83 MB
```

En conclusión, al calcular los requisitos de memoria para los 163 millones de parámetros de nuestro objeto GPTModel, y suponiendo que cada parámetro es un valor de punto flotante de 32 bits que ocupa 4 bytes, vemos que el tamaño total del modelo asciende a 621,83 MB, lo cual demuestra la capacidad de almacenamiento relativamente grande que se requiere para acomodar incluso LLM relativamente pequeños.

Ahora que hemos implementado la arquitectura `GPTModel` y hemos visto que genera tensores numéricos de forma `[batch_size, num_tokens, vocab_size]`, escribamos el código para convertir estos tensores de salida en texto.

**Ejercicio 4.2. Inicialización de modelos GPT más grandes**

Hemos inicializado un modelo GPT de 124 millones de parámetros, conocido como GPT-2 Small. Sin realizar ninguna modificación en el código, aparte de actualizar el archivo de configuración, utiliza la clase `GPTModel` para implementar GPT-2 Medium (utilizando *embedding* de 1024 dimensiones, 24 bloques *Transformer* y 16 cabezas de *multi-head attention*), GPT-2 Large (*embedding* de 1280 dimensiones, 36 bloques *Transformer* y 20 cabezas de *multi-head attention*) y GPT-2 XL (*embedding* de 1600 dimensiones, 48 bloques *Transformer* y 25 cabezas de *multi-head attention*). Como ejercicio adicional, calcula el número total de parámetros en cada modelo GPT.

## 4.7. Generando texto

Ahora implementaremos el código que convierte las salidas de tensor del modelo GPT de nuevo en texto. Antes de empezar, repasemos brevemente cómo un modelo generativo como un LLM genera texto palabra a palabra (o token a token).

La figura 4.16 ilustra el proceso paso a paso mediante el cual un modelo GPT genera texto a partir de un contexto de entrada, como *Hello, I am.* Con cada iteración, el contexto de entrada crece; ello le permite al modelo generar texto coherente y contextualmente apropiado. En la sexta iteración, el modelo ha construido una frase completa: *Hello, I am a model ready to help.* Hemos visto que nuestra implementación actual del modelo GPT genera tensores con la forma `[batch_size, num_token, vocab_size]`. Ahora la pregunta es: ¿cómo pasa un modelo GPT de estos tensores de salida al texto generado?

El proceso según el cual un modelo GPT pasa de los tensores de salida al texto generado implica varios pasos, como muestra la figura 4.17, que incluyen la decodificación de los tensores de salida, la selección de tókenes basados en una distribución de probabilidad y la conversión de estos tókenes en texto legible para los humanos.

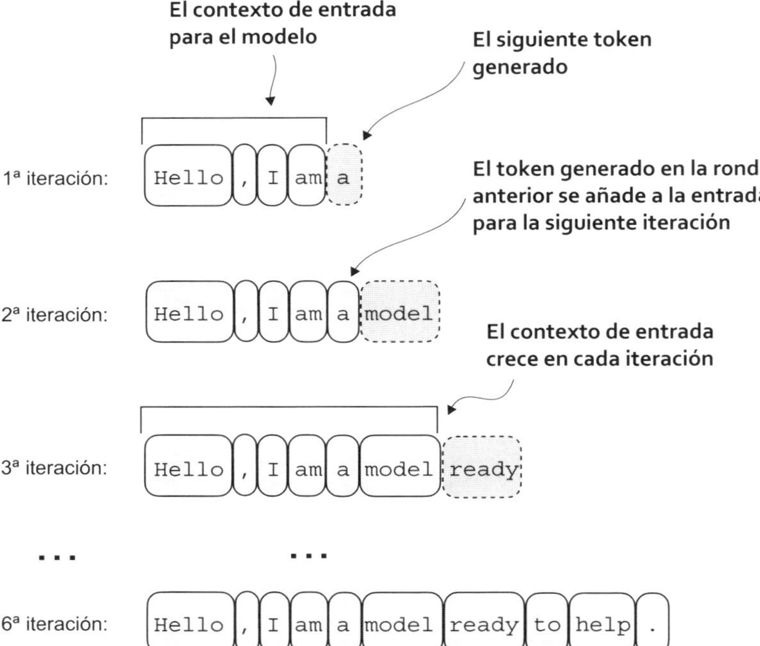


**Figura 4.16.** El proceso por pasos mediante el cual un LLM genera texto, un token a la vez. Comenzando con un contexto de entrada inicial (*Hello, I am*), el modelo predice un token posterior durante cada iteración, añadiéndolo al contexto de entrada para la siguiente ronda de predicción. Como se puede observar, la primera iteración añade *a*, la segunda *model* y la tercera *ready*, construyendo progresivamente la frase.

El proceso de generación del siguiente token detallado en la figura 4.17 ilustra un único paso, en el que el modelo GPT genera el siguiente token a partir de su entrada. En cada paso, el modelo genera una matriz con vectores, que representan los posibles tókenes siguientes. El vector correspondiente al siguiente token se extrae y se convierte en una distribución de probabilidad mediante la función `softmax`. Dentro del vector que contiene las puntuaciones de probabilidad resultantes, se localiza el índice del valor más alto, que se traduce en el ID del token. Este ID de token se decodifica de nuevo en texto, para producir el siguiente token de la secuencia. Por último, este token se añade a las entradas anteriores, formando una nueva secuencia de entrada para la iteración posterior. Este proceso por pasos permite al modelo generar texto de forma secuencial, construyendo frases y oraciones coherentes a partir del contexto de entrada inicial.

En la práctica, repetimos este proceso en muchas iteraciones, como se muestra en la figura 4.16, hasta alcanzar un número de tókenes generados especificado por el usuario. En código, implementamos el proceso de generación de tókenes como se muestra en el siguiente listado.

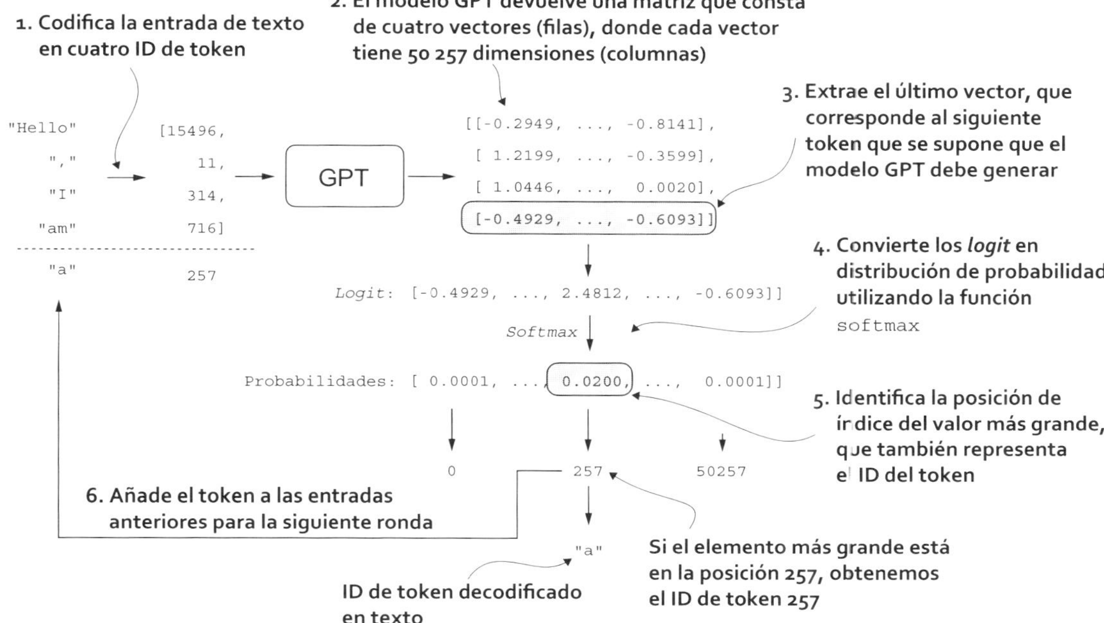


**Figura 4.17.** La mecánica de la generación de texto en un modelo GPT, mostrando una sola iteración en el proceso de generación de tókenes. El proceso comienza codificando el texto de entrada en ID de token, que luego se introducen en el modelo GPT. A continuación, los resultados del modelo se vuelven a convertir en texto y se añaden al texto de entrada original.

**Listado 4.8. Una función para que el modelo GPT genere texto**

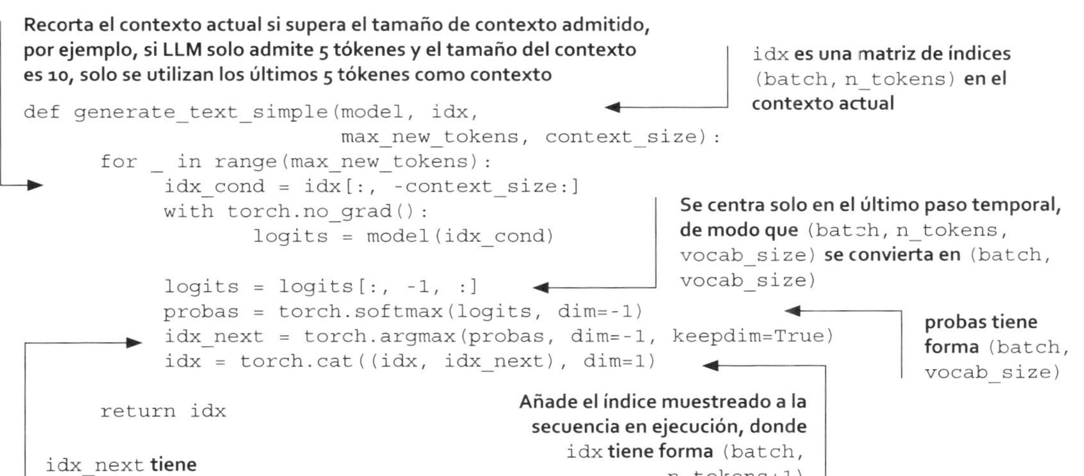

```
def generate_text_simple(model, idx,
                         max_new_tokens, context_size):
    for _ in range(max_new_tokens):
        idx_cond = idx[:, -context_size:]
        with torch.no_grad():
            logits = model(idx_cond)

        logits = logits[:, -1, :]
        probas = torch.softmax(logits, dim=-1)
        idx_next = torch.argmax(probas, dim=-1, keepdim=True)
        idx = torch.cat((idx, idx_next), dim=1)

    return idx
```

Este código muestra la implementación sencilla de un bucle generativo para un modelo de lenguaje utilizando PyTorch. Este bucle itera para generar un número especificado de nuevos tókenes, recorta el contexto actual para que se ajuste al tamaño máximo del contexto del modelo, calcula las predicciones y, a continuación, selecciona el siguiente token basándose en la predicción de mayor probabilidad.

Para codificar la función `generate_text_simple`, utilizamos una función `softmax` que convierte los *logit* en una distribución de probabilidad, a partir de la cual identificamos la posición con el valor más alto mediante `torch.argmax`. La función `softmax` es monótona, es decir, conserva el orden de sus entradas al transformarlas en salidas. Por lo tanto, en la práctica, el paso *softmax* es redundante, porque la posición con la puntuación más alta en el tensor de salida *softmax* es la misma posición en el tensor *logit*. En otras palabras, podríamos aplicar la función `torch.argmax` directamente al tensor *logit* y obtener resultados idénticos. Sin embargo, he proporcionado el código para la conversión con el fin de ilustrar el proceso completo de transformación de *logit* a probabilidades, lo cual puede ofrecer intuición adicional para que el modelo genere el token siguiente más probable; este proceso se conoce como decodificación codiciosa.

Cuando implementemos el código de entrenamiento GPT en el próximo capítulo, utilizaremos técnicas de muestreo adicionales para modificar las salidas *softmax*, de modo que el modelo no seleccione siempre el token más probable. Esto introduce variabilidad y creatividad en el texto generado.

Este proceso de generar un ID de token cada vez y añadirlo al contexto utilizando la función `generate_text_simple` se ilustra con más detalle en la figura 4.18 (el proceso de generación de ID de token para cada iteración se detalla en la figura 4.17). Generamos los ID de token de forma iterativa. Por ejemplo, en la iteración 1 se le proporcionan al modelo los tókenes correspondientes a *Hello, I am*, predice el siguiente token (con el ID 257, que es *a*) y lo añade a la entrada. Este proceso se repite hasta que el modelo produce la frase completa *Hello, I am a model ready to help*, después de seis iteraciones.

Probemos ahora la función `generate_text_simple` con el contexto *Hello, I am* como entrada del modelo. En primer lugar, codificamos el contexto de entrada en ID de token:

```
start_context = "Hello, I am"
encoded = tokenizer.encode(start_context)
print("encoded:", encoded)
encoded_tensor = torch.tensor(encoded).unsqueeze(0)    # Añade dimensión por lotes
print("encoded_tensor.shape:", encoded_tensor.shape)
```

Los ID codificados son

```
encoded: [15496, 11, 314, 716]
encoded_tensor.shape: torch.Size([1, 4])
```

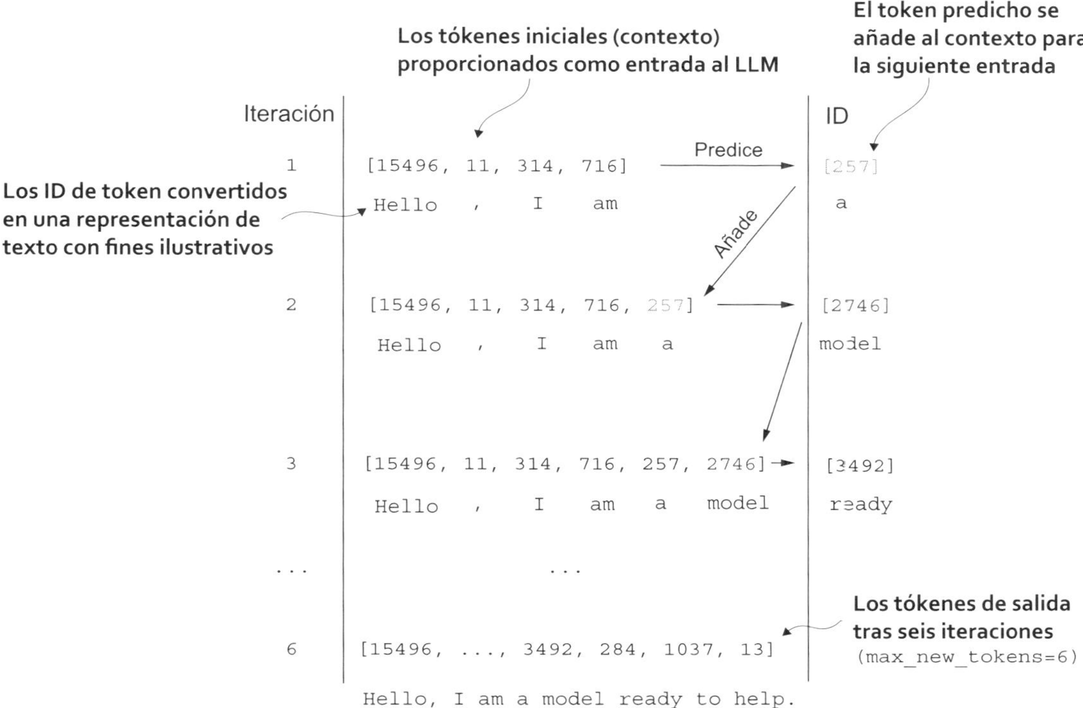


**Figura 4.18.** Las seis iteraciones de un ciclo de predicción de tókenes, en el cual el modelo toma una secuencia de ID de token iniciales como entrada, predice el siguiente token y lo añade a la secuencia de entrada para la siguiente iteración (los ID de token también se traducen a su texto correspondiente para facilitar la comprensión).

A continuación, ponemos el modelo en modo `.eval()`, lo que desactiva componentes aleatorios como el *dropout*, que solo se utilizan durante el entrenamiento, y emplea la función `generate_text_simple` en el tensor de entrada codificado:

```
model.eval()
out = generate_text_simple(
      model=model,
      idx=encoded_tensor,
      max_new_tokens=6,
      context_size=GPT_CONFIG_124M["context_length"]
)
print("Output:", out)
print("Output length:", len(out[0]))
```

**Desactiva el *dropout*, pues no estamos entrenando el modelo** (anotación de `model.eval()`)

Los ID de token de salida resultantes son

```
Output: tensor([[15496,     11,     314,     716, 27018, 24086, 47843,
30961, 42348, 7267]])
Output length: 10
```

Utilizando el método `.decode` del tokenizador convertimos los ID de nuevo en texto:

```
decoded_text = tokenizer.decode(out.squeeze(0).tolist())
print(decoded_text)
```

El resultado del modelo en formato de texto es

```
Hello, I am Featureiman Byeswickattribute argue
```

Observamos que el modelo generó un texto sin sentido, que no se parece en nada al texto coherente *Hello, I am a model ready to help.* ¿Qué ha pasado? La razón por la que el modelo no es capaz de producir un texto coherente es que aún no lo hemos entrenado. Hasta ahora, solo hemos implementado la arquitectura GPT e inicializado una instancia del modelo GPT con pesos aleatorios iniciales. El entrenamiento de modelos es un tema muy amplio en sí mismo, y lo abordaremos en el próximo capítulo.

### Ejercicio 4.3. Uso de parámetros de *dropout* independientes

Al principio de este capítulo, definimos una configuración `global drop_rate` en el diccionario `GPT_CONFIG_124M` para establecer la tasa de *dropout* en varios lugares de la arquitectura `GPTModel`. Cambia el código para especificar un valor de *dropout* independiente para las distintas capas de *dropout* en toda la arquitectura del modelo (pista: hay tres lugares distintos en los que utilizamos capas de *dropout*: la capa de *embedding*, la capa de atajo y el módulo de *multi-head attention*).

## Resumen

- La normalización de capas estabiliza el entrenamiento porque garantiza que las salidas de cada capa tengan una media y una varianza consistentes.
- Las conexiones de atajo son conexiones que omiten una o más capas, al enviar la salida de una capa directamente a una capa más profunda, lo cual ayuda a mitigar el problema del gradiente desaparecido al entrenar redes neuronales profundas, como los LLM.
- Los bloques *Transformer* son un componente estructural básico de los modelos GPT, que combinan módulos de *multi-head attention* enmascarada con redes *feedforward* totalmente conectadas, que utilizan la función de activación GELU.
- Los modelos GPT son LLM con muchos bloques *Transformer* repetidos, que tienen entre millones y miles de millones de parámetros.
- Los modelos GPT vienen en varios tamaños, por ejemplo, 124, 345, 762 y 1542 millones de parámetros, que podemos implementar con la misma clase `GPTModel` de Python.
- La capacidad de generación de texto de un LLM de tipo GPT implica decodificar tensores de salida en texto legible para los humanos mediante la predicción secuencial de un token a la vez, basándose en un contexto de entrada dado.
- Sin entrenamiento, un modelo GPT genera texto incoherente, lo cual subraya la importancia del entrenamiento del modelo para la generación de texto coherente.

# 5 Realizar preentrenamiento con datos no etiquetados

***En este capítulo encontrarás:***

- Cálculo de las pérdidas de los conjuntos de entrenamiento y validación para evaluar la calidad del texto generado por el LLM durante el entrenamiento.
- Implementación de una función de entrenamiento y preentrenamiento del LLM.
- Almacenamiento y carga de los pesos del modelo para continuar entrenando un LLM.
- Carga de pesos preentrenados de OpenAI.

Hasta ahora, hemos implementado el muestreo de datos y el mecanismo de atención y hemos codificado, asimismo, la arquitectura del LLM. Ha llegado el momento de implementar una función de entrenamiento y preentrenar el modelo. Aprenderemos técnicas básicas de evaluación de modelos para medir la calidad del texto generado, un requisito para optimizar el LLM durante el proceso de entrenamiento. Además, analizaremos cómo cargar los pesos preentrenados, con el fin de darle a nuestro LLM un sólido punto de partida para su afinamiento. La figura 5.1 muestra nuestro plan general y destaca el contenido de este capítulo.

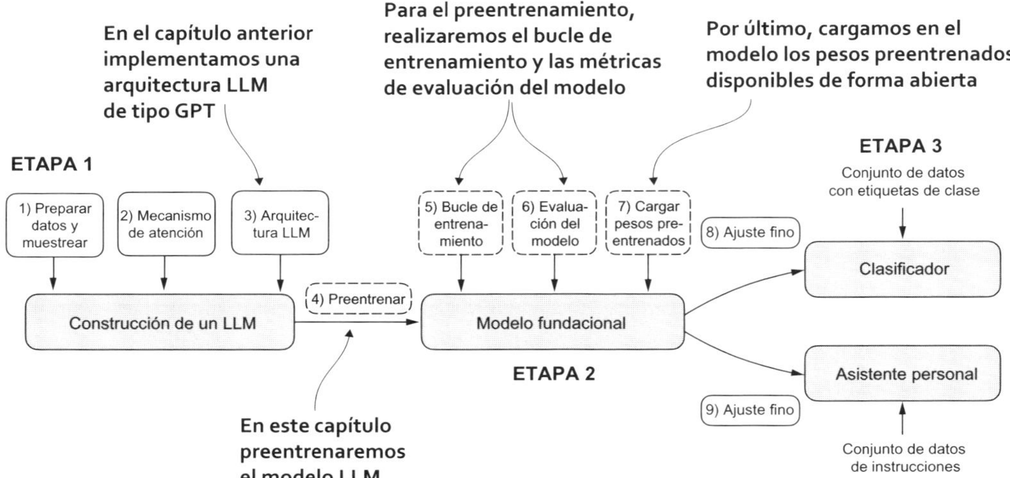


**Figura 5.1.** Las tres etapas principales de la codificación de un LLM. Este capítulo se centra en la etapa 2, es decir, el preentrenamiento del LLM (paso 4), que incluye la implementación del código de entrenamiento (paso 5), la evaluación del rendimiento (paso 6), y el almacenamiento y la carga de los pesos del modelo (paso 7).

### Parámetros de peso

En el contexto de los LLM y otros modelos de deep learning, los pesos se refieren a los parámetros entrenables que ajusta el proceso de aprendizaje. Estos pesos también se conocen como parámetros de peso o simplemente parámetros. En plataformas como PyTorch, estos pesos se almacenan en capas lineales, que ya hemos utilizado para implementar el módulo de *multi-head attention* en el capítulo 3 y el `GPTModel` del capítulo 4. Después de inicializar una capa (`new_layer = torch.nn.Linear(...)`), podemos acceder a sus pesos a través del atributo `.weight`, `new_layer.weight`. Además, para mayor comodidad, PyTorch permite el acceso directo a todos los parámetros entrenables de un modelo, incluidos pesos y sesgos, mediante el método `model.parameters()`, que utilizaremos más adelante cuando implementemos el entrenamiento del modelo.

## 5.1. Evaluar modelos de texto generativos

Después de recapitular brevemente la generación de texto realizada en el capítulo 4, configuraremos nuestro LLM para la generación de texto y, a continuación, veremos las formas básicas de evaluar la calidad del texto generado. A continuación, calcularemos las pérdidas de entrenamiento y validación. La figura 5.2 muestra los temas tratados en este capítulo, con estos tres primeros pasos resaltados.

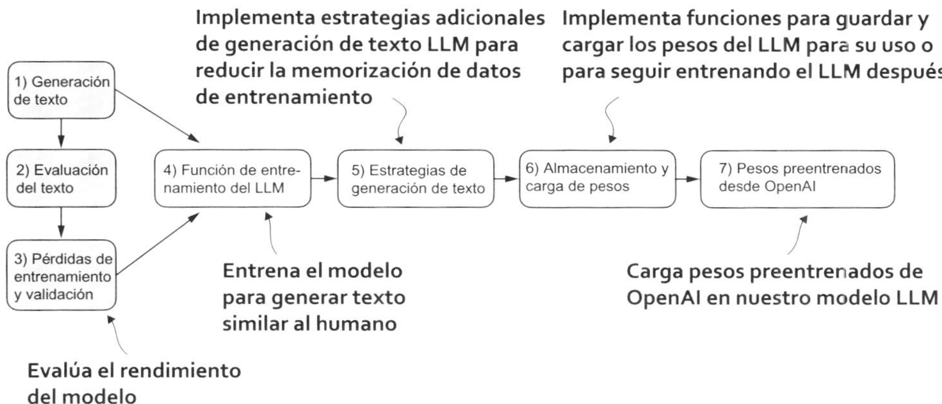


**Figura 5.2.** Una visión general de los temas tratados en este capítulo. Empezamos recapitulando la generación de textos (paso 1) antes de abordar las técnicas básicas de evaluación de modelos (pasc 2) y las pérdidas de entrenamiento y validación (paso 3).

## 5.1.1. Utilizar GPT para generar texto

Configuremos el LLM y repasemos brevemente el proceso de generación de texto que implementamos en el capítulo 4. Comenzamos inicializando el modelo GPT que posteriormente evaluaremos y entrenaremos utilizando la clase `GPTModel` y el diccionario `GPT_CONFIG_124M` (véase el capítulo 4):

```
import torch
from chapter04 import GPTModel

GPT_CONFIG_124M = {
    "vocab_size": 50257,
    "context_length": 256,
    "emb_dim": 768,
    "n_heads": 12,
    "n_layers": 12,
    "drop_rate": 0.1,
    "qkv_bias": False
}
torch.manual_seed(123)
model = GPTModel(GPT_CONFIG_124M)
model.eval()
```

Acortamos la longitud del contexto de 1024 a 256 tókenes

Es posible y habitual establecer el *dropout* en 0

Considerando el diccionario `GPT_CONFIG_124M`, el único ajuste realizado en comparación con el capítulo anterior ha sido reducir la longitud del contexto (`context_length`) a 256 tókenes. Esta modificación disminuye las demandas computacionales del entrenamiento del modelo, y hace posible llevar a cabo el entrenamiento en un ordenador portátil estándar.

Originalmente, el modelo GPT-2, con 124 millones de parámetros, estaba configurado para manejar hasta 1024 tókenes. Tras el proceso de entrenamiento, actualizaremos la configuración del tamaño del contexto y cargaremos los pesos preentrenados para trabajar con un modelo preparado para una longitud de contexto de 1024 tókenes.

Utilizando la instancia `GPTModel`, adoptamos la función `generate_text_simple` del capítulo 4 e introducimos dos prácticas funciones: `text_to_token_ids` y `token_ids_to_text`. Ambas facilitan la conversión entre las representaciones de texto y token, una técnica que utilizaremos a lo largo de este capítulo.

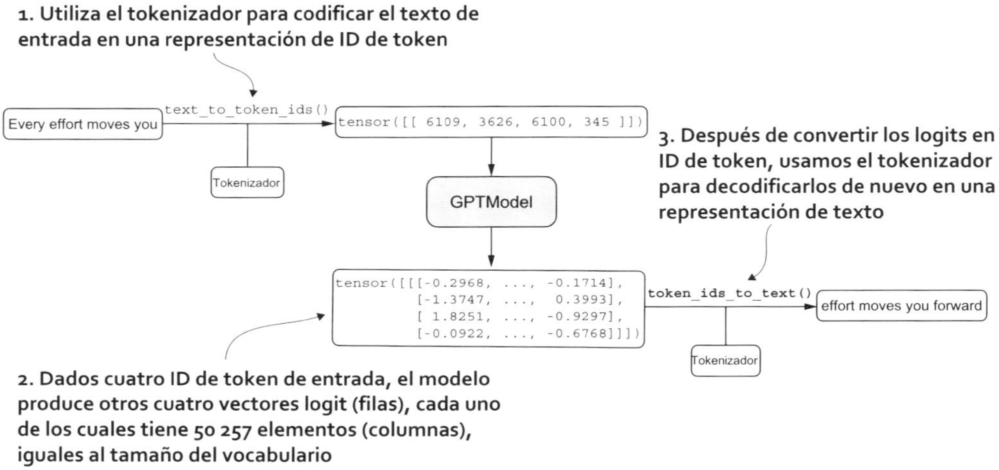

**1. Utiliza el tokenizador para codificar el texto de entrada en una representación de ID de token**

Every effort moves you

text_to_token_ids()

Tokenizador

tensor([[ 6109, 3626, 6100, 345 ]])

GPTModel

tensor([[[-0.2968, ..., -0.1714],
[-1.3747, ..., 0.3993],
[ 1.8251, ..., -0.9297],
[-0.0922, ..., -0.6768]]])

**3. Después de convertir los logits en ID de token, usamos el tokenizador para decodificarlos de nuevo en una representación de texto**

token_ids_to_text()

Tokenizador

effort moves you forward

**2. Dados cuatro ID de token de entrada, el modelo produce otros cuatro vectores logit (filas), cada uno de los cuales tiene 50 257 elementos (columnas), iguales al tamaño del vocabulario**

**Figura 5.3.** La generación de texto implica la codificación del texto en ID de token, que el LLM procesa en vectores *logit*. Estos vectores se convierten después de nuevo en ID de token, detokenizados en una representación de texto.

La figura 5.3 ilustra un proceso de generación de texto en tres pasos utilizando un modelo GPT. En primer lugar, el tokenizador convierte el texto de entrada en una serie de ID de token (véase el capítulo 2). En segundo lugar, el modelo recibe estos ID de token y genera los *logit* correspondientes, vectores que representan la distribución de probabilidad de cada token del vocabulario (véase el capítulo 4). En tercer lugar, estos *logit* se convierten de nuevo en ID de token, que el tokenizador decodifica en texto legible para las personas, completando el ciclo de entrada textual a salida textual.

Con el siguiente listado implementamos el proceso de generación de texto.

**Listado 5.1. Funciones auxiliares para la conversión de texto a ID de token**

```
import tiktoken
from chapter04 import generate_text_simple

def text_to_token_ids(text, tokenizer):
    encoded = tokenizer.encode(text, allowed_special={'<|endoftext|>'})
```

```
    encoded_tensor = torch.tensor(encoded).unsqueeze(0)    <-- .unsqueeze(0) añade la dimensión del lote
    return encoded_tensor

def token_ids_to_text(token_ids, tokenizer):
    flat = token_ids.squeeze(0)    <-- Elimina la dimensión del lote
    return tokenizer.decode(flat.tolist())

start_context = "Every effort moves you"
tokenizer = tiktoken.get_encoding("gpt2")

token_ids = generate_text_simple(
    model=model,
    idx=text_to_token_ids(start_context, tokenizer),
    max_new_tokens=10,
    context_size=GPT_CONFIG_124M["context_length"]
)
print("Output text:\n", token_ids_to_text(token_ids, tokenizer))
```

Con este código, el modelo genera el siguiente texto:

```
Output text:
 Every effort moves you rentingetic wasn? refres RexMeCHicular stren
```

Está claro que el modelo aún no produce un texto coherente porque no ha sido sometido a entrenamiento. Para definir qué hace que un texto sea «coherente» o «de alta calidad», debemos aplicar un método numérico para evaluar el contenido generado, que nos permitirá controlar y mejorar el rendimiento del modelo a lo largo de su proceso de entrenamiento.

A continuación, calcularemos una métrica de pérdida para los resultados generados. Esta pérdida sirve como indicador del progreso del entrenamiento y de su éxito. Además, en capítulos posteriores, cuando afinemos nuestro LLM, revisaremos metodologías adicionales para evaluar la calidad del modelo.

### 5.1.2 Cálculo de la pérdida de generación de texto

A continuación, exploraremos técnicas para evaluar numéricamente la calidad del texto generado durante el entrenamiento, calculando una pérdida de generación de texto. Estudiaremos este tema paso a paso con un ejemplo práctico para que los conceptos resulten claros y aplicables, empezando por un breve repaso de cómo se cargan los datos y cómo se genera el texto mediante la función `generate_text_simple`.

La figura 5.4 ilustra el flujo general desde el texto de entrada hasta el texto generado por LLM mediante un procedimiento de cinco pasos. Este proceso de generación de texto muestra lo que hace internamente la función `generate_text_simple`. Es necesario realizar estos mismos pasos iniciales antes de poder calcular más adelante en esta sección una pérdida que mida la calidad del texto generado.

La figura 5.4 detalla el proceso de generación de texto con un pequeño vocabulario de siete tókenes, para que la imagen pueda entrar en una sola página. Sin embargo, nuestro

`GPTModel` trabaja con un vocabulario mucho mayor, que consta de 50 257 palabras; por lo tanto, en lugar de ir desde 0 hasta 6, los ID de token del siguiente código irán desde 0 hasta 50 256.

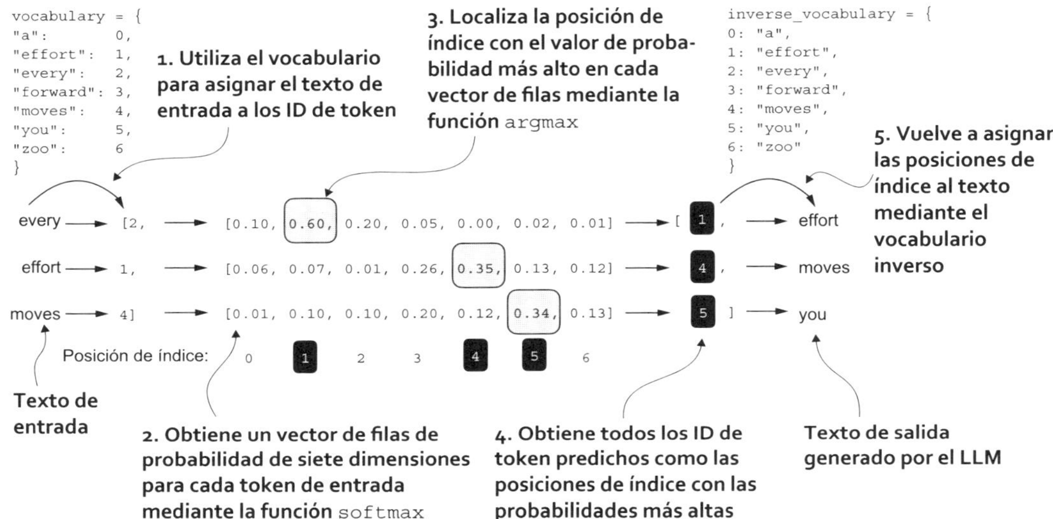


**Figura 5.4.** Para cada uno de los tres tókenes de entrada, mostrados a la izquierda, calculamos un vector que contiene las puntuaciones de probabilidad correspondientes a cada token del vocabulario. La posición de índice de la puntuación de probabilidad más alta en cada vector representa el siguiente ID de token más probable. Se seleccionan los ID de token asociados a las puntuaciones de probabilidad más altas y se vuelven a asignar a un texto que representa el texto generado por el modelo.

La figura 5.4 muestra solamente un ejemplo de texto (`"every effort moves"`) para simplificar. En el siguiente ejemplo práctico de código que implementa los pasos de la figura, trabajaremos con dos ejemplos de entrada para el modelo GPT (`"every effort moves"` y `"I really like"`).

Considera estos dos ejemplos de entrada, que ya han sido asignados a ID de token (figura 5.4, paso 1):

```
inputs = torch.tensor([[16833, 3626, 6100],     # ["every effort moves",
                       [40,    1107, 588]])     # "I really like"]
```

En función de estas entradas, `targets` contiene los ID de token que queremos que produzca el modelo:

```
targets = torch.tensor([[3626, 6100, 345 ],     # [" effort moves you",
                        [1107, 588, 11311]])    # " really like chocolate"]
```

Observemos que `targets` son las mismas entradas pero desplazadas una posición hacia delante, un concepto que ya tratamos en el capítulo 2 durante la implementación del cargador de datos. Esta estrategia de desplazamiento es crucial para enseñar al modelo a predecir el siguiente token de una secuencia.

Introducimos ahora las entradas en el modelo para calcular los vectores *logit* de los dos ejemplos de entrada, cada uno de los cuales consta de tres tókenes. A continuación, aplicamos la función `softmax` para transformar estos *logit* en puntuaciones de probabilidad (`probas`; figura 5.4, paso 2):

```
with torch.no_grad():          ← Desactiva el seguimiento del gradiente
    logits = model(inputs)       porque aún no estamos entrenando
probas = torch.softmax(logits, dim=-1)   ← Probabilidad de cada
print(probas.shape)                        token en el vocabulario
```

La dimensión de tensor resultante del tensor de puntuación de probabilidades (`probas`) es:

```
torch.Size([2, 3, 50257])
```

El primer número, 2, corresponde a los dos ejemplos (filas) de las entradas, también conocido como tamaño del lote. El segundo número, 3, corresponde al número de tókenes de cada entrada (fila). Finalmente, el último número corresponde a la dimensionalidad del *embedding*, que viene determinada por el tamaño del vocabulario. Tras la conversión de *logit* a probabilidades mediante la función `softmax`, la función `generate_text_simple` convierte las puntuaciones de probabilidad resultantes en texto (figura 5.4, pasos 3-5).

Completamos los pasos 3 y 4 aplicando la función `argmax` a las puntuaciones de probabilidad para obtener los ID de token correspondientes:

```
token_ids = torch.argmax(probas, dim=-1, keepdim=True)
print("Token IDs:\n", token_ids)
```

Como tenemos dos lotes de entrada, cada uno de los cuales contiene tres tókenes, al aplicar la función `argmax` a las puntuaciones de probabilidad (figura 5.4, paso 3) se obtienen dos conjuntos de resultados, cada uno con tres ID de token predichos:

```
Token IDs:
 tensor([[[16657],       ← Primer lote
         [  339],
         [42826]],
        [[49906],        ← Segundo lote
         [29669],
         [41751]]])
```

Por último, el paso 5 vuelve a convertir los ID de token en texto:

```
print(f"Targets batch 1: {token_ids_to_text(targets[0], tokenizer)}")
print(f"Outputs batch 1:"
      f" {token_ids_to_text(token_ids[0].flatten(), tokenizer)}")
```

Al decodificar estos tókenes de salida, descubrimos que son bastante diferentes a los que queremos que genere el modelo:

```
Targets batch 1: effort moves you
Outputs batch 1: Armed heNetflix
```

El modelo produce un texto aleatorio, diferente del texto objetivo porque aún no ha sido entrenado. Ahora queremos evaluar numéricamente el rendimiento del texto generado por el modelo mediante una pérdida (figura 5.5), que no solo es útil para medir la calidad del texto generado, sino que también es un elemento básico para implementar la función de entrenamiento, que usaremos para actualizar el peso del modelo con el fin de mejorar la calidad del texto generado.

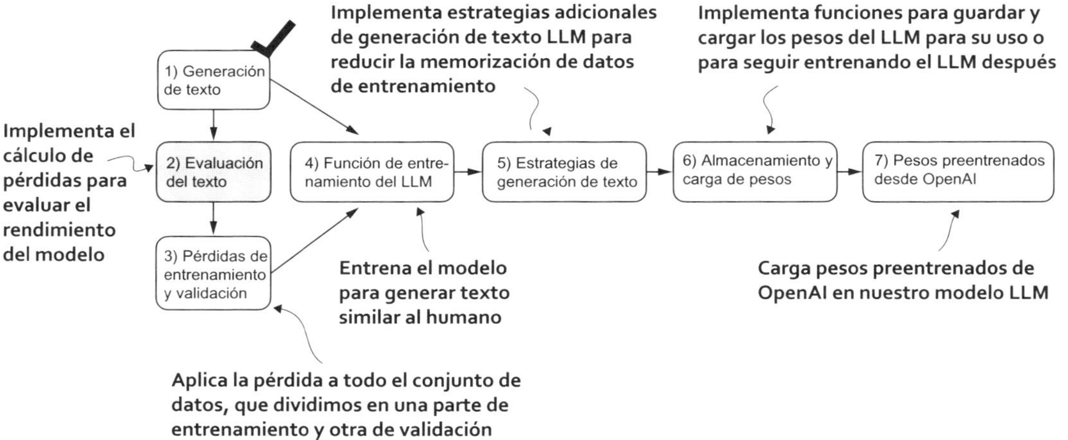


**Figura 5.5.** Una visión general de los temas tratados en este capítulo. Ya hemos completado el paso 1, y ahora estamos listos para implementar la función de evaluación de texto (paso 2).

Parte del proceso de evaluación del texto que realizamos, como se muestra en la figura 5.5, consiste en medir «lo lejos» que están los tókenes generados de las predicciones correctas (objetivos). La función de entrenamiento que implementaremos más adelante utilizará esta información para ajustar los pesos del modelo, con el fin de generar un texto que se parezca más al texto objetivo (o, en el mejor de los casos, que coincida con él).

La finalidad del entrenamiento del modelo es aumentar la probabilidad *softmax* de las posiciones de índice correspondientes a los ID de token objetivo correctos, como se ilustra en la figura 5.6. Esta probabilidad *softmax* también se utiliza en la métrica de evaluación que llevaremos a cabo a continuación para valorar numéricamente los resultados generados por el modelo: cuanto mayor sea la probabilidad de las posiciones correctas, mejor.

Recuerda que la figura 5.6 muestra las probabilidades *softmax* para un vocabulario compacto de siete palabras, de forma que todo quepa en una sola figura. Esto implica que los valores aleatorios de partida rondarán 1/7, lo que equivale aproximadamente a 0.14. Sin embargo, el vocabulario que utilizamos para nuestro modelo GPT-2 tiene 50 257 tókenes, por lo cual la mayoría de las probabilidades iniciales rondarán el 0.00002 (1/50 257).

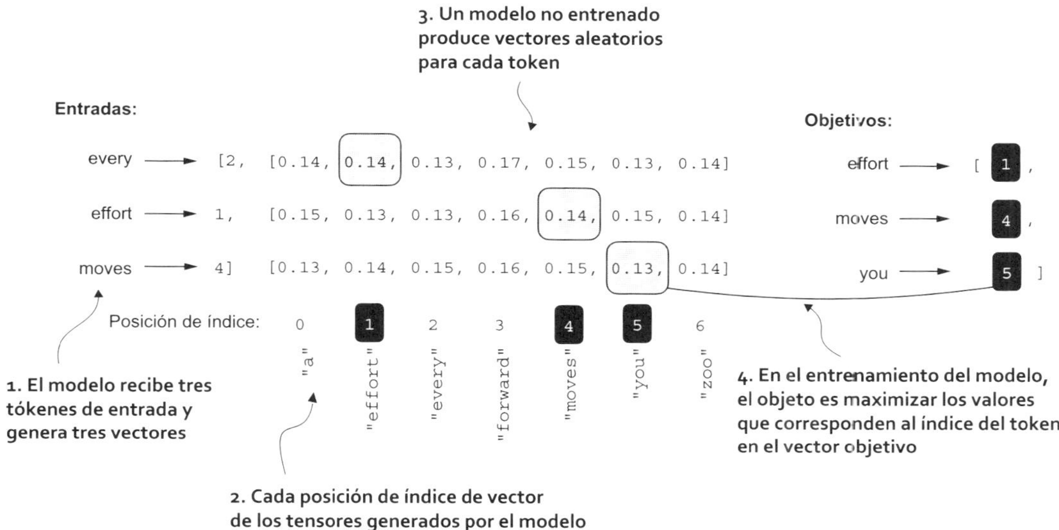


**Figura 5.6.** Antes del entrenamiento, el modelo produce vectores aleatorios de probabilidad del siguiente token. El objetivo del entrenamiento del modelo es garantizar que se maximicen los valores de probabilidad correspondientes a los ID de token objetivo resaltados.

Para cada uno de los dos textos de entrada, mostramos en pantalla las puntuaciones iniciales de probabilidad *softmax* correspondientes a los tókenes objetivo utilizando el siguiente código:

```
text_idx = 0
target_probas_1 = probas[text_idx, [0, 1, 2], targets[text_idx]]
print("Text 1:", target_probas_1)

text_idx = 1
target_probas_2 = probas[text_idx, [0, 1, 2], targets[text_idx]]
print("Text 2:", target_probas_2)
```

Las tres probabilidades de ID de token objetivo para cada lote son:

```
Text 1: tensor([7.4541e-05, 3.1061e-05, 1.1563e-05])
Text 2: tensor([1.0337e-05, 5.6776e-05, 4.7559e-06])
```

El objetivo de entrenar un LLM es maximizar la probabilidad del token correcto. Ello implica aumentar su probabilidad con respecto a otros tókenes. De este modo, nos aseguramos de que el LLM elija sistemáticamente el token objetivo (en esencia, la siguiente palabra de la frase) como el siguiente token que genera.

### Retropropagación

¿Cómo maximizamos los valores de probabilidad *softmax* correspondientes a los tókenes objetivo? La idea general es que actualizamos los pesos del modelo, con el fin de que este produzca valores más altos para los ID de token respectivos que queremos generar. La actualización de los pesos se realiza mediante un proceso llamado retropropagación, una técnica estándar para el entrenamiento de redes neuronales profundas (véanse las secciones A.3 a A.7 del apéndice A para obtener más información sobre la retropropagación y el entrenamiento de modelos).

La retropropagación requiere una función de pérdida, que calcula la diferencia entre la predicción del modelo (en este caso, las probabilidades correspondientes a los ID de token objetivo) y la salida real deseada. Esta función de pérdida mide cuánto se alejan las predicciones del modelo de los valores objetivo.

A continuación, calcularemos la pérdida para las puntuaciones de probabilidad de los dos lotes de ejemplo, `target_probas_1` y `target_probas_2`. Los pasos principales se ilustran en la figura 5.7. Como ya hemos aplicado los pasos 1 a 3 para obtener `target_probas_1` y `target_probas_2`, procedemos con el paso 4, aplicando el logaritmo a las puntuaciones de probabilidad:

```
log_probas = torch.log(torch.cat((target_probas_1, target_probas_2)))
print(log_probas)
```

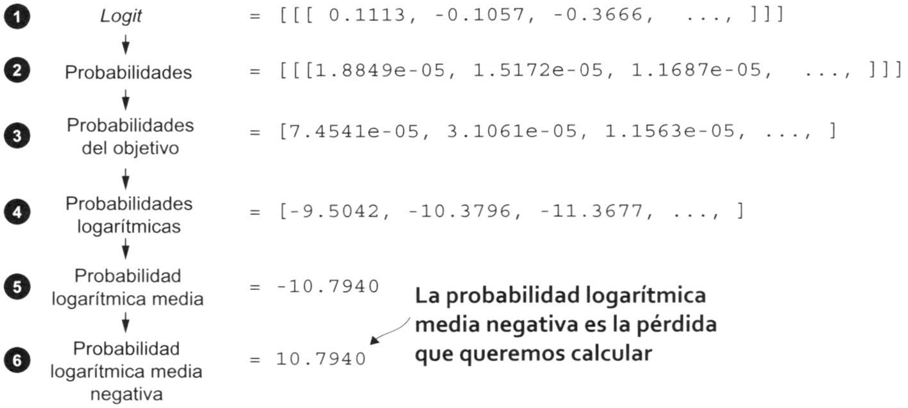

**Figura 5.7.** El cálculo de la pérdida implica varios pasos. Los pasos 1 a 3, que ya hemos completado, calculan las probabilidades de los tókenes correspondientes a los tensores objetivo. A continuación, estas probabilidades se transforman mediante un logaritmo y se promedian en los pasos 4 a 6.

Esto da como resultado los siguientes valores:

```
tensor([ -9.5042, -10.3796, -11.3677, -11.4798, -9.7764, -12.2561])
```

En optimización matemática, es mejor trabajar con logaritmos de puntuaciones de probabilidad que manejar las puntuaciones directamente. Este tema está fuera del alcance de este libro, pero lo he detallado en una conferencia, que se puede encontrar en el apéndice B.

A continuación, combinamos estas probabilidades logarítmicas en una única puntuación, calculando la media (paso 5 de la figura 5.7):

```
avg_log_probas = torch.mean(log_probas)
print(avg_log_probas)
```

La puntuación media de probabilidad logarítmica resultante es:

```
tensor(-10.7940)
```

El objetivo es conseguir que la probabilidad logarítmica media se acerque lo más posible a 0 actualizando los pesos del modelo como parte del proceso de entrenamiento. Sin embargo, en deep learning, lo habitual no es llevar la probabilidad logarítmica media a 0, sino más bien reducir la probabilidad logarítmica media negativa a 0. Este valor es simplemente la probabilidad logarítmica media multiplicada por -1, lo que corresponde al paso 6 de la figura 5.7:

```
neg_avg_log_probas = avg_log_probas * -1
print(neg_avg_log_probas)
```

El resultado de esto es `tensor(10.7940)`. En deep learning, el término para convertir este valor negativo, -10.7940, en el mismo positivo, se conoce como pérdida de entropía cruzada. PyTorch es muy útil en este caso, pues incorpora una función `cross_entropy`, que se encarga de los seis pasos completos de la figura 5.7.

### Pérdida de entropía cruzada

Básicamente, la pérdida de entropía cruzada es una medida conocida en machine learning y deep learning, que mide la diferencia entre dos distribuciones de probabilidad—normalmente, la distribución real de etiquetas (en este caso, tókenes en un conjunto de datos) y la distribución predicha a partir de un modelo (por ejemplo, las probabilidades de token generadas por un LLM).

En el contexto del machine learning, y específicamente en plataformas como PyTorch, la función `cross_entropy` calcula esta medida para obtener resultados discretos, algo parecido a la probabilidad logarítmica media negativa de los tókenes objetivo dada la probabilidad logarítmica media negativa del modelo. Por esta razón los términos «entropía cruzada» y «probabilidad logarítmica media negativa» están relacionados y se utilizan indistintamente en la práctica.

Antes de aplicar la función `cross_entropy`, recordemos brevemente la forma de los *logit* y los tensores objetivo:

```
print("Logits shape:", logits.shape)
print("Targets shape:", targets.shape)
```

Las formas resultantes son:

```
Logits shape: torch.Size([2, 3, 50257])
Targets shape: torch.Size([2, 3])
```

Como podemos observar, el tensor `logits` tiene tres dimensiones: tamaño del lote, número de tókenes y tamaño del vocabulario, mientras que el tensor `targets` tiene solamente dos dimensiones: tamaño de lote y número de tókenes.

Para la función de pérdida `cross_entropy` en PyTorch, queremos aplanar estos tensores combinándolos sobre la dimensión del lote:

```
logits_flat = logits.flatten(0, 1)
targets_flat = targets.flatten()
print("Flattened logits:", logits_flat.shape)
print("Flattened targets:", targets_flat.shape)
```

Las dimensiones de tensor resultantes son:

```
Flattened logits: torch.Size([6, 50257])
Flattened targets: torch.Size([6])
```

Recuerda que los `targets` son los ID de token que queremos que genere el LLM, y los `logits` contienen las salidas del modelo no dimensionadas antes de pasarlas a la función *softmax* y obtener las puntuaciones de probabilidad.

Anteriormente, aplicamos la función *softmax*, seleccionamos las puntuaciones de probabilidad correspondientes a los ID objetivo y calculamos las probabilidades logarítmicas medias negativas. La función `cross_entropy` de PyTorch se encargará de todos estos pasos por nosotros:

```
loss = torch.nn.functional.cross_entropy(logits_flat, targets_flat)
print(loss)
```

La pérdida resultante es la misma que obtuvimos anteriormente al aplicar manualmente cada uno de los pasos de la figura 5.7:

```
tensor(10.7940)
```

### Perplejidad

La perplejidad es una medida utilizada a menudo junto con la pérdida de entropía cruzada, para evaluar el rendimiento de los modelos en tareas como el modelado del lenguaje. Proporciona una forma más interpretable de entender la incertidumbre de un modelo a la hora de predecir el siguiente token de una secuencia.

La perplejidad mide hasta qué punto la distribución de probabilidad predicha por el modelo coincide con la distribución real de las palabras en el conjunto de datos. Al igual que la pérdida, una perplejidad menor indica que las predicciones del modelo se acercan más a la distribución real. La perplejidad se calcula como `perplexity = torch.exp(loss)`, que devuelve `tensor(48725.8203)` cuando se aplica a la pérdida calculada previamente.

La perplejidad se considera a menudo más interpretable que el valor de la pérdida en bruto, porque significa el tamaño efectivo del vocabulario sobre el que el modelo no está seguro en cada paso. En el ejemplo dado, esto se traduciría en que el modelo no está seguro de cuál de los 48 725 tókenes del vocabulario debe generar como siguiente token.

Ya hemos calculado la pérdida para dos pequeñas entradas de texto a título ilustrativo. Ahora aplicaremos el cálculo de pérdida a los conjuntos completos de entrenamiento y validación.

### 5.1.3. Cálculo de las pérdidas de los conjuntos de entrenamiento y validación

Primero debemos preparar los conjuntos de datos de entrenamiento y validación que utilizaremos para entrenar el LLM. A continuación, como se muestra en la figura 5.8, calcularemos la entropía cruzada de los conjuntos de datos de entrenamiento y validación, un componente importante del proceso de entrenamiento del modelo.

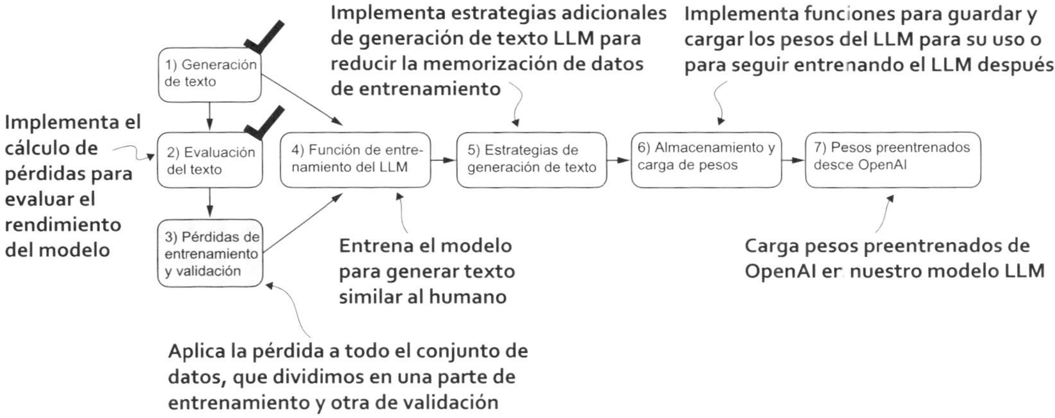


**Figura 5.8.** Una vez completados los pasos 1 y 2, incluido el cálculo de la pérdida de entropía cruzada, podemos aplicar este cálculo a todo el conjunto de datos de texto que utilizaremos para el entrenamiento del modelo.

Para calcular la pérdida en los conjuntos de datos de entrenamiento y validación, usamos un conjunto de datos de texto muy pequeño, el relato corto *The Verdict* de Edith Wharton, con el que ya hemos trabajado en el capítulo 2. Al seleccionar un texto de dominio público, eludimos cualquier preocupación relacionada con los derechos de uso. Además, utilizar un conjunto de datos tan pequeño permite ejecutar ejemplos de código en un ordenador portátil estándar en cuestión de minutos, incluso sin una GPU de gama alta, lo que resulta especialmente ventajoso para fines educativos.

**NOTA:** Los lectores interesados también pueden utilizar el código complementario de este libro para preparar un conjunto de datos más grande, formado por más de 60 000 libros de dominio público del Proyecto Gutenberg, y entrenar un LLM con ellos (véase el apéndice D para más detalles).

## El coste de preentrenar LLM

Para poner en perspectiva la escala de nuestro proyecto, consideremos el entrenamiento del modelo Llama 2 de 7000 millones de parámetros, un LLM relativamente popular y disponible para el público en general. Este modelo requirió 184 320 horas de GPU con costosas GPU A100, procesando 2 billones de tókenes. En el momento de escribir estas líneas, ejecutar un servidor en la nube de 8 x A100 en AWS cuesta unos 30 dólares por hora (más o menos 25 euros). Una estimación aproximada sitúa el coste total de entrenamiento de un LLM de este tipo en torno a 690 000 dólares (calculado como 184 320 horas divididas por 8 y multiplicadas por 30 dólares; unos 588 000 euros).

El siguiente código carga nuestra historia corta:

```
file_path = "the-verdict.txt"
with open(file_path, "r", encoding="utf-8") as file:
    text_data = file.read()
```

Una vez cargado el conjunto de datos, comprobamos el número de caracteres y tókenes que contiene:

```
total_characters = len(text_data)
total_tokens = len(tokenizer.encode(text_data))
print("Characters:", total_characters)
print("Tokens:", total_tokens)
```

El resultado es:

```
Characters: 20479
Tokens: 5145
```

Con solo 5145 tókenes, el texto podría parecer demasiado pequeño para entrenar a un LLM, pero como ya hemos comentado antes, lo utilizamos simplemente con fines educativos, de forma que sea posible ejecutar el código en minutos en lugar de semanas. Además, más adelante cargaremos los pesos preentrenados de OpenAI en nuestro código `GPTModel`.

A continuación, dividimos el conjunto de datos en un conjunto de entrenamiento y otro de validación y utilizamos los cargadores de datos del capítulo 2 para preparar los lotes para el entrenamiento del LLM. Este proceso se visualiza en la figura 5.9. Debido a las restricciones espaciales, utilizamos `max_length=6`. Sin embargo, para los cargadores de datos reales, configuraremos `max_length` igual a la longitud de contexto de 256 tókenes que el LLM soporta, de manera que el modelo vea textos más largos durante el entrenamiento.

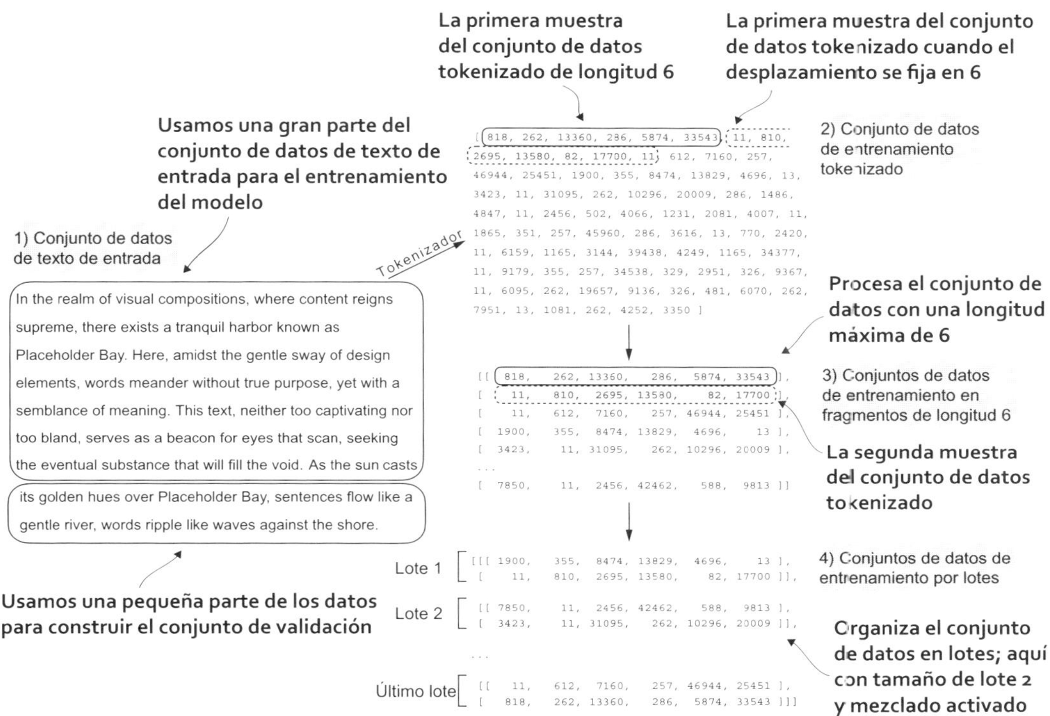


**Figura 5.9.** Al preparar los cargadores de datos, dividimos el texto de entrada en dos partes: una para el conjunto de entrenamiento y otra para el de validación. A continuación, tokenizamos el texto (solo se muestra aquí la parte del conjunto de entrenamiento para simplificar) y dividimos el texto tokenizado en fragmentos de una longitud especificada por el usuario (en este caso, 6). Por último, mezclamos las filas y organizamos el texto fragmentado en lotes (aquí, tamaño de lote 2), que utilizamos para el entrenamiento del modelo.

> **NOTA:** Estamos entrenando el modelo con datos de entrenamiento presentados en fragmentos de tamaño similar para mayor simplicidad y eficiencia. Sin embargo, en la práctica, también puede ser beneficioso entrenar un LLM con entradas de longitud variable, para ayudarle a generalizar mejor a lo largo de diferentes tipos de entradas cuando esté siendo utilizado.

Para implementar la división y carga de datos, primero definimos `train_ratio` para utilizar el 90 % de los datos para el entrenamiento y el 10 % restante como datos de validación para la evaluación del modelo durante el entrenamiento:

```
train_ratio = 0.90
split_idx = int(train_ratio * len(text_data))
train_data = text_data[:split_idx]
val_data = text_data[split_idx:]
```

Con los subconjuntos `train_data` y `val_data`, ahora podemos crear el cargador de datos respectivo reutilizando el código `create_dataloader_v1` del capítulo 2:

```
from chapter02 import create_dataloader_v1
torch.manual_seed(123)

train_loader = create_dataloader_v1(
    train_data,
    batch_size=2,
    max_length=GPT_CONFIG_124M["context_length"],
    stride=GPT_CONFIG_124M["context_length"],
    drop_last=True,
    shuffle=True,
    num_workers=0
)
val_loader = create_dataloader_v1(
    val_data,
    batch_size=2,
    max_length=GPT_CONFIG_124M["context_length"],
    stride=GPT_CONFIG_124M["context_length"],
    drop_last=False,
    shuffle=False,
    num_workers=0
)
```

Hemos utilizado un tamaño de lote relativamente pequeño para reducir la demanda de recursos informáticos, porque estábamos trabajando con un conjunto de datos muy pequeño. En la práctica, no es infrecuente entrenar LLM con tamaños de lote de 1024 o mayores.

Como comprobación opcional, podemos iterar a través de los cargadores de datos para asegurarnos de que se crearon correctamente:

```
print("Train loader:")
for x, y in train_loader:
    print(x.shape, y.shape)

print("\nValidation loader:")
for x, y in val_loader:
    print(x.shape, y.shape)
```

Deberíamos ver las siguientes salidas:

```
Train loader:
torch.Size([2, 256]) torch.Size([2, 256])
torch.Size([2, 256]) torch.Size([2, 256])
torch.Size([2, 256]) torch.Size([2, 256])
torch.Size([2, 256]) torch.Size([2, 256])
torch.Size([2, 256]) torch.Size([2, 256])
torch.Size([2, 256]) torch.Size([2, 256])
torch.Size([2, 256]) torch.Size([2, 256])
torch.Size([2, 256]) torch.Size([2, 256])
torch.Size([2, 256]) torch.Size([2, 256])
Validation loader:
torch.Size([2, 256]) torch.Size([2, 256])
```

Según el código anterior, tenemos nueve lotes de entrenamiento con dos muestras y 256 tókenes cada uno. Como solo asignamos el 10 % de los datos a la validación, únicamente hay un lote de validación formado por dos ejemplos de entrada. Como era de esperar, los datos de entrada (x) y los datos objetivo (y) tienen la misma forma (el tamaño del lote multiplicado por el número de muestras de cada lote), porque los objetivos son las entradas desplazadas una posición, como se explica en el capítulo 2.

A continuación, implementamos una utilidad para calcular la pérdida de entropía cruzada de un determinado lote devuelto mediante el cargador de entrenamiento y validación:

```
def calc_loss_batch(input_batch, target_batch, model, device):
    input_batch = input_batch.to(device)
    target_batch = target_batch.to(device)
    logits = model(input_batch)
    loss = torch.nn.functional.cross_entropy(
        logits.flatten(0, 1), target_batch.flatten()
    )
    return loss
```

La transferencia a un cierto dispositivo nos permite transferir los datos a una GPU

Ya podemos usar esta utilidad `calc_loss_batch`, que calcula la pérdida para un solo lote, para implementar la siguiente función `calc_loss_loader`, que calcula la pérdida sobre todos los lotes muestreados por un cargador de datos dado.

**Listado 5.2. Función para calcular las pérdidas de entrenamiento y validación**

```
def calc_loss_loader(data_loader, model, device, num_batches=None):
    total_loss = 0.
    if len(data_loader) == 0:
        return float("nan")
    elif num_batches is None:
        num_batches = len(data_loader)
    else:
        num_batches = min(num_batches, len(data_loader))
    for i, (input_batch, target_batch) in enumerate(data_loader):
        if i < num_batches:
            loss = calc_loss_batch(
                input_batch, target_batch, model, device
            )
            total_loss += loss.item()
        else:
            break
    return total_loss / num_batches
```

Iterativos sobre todos los lotes si no se especifica un valor `num_batches` fijo

Reduce el número de lotes para que coincida con el número total de lotes en el cargador de datos si `num_batches` supera el número de lotes en el cargador de datos

Suma las pérdidas de cada lote

Calcula el promedio de pérdida de todos los lotes

La función `calc_loss_loader` itera de forma predeterminada sobre todos los lotes en un cargador de datos dado, acumula la pérdida en la variable `total_loss`, y luego calcula y promedia la pérdida sobre el número total de lotes. Como alternativa, podemos especificar un número menor de lotes mediante `num_batches` para acelerar la evaluación durante el entrenamiento del modelo.

Veamos ahora esta función `calc_loss_loader` en acción, aplicándola a los cargadores de los conjuntos de entrenamiento y validación:

```
device = torch.device("cuda" if torch.cuda.is_available() else "cpu")
model.to(device)
with torch.no_grad():
    train_loss = calc_loss_loader(train_loader, model, device)
    val_loss = calc_loss_loader(val_loader, model, device)
print("Training loss:", train_loss)
print("Validation loss:", val_loss)
```

**Si tienes una máquina con una GPU compatible con CUDA, el LLM entrenará en la GPU sin hacer ningún cambio en el código**

**Desactiva el seguimiento de gradiente por motivos de eficiencia, porque aún no estamos entrenando**

**Mediante el parámetro `device`, nos aseguramos de que los datos se cargan en el mismo dispositivo que el modelo LLM**

Los valores de pérdida resultantes son

```
Training loss: 10.98758347829183
Validation loss: 10.98110580444336
```

Los valores de pérdida son relativamente altos porque el modelo aún no ha sido entrenado. A modo de comparación, la pérdida se aproxima a 0 si el modelo aprende a generar los siguientes tókenes a medida que aparecen en los conjuntos de entrenamiento y validación.

Ahora que tenemos una forma de medir la calidad del texto generado, entrenaremos el LLM para reducir esta pérdida, de forma que sea mejor generando texto, como se ilustra en la figura 5.10.

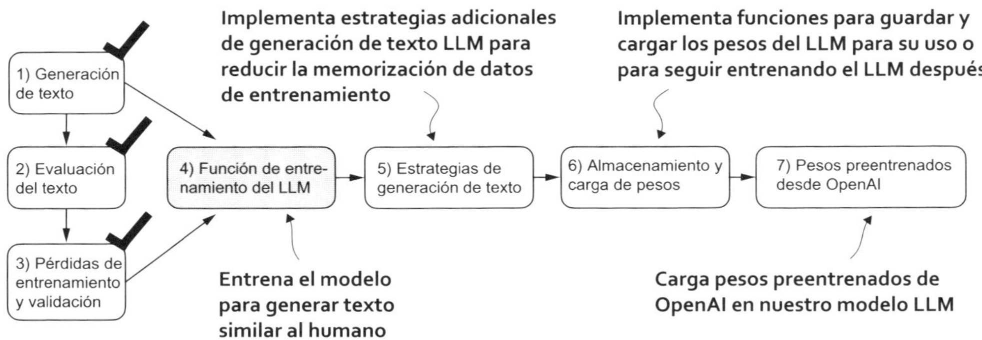


**Figura 5.10.** Hemos repasado el proceso de generación de textos (paso 1) y aplicado técnicas básicas de evaluación de modelos (paso 2) para calcular las pérdidas de los conjuntos de entrenamiento y validación (paso 3). Ahora pasaremos a las funciones de entrenamiento y preentrenaremos el LLM (paso 4).

A continuación, nos centraremos en el preentrenamiento del LLM. Tras el entrenamiento del modelo, aplicaremos estrategias alternativas de generación de texto y guardaremos y cargaremos los pesos del modelo preentrenado.

## 5.2. Entrenar un LLM

Por fin ha llegado el momento de implementar el código para el preentrenamiento del LLM, nuestro `GPTModel`. Para ello, nos centramos en un bucle de entrenamiento sencillo para mantener el código conciso y legible.

**NOTA:** Los lectores interesados tienen en el apéndice D técnicas más avanzadas, como el calentamiento de la tasa de aprendizaje, la atenuación cosenoidal y el recorte de gradientes.

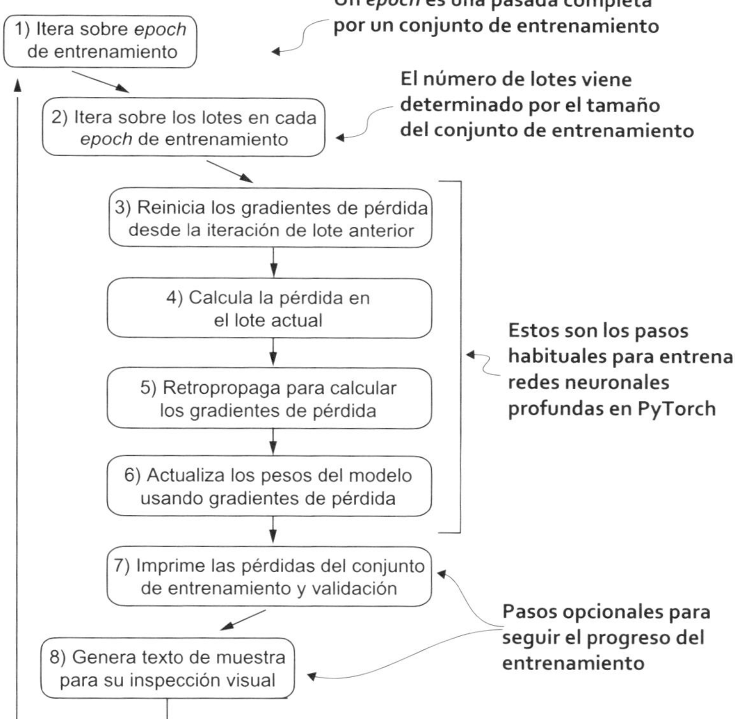


**Figura 5.11.** Un bucle de entrenamiento típico para entrenar redes neuronales profundas en PyTorch incluye numerosos pasos, iterando sobre los lotes del conjunto de entrenamiento durante varios *epoch*. En cada bucle, calculamos la pérdida de cada lote del conjunto de entrenamiento para determinar los gradientes de pérdida, que utilizamos para actualizar los pesos del modelo, de modo que se minimice la pérdida del conjunto de entrenamiento.

El diagrama de flujo de la figura 5.11 muestra un flujo de trabajo típico de entrenamiento de redes neuronales PyTorch, que utilizamos para entrenar un LLM. Detalla ocho pasos, comenzando con la iteración sobre cada *epoch*, el procesamiento de lotes, el restablecimiento de gradientes, el cálculo de la pérdida y los nuevos gradientes, y la actualización de pesos, y concluyendo con pasos de monitorización como la impresión de pérdidas y la generación de muestras de texto.

**NOTA:** Si eres relativamente nuevo en el entrenamiento de redes neuronales profundas con PyTorch y alguno de estos pasos no te resulta familiar, considera leer las secciones A.5 a A.8 del apéndice A.

Codifiquemos este flujo de entrenamiento mediante la función `train_model_simple`.

**Listado 5.3. La función principal para el preentrenamiento de los LLM**

```
def train_model_simple(model, train_loader, val_loader,
                       optimizer, device, num_epochs,
                       eval_freq, eval_iter, start_context, tokenizer):
    train_losses, val_losses, track_tokens_seen = [], [], []     # Inicializa las listas para rastrear las pérdidas y los tókenes vistos
    tokens_seen, global_step = 0, -1

    for epoch in range(num_epochs):     # Inicia el bucle de entrenamiento principal
        model.train()
        for input_batch, target_batch in train_loader:
            optimizer.zero_grad()     # Restablece los gradientes de pérdida de la iteración del lote anterior
            loss = calc_loss_batch(
                input_batch, target_batch, model, device
            )
            loss.backward()     # Calcula los gradientes de pérdida
            optimizer.step()     # Actualiza los pesos del modelo utilizando los gradientes de pérdida
            tokens_seen += input_batch.numel()
            global_step += 1

            if global_step % eval_freq == 0:     # Paso de evaluación opcional
                train_loss, val_loss = evaluate_model(
                    model, train_loader, val_loader, device, eval_iter)
                train_losses.append(train_loss)
                val_losses.append(val_loss)
                track_tokens_seen.append(tokens_seen)
                print(f"Ep {epoch+1} (Step {global_step:06d}): "
                      f"Train loss {train_loss:.3f}, "
                      f"Val loss {val_loss:.3f}"
                )

        generate_and_print_sample(     # Imprime un texto de muestra después de cada epoch
            model, tokenizer, device, start_context
        )
    return train_losses, val_losses, track_tokens_seen
```

Vemos que la función `train_model_simple` que acabamos de crear utiliza dos funciones que aún no hemos definido: `evaluate_model` y `generate_and_print_sample`.

La función `evaluate_model` corresponde al paso 7 de la figura 5.11. Imprime las pérdidas de los conjuntos de entrenamiento y validación después de cada actualización del modelo, para que podamos evaluar si el entrenamiento mejora el modelo. Más concretamente, la función `evaluate_model` calcula la pérdida sobre el conjunto de entrenamiento y validación, mientras se asegura de que el modelo está en modo evaluación con el seguimiento de gradiente y el *dropout* desactivados, cuando se calcula la pérdida sobre los conjuntos de entrenamiento y validación:

El *dropout* se desactiva durante la evaluación para obtener resultados estables y reproducibles

Desactiva el seguimiento del gradiente, que no es necesario durante la evaluación, para reducir la sobrecarga computacional

```
def evaluate_model(model, train_loader, val_loader, device, eval_iter):
    model.eval()
    with torch.no_grad():
        train_loss = calc_loss_loader(
            train_loader, model, device, num_batches=eval_iter
        )
        val_loss = calc_loss_loader(
            val_loader, model, device, num_batches=eval_iter
        )
    model.train()
    return train_loss, val_loss
```

De forma similar a `evaluate_model`, `generate_and_print_sample` es una función práctica que usamos para comprobar si el modelo mejora durante el entrenamiento. En concreto, esta función toma un fragmento de texto (`start_context`) como entrada, lo convierte en ID de token y se lo pasa al LLM, para generar una muestra de texto mediante la función `generate_text_simple` utilizada anteriormente:

```
def generate_and_print_sample(model, tokenizer, device, start_context):
    model.eval()
    context_size = model.pos_emb.weight.shape[0]
    encoded = text_to_token_ids(start_context, tokenizer).to(device)
    with torch.no_grad():
        token_ids = generate_text_simple(
            model=model, idx=encoded,
            max_new_tokens=50, context_size=context_size
        )
    decoded_text = token_ids_to_text(token_ids, tokenizer)
    print(decoded_text.replace("\n", " "))
    model.train()
```

Formato de impresión compacto

Mientras la función `evaluate_model` nos da una estimación numérica del progreso de entrenamiento del modelo, esta función de texto `generate_and_print_sample` nos proporciona un ejemplo de texto concreto generado por el modelo para juzgar sus capacidades durante el entrenamiento.

### AdamW

Los optimizadores Adam son una opción habitual para entrenar redes neuronales profundas. Sin embargo, en nuestro bucle de entrenamiento hemos optado por el optimizador AdamW. Se trata de una variante de Adam que mejora el enfoque del decaimiento de pesos, cuyo objetivo es minimizar la complejidad del modelo y evitar el sobreajuste, penalizando los pesos más grandes. Este ajuste permite a AdamW lograr una regularización más eficaz y una mejor generalización, de ahí que se utilice a menudo en el entrenamiento de LLM.

Veamos todo esto en acción entrenando una instancia de `GPTModel` durante 10 *epoch* y utilizando un optimizador AdamW y la función `train_model_simple` definida anteriormente:

```
torch.manual_seed(123)
model = GPTModel(GPT_CONFIG_124M)
model.to(device)
optimizer = torch.optim.AdamW(
    model.parameters(),
    lr=0.0004, weight_decay=0.1
)
num_epochs = 10
train_losses, val_losses, tokens_seen = train_model_simple(
    model, train_loader, val_loader, optimizer, device,
    num_epochs=num_epochs, eval_freq=5, eval_iter=5,
    start_context="Every effort moves you", tokenizer=tokenizer
)
```

**El método `.parameters()` devuelve todos los parámetros de peso entrenables del modelo**

Ejecutando la función `train_model_simple` se inicia el proceso de entrenamiento, que tarda unos 5 minutos en un portátil MacBook Air o similar. El resultado obtenido durante esta ejecución es el siguiente:

```
Ep 1 (Step 000000): Train loss 9.781, Val loss 9.933
Ep 1 (Step 000005): Train loss 8.111, Val loss 8.339
Every effort moves you,,,,,,,,,,,,.
Ep 2 (Step 000010): Train loss 6.661, Val loss 7.048
Ep 2 (Step 000015): Train loss 5.961, Val loss 6.616
Every effort moves you, and, and, and, and, and, and, and, and, and, and,
 and, and, and, and, and, and, and, and, and, and, and, and,, and, and,
[...]
Ep 9 (Step 000080): Train loss 0.541, Val loss 6.393
Every effort moves you?" "Yes--quite insensible to the irony. She wanted
him vindicated--and by me!" He laughed again, and threw back the
window-curtains, I had the donkey. "There were days when I
Ep 10 (Step 000085): Train loss 0.391, Val loss 6.452
Every effort moves you know," was one of the axioms he laid down across the
Sevres and silver of an exquisitely appointed luncheon-table, when, on a
later day, I had again run over from Monte Carlo; and Mrs. Gis
```

**Resultados intermedios eliminados para ahorrar espacio**

Como se puede observar, la pérdida de entrenamiento mejora drásticamente, comenzando con un valor de 9.781 y convergiendo a 0.391. Las capacidades lingüísticas del modelo han mejorado bastante. Al principio, el modelo solo es capaz de añadir comas al contexto de inicio (`Every effort moves you,,,,,,,,,,,,`) o repetir la palabra `and`. Al final del entrenamiento, puede generar un texto gramaticalmente correcto.

De forma similar a la pérdida del conjunto de entrenamiento, podemos ver que la pérdida de validación empieza siendo alta (9.933), pero disminuye durante el entrenamiento. Sin embargo, nunca llega a ser tan baja como la pérdida del conjunto de entrenamiento, y se mantiene en 6.452 después del décimo *epoch*.

Antes de analizar la pérdida de validación con más detalle, creemos un sencillo gráfico que muestre en paralelo las pérdidas del conjunto de entrenamiento y de validación:

```
import matplotlib.pyplot as plt
from matplotlib.ticker import MaxNLocator
def plot_losses(epochs_seen, tokens_seen, train_losses, val_losses):
    fig, ax1 = plt.subplots(figsize=(5, 3))
    ax1.plot(epochs_seen, train_losses, label="Training loss")
    ax1.plot(
        epochs_seen, val_losses, linestyle="-.", label="Validation loss"
    )
    ax1.set_xlabel("Epochs")
    ax1.set_ylabel("Loss")
    ax1.legend(loc="upper right")
    ax1.xaxis.set_major_locator(MaxNLocator(integer=True))
    ax2 = ax1.twiny()                                   # Crea un segundo eje x que comparte el mismo eje y
    ax2.plot(tokens_seen, train_losses, alpha=0)        # Trazado invisible para alinear las marcas
    ax2.set_xlabel("Tokens seen")
    fig.tight_layout()
    plt.show()

epochs_tensor = torch.linspace(0, num_epochs, len(train_losses))
plot_losses(epochs_tensor, tokens_seen, train_losses, val_losses)
```

El gráfico de pérdidas de entrenamiento y validación resultante se muestra en la figura 5.12. Observamos que tanto las pérdidas de entrenamiento como las de validación empiezan a mejorar en el primer *epoch*. Sin embargo, las pérdidas empiezan a divergir a partir del segundo *epoch*. Esta divergencia, y el hecho de que la pérdida de validación sea mucho mayor que la pérdida de entrenamiento, indican que el modelo se está sobreajustando a los datos de entrenamiento. Podemos confirmar que el modelo memoriza los datos de entrenamiento palabra por palabra buscando los fragmentos de texto generados, como `quite insensible to the irony` en el archivo de texto de *The Verdict*.

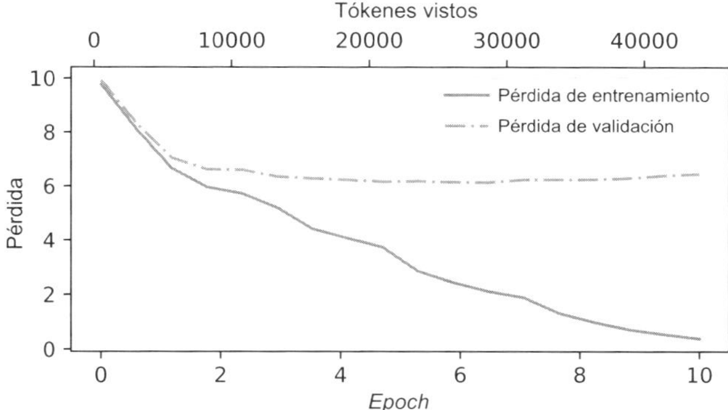


**Figura 5.12.** Al principio del entrenamiento, tanto las pérdidas del conjunto de entrenamiento como las del conjunto de validación disminuyen bruscamente, lo que indica que el modelo está aprendiendo. Sin embargo, la pérdida del conjunto de entrenamiento sigue disminuyendo después del segundo *epoch*, mientras que la pérdida de validación se estanca. Esto indica que el modelo sigue aprendiendo, pero se sobreajusta al conjunto de entrenamiento después del segundo *epoch*.

Esta memorización es de esperar, pues estamos trabajando con un conjunto de datos de entrenamiento muy, muy pequeño, y entrenamos el modelo para varios *epoch*. Lo normal es entrenar un modelo con un conjunto de datos mucho mayor durante un solo *epoch*.

**NOTA:** Como ya se ha mencionado, los lectores interesados pueden probar a entrenar el modelo con 60 000 libros de dominio público del Proyecto Gutenberg, donde no se produce este sobreajuste; véase el apéndice B para más detalles.

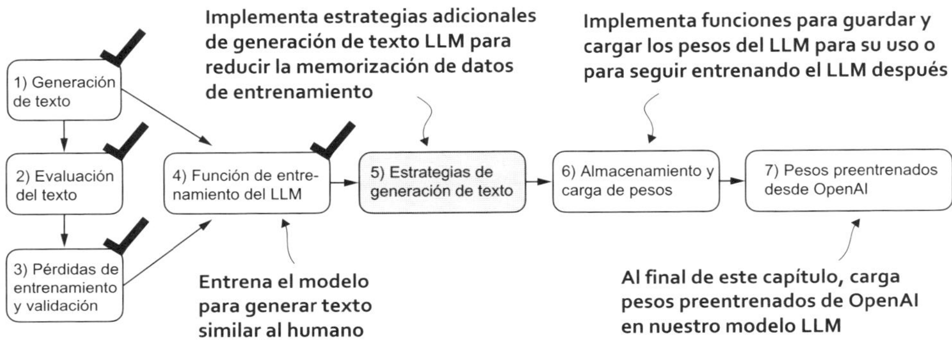


**Figura 5.13.** Nuestro modelo puede generar textos coherentes una vez implementada la función de entrenamiento. Sin embargo, suele memorizar pasajes del conjunto de entrenamiento palabra por palabra. A continuación, analizaremos estrategias para generar textos de salida más diversos.

Como se ilustra en la figura 5.13, hemos completado cuatro de nuestros objetivos para este capítulo. A continuación, hablaremos de las estrategias de generación de texto para LLM que permiten reducir la memorización de datos de entrenamiento y aumentar la originalidad del texto generado por el LLM, antes de analizar la carga y almacenamiento de pesos preentrenados del modelo GPT de OpenAI.

## 5.3. Estrategias de decodificación para controlar la aleatoriedad

Veamos las estrategias de generación de texto (también llamadas estrategias de decodificación) para generar más texto original. En primer lugar, revisaremos brevemente la función `generate_text_simple`, que utilizamos antes dentro de `generate_and_print_sample`. Luego exploraremos dos técnicas, el escalado de temperatura y el muestreo *top-k*, para mejorar esta función.

Comenzamos transfiriendo el modelo de la GPU a la CPU, porque la inferencia con un modelo relativamente pequeño no requiere una GPU. Además, tras el entrenamiento, ponemos el modelo en modo de evaluación para desactivar componentes aleatorios como el *dropout*:

```
model.to("cpu")
model.eval()
```

A continuación, introducimos la instancia de `GPTModel` (`model`) en la función `generate_text_simple`, que utiliza el LLM para generar un token cada vez:

```
tokenizer = tiktoken.get_encoding("gpt2")
token_ids = generate_text_simple(
    model=model,
    idx=text_to_token_ids("Every effort moves you", tokenizer),
    max_new_tokens=25,
    context_size=GPT_CONFIG_124M["context_length"]
)
print("Output text:\n", token_ids_to_text(token_ids, tokenizer))
```

El texto generado es:

```
Output text:
Every effort moves you know," was one of the axioms he laid down across the
Sevres and silver of an exquisitely appointed lun
```

Como ya se ha explicado anteriormente, en cada paso de generación se selecciona el token generado correspondiente a la mayor puntuación de probabilidad de entre todos los tókenes del vocabulario. Esto significa que el LLM siempre generará los mismos resultados aunque ejecutemos la función anterior `generate_text_simple` varias veces en el mismo contexto de inicio (`Every effort moves you`).

## 5.3.1. Escalado de temperatura

Veamos ahora el escalado de temperatura, una técnica que añade un proceso de selección probabilístico a la tarea de generación del siguiente token. Dentro de la función `generate_text_simple`, siempre muestreábamos el token con la probabilidad más alta como el siguiente token usando `torch.argmax`, también conocido como decodificación codiciosa. Para generar texto con más variedad, podemos sustituir `argmax` por una función que tome muestras de una distribución de probabilidad (en este caso, las puntuaciones de probabilidad que el LLM genera para cada entrada del vocabulario en cada paso de generación de tókenes).

Para ilustrar el muestreo probabilístico con un ejemplo concreto, analicemos brevemente el proceso de generación del siguiente token utilizando un vocabulario muy pequeño con fines ilustrativos:

```
vocab = {
    "closer": 0,
    "every": 1,
    "effort": 2,
    "forward": 3,
    "inches": 4,
    "moves": 5,
    "pizza": 6,
    "toward": 7,
    "you": 8,
}
inverse_vocab = {v: k for k, v in vocab.items()}
```

Supongamos ahora que el LLM recibe el contexto de inicio `"every effort moves you"` y genera los siguientes *logit* de siguiente token:

```
next_token_logits = torch.tensor(
    [4.51, 0.89, -1.90, 6.75, 1.63, -1.62, -1.89, 6.28, 1.79]
)
```

Como se explica en el capítulo 4, dentro de `generate_text_simple` convertimos los *logit* en probabilidades mediante la función `softmax`, y obtenemos el ID de token correspondiente al token generado mediante la función `argmax`, que podemos reconvertir a texto mediante el vocabulario inverso:

```
probas = torch.softmax(next_token_logits, dim=0)
next_token_id = torch.argmax(probas).item()
print(inverse_vocab[next_token_id])
```

Como el mayor valor *logit* y, en consecuencia, la mayor puntuación de probabilidad *softmax* se encuentran en la cuarta posición (posición de índice 3, porque Python utiliza la indexación 0), la palabra generada es `"forward"`.

Para implementar un proceso de muestreo probabilístico, ahora podemos sustituir `argmax` por la función `multinomial` de PyTorch:

```
torch.manual_seed(123)
next_token_id = torch.multinomial(probas, num_samples=1).item()
print(inverse_vocab[next_token_id])
```

La salida obtenida es `"forward"`, igual que antes. ¿Qué ha pasado? La función `multinomial` muestrea el siguiente token proporcionalmente a su puntuación de probabilidad. En otras palabras, `"forward"` sigue siendo el token más probable, y será seleccionado por `multinomial` la mayoría de las veces, pero no todas. Para ilustrar esto, implementemos una función que repita este muestreo 1000 veces:

```
def print_sampled_tokens(probas):
    torch.manual_seed(123)
    sample = [torch.multinomial(probas, num_samples=1).item()
              for i in range(1_000)]
    sampled_ids = torch.bincount(torch.tensor(sample))
    for i, freq in enumerate(sampled_ids):
        print(f"{freq} x {inverse_vocab[i]}")

print_sampled_tokens(probas)
```

El resultado del muestreo es:

```
73 x closer
0 x every
0 x effort
582 x forward
2 x inches
0 x moves
0 x pizza
343 x toward
```

Observamos que la palabra `forward` se muestrea la mayor parte del tiempo (582 de 1000 veces), pero otros tókenes, como `closer`, `inches` y `toward`, también aparecerán bastantes veces. Esto significa que si sustituyéramos `argmax` por `multinomial` dentro de la función `generate_and_print_sample`, el LLM generaría en ocasiones textos como `every effort moves you toward`, `every effort moves you inches` y `every effort moves you closer`, en lugar de `every effort moves you forward`.

Podemos controlar aún más el proceso de distribución y selección mediante un concepto llamado escalado de temperatura, que no es otra cosa que una descripción elegante de la división de los *logit* por un número mayor que 0:

```
def softmax_with_temperature(logits, temperature):
    scaled_logits = logits / temperature
    return torch.softmax(scaled_logits, dim=0)
```

Las temperaturas superiores a 1 dan lugar a probabilidades de token distribuidas de forma más uniforme, y las temperaturas inferiores a 1 producirán distribuciones más seguras (más agudas o con más picos).

Ilustremos esto representando las probabilidades originales junto con las probabilidades escaladas con diferentes valores de temperatura:

```
temperatures = [1, 0.1, 5]                    # Confianza original, inferior y superior
scaled_probas = [softmax_with_temperature(next_token_logits, T)
                 for T in temperatures]
x = torch.arange(len(vocab))
bar_width = 0.15
fig, ax = plt.subplots(figsize=(5, 3))
for i, T in enumerate(temperatures):
    rects = ax.bar(x + i * bar_width, scaled_probas[i],
                   bar_width, label=f'Temperature = {T}')
ax.set_ylabel('Probability')
ax.set_xticks(x)
ax.set_xticklabels(vocab.keys(), rotation=90)
ax.legend()
plt.tight_layout()
plt.show()
```

El gráfico resultante se muestra en la figura 5.14.

Una temperatura de 1 divide los *logit* por 1 antes de pasarlos a la función `softmax` para calcular las puntuaciones de probabilidad. En otras palabras, utilizar una temperatura de 1 es lo mismo que no utilizar escalado de temperatura. En este caso, los tókenes se seleccionan con una probabilidad igual a las puntuaciones de probabilidad *softmax* originales, mediante la función de muestreo `multinomial` de PyTorch. Por ejemplo, para el parámetro de temperatura 1, el token correspondiente a «*forward*» se seleccionaría alrededor del 60 % de las veces, como podemos ver en la figura 5.14.

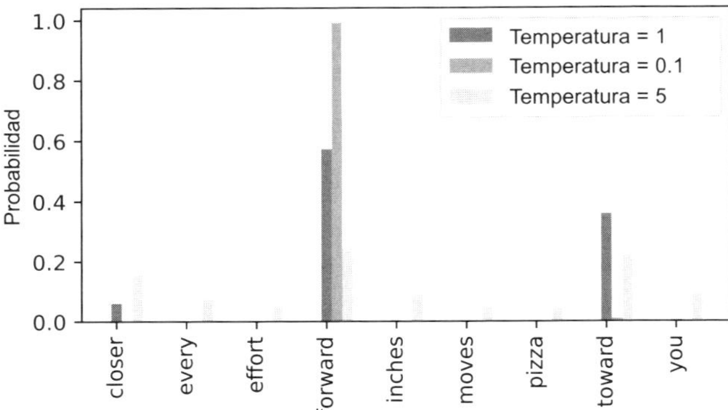


**Figura 5.14.** Una temperatura de 1 representa las puntuaciones de probabilidad no escaladas de cada palabra del vocabulario. Disminuir la temperatura en 0.1 afina la distribución, de modo que el token más probable (en este caso, `"forward"`) tendrá una puntuación de probabilidad aún mayor. Del mismo modo, si se aumenta la temperatura a 5, la distribución será más uniforme.

Además, como vemos en la figura 5.14, si aplicamos temperaturas muy pequeñas, como 0.1, obtendremos distribuciones más nítidas, de forma que el comportamiento de la función `multinomial` selecciona el token más probable (aquí, `"forward"`) casi el 100 % de las veces, acercándose al comportamiento de la función `argmax`. Del mismo modo, una temperatura de 5 da como resultado una distribución más uniforme, en la que otros tókenes se seleccionan con más frecuencia. Esto puede añadir más variedad a los textos generados, pero también ofrece más a menudo textos sin sentido. Por ejemplo, con una temperatura de 5 se obtienen textos como `every effort moves you pizza` un 4 % de las veces.

> **Ejercicio 5.1**
>
> Utiliza la función `print_sampled_tokens` para mostrar en pantalla las frecuencias de muestreo de las probabilidades *softmax* escaladas con las temperaturas mostradas en la figura 5.14. ¿Con qué frecuencia aparece la palabra `pizza` en cada caso? ¿Se te ocurre una forma más rápida y precisa de determinar la frecuencia de muestreo de la palabra `pizza`?

## 5.3.2. Muestreo top-k

Ya hemos implementado un método de muestreo probabilístico combinado con escalado de temperatura para aumentar la diversidad de los resultados. Hemos visto que los valores de temperatura más altos dan lugar a una distribución más uniforme de las probabilidades del siguiente token, lo cual se traduce en resultados más diversos, pues reduce la probabilidad de que el modelo seleccione repetidamente el token más probable. Este método permite explorar en el proceso de generación caminos menos probables, pero potencialmente más interesantes y creativos. Sin embargo, uno de sus inconvenientes es que a veces da lugar a resultados gramaticalmente incorrectos o totalmente sin sentido, como por ejemplo `every effort moves you pizza`.

El muestreo *top-k* (o de los k más probables), combinado con el muestreo probabilístico y el escalado de temperatura, puede mejorar los resultados de la generación de textos. En el muestreo *top-k*, restringimos los tókenes muestreados a los k tókenes más probables y excluimos todos los demás tókenes del proceso de selección, enmascarando sus puntuaciones de probabilidad, como se ilustra en la figura 5.15.

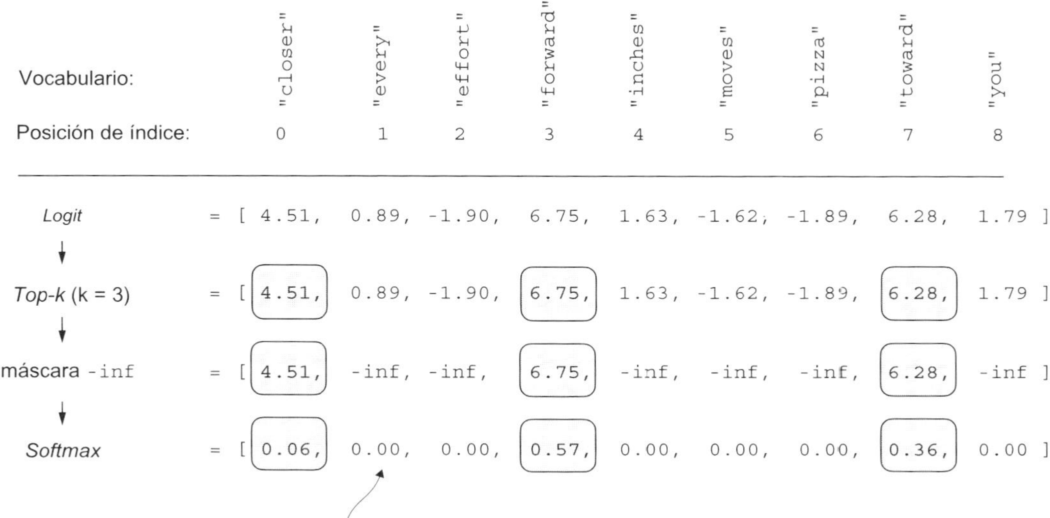


**Figura 5.15.** Utilizando el muestreo *top-k* con k = 3, nos centramos en los tres tókenes asociados a los *logit* más altos y enmascaramos todos los demás con infinito negativo (`-inf`) antes de aplicar la función `softmax`. El resultado es una distribución de probabilidad con un valor de probabilidad 0 asignado a todos los tókenes que no son los k más probables (los números de esta figura se han truncado a dos dígitos después del punto decimal para reducir el desorden visual; los valores de la fila «***Softmax***» deben sumar 1.0).

El método *top-k* sustituye todos los *logit* no seleccionados por un valor infinito negativo (`-inf`), de forma que al calcular los valores *softmax*, las puntuaciones de probabilidad de los tókenes que no son los k más probables son 0, y las probabilidades restantes suman 1 (quizá los lectores que hayan estado atentos recuerden este truco de enmascaramiento del módulo de atención causal que implementamos en el capítulo 3, sección 3.5.1).

Codificamos el procedimiento *top-k* de la figura 5.15 de la siguiente manera, empezando por la selección de los tókenes con los valores *logit* más grandes:

```
top_k = 3
top_logits, top_pos = torch.topk(next_token_logits, top_k)
print("Top logits:", top_logits)
print("Top positions:", top_pos)
```

Los valores *logit* y los ID de token de los tres tókenes principales, en orden descendente, son los siguientes:

```
Top logits: tensor([6.7500, 6.2800, 4.5100])
Top positions: tensor([3, 7, 0])
```

Posteriormente aplicamos la función `where` de PyTorch para configurar en infinito negativo (`-inf`) los valores *logit* de los tókenes que están por debajo del valor *logit* más bajo dentro de nuestra selección de los tres primeros:

```
new_logits = torch.where(
    condition=next_token_logits < top_logits[-1],
    input=torch.tensor(float('-inf')),
    other=next_token_logits
)
print(new_logits)
```

Identifica los *logit* inferiores al mínimo de los 3 primeros

Asigna `-inf` a estos *logit* más bajos

Conserva los *logit* originales para todos los demás tókenes

Los *logit* resultantes para el siguiente token del vocabulario de nueve tókenes son:

```
tensor([4.5100, -inf, -inf, 6.7500, -inf, -inf, -inf, 6.2800,
     -inf])
```

Por último, apliquemos la función `softmax` para convertirlos en probabilidades de siguiente token:

```
topk_probas = torch.softmax(new_logits, dim=0)
print(topk_probas)
```

Se puede comprobar que el resultado de este enfoque de los tres primeros es tres puntuaciones de probabilidad distintas de cero:

```
tensor([0.0615, 0.0000, 0.0000, 0.5775, 0.0000, 0.0000, 0.0000, 0.3610,
        0.0000])
```

Ya podemos aplicar el escalado de temperatura y la función `multinomial` para el muestreo probabilístico si queremos seleccionar el siguiente token de entre estas tres puntuaciones de probabilidad distintas de cero y generar así el siguiente token. Para ello, modificamos a continuación la función de generación de texto.

## 5.3.3. Modificación de la función de generación de texto

Combinemos ahora el escalado de temperatura y el muestreo *top-k* para modificar la función `generate_text_simple`, utilizada anteriormente para generar texto a través del LLM, y crear una nueva función `generate`.

**Listado 5.4. Una función de generación de texto modificada con más diversidad**

```
def generate(model, idx, max_new_tokens, context_size,
            temperature=0.0, top_k=None, eos_id=None):
    for _ in range(max_new_tokens):
        idx_cond = idx[:, -context_size:]
        with torch.no_grad():
```

El bucle `for` es el mismo que antes: obtiene *logit* y solo se centra en el último paso de tiempo

```
            logits = model(idx_cond)
        logits = logits[:, -1, :]
        if top_k is not None:
            top_logits, _ = torch.topk(logits, top_k)
            min_val = top_logits[:, -1]
            logits = torch.where(
                logits < min_val,
                torch.tensor(float('-inf')).to(logits.device),
                logits
            )
        if temperature > 0.0:
            logits = logits / temperature
            probs = torch.softmax(logits, dim=-1)
            idx_next = torch.multinomial(probs, num_samples=1)
        else:
            idx_next = torch.argmax(logits, dim=-1, keepdim=True)
        if idx_next == eos_id:
            break
        idx = torch.cat((idx, idx_next), dim=1)
    return idx
```

Filtra los *logit* con el muestreo `top_k`

Aplica el escalado de temperatura

Realiza la selección codiciosa del siguiente token como antes cuando el escalado de temperatura está desactivado

Detiene la generación antes de tiempo si se encuentra el token de fin de secuencia

Veamos ahora en acción esta nueva función `generate`:

```
torch.manual_seed(123)
token_ids = generate(
    model=model,
    idx=text_to_token_ids("Every effort moves you", tokenizer),
    max_new_tokens=15,
    context_size=GPT_CONFIG_124M["context_length"],
    top_k=25,
    temperature=1.4
)
print("Output text:\n", token_ids_to_text(token_ids, tokenizer))
```

El texto generado es:

```
Output text:
 Every effort moves you stand to work on surprise, a one of us had gone
 with random-
```

Observamos que el texto generado es muy diferente del obtenido anteriormente con la función `generate_simple` de la sección 5.3 (`"Every effort moves you know," was one of the axioms he laid...!`), que era un pasaje memorizado del conjunto de entrenamiento.

## Ejercicio 5.2

Juega con diferentes temperaturas y configuraciones *top-k*. Basándote en tus observaciones, ¿se te ocurren aplicaciones en las que sería deseable una temperatura y una configuración *top-k* más bajas? Del mismo modo, ¿puedes pensar en aplicaciones en las que se prefiera una temperatura y una configuración *top-k* más altas? (recomendamos volver a realizar este ejercicio al final del capítulo después de cargar los pesos preentrenados de OpenAI).

**Ejercicio 5.3**

¿Cuáles son las diferentes combinaciones de ajustes de la función `generate` para forzar un comportamiento determinista, es decir, que desactive el muestreo aleatorio para que siempre produzca los mismos resultados similares a la función `generate_simple`?

## 5.4. Cargar y guardar los pesos del modelo en PyTorch

Hasta ahora, hemos aprendido cómo evaluar numéricamente el progreso del entrenamiento y preentrenar un LLM desde cero. Aunque tanto el LLM como el conjunto de datos eran relativamente pequeños, este ejercicio demostró que el preentrenamiento de los LLM es costoso desde el punto de vista computacional. Por lo tanto, es importante poder guardar el LLM para no tener que volver a ejecutar el entrenamiento cada vez que queramos utilizarlo en una nueva sesión.

Así, analicemos ahora cómo guardar y cargar un modelo preentrenado, como muestra la figura 5.16. Más tarde, cargaremos de OpenAI un modelo GPT preentrenado más capaz en nuestra instancia de `GPTModel`.

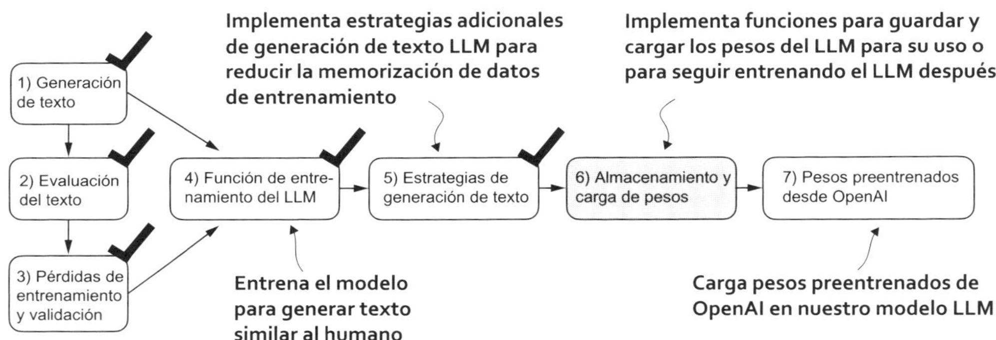


**Figura 5.16.** Después de entrenar e inspeccionar el modelo, suele ser útil guardarlo para poder utilizarlo o seguir entrenándolo más adelante (paso 6).

Afortunadamente, guardar un modelo PyTorch es relativamente sencillo. La forma recomendada es guardar el `state_dict` de un modelo, un diccionario que asigna cada capa a sus parámetros, utilizando la función `torch.save`:

```
torch.save(model.state_dict(), "model.pth")
```

`"model.pth"` es el nombre de archivo donde se guarda el `state_dict`. La extensión `.pth` es la habitual para archivos PyTorch, aunque técnicamente podríamos usar cualquier extensión de archivo.

Después de guardar los pesos del modelo mediante el `state_dict`, procedemos a cargar los pesos del modelo en una nueva instancia del modelo `GPTModel`:

```
model = GPTModel(GPT_CONFIG_124M)
model.load_state_dict(torch.load("model.pth", map_location=device))
model.eval()
```

Como se explica en el capítulo 4, el *dropout* ayuda a evitar que el modelo se ajuste en exceso a los datos de entrenamiento «eliminando» aleatoriamente neuronas de una capa durante el entrenamiento. Sin embargo, durante la inferencia, no queremos eliminar aleatoriamente ninguna información que la red haya aprendido. El uso de `model.eval()` cambia el modelo al modo de evaluación para la inferencia, desactivando las capas de *dropout* del `model`. Si la intención es seguir preentrenando un modelo más tarde (por ejemplo, usando la función `train_model_simple` definida anteriormente en este capítulo), también se recomienda guardar el estado del optimizador.

Los optimizadores adaptativos como AdamW almacenan parámetros adicionales para cada peso del modelo. AdamW utiliza datos históricos para ajustar dinámicamente las tasas de aprendizaje de cada parámetro del modelo. Sin él, el optimizador se reinicia y el modelo puede aprender no de la mejor forma o incluso puede no converger correctamente, lo cual significa que perderá la capacidad de generar texto coherente. Usando `torch.save`, podemos guardar tanto el contenido del `state_dict` del modelo como el del optimizador:

```
torch.save({
    "model_state_dict": model.state_dict(),
    "optimizer_state_dict": optimizer.state_dict(),
    },
    "model_and_optimizer.pth"
)
```

A continuación, restauramos los estados del modelo y del optimizador cargando primero los datos guardados mediante `torch.load` y utilizando después el método `load_state_dict`:

```
checkpoint = torch.load("model_and_optimizer.pth", map_location=device)
model = GPTModel(GPT_CONFIG_124M)
model.load_state_dict(checkpoint["model_state_dict"])
optimizer = torch.optim.AdamW(model.parameters(), lr=5e-4, weight_decay=0.1)
optimizer.load_state_dict(checkpoint["optimizer_state_dict"])
model.train();
```

**Ejercicio 5.4**

Una vez guardados los pesos, carga el modelo y el optimizador en una nueva sesión de Python o en un archivo de cuaderno de Jupyter y continúa con el preentrenamiento durante un *epoch* más utilizando la función `train_model_simple`.

## 5.5. Carga de los pesos preentrenados de OpenAI

Anteriormente, hemos entrenado un pequeño modelo GPT-2 utilizando un conjunto de datos limitado, compuesto por un relato corto. Este enfoque nos permitió centrarnos en los fundamentos sin necesidad de dedicar mucho tiempo y recursos informáticos.

Afortunadamente, OpenAI compartió abiertamente los pesos de sus modelos GPT-2, eliminando así la necesidad de invertir mucho dinero en volver a entrenar nosotros mismos el modelo con un corpus grande. Así pues, carguemos estos pesos en nuestra clase `GPTModel` y utilicemos el modelo para la generación de texto. Aquí, el término «pesos» se refiere a los parámetros de peso almacenados en los atributos `.weight` de las capas `Linear` y `Embedding` de PyTorch, por ejemplo. Hemos accedido a ellos anteriormente a través de `model.parameters()` al entrenar el modelo. En el capítulo 6, reutilizaremos estos pesos preentrenados para ajustar el modelo a una tarea de clasificación de texto y seguimiento de instrucciones de una forma parecida a ChatGPT.

Ten en cuenta que OpenAI guardó originalmente los pesos de GPT-2 mediante TensorFlow, el cual debemos instalar para cargar los pesos en Python. El siguiente código utilizará una herramienta de barra de progreso llamada `tqdm` para seguir el proceso de descarga, que también necesitamos instalar.

Instala estas librerías ejecutando el siguiente comando en tu terminal:

```
pip install tensorflow>=2.15.0 tqdm>=4.66
```

El código de descarga es relativamente largo, en su mayor parte repetitivo, y no muy interesante. Por lo tanto, en lugar de dedicar un espacio precioso a hablar sobre el código Python necesario para obtener archivos de Internet, descarguemos el módulo de Python `gpt_download.py` directamente desde el repositorio en línea de este capítulo:

```
import urllib.request
url = (
    "https://raw.githubusercontent.com/rasbt/"
    "LLMs-from-scratch/main/ch05/"
    "01_main-chapter-code/gpt_download.py"
)
filename = url.split('/')[-1]
urllib.request.urlretrieve(url, filename)
```

A continuación, después de descargar este archivo en el directorio local de tu sesión de Python, debes inspeccionar brevemente el contenido de este archivo para asegurarte de que se ha guardado correctamente y contiene código Python válido.

Ya podemos importar la función `download_and_load_gpt2` del archivo `gpt_download.py` de la siguiente manera, que cargará la configuración de la arquitectura GPT-2 (`settings`) y los parámetros de peso (`params`) en nuestra sesión de Python:

```
from gpt_download import download_and_load_gpt2
settings, params = download_and_load_gpt2(
    model_size="124M", models_dir="gpt2"
)
```

Ejecutando este código se descargan los siguientes siete ficheros asociados al modelo GPT-2 de `124M` parámetros:

```
checkpoint: 100%|██████████████████████████| 77.0/77.0   [00:00<00:00, 63.9kiB/s]
encoder.json: 100%|████████████████████████| 1.04M/1.04M [00:00<00:00, 2.20MiB/s]
hprams.json: 100%|█████████████████████████| 90.0/90.0   [00:00<00:00, 78.3kiB/s]
```

```
model.ckpt.data-00000-of-00001: 100%|██████████| 498M/498M   [01:09<00:00, 7.16MiB/s]
model.ckpt.index: 100%|██████████████████████| 5.21k/5.21k [00:00<00:00, 3.24MiB/s]
model.ckpt.meta: 100%|███████████████████████| 471k/471k   [00:00<00:00, 2.46MiB/s]
vocab.bpe: 100%|█████████████████████████████| 456k/456k   [00:00<00:00, 1.70MiB/s]
```

> **NOTA:** Si el código de descarga no funciona, podría deberse a una conexión intermitente a Internet, a problemas del servidor o a cambios en la forma en que OpenAI comparte los pesos del modelo GPT-2 de código abierto. En este caso, visita el repositorio de código en línea de este capítulo en `https://github.com/rasbt/LLMs-from-scratch` para obtener otras instrucciones actualizadas.

Suponiendo que la ejecución del código anterior se ha completado, vamos a inspeccionar el contenido de `settings` y `params`:

```
print("Settings:", settings)
print("Parameter dictionary keys:", params.keys())
```

Su contenido es el siguiente:

```
Settings: {'n_vocab': 50257, 'n_ctx': 1024, 'n_embd': 768, 'n_head': 12,
           'n_layer': 12}
Parameter dictionary keys: dict_keys(['blocks', 'b', 'g', 'wpe', 'wte'])
```

Tanto `settings` como `params` son diccionarios de Python. El diccionario `settings` almacena los parámetros de la arquitectura LLM de forma similar a nuestros ajustes `GPT_CONFIG_124M` definidos manualmente. El diccionario `params` contiene los tensores de peso reales. Ten en cuenta que solo imprimimos las claves del diccionario, porque imprimir el contenido de los pesos ocuparía demasiado espacio en pantalla; sin embargo, podemos inspeccionar estos tensores de peso imprimiendo todo el diccionario mediante `print(params)` o seleccionando tensores individuales mediante las respectivas claves del diccionario, por ejemplo, los pesos de la capa de *embedding*:

```
print(params["wte"])
print("Token embedding weight tensor dimensions:", params["wte"].shape)
```

Los pesos de la capa de *embedding* de token son:

```
[[-0.11010301 ... -0.1363697   0.01506208  0.04531523]
 [ 0.04034033 ...  0.08605453  0.00253983  0.04318958]
 [-0.12746179 ...  0.08991534 -0.12972379 -0.08785918]
 ...
 [-0.04453601 ...  0.10435229  0.09783269 -0.06952604]
 [ 0.1860082  ... -0.09625227  0.07847701 -0.02245961]
 [ 0.05135201 ...  0.00704835  0.15519823  0.12067825]]
Token embedding weight tensor dimensions: (50257, 768)
```

Descargamos y cargamos los pesos del modelo GPT-2 más pequeño mediante la configuración `download_and_load_gpt2(model_size="124M", ...)`. OpenAI también comparte los pesos de modelos más grandes: `355M`, `774M` y `1558M`. La arquitectura general de estos modelos GPT de distintos tamaños es la misma, como se ilustra en la figura 5.17, excepto porque los distintos elementos arquitectónicos se repiten un número diferente de veces y el tamaño de *embedding* difiere. El resto del código de este capítulo también es compatible con estos modelos más grandes.

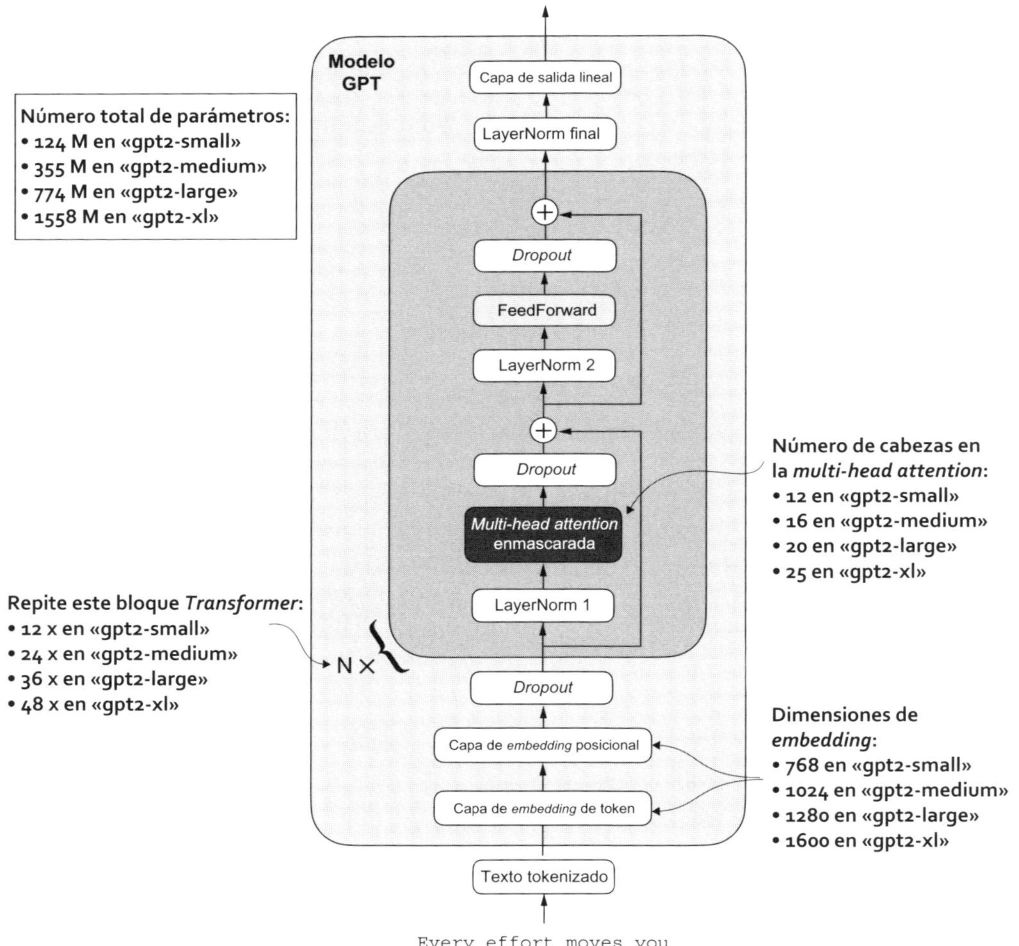


**Figura 5.17.** Los LLM GPT-2 están disponibles en varios tamaños, desde 124 millones hasta 1558 millones de parámetros. La arquitectura base es la misma, siendo la única diferencia los tamaños de *embedding* y el número de veces que se repiten componentes individuales, como las cabezas de atención y los bloques *Transformer*.

Después de cargar los pesos del modelo GPT-2 en Python, todavía tenemos que transferirlos desde los diccionarios `settings` y `params` a nuestra instancia de `GPTModel`. Primero, creamos un diccionario que enumera las diferencias entre los diversos tamaños de modelo GPT de la figura 5.17:

```
model_configs = {
    "gpt2-small (124M)": {"emb_dim": 768, "n_layers": 12, "n_heads": 12},
    "gpt2-medium (355M)": {"emb_dim": 1024, "n_layers": 24, "n_heads": 16},
    "gpt2-large (774M)": {"emb_dim": 1280, "n_layers": 36, "n_heads": 20},
    "gpt2-xl (1558M)": {"emb_dim": 1600, "n_layers": 48, "n_heads": 25},
}
```

Supongamos que estamos interesados en cargar el modelo más pequeño, `"gpt2-small (124M)"`. Usamos la configuración correspondiente de la tabla `model_configs` para actualizar nuestro `GPT_CONFIG_124M` completo, que ya definimos y utilizamos anteriormente:

```
model_name = "gpt2-small (124M)"
NEW_CONFIG = GPT_CONFIG_124M.copy()
NEW_CONFIG.update(model_configs[model_name])
```

Los lectores atentos recordarán que antes utilizamos una longitud de 256 tókenes, pero los modelos GPT-2 originales de OpenAI fueron entrenados con una longitud de 1024 tókenes, por lo que tenemos que actualizar `NEW_CONFIG` en consecuencia:

```
NEW_CONFIG.update({"context_length": 1024})
```

Además, OpenAI utilizó vectores de sesgo en las capas lineales del módulo de *multi-head attention* para realizar los cálculos de las matrices de consulta, clave y valor. Los vectores de sesgo ya no se utilizan habitualmente en LLM, porque no mejoran el rendimiento del modelado y, por tanto, son innecesarios. Sin embargo, como estamos trabajando con pesos preentrenados, necesitamos igualar los ajustes para mantener la coherencia y habilitar estos vectores de sesgo:

```
NEW_CONFIG.update({"qkv_bias": True})
```

Ya podemos utilizar el diccionario `NEW_CONFIG` actualizado para inicializar una nueva instancia de `GPTModel`:

```
gpt = GPTModel(NEW_CONFIG)
gpt.eval()
```

De forma predeterminada, la instancia de `GPTModel` se inicializa con pesos aleatorios para el preentrenamiento. El último paso para utilizar los pesos del modelo de OpenAI es reemplazar estos pesos aleatorios con los pesos que cargamos en el diccionario `params`. Para ello, primero definiremos una pequeña función auxiliar `assign` que comprueba si dos tensores o matrices (`left` y `right`) tienen las mismas dimensiones o la misma forma, y devuelve el tensor correcto como parámetros de PyTorch entrenables:

```
def assign(left, right):
    if left.shape != right.shape:
        raise ValueError(f"Shape mismatch. Left: {left.shape}, "
                         "Right: {right.shape}"
        )
    return torch.nn.Parameter(torch.tensor(right))
```

A continuación, definimos una función `load_weights_into_gpt`, que carga los pesos del diccionario `params` en una instancia `gpt` de `GPTModel`.

**Listado 5.5. Carga de los pesos de OpenAI en el código de nuestro modelo GPT**

```
import numpy as np

def load_weights_into_gpt(gpt, params):
    gpt.pos_emb.weight = assign(gpt.pos_emb.weight, params['wpe'])
    gpt.tok_emb.weight = assign(gpt.tok_emb.weight, params['wte'])

    for b in range(len(params["blocks"])):
        q_w, k_w, v_w = np.split(
            (params["blocks"][b]["attn"]["c_attn"])["w"], 3, axis=-1)
        gpt.trf_blocks[b].att.W_query.weight = assign(
            gpt.trf_blocks[b].att.W_query.weight, q_w.T)
        gpt.trf_blocks[b].att.W_key.weight = assign(
            gpt.trf_blocks[b].att.W_key.weight, k_w.T)
        gpt.trf_blocks[b].att.W_value.weight = assign(
            gpt.trf_blocks[b].att.W_value.weight, v_w.T)

        q_b, k_b, v_b = np.split(
            (params["blocks"][b]["attn"]["c_attn"])["b"], 3, axis=-1)
        gpt.trf_blocks[b].att.W_query.bias = assign(
            gpt.trf_blocks[b].att.W_query.bias, q_b)
        gpt.trf_blocks[b].att.W_key.bias = assign(
            gpt.trf_blocks[b].att.W_key.bias, k_b)
        gpt.trf_blocks[b].att.W_value.bias = assign(
            gpt.trf_blocks[b].att.W_value.bias, v_b)

        gpt.trf_blocks[b].att.out_proj.weight = assign(
            gpt.trf_blocks[b].att.out_proj.weight,
            params["blocks"][b]["attn"]["c_proj"]["w"].T)

        gpt.trf_blocks[b].att.out_proj.bias = assign(
            gpt.trf_blocks[b].att.out_proj.bias,
            params["blocks"][b]["attn"]["c_proj"]["b"])

        gpt.trf_blocks[b].ff.layers[0].weight = assign(
            gpt.trf_blocks[b].ff.layers[0].weight,
            params["blocks"][b]["mlp"]["c_fc"]["w"].T)
        gpt.trf_blocks[b].ff.layers[0].bias = assign(
            gpt.trf_blocks[b].ff.layers[0].bias,
            params["blocks"][b]["mlp"]["c_fc"]["b"])
```

**Establece los pesos posicionales y de *embedding* de token del modelo a los especificados en** `params`

**La función** `np.split` **se utiliza para dividir los pesos de atención y sesgo en tres partes iguales para los componentes de consulta, clave y valor**

**Itera sobre cada bloque *Transformer* en el modelo**

```
        gpt.trf_blocks[b].ff.layers[2].weight = assign(
            gpt.trf_blocks[b].ff.layers[2].weight,
            params["blocks"][b]["mlp"]["c_proj"]["w"].T)
        gpt.trf_blocks[b].ff.layers[2].bias = assign(
            gpt.trf_blocks[b].ff.layers[2].bias,
            params["blocks"][b]["mlp"]["c_proj"]["b"])

        gpt.trf_blocks[b].norm1.scale = assign(
            gpt.trf_blocks[b].norm1.scale,
            params["blocks"][b]["ln_1"]["g"])
        gpt.trf_blocks[b].norm1.shift = assign(
            gpt.trf_blocks[b].norm1.shift,
            params["blocks"][b]["ln_1"]["b"])
        gpt.trf_blocks[b].norm2.scale = assign(
            gpt.trf_blocks[b].norm2.scale,
            params["blocks"][b]["ln_2"]["g"])
        gpt.trf_blocks[b].norm2.shift = assign(
            gpt.trf_blocks[b].norm2.shift,
            params["blocks"][b]["ln_2"]["b"])
    gpt.final_norm.scale = assign(gpt.final_norm.scale, params["g"])
    gpt.final_norm.shift = assign(gpt.final_norm.shift, params["b"])
    gpt.out_head.weight = assign(gpt.out_head.weight, params["wte"])
```

**El modelo GPT-2 original de OpenAI reutilizaba los pesos de *embedding* de token en la capa de salida para reducir el número total de parámetros, concepto conocido como compartición de pesos**

En la función `load_weights_into_gpt`, comparamos cuidadosamente los pesos de la implementación de OpenAI con nuestra implementación `GPTModel`. Por poner un ejemplo concreto, OpenAI almacena el tensor de pesos de la capa de proyección de salida del primer bloque *Transformer* como `params["blocks"][0]["attn"]["c_proj"]["w"]`. En nuestra implementación, este tensor de pesos corresponde a `gpt.trf_blocks[b].att.out_proj.weight`, donde `gpt` es una instancia de `GPTModel`.

El desarrollo de la función `load_weights_into_gpt` requirió muchas conjeturas, porque OpenAI utilizaba un convenio de nomenclatura distinto al nuestro. Sin embargo, la función `assign` nos avisaría si intentáramos emparejar dos tensores con dimensiones diferentes. Además, si cometiéramos un error en esta función, nos daríamos cuenta, pues el modelo GPT resultante sería incapaz de producir un texto coherente.

Probemos ahora en la práctica `load_weights_into_gpt` y carguemos los pesos del modelo OpenAI en nuestra instancia `gpt` de `GPTModel`:

```
load_weights_into_gpt(gpt, params)
gpt.to(device)
```

Si el modelo se ha cargado correctamente, ahora podemos utilizarlo para generar nuevo texto utilizando nuestra función anterior `generate`:

```
torch.manual_seed(123)
token_ids = generate(
    model=gpt,
    idx=text_to_token_ids("Every effort moves you", tokenizer).to(device),
    max_new_tokens=25,
    context_size=NEW_CONFIG["context_length"],
    top_k=50,
    temperature=1.5
)
print("Output text:\n", token_ids_to_text(token_ids, tokenizer))
```

El texto resultante es el siguiente:

```
Output text:
 Every effort moves you toward finding an ideal new way to practice
     something!
What makes us want to be on top of that?
```

Podemos estar seguros de que hemos cargado correctamente los pesos del modelo porque este puede producir un texto coherente. Un pequeño error en este proceso haría que el modelo fallara. En los capítulos siguientes seguiremos trabajando con este modelo preentrenado y lo perfeccionaremos para clasificar texto y seguir instrucciones.

**Ejercicio 5.5**

Calcula las pérdidas del conjunto de entrenamiento y validación de `GPTModel` con los pesos preentrenados de OpenAI y el conjunto de datos del relato corto *The Verdict*.

**Ejercicio 5.6**

Experimenta con modelos GPT-2 de diferentes tamaños (por ejemplo, el modelo más grande de 1558 millones de parámetros) y compara el texto generado con el modelo de 124 millones.

## Resumen

- Cuando los LLM generan texto, lo hacen un token cada vez.
- De forma predeterminada, el siguiente token se genera convirtiendo las salidas del modelo en puntuaciones de probabilidad y seleccionando el token del vocabulario correspondiente a la puntuación de probabilidad más alta, lo que se conoce como decodificación codiciosa.
- Utilizando el muestreo probabilístico y el escalado de temperatura, podemos influir en la diversidad y coherencia del texto generado.
- Las pérdidas de los conjuntos de entrenamiento y validación pueden utilizarse para medir la calidad del texto generado por el LLM durante el entrenamiento.
- El preentrenamiento de un LLM implica cambiar sus pesos para minimizar la pérdida en el entrenamiento.
- El bucle de entrenamiento para los LLM es un procedimiento estándar en deep learning, que utiliza una pérdida de entropía cruzada convencional y el optimizador AdamW.
- El preentrenamiento de un LLM con un gran corpus de texto requiere mucho tiempo y recursos, por lo que podemos cargar pesos disponibles para el público en general como alternativa a la necesidad de preentrenar nosotros mismos el modelo con un gran conjunto de datos.

# 6 Ajuste fino por clasificación

**En este capítulo encontrarás:**

- Una introducción sobre diferentes métodos de ajuste fino de LLM.
- Preparación de un conjunto de datos para la clasificación de textos.
- Modificación de un LLM preentrenado para su ajuste fino.
- Ajuste fino de un LLM para identificar mensajes de *spam*.
- Evaluación de la precisión de un clasificador LLM afinado.
- Uso de un LLM afinado para clasificar datos nuevos.

Hasta ahora, hemos codificado la arquitectura LLM, la hemos preentrenado y hemos aprendido a importar en nuestro modelo pesos preentrenados de una fuente externa, como OpenAI. Ahora recogeremos los frutos de nuestro trabajo especializando el LLM para una tarea específica, como la clasificación de texto. El ejemplo concreto que examinaremos es la clasificación de mensajes de texto como «*spam*» o «no *spam*». La figura 6.1 muestra las dos formas principales de afinar un LLM: para clasificar (paso 8) y para seguir instrucciones (paso 9).

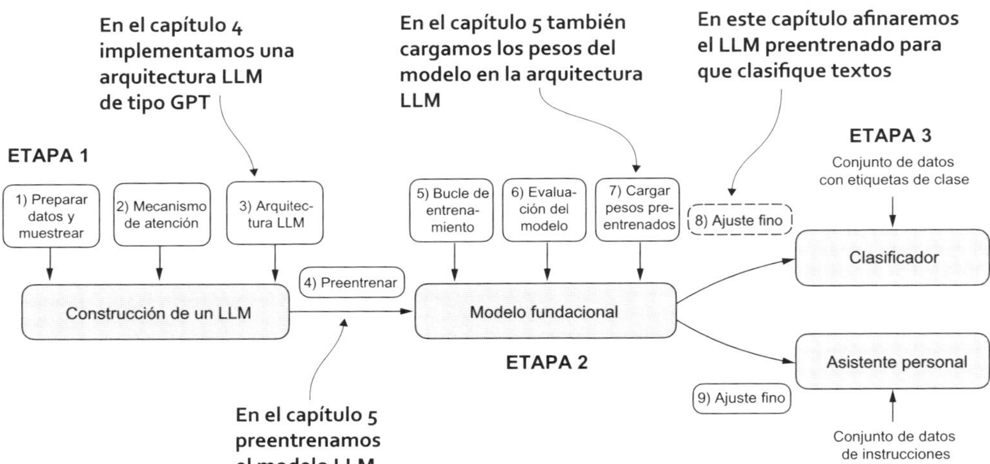


**Figura 6.1.** Las tres etapas principales de la codificación de un LLM. Este capítulo se centra en la etapa 3 (paso 8): ajuste fino de un LLM preentrenado para que actúe como clasificador.

## 6.1. Diferentes categorías de ajuste fino

Las formas más comunes de afinar modelos de lenguaje son el ajuste fino por instrucciones y el ajuste fino por clasificación. El ajuste fino por instrucciones consiste en entrenar un modelo de lenguaje en un conjunto de tareas utilizando instrucciones específicas para mejorar su capacidad de comprender y ejecutar tareas descritas en lenguaje natural, como se ilustra en la figura 6.2.

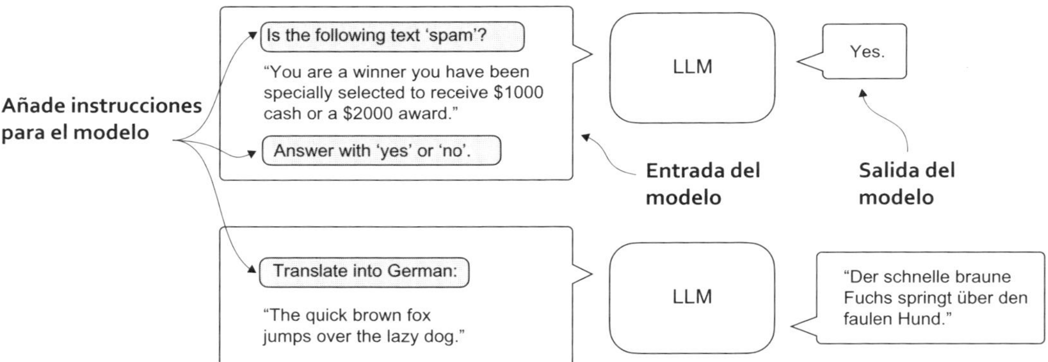


**Figura 6.2.** Dos situaciones diferentes de ajuste fino por instrucciones. En la de arriba, el modelo debe determinar si un texto es *spam*. En la parte de abajo, el modelo recibe una instrucción para traducir al alemán una frase escrita en inglés.

En el ajuste fino por clasificación, un concepto con el que quizá ya estés familiarizado si tienes conocimientos de machine learning, el modelo es entrenado para reconocer un conjunto específico de etiquetas de clase, como «*spam*» y «no *spam*». Las tareas de clasificación no se limitan a los LLM y el filtrado de correo electrónico: algunos ejemplos incluyen la identificación de distintas especies de plantas a partir de imágenes; la categorización de artículos de noticias en temas como deportes, política y tecnología, y la distinción entre tumores benignos y malignos en imágenes médicas.

Lo importante aquí es que un modelo de clasificación afinado se limita a predecir las clases que ha encontrado durante su entrenamiento. Por ejemplo, puede determinar si algo es «*spam*» o «no *spam*», como se ilustra en la figura 6.3, pero no puede decir nada más sobre el texto de entrada.

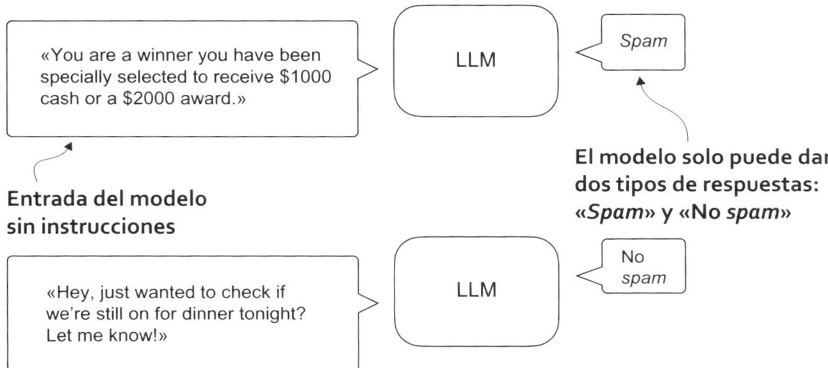


**Figura 6.3.** Una situación de clasificación de texto mediante un LLM. Un modelo especializado en la clasificación de *spam* no necesita más instrucciones además de la entrada. A diferencia de un modelo afinado por instrucciones, solo puede responder con «*spam*» o «no *spam*».

A diferencia del modelo afinado por clasificación representado en la figura 6.3, un modelo afinado por instrucciones normalmente puede realizar una gama más amplia de tareas. Podemos considerar un modelo afinado por clasificación como altamente especializado y, en general, es más fácil desarrollar un modelo especializado que un modelo generalista que funcione bien en varias tareas.

### Elegir el enfoque correcto

El ajuste fino por instrucciones mejora la capacidad de un modelo para comprender y generar respuestas basadas en instrucciones específicas del usuario. Este tipo de ajuste fino es el más adecuado para modelos que necesitan gestionar una variedad de tareas basadas en instrucciones de usuario complejas, pues mejora la flexibilidad y la calidad de la interacción. El ajuste fino por clasificación es ideal para proyectos que requieren una categorización precisa de los datos en clases predefinidas, como el análisis de sentimientos o la detección de *spam*.

Aunque el ajuste fino por instrucciones es más versátil, exige conjuntos de datos más grandes y mayores recursos informáticos para desarrollar modelos competentes en diversas tareas. En cambio, el ajuste fino por clasificación requiere menos datos y potencia de cálculo, pero su uso se limita a las clases específicas en las que el modelo ha sido entrenado.

## 6.2. Preparación del conjunto de datos

Modificaremos y afinaremos por clasificación el modelo GPT que previamente hemos implementado y preentrenado. Comenzaremos descargando y preparando el conjunto de datos, como se muestra en la figura 6.4. Para ofrecer un ejemplo intuitivo y útil del ajuste fino por clasificación, trabajaremos con un conjunto de datos de mensajes de texto compuesto por mensajes que son *spam* y otros que no son *spam*.

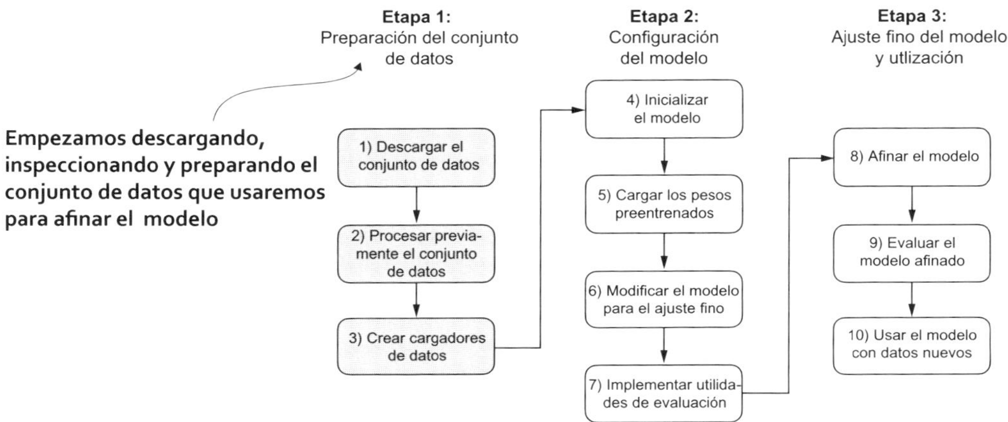


**Figura 6.4.** El proceso en tres etapas para afinar un LLM por clasificación. La etapa 1 consiste en la preparación del conjunto de datos, la etapa 2 se centra en la configuración del modelo, y la fase 3 consiste en especializar y evaluar el modelo.

**NOTA:** Los mensajes de texto suelen enviarse por teléfono, no por correo electrónico. Sin embargo, se aplican los mismos pasos también a la clasificación del correo electrónico, así que los lectores interesados encontrarán en el apéndice B enlaces a conjuntos de datos de clasificación de *spam* de correo electrónico.

El primer paso es descargar el conjunto de datos.

**Listado 6.1. Descargar y descomprimir el conjunto de datos**

```
import urllib.request
import zipfile
import os
from pathlib import Path

url = "https://archive.ics.uci.edu/static/public/228/sms+spam+collection.zip"
zip_path = "sms_spam_collection.zip"
extracted_path = "sms_spam_collection"
data_file_path = Path(extracted_path) / "SMSSpamCollection.tsv"

def download_and_unzip_spam_data(
        url, zip_path, extracted_path, data_file_path):
    if data_file_path.exists():
```

```
        print(f"{data_file_path} already exists. Skipping download "
                    "and extraction."
        )
        return

    with urllib.request.urlopen(url) as response:
        with open(zip_path, "wb") as out_file:
            out_file.write(response.read())

    with zipfile.ZipFile(zip_path, "r") as zip_ref:
        zip_ref.extractall(extracted_path)

    original_file_path = Path(extracted_path) / "SMSSpamCollection"
    os.rename(original_file_path, data_file_path)
    print(f"File downloaded and saved as {data_file_path}")

download_and_unzip_spam_data(url, zip_path, extracted_path, data_file_path)
```

Descarga el archivo

Descomprime el archivo

Añade una extensión de archivo .tsv

Tras ejecutar el código anterior, el conjunto de datos se guarda como un fichero de texto separado por tabuladores, `SMSSpamCollection.tsv`, en la carpeta `sms_spam_collection`. Lo cargamos en un `DataFrame` de pandas de la siguiente manera:

```
import pandas as pd
df = pd.read_csv(
    data_file_path, sep="\t", header=None, names=["Label", "Text"]
)
df
```

Representa el Dataframe en un cuaderno Jupyter; como alternativa, usa print(df)

La figura 6.5 muestra el Dataframe resultante del conjunto de datos de *spam*.

| | Etiqueta | Texto |
|---|---|---|
| **0** | ham | Go until jurong point, crazy.. Available only ... |
| **1** | ham | Ok lar... Joking wif u oni... |
| **2** | spam | Free entry in 2 a wkly comp to win FA Cup fina... |
| **3** | ham | U dun say so early hor... U c already then say... |
| **4** | ham | Nah I don't think he goes to usf, he lives aro... |
| **...** | ... | ... |
| **5571** | ham | Rofl. Its true to its name |

5572 filas x 2 columnas

**Figura 6.5.** Vista previa del conjunto de datos `SMSSpamCollection` en un `DataFrame` de pandas, que muestra las etiquetas de clase («ham» o «spam») y los mensajes de texto correspondientes. El conjunto de datos consta de 5572 filas (mensajes de texto y etiquetas).

Examinemos la distribución de las etiquetas de clase:

```
print(df["Label"].value_counts())
```

Al ejecutar el código anterior, comprobamos que los datos contienen «ham» (es decir, no *spam*) con mucha más frecuencia que «spam»:

```
Label
ham     4825
spam     747
Name: count, dtype: int64
```

Para simplificar, y porque preferimos un conjunto de datos pequeño (que facilitará un afinamiento más rápido del LLM), optamos por un submuestreo del conjunto de datos para incluir 747 instancias de cada clase.

> **NOTA:** Existen otros métodos para tratar los desequilibrios de clase, pero quedan fuera del alcance de este libro. Los lectores interesados en explorar métodos para tratar datos desequilibrados pueden encontrar información adicional en el apéndice B.

Utilizamos el código del siguiente listado para submuestrear y crear un conjunto de datos equilibrado.

**Listado 6.2. Creación de un conjunto de datos equilibrado**

```
def create_balanced_dataset(df):
    num_spam = df[df["Label"] == "spam"].shape[0]
    ham_subset = df[df["Label"] == "ham"].sample(
        num_spam, random_state=123
    )
    balanced_df = pd.concat([
        ham_subset, df[df["Label"] == "spam"]
    ])
    return balanced_df

balanced_df = create_balanced_dataset(df)
print(balanced_df["Label"].value_counts())
```

Cuenta las instancias de «spam»

Muestrea aleatoriamente las instancias de «ham» para que coincidan con el número de apariciones de «spam»

Combina el subconjunto de «ham» con «spam»

Después de ejecutar el código anterior para equilibrar el conjunto de datos, vemos que ahora tenemos cantidades iguales de mensajes *spam* y no *spam*:

```
Label
ham     747
spam    747
Name: count, dtype: int64
```

A continuación, convertimos «ham» y «spam», las etiquetas de clase de «cadena», en etiquetas de clase enteras 0 y 1, respectivamente:

```
balanced_df["Label"] = balanced_df["Label"].map({"ham": 0, "spam": 1})
```

Este proceso es similar a la conversión de texto en ID de token. Sin embargo, en lugar de utilizar el vocabulario de GPT, que consta de más de 50 000 palabras, estamos manejando solo dos ID de token: 0 y 1.

A continuación, creamos una función `random_split` para dividir el conjunto de datos en tres partes: 70 % para entrenamiento, 10 % para validación y 20 % para realizar pruebas (estas proporciones son habituales en machine learning para entrenar, afinar y evaluar modelos).

**Listado 6.3. Dividir el conjunto de datos**

```
def random_split(df, train_frac, validation_frac):

    df = df.sample(                                        # Mezcla el DataFrame completo
        frac=1, random_state=123
    ).reset_index(drop=True)
    train_end = int(len(df) * train_frac)                  # Calcula los índices de división
    validation_end = train_end + int(len(df) * validation_frac)

                                                           # Divide el DataFrame
    train_df = df[:train_end]
    validation_df = df[train_end:validation_end]
    test_df = df[validation_end:]

    return train_df, validation_df, test_df

train_df, validation_df, test_df = random_split(           # Se da por hecho que el tamaño
    balanced_df, 0.7, 0.1)                                 # de prueba es 0.2 como el resto
```

Guardamos el conjunto de datos como archivos CSV (*Comma-Separated Values*: valores separados por comas) para poder reutilizarlo más adelante:

```
train_df.to_csv("train.csv", index=None)
validation_df.to_csv("validation.csv", index=None)
test_df.to_csv("test.csv", index=None)
```

Hasta ahora, hemos descargado el conjunto de datos, lo hemos equilibrado y lo hemos dividido en subconjuntos de entrenamiento y evaluación. Ahora configuraremos los cargadores de datos PyTorch que se utilizarán para entrenar el modelo.

## 6.3. Creación de los cargadores de datos

Desarrollaremos unos cargadores de datos PyTorch conceptualmente similares a los que realizamos al trabajar con datos de texto. Anteriormente, utilizábamos una técnica de ventana deslizante para generar fragmentos de texto de tamaño uniforme, que luego agrupábamos en lotes para un entrenamiento más eficiente del modelo. Cada fragmento funcionaba como una instancia de entrenamiento individual. Sin embargo, ahora trabajamos con un conjunto de datos de *spam* que contiene mensajes de texto de distinta longitud. Para agrupar estos mensajes en lotes, como hicimos con los fragmentos de texto, tenemos dos opciones principales:

- Truncar todos los mensajes a la longitud del mensaje más corto del conjunto de datos o lote.
- Rellenar todos los mensajes hasta la longitud del mensaje más largo del conjunto de datos o lote.

La primera opción es más barata desde el punto de vista computacional, pero puede dar lugar a una pérdida significativa de información si los mensajes más cortos son mucho más pequeños que la media o que los mensajes más largos, lo que podría reducir el rendimiento del modelo. Por tanto, optamos por la segunda opción, que conserva el contenido íntegro de todos los mensajes.

Para aplicar el procesamiento por lotes, en el que todos los mensajes se rellenan con la longitud del mensaje más largo del conjunto de datos, añadimos tókenes de relleno a todos los mensajes más cortos. Para ello, utilizamos `"<|endoftext|>"` como token de relleno.

Sin embargo, en lugar de añadir la cadena `"<|endoftext|>"` a cada uno de los mensajes de texto directamente, podemos añadir el ID de token correspondiente a los mensajes de texto codificados, como se ilustra en la figura 6.6. `50256` es el ID de token del token de relleno `"<|endoftext|>"`. Comprobamos de nuevo si el ID de token es correcto codificando el `"<|endoftext|>"` mediante el tokenizador GPT-2 del paquete `tiktoken` que empleamos anteriormente:

```
import tiktoken
tokenizer = tiktoken.get_encoding("gpt2")
print(tokenizer.encode("<|endoftext|>", allowed_special={"<|endoftext|>"}))
```

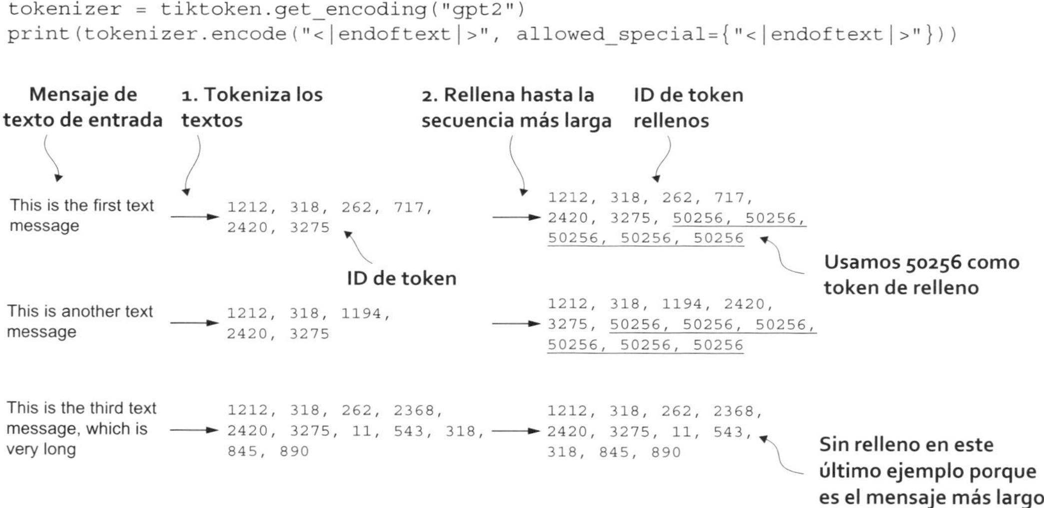


**Figura 6.6.** Proceso de preparación del texto de entrada. En primer lugar, cada mensaje de texto de entrada se convierte en una secuencia de ID de token. A continuación, para garantizar que la longitud de las secuencias sea uniforme, las más cortas se rellenan con un token de relleno (en este caso, el ID de token `50256`) para que coincida con la longitud de la secuencia más larga.

De hecho, la ejecución del código anterior devuelve `[50256]`.

Primero necesitamos implementar un `Dataset` de PyTorch, que especifica cómo se cargan y procesan los datos antes de que podamos instanciar los cargadores de datos. Para ello, definimos la clase `SpamDataset`, que implementa los conceptos de la figura 6.6. Esta clase `SpamDataset` se encarga de varias tareas clave: codifica los mensajes de texto en secuencias de token, identifica la secuencia más larga del conjunto de datos y se asegura de que todas las demás secuencias se rellenen con un token de relleno para que coincida con la longitud de la secuencia más larga.

**Listado 6.4. Configuración de una clase `Dataset` de Pytorch**

```
import torch
from torch.utils.data import Dataset

class SpamDataset(Dataset):
    def __init__(self, csv_file, tokenizer, max_length=None,
                 pad_token_id=50256):
        self.data = pd.read_csv(csv_file)
                                                    # Pretokeniza los textos
        self.encoded_texts = [
            tokenizer.encode(text) for text in self.data["Text"]
        ]

        if max_length is None:
            self.max_length = self._longest_encoded_length()
        else:
            self.max_length = max_length
                                                    # Trunca las secuencias si son más largas que max_length
                self.encoded_texts = [
                    encoded_text[:self.max_length]
                    for encoded_text in self.encoded_texts
                ]
                                                    # Rellena las secuencias hasta la secuencia más larga
        self.encoded_texts = [
            encoded_text + [pad_token_id] *
            (self.max_length - len(encoded_text))
            for encoded_text in self.encoded_texts
        ]


    def __getitem__(self, index):
        encoded = self.encoded_texts[index]
        label = self.data.iloc[index]["Label"]
        return (
            torch.tensor(encoded, dtype=torch.long),
            torch.tensor(label, dtype=torch.long)
        )

    def __len__(self):
        return len(self.data)

    def _longest_encoded_length(self):
        max_length = 0
        for encoded_text in self.encoded_texts:
            encoded_length = len(encoded_text)
            if encoded_length > max_length:
                max_length = encoded_length
        return max_length
```

La clase `SpamDataset` carga los datos de los archivos CSV que creamos anteriormente, tokeniza el texto utilizando el tokenizador GPT-2 de `tiktoken`, y nos permite rellenar o truncar las secuencias a una longitud uniforme determinada por la secuencia más larga o una longitud máxima predefinida. Ello asegura que cada tensor de entrada tenga el mismo tamaño, algo necesario para crear los lotes del cargador de datos de entrenamiento que implementaremos a continuación:

```
train_dataset = SpamDataset(
          csv_file="train.csv",
          max_length=None,
          tokenizer=tokenizer
      )
```

La longitud de secuencia más larga se almacena en el atributo `max_length` del conjunto de datos. Si tienes curiosidad por ver el número de tókenes de la secuencia más larga, utiliza el siguiente código:

```
print(train_dataset.max_length)
```

El resultado de esta línea de código es `120`, lo que indica que la secuencia más larga no contiene más de 120 tókenes, una longitud habitual en los mensajes de texto. El modelo puede manejar secuencias de hasta 1024 tókenes, dado su límite de longitud de contexto. Si su conjunto de datos incluye textos más largos, puedes pasar `max_length=1024` al crear el conjunto de datos de entrenamiento en el código anterior para asegurarte de que los datos no superen la longitud de entrada (contexto) admitida por el modelo.

A continuación, rellenamos los conjuntos de validación y prueba para que coincidan con la longitud de la secuencia de entrenamiento más larga. Es importante destacar que cualquier muestra de estos dos conjuntos que supere la longitud del ejemplo de entrenamiento más largo se trunca utilizando `encoded_text[:self.max_length]` en el código `SpamDataset` que hemos definido anteriormente.

Este truncamiento es opcional; puedes establecer `max_length=None` para los conjuntos de validación y prueba, siempre que en ellos no haya secuencias que superen los 1024 tókenes:

```
val_dataset = SpamDataset(
    csv_file="validation.csv",
    max_length=train_dataset.max_length,
    tokenizer=tokenizer
)
test_dataset = SpamDataset(
    csv_file="test.csv",
    max_length=train_dataset.max_length,
    tokenizer=tokenizer
)
```

### Ejercicio 6.1. Aumentar la longitud del contexto

Rellena las entradas con el número máximo de tókenes que admita el modelo y observa cómo afecta esta acción al rendimiento predictivo.

Utilizando los conjuntos de datos como entradas, podemos instanciar los cargadores de datos de forma similar a cuando trabajábamos con datos de texto. Sin embargo, en este caso, los objetivos representan etiquetas de clase en lugar de los siguientes tókenes del texto. Por ejemplo, si elegimos un tamaño de lote de 8, cada lote constará de ocho ejemplos de entrenamiento de longitud 120 y la correspondiente etiqueta de clase de cada ejemplo, como se ilustra en la figura 6.7.

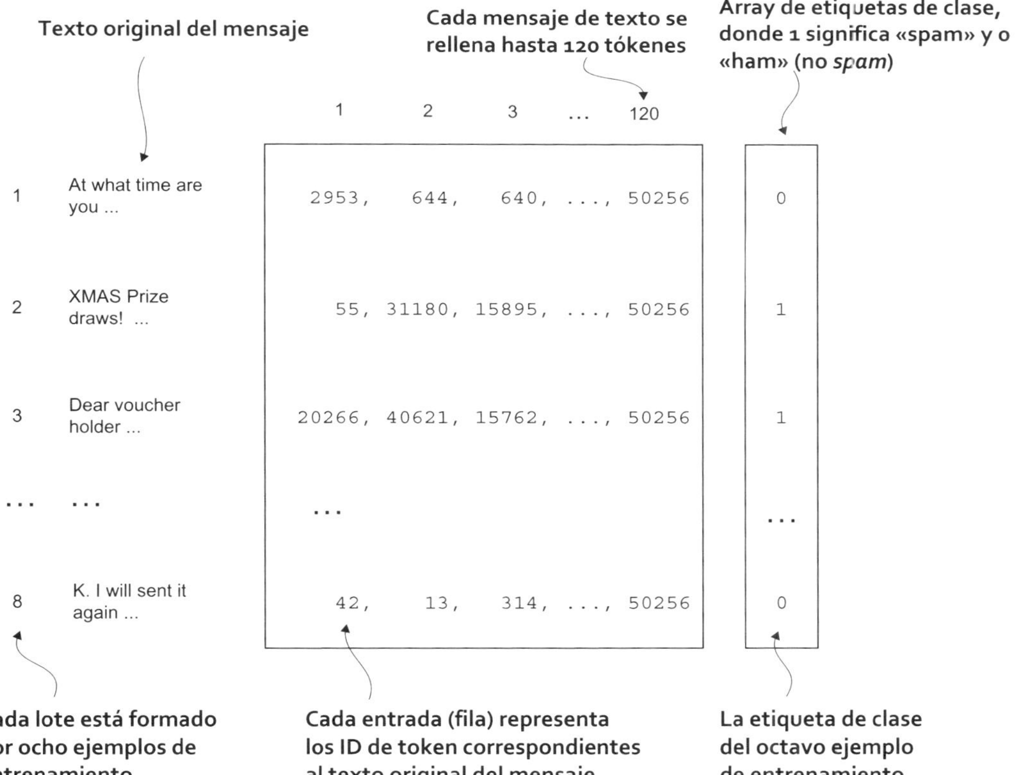


**Figura 6.7.** Un único lote de entrenamiento compuesto por ocho mensajes de texto representados como ID de token. Cada mensaje de texto consta de 120 ID de token. Un array de etiquetas de clase almacena las ocho etiquetas de clase correspondientes a los mensajes de texto, que pueden ser `0` («no *spam*») o `1` («*spam*»).

El código del siguiente listado crea los cargadores de datos de los conjuntos de entrenamiento, validación y prueba que cargan los mensajes de texto y las etiquetas en lotes de tamaño 8.

**Listado 6.5. Creación de los cargadores de datos Pytorch**

```
from torch.utils.data import DataLoader

num_workers = 0
batch_size = 8
torch.manual_seed(123)

train_loader = DataLoader(
    dataset=train_dataset,
    batch_size=batch_size,
    shuffle=True,
    num_workers=num_workers,
    drop_last=True,
)
val_loader = DataLoader(
    dataset=val_dataset,
    batch_size=batch_size,
    num_workers=num_workers,
    drop_last=False,
)
test_loader = DataLoader(
    dataset=test_dataset,
    batch_size=batch_size,
    num_workers=num_workers,
    drop_last=False,
)
```

**Esta configuración garantiza la compatibilidad con la mayoría de los ordenadores** (nota a `num_workers = 0`)

Para asegurarnos de que los cargadores de datos funcionan y devuelven lotes del tamaño esperado, iteramos sobre el cargador de entrenamiento y mostramos en pantalla las dimensiones del tensor del último lote:

```
for input_batch, target_batch in train_loader:
    pass
print("Input batch dimensions:", input_batch.shape)
print("Label batch dimensions", target_batch.shape)
```

El resultado es:

```
Input batch dimensions: torch.Size([8, 120])
Label batch dimensions torch.Size([8])
```

Observamos que los lotes de entrada constan de ocho ejemplos de entrenamiento con 120 tókenes cada uno, como era de esperar. El tensor de etiquetas almacena las etiquetas de clase correspondientes a los ocho ejemplos de entrenamiento.

Por último, para hacernos una idea del tamaño del conjunto de datos, mostramos en pantalla el número total de lotes de cada conjunto de datos:

```
print(f"{len(train_loader)} training batches")
print(f"{len(val_loader)} validation batches")
print(f"{len(test_loader)} test batches")
```

El número de lotes de cada conjunto de datos es:

```
130 training batches
19 validation batches
38 test batches
```

Ahora que ya tenemos listos los datos, corresponde preparar el modelo para el ajuste fino.

## 6.4. Inicializar un modelo con pesos preentrenados

Preparamos ahora el modelo para su ajuste fino por clasificación de manera que logre identificar mensajes de *spam*. Empezaremos inicializando nuestro modelo preentrenado, como se muestra en la figura 6.8.

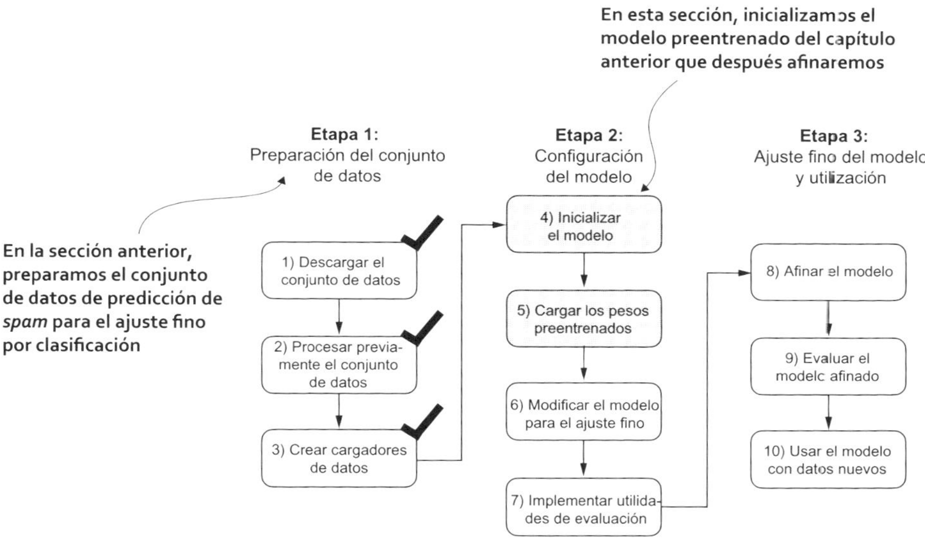


**Figura 6.8.** El proceso en tres etapas para el ajuste fino por clasificación del LLM. Una vez completada la etapa 1, es decir, la preparación del conjunto de datos, inicializamos el LLM, que luego ajustaremos para que clasifique mensajes de *spam*.

Para comenzar el proceso de preparación del modelo, empleamos las mismas configuraciones que utilizamos para el preentrenamiento de datos sin etiquetar:

```
CHOOSE_MODEL = "gpt2-small (124M)"
INPUT_PROMPT = "Every effort moves"
BASE_CONFIG = {
```

```
    "vocab_size": 50257,          ← Tamaño del vocabulario
    "context_length": 1024,       ← Longitud del contexto
    "drop_rate": 0.0,             ← Tasa de dropout
    "qkv_bias": True              ← Sesgo de consulta-valor-clave
}
model_configs = {
    "gpt2-small (124M)": {"emb_dim": 768, "n_layers": 12, "n_heads": 12},
    "gpt2-medium (355M)": {"emb_dim": 1024, "n_layers": 24, "n_heads": 16},
    "gpt2-large (774M)": {"emb_dim": 1280, "n_layers": 36, "n_heads": 20},
    "gpt2-xl (1558M)": {"emb_dim": 1600, "n_layers": 48, "n_heads": 25},
}
BASE_CONFIG.update(model_configs[CHOOSE_MODEL])
```

A continuación, importamos la función `download_and_load_gpt2` del archivo `gpt_download.py` y reutilizamos la clase `GPTModel` y la función `load_weights_into_gpt` del preentrenamiento (véase capítulo 5) para cargar los pesos descargados en el modelo GPT.

**Listado 6.6. Carga de un modelo GPT preentrenado**

```
from gpt_download import download_and_load_gpt2
from chapter05 import GPTModel, load_weights_into_gpt

model_size = CHOOSE_MODEL.split(" ")[-1].lstrip("(").rstrip(")")
settings, params = download_and_load_gpt2(
    model_size=model_size, models_dir="gpt2"
)

model = GPTModel(BASE_CONFIG)
load_weights_into_gpt(model, params)
model.eval()
```

Tras cargar los pesos del modelo en el `GPTModel`, reutilizamos la función auxiliar de generación de texto de los capítulos 4 y 5 para garantizar que el modelo genera un texto coherente:

```
from chapter04 import generate_text_simple
from chapter05 import text_to_token_ids, token_ids_to_text

text_1 = "Every effort moves you"
token_ids = generate_text_simple(
    model=model,
    idx=text_to_token_ids(text_1, tokenizer),
    max_new_tokens=15,
    context_size=BASE_CONFIG["context_length"]
)
print(token_ids_to_text(token_ids, tokenizer))
```

El siguiente resultado muestra que el modelo genera un texto coherente, lo que indica que los pesos del modelo se han cargado correctamente:

```
Every effort moves you forward.
The first step is to understand the importance of your work
```

Antes de empezar a afinar el modelo como clasificador de *spam*, veamos si ya clasifica los mensajes de *spam* dándole instrucciones:

```
text_2 = (
    "Is the following text 'spam'? Answer with 'yes' or 'no':"
    " 'You are a winner you have been specially"
    " selected to receive $1000 cash or a $2000 award.'"
)
token_ids = generate_text_simple(
    model=model,
    idx=text_to_token_ids(text_2, tokenizer),
    max_new_tokens=23,
    context_size=BASE_CONFIG["context_length"]
)
print(token_ids_to_text(token_ids, tokenizer))
```

El resultado del modelo es:

```
Is the following text 'spam'? Answer with 'yes' or 'no': 'You are a winner
you have been specially selected to receive $1000 cash
or a $2000 award.'
The following text 'spam'? Answer with 'yes' or 'no': 'You are a winner
```

A juzgar por los resultados, es evidente que el modelo tiene dificultades para seguir instrucciones. Este resultado es de esperar, porque el modelo tan solo ha sido sometido a un preentrenamiento y le falta el ajuste fino por instrucciones. Así pues, preparémosle para el ajuste fino por clasificación.

## 6.5. Añadir una cabeza de clasificación

Modificamos ahora el LLM preentrenado para prepararlo para el ajuste fino por clasificación. Para ello, sustituimos la capa de salida original, que asigna la representación oculta a un vocabulario de 50 257, por una capa de salida más pequeña que asigna dos clases: `0` («no *spam*») y `1` («*spam*»), como muestra la figura 6.9. Utilizamos el mismo modelo que antes, salvo que sustituimos la capa de salida.

### Nodos de la capa de salida

Técnicamente podríamos utilizar un único nodo de salida, pues se trata de una tarea de clasificación binaria. Sin embargo, sería necesario modificar la función de pérdida, como explico en «*Losses Learned—Optimizing Negative Log-Likelihood and Cross-entropy in PyTorch*» (Pérdidas aprendidas—Optimización de la log-verosimilitud negativa y la entropía cruzada en PyTorch) (`https://mng.bz/NRZ2`). Por lo tanto, elegimos un enfoque más general, en el que el número de nodos de salida coincide con el número de clases. Por ejemplo, para un problema de tres clases, como clasificar artículos de noticias de «Tecnología», «Deportes» o «Política», utilizaríamos tres nodos de salida, y así sucesivamente.

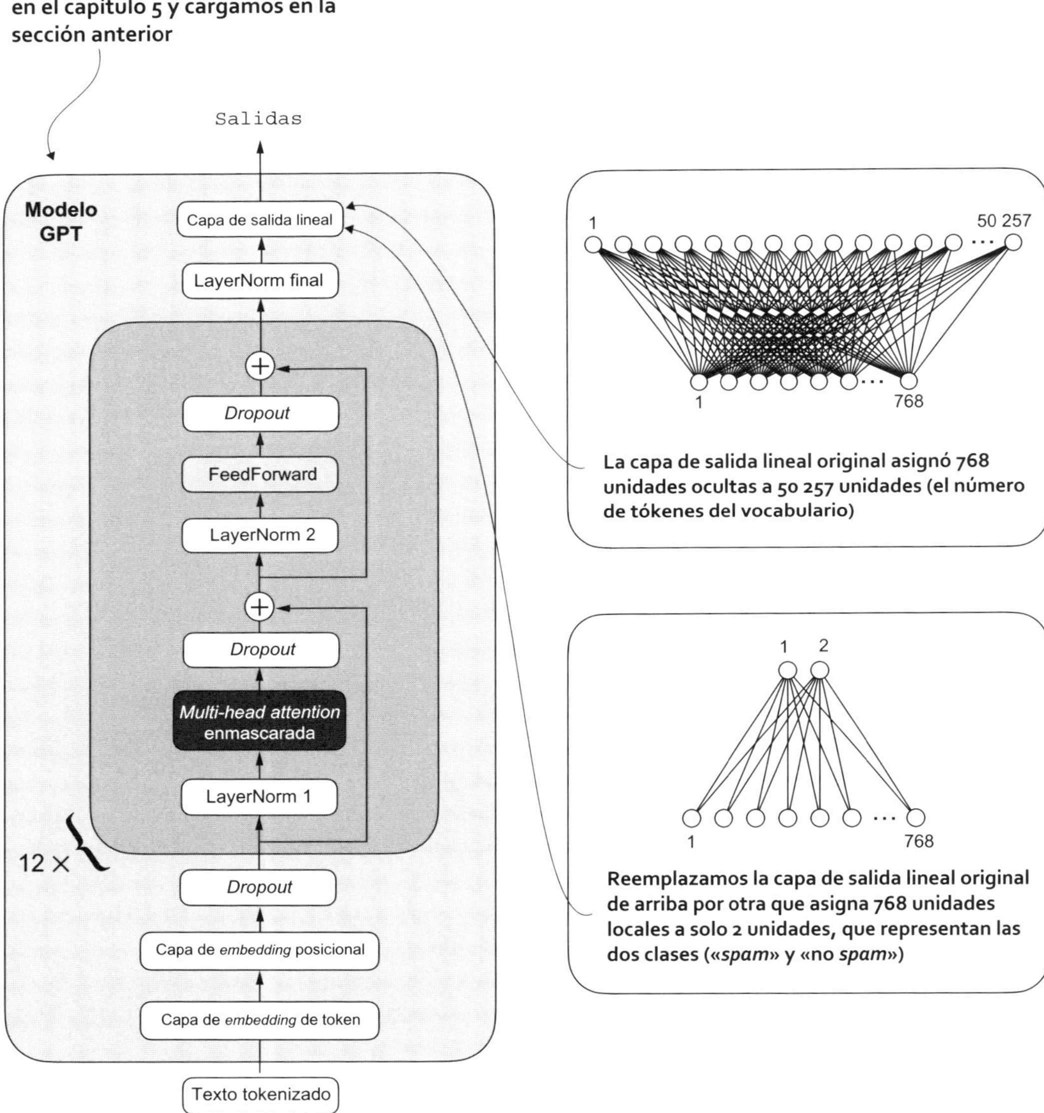
El modelo GPT que implementamos en el capítulo 5 y cargamos en la sección anterior
Salidas
Modelo GPT
Capa de salida lineal
LayerNorm final
Dropout
FeedForward
LayerNorm 2
Dropout
Multi-head attention enmascarada
LayerNorm 1
12 ×
Dropout
Capa de embedding posicional
Capa de embedding de token
Texto tokenizado
Entradas
1
50 257
1
768
La capa de salida lineal original asignó 768 unidades ocultas a 50 257 unidades (el número de tókenes del vocabulario)
1 2
1
768
Reemplazamos la capa de salida lineal original de arriba por otra que asigna 768 unidades locales a solo 2 unidades, que representan las dos clases («spam» y «no spam»)

**Figura 6.9.** Adaptación de un modelo GPT a la clasificación de *spam* modificando su arquitectura. Inicialmente, la capa de salida lineal del modelo asignaba 768 unidades ocultas a un vocabulario de 50 257 tókenes. Para detectar *spam*, sustituimos esta capa por una nueva de salida que asigna las mismas 768 unidades ocultas solamente a dos clases, que representan «*spam*» y «no *spam*».

Antes de intentar la modificación mostrada en la figura 6.9, mostramos en pantalla la arquitectura del modelo mediante `print(model)`:

```
GPTModel(
    (tok_emb): Embedding(50257, 768)
    (pos_emb): Embedding(1024, 768)
    (drop_emb): Dropout(p=0.0, inplace=False)
    (trf_blocks): Sequential(
...
        (11): TransformerBlock(
            (att): MultiHeadAttention(
                (W_query): Linear(in_features=768, out_features=768, bias=True)
                 (W_key): Linear(in_features=768, out_features=768, bias=True)
                 (W_value): Linear(in_features=768, out_features=768, bias=True)
                 (out_proj): Linear(in_features=768, out_features=768, bias=True)
                 (dropout): Dropout(p=0.0, inplace=False)
            )
            (ff): FeedForward(
                 (layers): Sequential(
                     (0): Linear(in_features=768, out_features=3072, bias=True)
                     (1): GELU()
                     (2): Linear(in_features=3072, out_features=768, bias=True)
                )
            )
            (norm1): LayerNorm()
            (norm2): LayerNorm()
            (drop_resid): Dropout(p=0.0, inplace=False)
        )
    )
    (final_norm): LayerNorm()
    (out_head): Linear(in_features=768, out_features=50257, bias=False)
)
```

Este resultado muestra claramente la arquitectura que expusimos en el capítulo 4. Como hemos ya comentado anteriormente, `GPTModel` consta de capas de *embedding* seguidas de 12 bloques *Transformer* idénticos (solo se muestra el último bloque por brevedad), seguidos de una `LayerNorm` final y la capa de salida, `out_head`.

A continuación, sustituimos `out_head` por una nueva capa de salida (véase la figura 6.9) que afinaremos.

**Ajuste fino de las capas seleccionadas frente a todas las capas**

Como partimos de un modelo preentrenado, no es necesario afinar todas las capas del modelo. En los modelos de lenguaje basados en redes neuronales, las capas inferiores suelen captar las estructuras lingüísticas básicas y la semántica aplicable a una amplia gama de tareas y conjuntos de datos. Por eso, para adaptar el modelo a nuevas tareas suele bastar con afinar las últimas capas (es decir, las que están cerca de la salida), que son más específicas de los patrones lingüísticos matizados y de las características propias de cada tarea. Un efecto secundario positivo es que resulta más eficiente desde el punto de vista informático afinar solo un pequeño número de capas. Los lectores interesados encontrarán en el apéndice B más información sobre qué capas afinar, incluidos experimentos.

Para que el modelo esté listo para ser sometido al ajuste fino por clasificación, primero lo congelamos, es decir, hacemos que todas las capas sean no entrenables:

```
for param in model.parameters():
param.requires_grad = False
```

A continuación, sustituimos la capa de salida (`model.out_head`), que originalmente asigna las entradas de la capa a 50 257 dimensiones, es decir, el tamaño del vocabulario (véase la figura 6.9).

**Listado 6.7. Añadir una capa de clasificación**

```
torch.manual_seed(123)
num_classes = 2
model.out_head = torch.nn.Linear(
    in_features=BASE_CONFIG["emb_dim"],
    out_features=num_classes
)
```

Para mantener el código más general, utilizamos `BASE_CONFIG["emb_dim"]`, que es igual a 768 en el modelo `"gpt2-small (124M)"`. De este modo podemos también utilizar el mismo código para trabajar con las variantes más grandes del modelo GPT-2.

Esta nueva capa de salida `model.out_head` tiene su atributo `requires_grad` establecido por defecto en `True`, lo que significa que es la única capa del modelo que se actualizará durante el entrenamiento. Técnicamente, entrenar la capa de salida que acabamos de añadir es suficiente. Sin embargo, como descubrí en los experimentos, el ajuste fino de capas adicionales puede mejorar notablemente el rendimiento predictivo del modelo (para más detalles, consulta el apéndice B). También configuramos el último bloque *Transformer* y el módulo *LayerNorm* final, que conecta este bloque con la capa de salida, para que sean entrenables, como se muestra en la figura 6.10.

Para que la `LayerNorm` final y el último bloque *Transformer* sean entrenables, establecemos su respectivo `requires_grad` en `True`:

```
for param in model.trf_blocks[-1].parameters():
    param.requires_grad = True
for param in model.final_norm.parameters():
    param.requires_grad = True
```

### Ejercicio 6.2. Ajuste fino del modelo completo

En lugar de ajustar solo el bloque *Transformer*, afina todo el modelo y evalúa el efecto en el rendimiento predictivo.

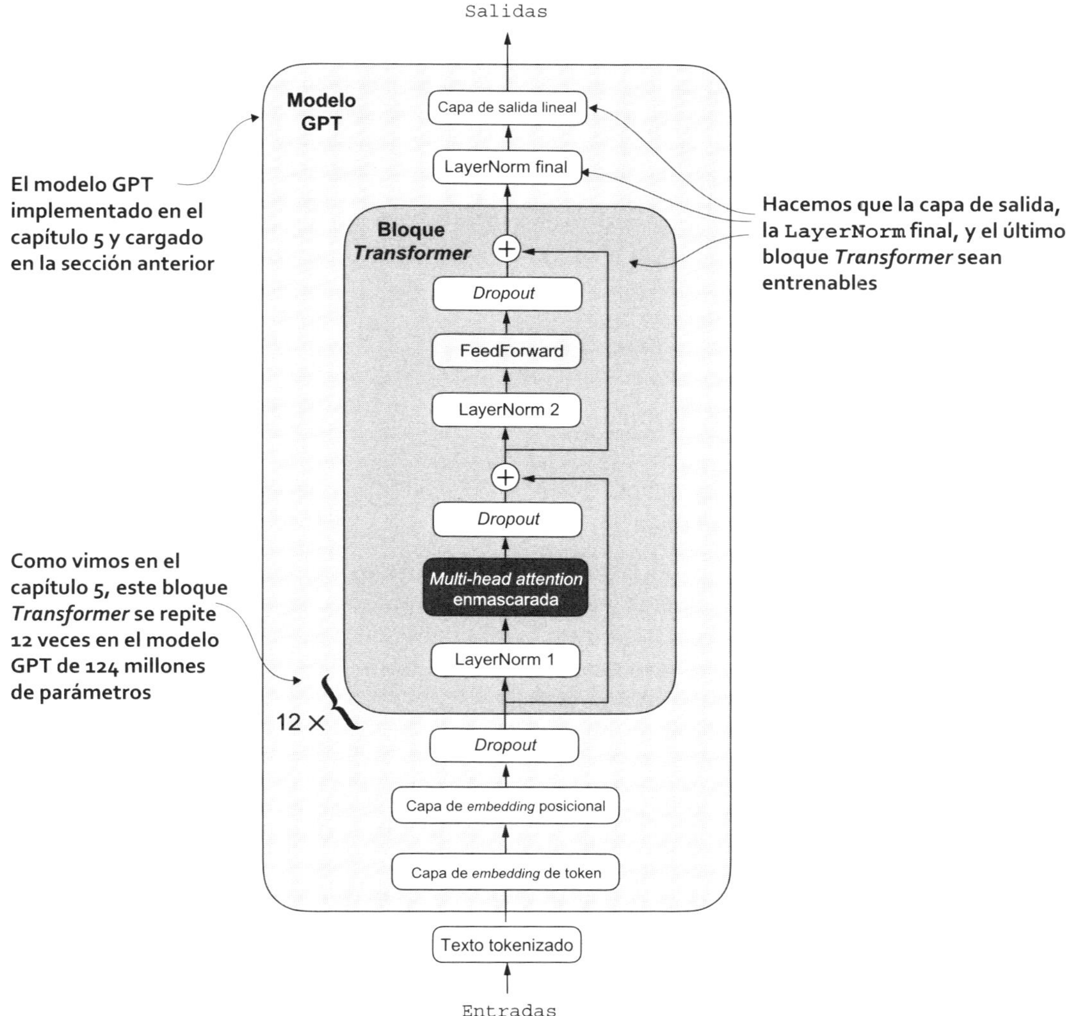
Salidas
Modelo GPT
Capa de salida lineal
LayerNorm final
Bloque Transformer
Dropout
FeedForward
LayerNorm 2
Dropout
Multi-head attention enmascarada
LayerNorm 1
12 ×
Dropout
Capa de embedding posicional
Capa de embedding de token
Texto tokenizado
Entradas
El modelo GPT implementado en el capítulo 5 y cargado en la sección anterior
Hacemos que la capa de salida, la LayerNorm final, y el último bloque Transformer sean entrenables
Como vimos en el capítulo 5, este bloque Transformer se repite 12 veces en el modelo GPT de 124 millones de parámetros

**Figura 6.10.** El modelo GPT incluye 12 bloques *Transformer* repetidos. Junto con la capa de salida, establecemos la `LayerNorm` final y el último bloque *Transformer* como entrenables. Los 11 bloques *Transformer* restantes y las capas de *embedding* se mantienen como no entrenables.

Aunque hemos añadido una nueva capa de salida y hemos marcado ciertas capas como entrenables o no entrenables, podemos seguir utilizando este modelo de forma similar a como lo hemos hecho anteriormente. Por ejemplo, podríamos alimentarlo con un texto de ejemplo idéntico al que utilizamos anteriormente:

```
inputs = tokenizer.encode("Do you have time")
inputs = torch.tensor(inputs).unsqueeze(0)
print("Inputs:", inputs)
print("Inputs dimensions:", inputs.shape)
```

**shape: (batch_size, num_tokens)**

La salida en pantalla muestra que el código anterior codifica las entradas en un tensor formado por cuatro tókenes de entrada:

```
Inputs: tensor([[5211, 345, 423, 640]])
Inputs dimensions: torch.Size([1, 4])
```

A continuación, pasamos los ID de token codificados al modelo como de costumbre:

```
with torch.no_grad():
    outputs = model(inputs)
print("Outputs:\n", outputs)
print("Outputs dimensions:", outputs.shape)
```

El tensor de salida tiene el siguiente aspecto:

```
Outputs:
 tensor([[[-1.5854, 0.9904],
          [-3.7235, 7.4548],
          [-2.2661, 6.6049],
          [-3.5983, 3.9902]]])
Outputs dimensions: torch.Size([1, 4, 2])
```

Una entrada similar habría producido previamente un tensor de salida de `[1, 4, 50257]`, donde `50257` representa el tamaño del vocabulario. El número de filas de salida corresponde al número de tókenes de entrada (en este caso, cuatro). Sin embargo, la dimensión de *embedding* de cada salida (el número de columnas) es ahora 2 en lugar de 50 257, porque hemos sustituido la capa de salida del modelo.

Recuerda que nos interesa afinar este modelo para que devuelva una etiqueta de clase que indique si una entrada del modelo es «*spam*» o «no *spam*». No necesitamos afinar las cuatro filas de salida; en su lugar, podemos centrarnos en un único token de salida. En concreto, nos centraremos en la última fila correspondiente al último token de salida, como se muestra en la figura 6.11.

Para extraer el último token de salida del tensor correspondiente, utilizaremos el siguiente código:

```
print("Last output token:", outputs[:, -1, :])
```

El resultado de esto es:

```
Last output token: tensor([[-3.5983, 3.9902]])
```

Todavía debemos convertir los valores en una predicción de etiqueta de clase. Pero primero, intentemos entender por qué solo nos interesa especialmente el último token de salida.

Ya hemos explorado el mecanismo de atención, que establece una relación entre cada uno de los tókenes de entrada y todos los demás, y el concepto de máscara de atención causal, comúnmente utilizado en los modelos tipo GPT (véase el capítulo 3).

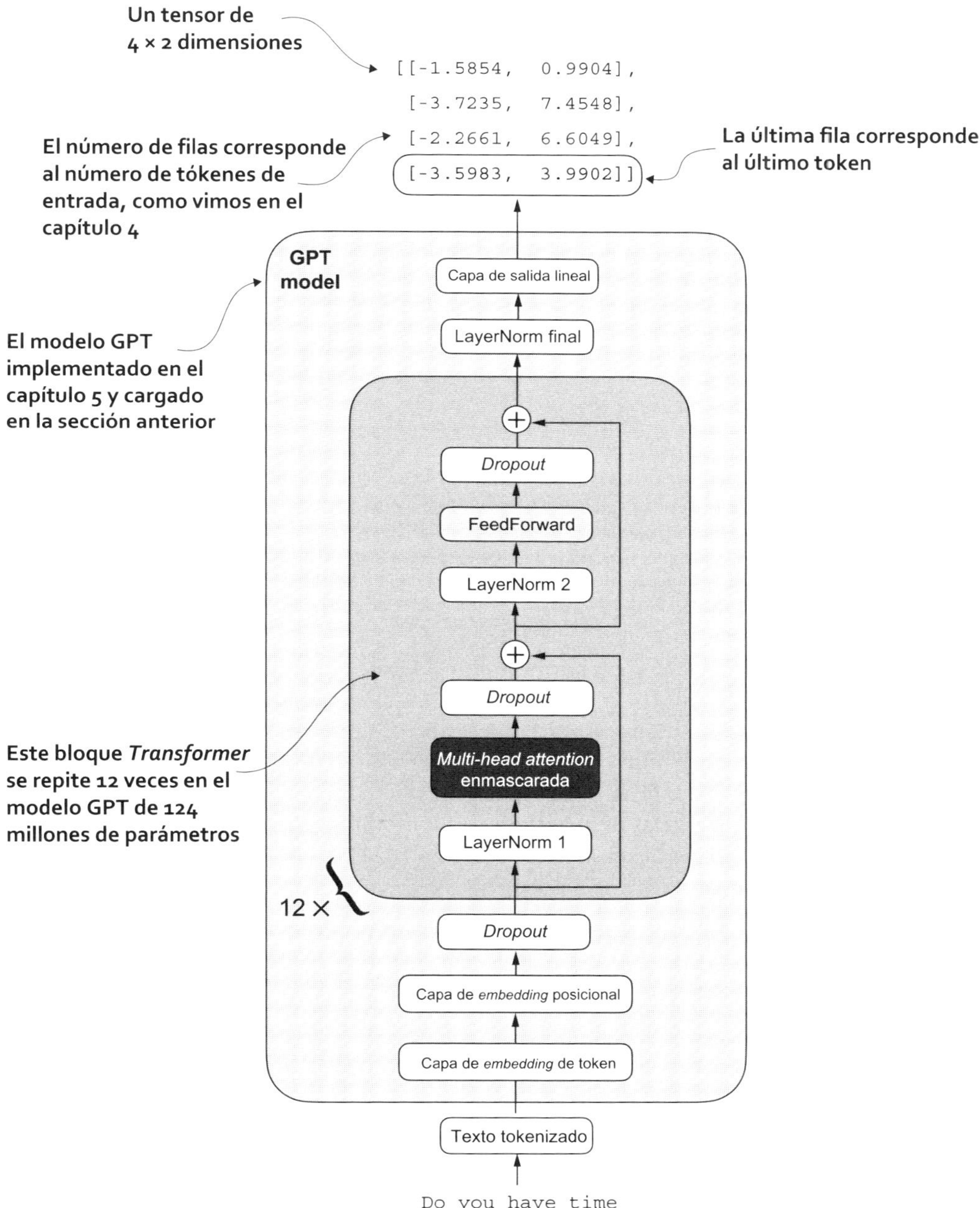
Un tensor de
4 × 2 dimensiones
[[-1.5854, 0.9904],
[-3.7235, 7.4548],
[-2.2661, 6.6049],
[-3.5983, 3.9902]]
El número de filas corresponde al número de tókenes de entrada, como vimos en el capítulo 4
La última fila corresponde al último token
GPT model
Capa de salida lineal
LayerNorm final
El modelo GPT implementado en el capítulo 5 y cargado en la sección anterior
Dropout
FeedForward
LayerNorm 2
Dropout
Multi-head attention enmascarada
LayerNorm 1
Este bloque Transformer se repite 12 veces en el modelo GPT de 124 millones de parámetros
12 ×
Dropout
Capa de embedding posicional
Capa de embedding de token
Texto tokenizado
Do you have time

**Figura 6.11.** El modelo GPT con un ejemplo de cuatro tókenes de entrada y salida. El tensor de salida consta de dos columnas debido a la modificación de la capa de salida. Cuando ajustamos el modelo para clasificación de *spam*, solo nos interesa la última fila, que corresponde al último token.

Esta máscara restringe el foco de atención de un token a su posición actual y a las anteriores, y garantiza que cada token solo pueda verse influenciado por sí mismo y por los tókenes precedentes, como se ilustra en la figura 6.12.

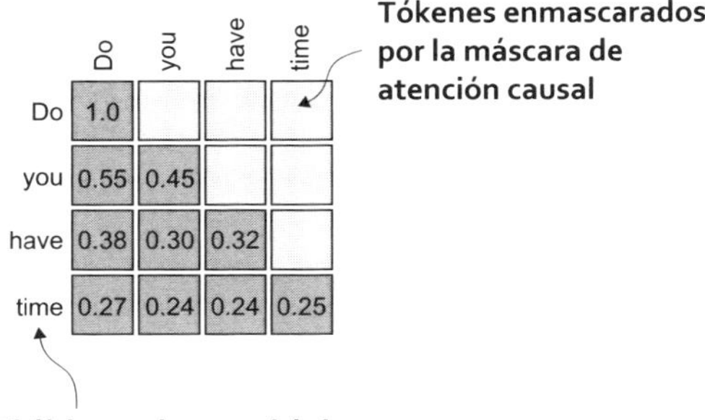


**Figura 6.12.** El mecanismo de atención causal, en el que las puntuaciones de atención entre los tókenes de entrada se muestran en un formato matricial. Las celdas vacías indican posiciones enmascaradas debidas a la máscara de atención causal, que evita que los tókenes atiendan a tókenes futuros. Los valores de las celdas representan puntuaciones de atención; el último token, `time`, es el único que calcula puntuaciones de atención para todos los tókenes precedentes.

Dada la configuración de la máscara de atención causal de la figura 6.12, el último token de una secuencia acumula la mayor cantidad de información, porque es el único con acceso a los datos de todos los tókenes anteriores. Por lo tanto, en nuestra tarea de clasificación de *spam*, nos centramos en este último token durante el proceso de ajuste fino.

Ya estamos preparados para transformar el último token en predicciones de etiquetas de clase y calcular la precisión inicial de predicción del modelo. A continuación, afinaremos el modelo para la tarea de clasificación de *spam*.

**Ejercicio 6.3. Afinar el primer token frente al último**

Prueba a afinar el primer token de salida. Observa los cambios en el rendimiento predictivo en comparación con el ajuste fino del último token de salida.

## 6.6. Cálculo de la precisión y pérdida de clasificación

Únicamente nos queda una pequeña tarea antes de afinar el modelo: implementar las funciones de evaluación del modelo utilizadas durante el ajuste fino, como se ilustra en la figura 6.13.

Antes de realizar las utilidades de evaluación, veamos brevemente cómo convertir los resultados del modelo en predicciones de etiquetas de clase. Anteriormente, calculamos el ID del siguiente token generado por el LLM convirtiendo los 50 257 resultados en probabilidades mediante la función `softmax` y devolviendo la posición de la probabilidad más alta mediante la función `argmax`. Adoptamos el mismo enfoque para calcular si el modelo emite una predicción de «*spam*» o «no *spam*» para una entrada dada, como se muestra en la figura 6.14. La única diferencia es que trabajamos con salidas bidimensionales en lugar de salidas de 50 257 dimensiones.

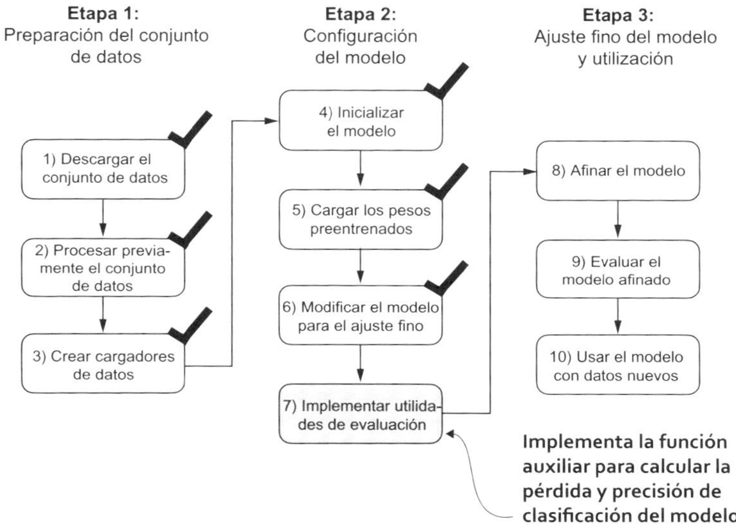


**Figura 6.13.** El proceso en tres etapas para afinar el LLM por clasificación. Hemos completado los primeros seis pasos, y estamos listos para emprender el último paso de la etapa 2: implementar las funciones que permitan evaluar el rendimiento del modelo para clasificar mensajes de *spam* antes, durante y después del ajuste fino.

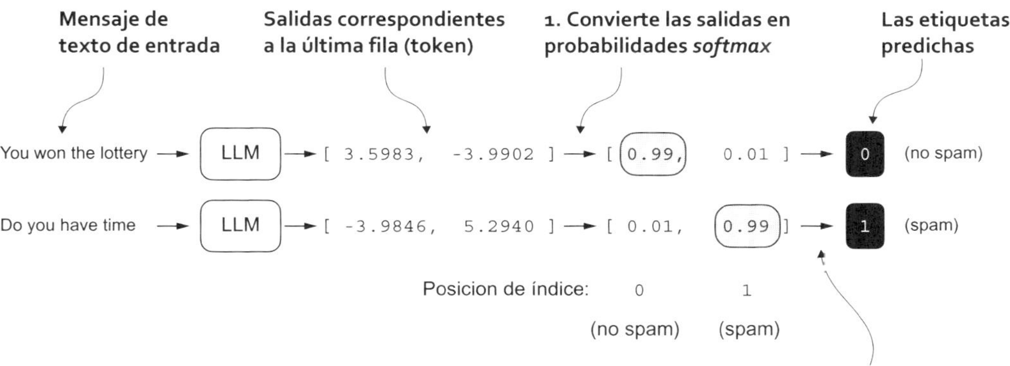


**Figura 6.14.** Los resultados del modelo correspondientes al último token se convierten en puntuaciones de probabilidad para cada texto de entrada. Las etiquetas de clase se obtienen buscando la posición de índice de la puntuación de probabilidad más alta. El modelo predice incorrectamente las etiquetas de *spam* porque aún no ha sido entrenado.

Veamos el último token de salida con un ejemplo concreto:

```
print("Last output token:", outputs[:, -1, :])
```

Los valores del tensor correspondientes al último token son:

```
Last output token: tensor([[-3.5983, 3.9902]])
```

Obtenemos la etiqueta de clase:

```
probas = torch.softmax(outputs[:, -1, :], dim=-1)
label = torch.argmax(probas)
print("Class label:", label.item())
```

En este caso, el código devuelve `1`, lo que significa que el modelo predice que el texto de entrada es «*spam*». El uso de la función `softmax` aquí es opcional, porque las salidas más grandes corresponden directamente a las puntuaciones de probabilidad más altas. Por lo tanto, podemos simplificar el código sin utilizar *softmax*:

```
logits = outputs[:, -1, :]
label = torch.argmax(logits)
print("Class label:", label.item())
```

Este concepto se utiliza para calcular la precisión de la clasificación, que mide el porcentaje de predicciones correctas en un conjunto de datos.

Para determinar la precisión de la clasificación, aplicamos el código de predicción basado en `argmax` a todos los ejemplos del conjunto de datos y calculamos la proporción de predicciones correctas definiendo una función `calc_accuracy_loader`.

**Listado 6.8. Cálculo de la secuencia de clasificación**

```
def calc_accuracy_loader(data_loader, model, device, num_batches=None):
    model.eval()
    correct_predictions, num_examples = 0, 0

    if num_batches is None:
        num_batches = len(data_loader)
    else:
        num_batches = min(num_batches, len(data_loader))
    for i, (input_batch, target_batch) in enumerate(data_loader):
        if i < num_batches:
            input_batch = input_batch.to(device)
            target_batch = target_batch.to(device)

            with torch.no_grad():
                logits = model(input_batch)[:, -1, :]
            predicted_labels = torch.argmax(logits, dim=-1)

            num_examples += predicted_labels.shape[0]
            correct_predictions += (
                (predicted_labels == target_batch).sum().item()
            )
```

*Logit* del último token de salida

```
        else:
            break
    return correct_predictions / num_examples
```

Utilicemos la función para determinar las precisiones de clasificación en varios conjuntos de datos estimados a partir de 10 lotes para mayor eficacia:

```
device = torch.device("cuda" if torch.cuda.is_available() else "cpu")
model.to(device)

torch.manual_seed(123)
train_accuracy = calc_accuracy_loader(
    train_loader, model, device, num_batches=10
)
val_accuracy = calc_accuracy_loader(
    val_loader, model, device, num_batches=10
)
test_accuracy = calc_accuracy_loader(
    test_loader, model, device, num_batches=10
)

print(f"Training accuracy: {train_accuracy*100:.2f}%")
print(f"Validation accuracy: {val_accuracy*100:.2f}%")
print(f"Test accuracy: {test_accuracy*100:.2f}%")
```

Mediante el parámetro `device`, el modelo se ejecuta automáticamente en una GPU, si se dispone de una GPU compatible con Nvidia CUDA, y, en caso contrario, se ejecuta en una CPU. El resultado es:

```
Training accuracy: 46.25%
Validation accuracy: 45.00%
Test accuracy: 48.75%
```

Como podemos observar, las precisiones de predicción se aproximan a una predicción aleatoria, que en este caso sería del 50 %. Para mejorarlas debemos afinar el modelo.

Sin embargo, antes de empezar a hacerlo, conviene definir la función de pérdida que optimizaremos durante el entrenamiento. Nuestro objetivo es maximizar la precisión del modelo en la clasificación de *spam*, lo cual significa que el código anterior debe producir las etiquetas de clase correctas: `0` para no *spam* y `1` para *spam*.

Como la precisión de la clasificación no es una función diferenciable, utilizamos la pérdida de entropía cruzada como aproximación para maximizar la precisión. En consecuencia, la función `calc_loss_batch` sigue siendo la misma, con solo un ajuste: nos centramos en optimizar únicamente el último token, `model(input_batch)[:, -1, :]`, en lugar de todos los tókenes, `model(input_batch)`:

```
def calc_loss_batch(input_batch, target_batch, model, device):
    input_batch = input_batch.to(device)
    target_batch = target_batch.to(device)
    logits = model(input_batch)[:, -1, :]     # Logit del último token de salida
    loss = torch.nn.functional.cross_entropy(logits, target_batch)
    return loss
```

Utilizamos la función `calc_loss_batch` para calcular la pérdida de un único lote obtenido a partir de los cargadores de datos previamente definidos. Para calcular la pérdida de todos los lotes de un cargador de datos, definimos la función `calc_loss_loader` como antes.

**Listado 6.9. Cálculo de la pérdida de clasificación**

```
def calc_loss_loader(data_loader, model, device, num_batches=None):
    total_loss = 0.
    if len(data_loader) == 0:
        return float("nan")
    elif num_batches is None:
        num_batches = len(data_loader)
    else:
        num_batches = min(num_batches, len(data_loader))
    for i, (input_batch, target_batch) in enumerate(data_loader):
        if i < num_batches:
            loss = calc_loss_batch(
                input_batch, target_batch, model, device
            )
            total_loss += loss.item()
        else:
            break
    return total_loss / num_batches
```

Garantiza que el número de lotes no supere los lotes en el cargador de datos

De forma similar al cálculo de la precisión del entrenamiento, ahora calculamos la pérdida inicial para cada conjunto de datos:

```
with torch.no_grad():
    train_loss = calc_loss_loader(
        train_loader, model, device, num_batches=5
    )
    val_loss = calc_loss_loader(val_loader, model, device, num_batches=5)
    test_loss = calc_loss_loader(test_loader, model, device, num_batches=5)
print(f"Training loss: {train_loss:.3f}")
print(f"Validation loss: {val_loss:.3f}")
print(f"Test loss: {test_loss:.3f}")
```

Desactiva el seguimiento del gradiente por eficiencia, pues aún no estamos entrenando

Los valores iniciales de las pérdidas son:

```
Training loss: 2.453
Validation loss: 2.583
Test loss: 2.322
```

A continuación, implementaremos una función de entrenamiento para afinar el modelo, lo que significa ajustarlo para minimizar la pérdida del conjunto de entrenamiento. Minimizar la pérdida del conjunto de entrenamiento ayudará a aumentar la precisión de la clasificación, que es nuestro objetivo principal.

## 6.7. Ajuste fino del modelo con datos supervisados

Debemos definir y utilizar la función de entrenamiento para afinar el LLM preentrenado y mejorar su precisión en clasificación de *spam*. El bucle de entrenamiento, ilustrado en la figura 6.15, es el mismo que utilizamos para el preentrenamiento; la única diferencia es que calculamos la precisión de la clasificación en lugar de generar un texto de muestra para evaluar el modelo.

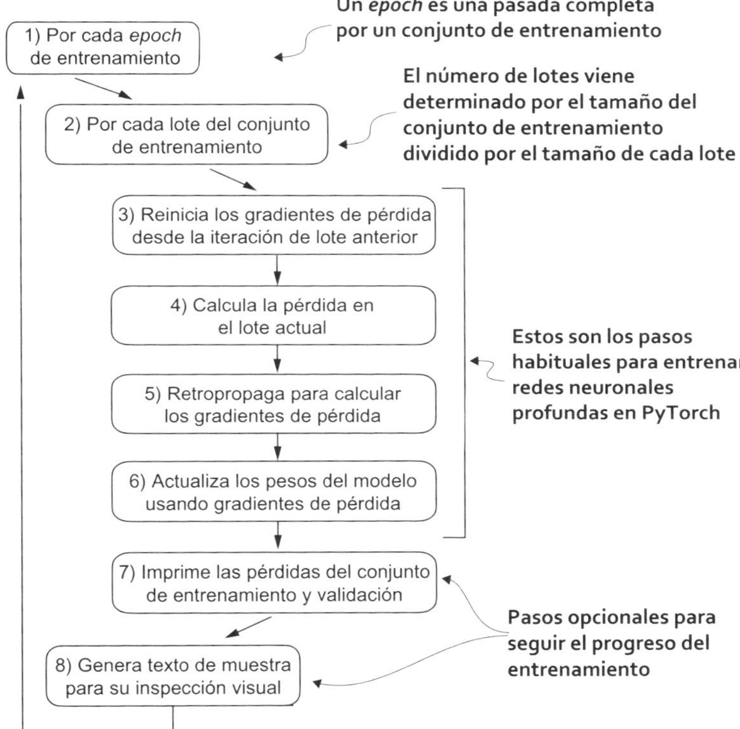


**Figura 6.15.** Un bucle de entrenamiento típico para entrenar redes neuronales profundas en PyTorch está formado por varios pasos, iterando sobre los lotes del conjunto de entrenamiento durante varios *epoch*. En cada bucle, calculamos la pérdida de cada lote del conjunto de entrenamiento para determinar los gradientes de pérdida, que utilizamos para actualizar los pesos del modelo, con el fin de minimizar la pérdida del conjunto de entrenamiento.

La función de entrenamiento que implementa los conceptos mostrados en la figura 6.15 también refleja fielmente la función `train_model_simple` utilizada para el preentrenamiento del modelo. Las dos únicas diferencias son que ahora hacemos un seguimiento del número de ejemplos de entrenamiento vistos (`examples_seen`) en lugar del número de tókenes, y calculamos la precisión después de cada *epoch* en lugar de imprimir un texto de muestra.

**Listado 6.10. Ajuste fino del modelo para clasificar *spam***

```
def train_classifier_simple(
        model, train_loader, val_loader, optimizer, device,
        num_epochs, eval_freq, eval_iter):
    train_losses, val_losses, train_accs, val_accs = [], [], [], []
    examples_seen, global_step = 0, -1

    for epoch in range(num_epochs):
        model.train()

        for input_batch, target_batch in train_loader:
            optimizer.zero_grad()
            loss = calc_loss_batch(
                input_batch, target_batch, model, device
            )
            loss.backward()
            optimizer.step()
            examples_seen += input_batch.shape[0]
            global_step += 1


            if global_step % eval_freq == 0:
                train_loss, val_loss = evaluate_model(
                    model, train_loader, val_loader, device, eval_iter)
                train_losses.append(train_loss)
                val_losses.append(val_loss)
                print(f"Ep {epoch+1} (Step {global_step:06d}): "
                      f"Train loss {train_loss:.3f}, "
                      f"Val loss {val_loss:.3f}"
                )


            train_accuracy = calc_accuracy_loader(
                train_loader, model, device, num_batches=eval_iter
            )
            val_accuracy = calc_accuracy_loader(
                val_loader, model, device, num_batches=eval_iter
            )

            print(f"Training accuracy: {train_accuracy*100:.2f}% | ", end="")
            print(f"Validation accuracy: {val_accuracy*100:.2f}%")
            train_accs.append(train_accuracy)
            val_accs.append(val_accuracy)

        return train_losses, val_losses, train_accs, val_accs, examples_seen
```

**Inicializa las listas para controlar las pérdidas y los ejemplos vistos**

**Bucle de entrenamiento principal**

**Pone el modelo en modo de entrenamiento**

**Reinicia los gradientes de pérdida desde la iteración de lote anterior**

**Calcula los gradientes de pérdida**

**Actualiza los pesos del modelo utilizando los gradientes de pérdida**

**Nuevo: sigue los ejemplos en lugar de los tókenes**

**Paso de evaluación opcional**

**Calcula la precisión después de cada epoch**

La función `evaluate_model` es idéntica a la que utilizamos para el preentrenamiento:

```
def evaluate_model(model, train_loader, val_loader, device, eval_iter):
    model.eval()
    with torch.no_grad():
        train_loss = calc_loss_loader(
            train_loader, model, device, num_batches=eval_iter
        )
```

```
        val_loss = calc_loss_loader(
            val_loader, model, device, num_batches=eval_iter
        )
    model.train()
    return train_loss, val_loss
```

A continuación, inicializamos el optimizador, establecemos el número de *epoch* de entrenamiento e iniciamos el entrenamiento utilizando la función `train_classifier_simple`. El entrenamiento necesita unos 6 minutos en un ordenador portátil MacBook Air M3 y menos de medio minuto en una GPU V100 o A100:

```
import time

start_time = time.time()
torch.manual_seed(123)
optimizer = torch.optim.AdamW(model.parameters(), lr=5e-5, weight_decay=0.1)
num_epochs = 5

train_losses, val_losses, train_accs, val_accs, examples_seen = \
    train_classifier_simple(
        model, train_loader, val_loader, optimizer, device,
        num_epochs=num_epochs, eval_freq=50,
        eval_iter=5
    )

end_time = time.time()
execution_time_minutes = (end_time - start_time) / 60
print(f"Training completed in {execution_time_minutes:.2f} minutes.")
```

El resultado que vemos durante el entrenamiento es el siguiente:

```
Ep 1 (Step 000000): Train loss 2.153, Val loss 2.392
Ep 1 (Step 000050): Train loss 0.617, Val loss 0.637
Ep 1 (Step 000100): Train loss 0.523, Val loss 0.557
Training accuracy: 70.00% | Validation accuracy: 72.50%
Ep 2 (Step 000150): Train loss 0.561, Val loss 0.489
Ep 2 (Step 000200): Train loss 0.419, Val loss 0.397
Ep 2 (Step 000250): Train loss 0.409, Val loss 0.353
Training accuracy: 82.50% | Validation accuracy: 85.00%
Ep 3 (Step 000300): Train loss 0.333, Val loss 0.320
Ep 3 (Step 000350): Train loss 0.340, Val loss 0.306
Training accuracy: 90.00% | Validation accuracy: 90.00%
Ep 4 (Step 000400): Train loss 0.136, Val loss 0.200
Ep 4 (Step 000450): Train loss 0.153, Val loss 0.132
Ep 4 (Step 000500): Train loss 0.222, Val loss 0.137
Training accuracy: 100.00% | Validation accuracy: 97.50%
Ep 5 (Step 000550): Train loss 0.207, Val loss 0.143
Ep 5 (Step 000600): Train loss 0.083, Val loss 0.074
Training accuracy: 100.00% | Validation accuracy: 97.50%
Training completed in 5.65 minutes.
```

A continuación, utilizamos Matplotlib para trazar la función de pérdida para el conjunto de entrenamiento y validación.

**Listado 6.11. Trazado de la pérdida de clasificación**

```
import matplotlib.pyplot as plt

def plot_values(
        epochs_seen, examples_seen, train_values, val_values,
        label="loss"):
    fig, ax1 = plt.subplots(figsize=(5, 3))

    ax1.plot(epochs_seen, train_values, label=f"Training {label}")
    ax1.plot(
        epochs_seen, val_values, linestyle="-.",
        label=f"Validation {label}"
    )
    ax1.set_xlabel("Epochs")
    ax1.set_ylabel(label.capitalize())
    ax1.legend()

    ax2 = ax1.twiny()
    ax2.plot(examples_seen, train_values, alpha=0)
    ax2.set_xlabel("Examples seen")

    fig.tight_layout()
    plt.savefig(f"{label}-plot.pdf")
    plt.show()

epochs_tensor = torch.linspace(0, num_epochs, len(train_losses))
examples_seen_tensor = torch.linspace(0, examples_seen, len(train_losses))

plot_values(epochs_tensor, examples_seen_tensor, train_losses, val_losses)
```

Traza la pérdida de entrenamiento y validación en función de los *epoch*

Crea un segundo eje x para los ejemplos vistos

Trazado invisible para alinear las marcas

Ajusta la distribución para hacer sitio

La figura 6.16 muestra las curvas de pérdida resultantes.

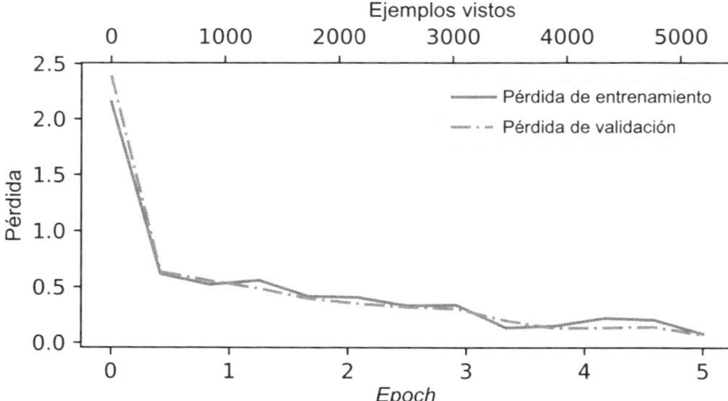


**Figura 6.16.** Pérdida de entrenamiento y validación del modelo en los cinco *epoch* de entrenamiento. Tanto la pérdida de entrenamiento, representada por la línea continua, como la de validación, representada por la línea discontinua, disminuyen bruscamente en el primer *epoch* y se estabilizan gradualmente hacia el quinto *epoch*. Este patrón indica un buen progreso en el aprendizaje y sugiere que el modelo aprendió de los datos de entrenamiento mientras generalizaba bien a los datos de validación no vistos.

Como se observa en la fuerte pendiente descendente de la figura 6.16, el modelo está aprendiendo bien de los datos de entrenamiento, y hay poca o ninguna indicación de sobreajuste; es decir, no hay una diferencia notable entre las pérdidas de los conjuntos de entrenamiento y validación.

### Elegir el número de *epoch*

Anteriormente, cuando iniciamos el entrenamiento, fijamos el número de *epoch* en cinco. El número de *epoch* depende del conjunto de datos y de la dificultad de la tarea, y no existe una solución o recomendación universal, aunque un número de *epoch* de cinco suele ser un buen punto de partida. Si el modelo sobreajusta después de los primeros *epoch* en forma de gráfico de pérdidas (véase la figura 6.16), quizá sea necesario reducir el número de *epoch*. Por el contrario, si la tendencia sugiere que la pérdida de validación podría mejorar con más entrenamiento, convendría aumentar el número de *epoch*. En este caso concreto, cinco *epoch* es un número razonable, porque no hay signos de sobreajuste temprano y la pérdida de validación es próxima a 0.

Utilizando la misma función `plot_values`, tracemos ahora las precisiones de clasificación:

```
epochs_tensor = torch.linspace(0, num_epochs, len(train_accs))
examples_seen_tensor = torch.linspace(0, examples_seen, len(train_accs))

plot_values(
    epochs_tensor, examples_seen_tensor, train_accs, val_accs,
    label="accuracy"
)
```

En la figura 6.17 se representa gráficamente la precisión resultante.

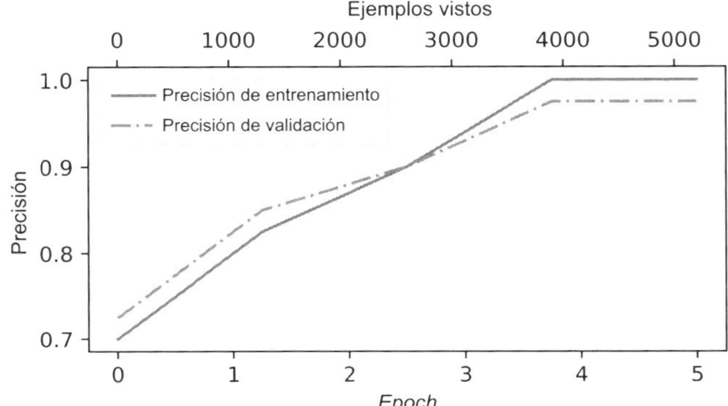


**Figura 6.17.** Tanto la precisión de entrenamiento (línea continua) como la precisión de validación (línea discontinua) aumentan considerablemente en los primeros *epoch* y luego se estabilizan, hasta alcanzar puntuaciones de precisión casi perfectas de 1.0. La proximidad de las dos líneas a lo largo de los *epoch* sugiere que el modelo no se ajusta demasiado a los datos de entrenamiento.

El modelo alcanza una precisión de entrenamiento y validación relativamente alta después de los *epoch* 4 y 5. Es importante señalar que previamente establecimos `eval_iter=5` al utilizar la función `train_classifier_simple`, lo que significa que nuestras estimaciones de rendimiento de entrenamiento y validación se basan en solo cinco lotes por eficiencia durante el entrenamiento.

Ahora debemos calcular las métricas de rendimiento para los conjuntos de entrenamiento, validación y prueba en todo el conjunto de datos ejecutando el siguiente código, esta vez sin definir el valor `eval_iter`:

```
train_accuracy = calc_accuracy_loader(train_loader, model, device)
val_accuracy = calc_accuracy_loader(val_loader, model, device)
test_accuracy = calc_accuracy_loader(test_loader, model, device)

print(f"Training accuracy: {train_accuracy*100:.2f}%")
print(f"Validation accuracy: {val_accuracy*100:.2f}%")
print(f"Test accuracy: {test_accuracy*100:.2f}%")
```

Los valores de precisión resultantes son:

```
Training accuracy: 97.21%
Validation accuracy: 97.32%
Test accuracy: 95.67%
```

Los rendimientos de los conjuntos de entrenamiento y prueba son casi idénticos. La ligera discrepancia entre las precisiones de ambos conjuntos sugiere un sobreajuste mínimo de los datos de entrenamiento. Normalmente, la precisión del conjunto de validación es ligeramente superior a la del conjunto de prueba, porque el desarrollo del modelo suele implicar el ajuste de hiperparámetros para obtener buenos resultados en el conjunto de validación, afirmación que podría no generalizarse con la misma eficacia al conjunto de prueba.

Esta situación es habitual, pero quizá la diferencia se podría minimizar ajustando la configuración del modelo, como, por ejemplo, aumentando la tasa de *dropout* (`drop_rate`) o el parámetro `weight_decay` en la configuración del optimizador.

## 6.8. Utilización del LLM como clasificador de spam

Una vez afinado y evaluado el modelo, estamos listos para clasificar los mensajes de *spam* (véase la figura 6.18). Utilicemos nuestro modelo de clasificación de *spam* afinado y basado en GPT. La siguiente función `classify_review` sigue pasos de procesamiento previo de datos similares a los que utilizamos en el `SpamDataset` implementado anteriormente. A continuación, tras procesar el texto en ID de token, la función utiliza el modelo para predecir una etiqueta de clase entera, similar a la que realizamos en la sección 6.6, y devuelve el nombre de clase correspondiente.

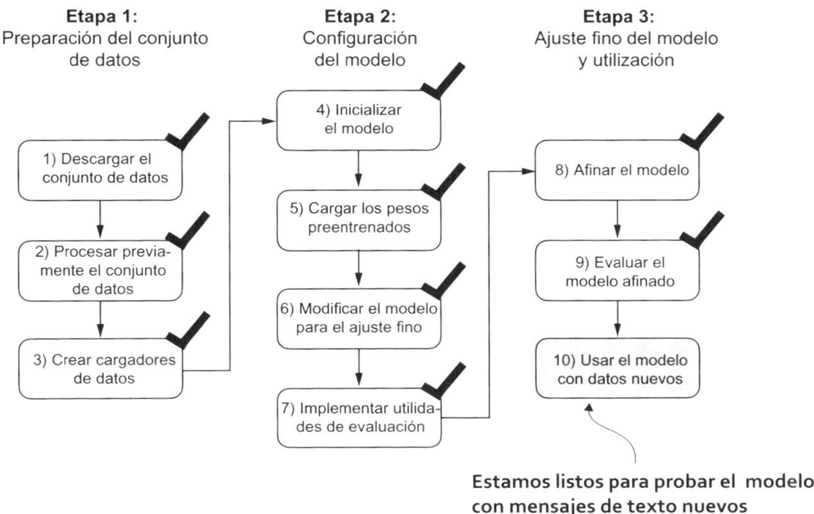


**Figura 6.18.** El proceso de tres etapas para el ajuste fino por clasificación de nuestro LLM. El paso 10 es el último de la etapa 3, en el que se utiliza el modelo afinado para clasificar nuevos mensajes de *spam*.

**Listado 6.12. Utilizar el modelo para clasificar textos nuevos**

```
def classify_review(
        text, model, tokenizer, device, max_length=None,
        pad_token_id=50256):
    model.eval()

    input_ids = tokenizer.encode(text)              # Prepara las entradas del modelo
    supported_context_length = model.pos_emb.weight.shape[0]

    input_ids = input_ids[:min(                     # Trunca las secuencias si son demasiado largas
        max_length, supported_context_length
    )]

    input_ids += [pad_token_id] * (max_length - len(input_ids))   # Rellena las secuencias hasta la secuencia más larga

    input_tensor = torch.tensor(
        input_ids, device=device
    ).unsqueeze(0)                                  # Añade la dimensión del lote

    with torch.no_grad():                           # Modela la inferencia sin seguimiento del gradiente
        logits = model(input_tensor)[:, -1, :]      # Logit del último token de salida
    predicted_label = torch.argmax(logits, dim=-1).item()

    return "spam" if predicted_label == 1 else "not spam"   # Devuelve el resultado clasificado
```

Probemos esta función `classify_review` con un texto de ejemplo:

```
text_1 = (
    "You are a winner you have been specially"
    " selected to receive $1000 cash or a $2000 award."
```

```
)

print(classify_review(
    text_1, model, tokenizer, device, max_length=train_dataset.max_length
))
```

El modelo resultante predice correctamente `"spam"`. Probemos con otro ejemplo:

```
text_2 = (
    "Hey, just wanted to check if we're still on"
    " for dinner tonight? Let me know!"
)

print(classify_review(
    text_2, model, tokenizer, device, max_length=train_dataset.max_length
))
```

El modelo vuelve a hacer una predicción correcta y devuelve una etiqueta «no *spam*».

Por último, guardemos el modelo por si queremos reutilizarlo más adelante sin tener que entrenarlo de nuevo. Utilizamos para ello el método `torch.save`:

```
torch.save(model.state_dict(), "review_classifier.pth")
```

Una vez guardado, el modelo puede cargarse:

```
model_state_dict = torch.load("review_classifier.pth, map_location=device")
model.load_state_dict(model_state_dict)
```

## Resumen

- Existen diferentes estrategias para el ajuste fino de los LLM: el ajuste fino por clasificación y el ajuste fino por instrucciones.
- El ajuste fino por clasificación consiste en sustituir la capa de salida de un LLM mediante una pequeña capa de clasificación.
- En el caso de la clasificación de mensajes de texto como «*spam*» o «no *spam*», la nueva capa de clasificación consta solo de dos nodos de salida. Anteriormente, utilizábamos un número de nodos de salida igual al número de tókenes únicos del vocabulario (es decir, 50 256).
- En lugar de predecir el siguiente token del texto como en el preentrenamiento, el ajuste fino por clasificación entrena al modelo para que emita una etiqueta de clase correcta (por ejemplo, «*spam*» o «no *spam*»).
- La entrada del modelo para el ajuste fino se convierte a ID de token, similar a lo que ocurre en el preentrenamiento.
- Antes de afinar un LLM, cargamos el modelo preentrenado como modelo base.
- La evaluación de un modelo de clasificación consiste en calcular la precisión de la clasificación (la fracción o el porcentaje de predicciones correctas).
- El ajuste fino de un modelo de clasificación utiliza la misma función de pérdida de entropía cruzada que al preentrenar el LLM.

# 7 Afinamiento para seguir instrucciones

**_En este capítulo encontrarás:_**

- El proceso de ajuste fino por instrucciones de los LLM.
- Preparación de un conjunto de datos para el ajuste fino supervisado por instrucciones.
- Organización de los datos de instrucciones en lotes de entrenamiento.
- Carga de un LLM preentrenado y su afinamiento para que siga instrucciones humanas.
- Extracción de respuestas a instrucciones generadas por el LLM para su evaluación.
- Evaluación de un LLM afinado por instrucciones.

Anteriormente, hemos implementado la arquitectura del LLM, hemos realizado su preentrenamiento e importado pesos preentrenados de fuentes externas a nuestro modelo. A continuación, nos centramos en afinar nuestro LLM para una tarea de clasificación específica: distinguir entre mensajes de texto que son *spam* y los que no son *spam*. Ahora efectuaremos el proceso de ajuste fino de un LLM para seguir instrucciones humanas, como se ilustra en la figura 7.1. El ajuste fino por instrucciones es una de las principales técnicas de desarrollo de LLM para aplicaciones de chatbot, asistentes personales y otras tareas conversacionales.

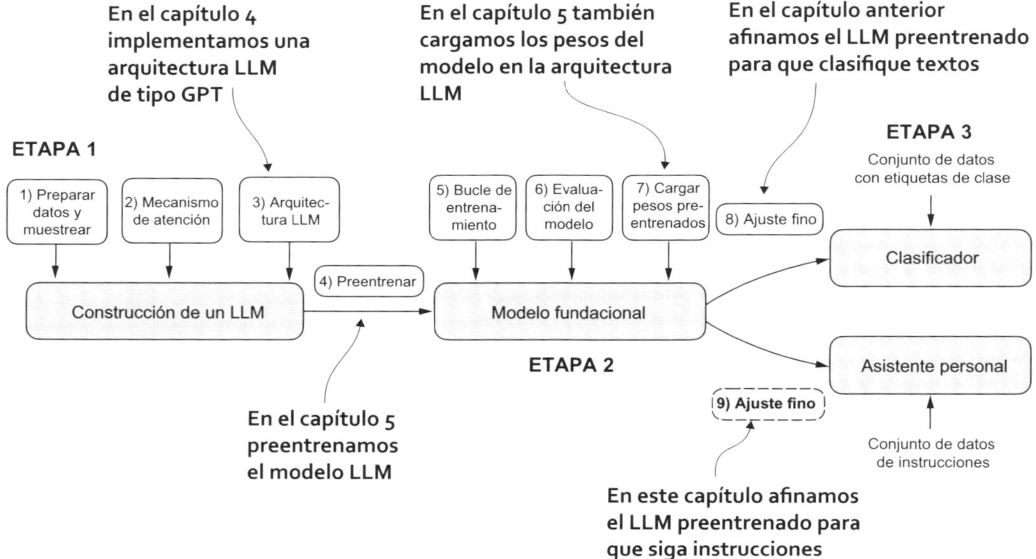


**Figura 7.1.** Las tres etapas principales de la codificación de un LLM. Este capítulo se centra en el paso 9 de la etapa 3, es decir, afinar un LLM preentrenado para que siga instrucciones humanas.

La figura 7.1 muestra dos formas principales de afinar un LLM: para clasificación (paso 8) y para que siga instrucciones (paso 9). El paso 8 ya lo implementamos en el capítulo 6. Ahora afinaremos un LLM utilizando un conjunto de datos de instrucciones.

## 7.1. Introducción al ajuste fino por instrucciones

Ya sabemos que el preentrenamiento de un LLM implica un procedimiento de entrenamiento, en el que el modelo aprende a generar una palabra cada vez. El LLM preentrenado resultante es capaz de completar textos, lo cual significa que puede terminar frases o escribir párrafos de texto si se le da un fragmento como entrada. Sin embargo, los LLM preentrenados suelen tener problemas con instrucciones específicas, como «Corrige la gramática de este texto» o «Convierte este texto a voz pasiva». Más adelante, examinaremos un ejemplo concreto, en el que cargamos el LLM preentrenado como base para el ajuste fino por instrucciones, también conocido como ajuste fino supervisado por instrucciones.

Ahora nos centraremos en mejorar la capacidad del LLM para seguir instrucciones y generar una respuesta deseada, como se ilustra en la figura 7.2. La preparación del conjunto de datos es un aspecto clave del ajuste fino por instrucciones. Después completaremos todos los pasos de las tres etapas del proceso de ajuste fino por instrucciones, comenzando con la preparación del conjunto de datos, como se muestra en la figura 7.3.

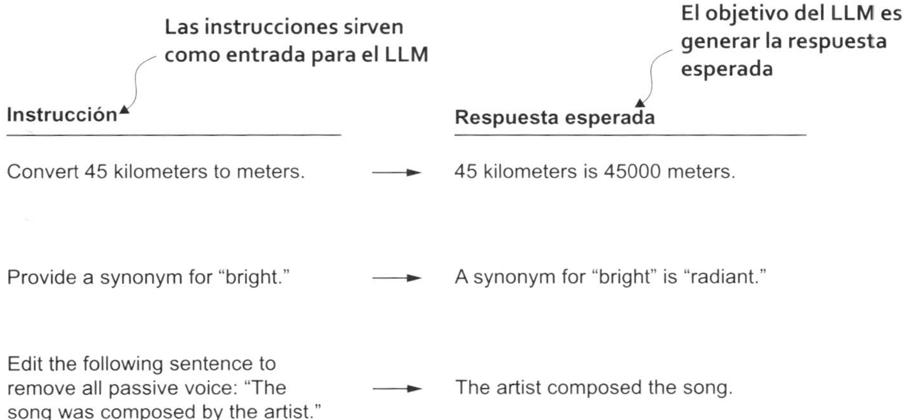


**Figura 7.2.** Ejemplos de instrucciones procesadas por un LLM para generar las respuestas deseadas.

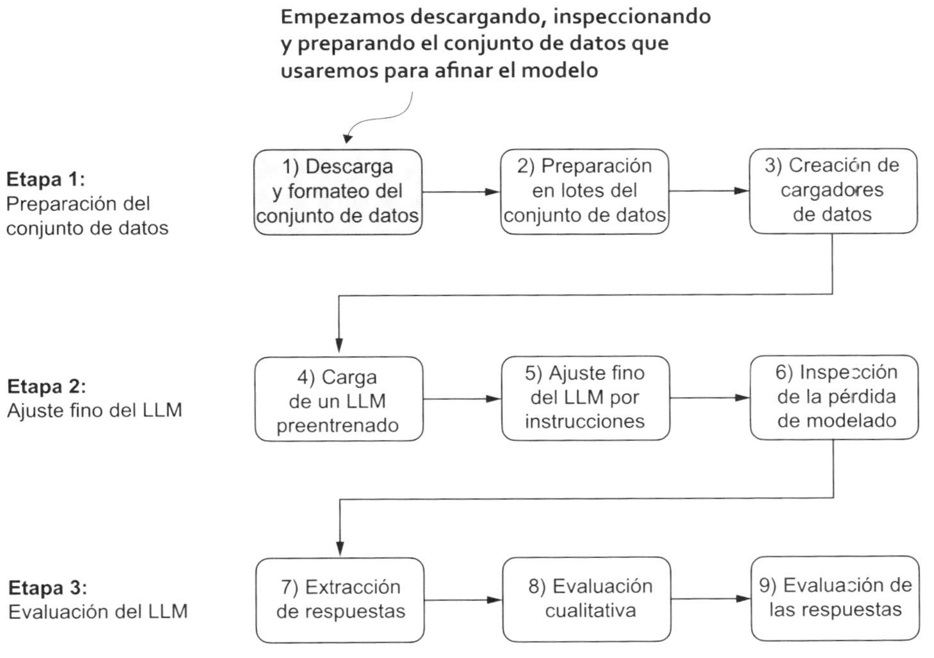


**Figura 7.3.** El proceso en tres etapas para el ajuste fino por instrucciones de un LLM. La etapa 1 consiste en la preparación del conjunto de datos, la etapa 2 se centra en la configuración y el ajuste del modelo, y la etapa 3 abarca la evaluación del modelo. Comenzaremos con el paso 1 de la etapa 1 descarga y formateo del conjunto de datos.

## 7.2. Preparación de un conjunto de datos para el ajuste fino supervisado por instrucciones

Descarguemos y formateemos el conjunto de datos de instrucciones para el ajuste fino por instrucciones de un LLM preentrenado. El conjunto de datos consta de 1100 pares instrucción-respuesta similares a los de la figura 7.2. Este conjunto de datos se creó específicamente para este libro, pero los lectores interesados pueden encontrar otros conjuntos de datos de instrucciones disponibles públicamente en el apéndice B.

El siguiente código implementa y ejecuta una función para descargar en formato JSON este conjunto de datos, que es un archivo relativamente pequeño (solo 204 KB). JSON (*JavaScript Object Notation*: notación de objetos de JavaScript) refleja la estructura de los diccionarios de Python, proporcionando una estructura simple para el intercambio de datos, que es tanto legible por humanos como por máquinas.

**Listado 7.1. Descargar el conjunto de datos**

```
import json
import os
import urllib

def download_and_load_file(file_path, url):
    if not os.path.exists(file_path):
        with urllib.request.urlopen(url) as response:
            text_data = response.read().decode("utf-8")
        with open(file_path, "w", encoding="utf-8") as file:
            file.write(text_data)
        with open(file_path, "r") as file:
            data = json.load(file)
        return data

file_path = "instruction-data.json"
url = (
    "https://raw.githubusercontent.com/rasbt/LLMs-from-scratch"
    "/main/ch07/01_main-chapter-code/instruction-data.json"
)

data = download_and_load_file(file_path, url)
print("Number of entries:", len(data))
```

El resultado de ejecutar el código anterior es:

```
Number of entries: 1100
```

La lista `data` que hemos cargado desde el archivo JSON contiene las 1100 entradas del conjunto de datos de instrucciones. Veamos en pantalla una de las entradas para ver cómo están estructuradas:

```
print("Example entry:\n", data[50])
```

El contenido de la entrada de ejemplo es:

```
Example entry:
 {'instruction': 'Identify the correct spelling of the following word.',
  'input': 'Ocassion', 'output': "The correct spelling is 'Occasion.'"}
```

Se observa que las entradas de ejemplo son objetos de diccionario Python, que contienen `'instruction'`, `'input'` y `'output'`. Veamos otro ejemplo:

```
print("Another example entry:\n", data[999])
```

Según el contenido de esta entrada, a veces el campo `'input'` puede estar vacío:

```
Another example entry:
 {'instruction': "What is an antonym of 'complicated'?",
  'input': '',
  'output': "An antonym of 'complicated' is 'simple'."}
```

El ajuste fino por instrucciones implica entrenar un modelo en un conjunto de datos, en el que los pares entrada-salida, como los que extrajimos del archivo JSON, se proporcionan de manera explícita. Existen varios métodos para dar formato a estas entradas para los LLM. La figura 7.4 ilustra dos formatos de ejemplo diferentes, a menudo denominados estilos de *prompt*, utilizados en el entrenamiento de conocidos LLM como Alpaca y Phi-3.

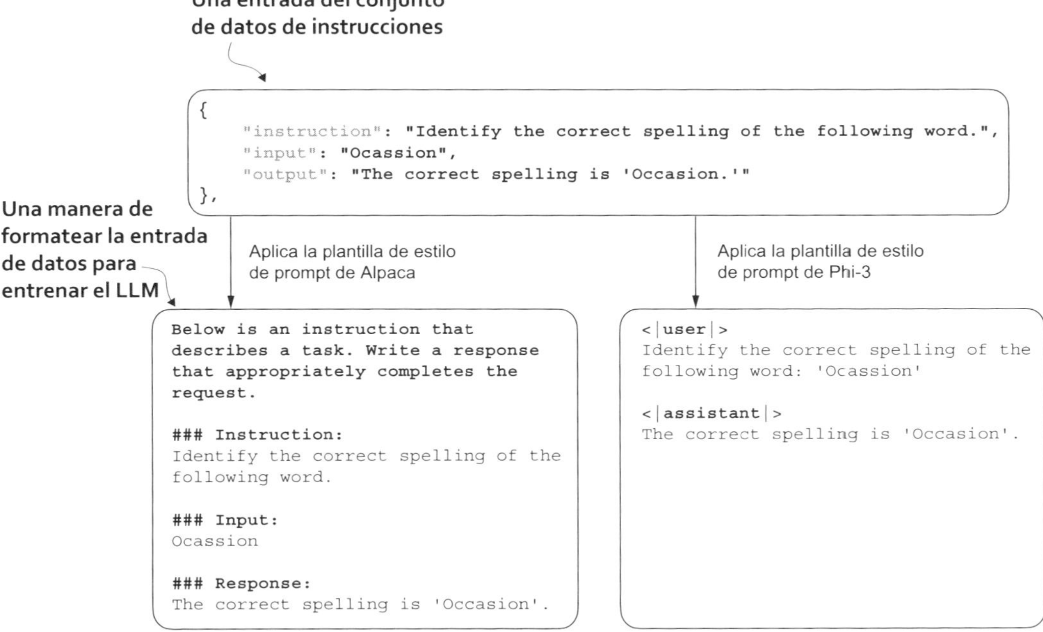


**Figura 7.4.** Comparación de estilos de *prompt* para el ajuste fino por instrucciones en LLM. El estilo Alpaca (izquierda) utiliza un formato estructurado, con secciones definidas para la instrucción, la entrada y la respuesta, mientras que el estilo Phi-3 (derecha) emplea un formato más simple con tókenes designados `<|user|>` y `<|assistant|>`.

Alpaca fue uno de los primeros LLM en detallar públicamente su proceso de ajuste fino por instrucciones. Phi-3, desarrollado por Microsoft, ha sido incluido para demostrar la diversidad de estilos de instrucciones. El resto de este capítulo utiliza el estilo de *prompt* de Alpaca, uno de los más populares, en gran parte porque ayudó a definir el enfoque original del ajuste fino.

### Ejercicio 7.1. Cambio de estilos de *prompt*

Después de afinar el modelo con el estilo de *prompt* de Alpaca, prueba el estilo de Phi-3 mostrado en la figura 7.4 y observa si afecta a la calidad de la respuesta del modelo.

Definamos una función `format_input` que podamos utilizar para convertir las entradas de la lista de datos al formato de entrada de estilo Alpaca.

**Listado 7.2. Implementación de la función de formato de *prompt***

```
def format_input(entry):
    instruction_text = (
        f"Below is an instruction that describes a task. "
        f"Write a response that appropriately completes the request."
        f"\n\n### Instruction:\n{entry['instruction']}"
    )

    input_text = (
        f"\n\n### Input:\n{entry['input']}" if entry["input"] else ""
    )
    return instruction_text + input_text
```

Esta función `format_input` toma una entrada (`entry`) de diccionario y construye una cadena formateada. Ahora la probaremos con la entrada del conjunto de datos `data[50]`, que ya vimos antes:

```
model_input = format_input(data[50])
desired_response = f"\n\n### Response:\n{data[50]['output']}"
print(model_input + desired_response)
```

La entrada formateada tiene el siguiente aspecto:

```
Below is an instruction that describes a task. Write a response that
appropriately completes the request.

### Instruction:
Identify the correct spelling of the following word.

### Input:
Ocassion

### Response:
The correct spelling is 'Occasion.'
```

Observamos que `format_input` omite la sección opcional `### Input:` si el campo `'input'` está vacío, lo que podemos comprobar aplicando la función `format_input` a la entrada `data[999]` que inspeccionamos anteriormente:

```
model_input = format_input(data[999])
desired_response = f"\n\n### Response:\n{data[999]['output']}"
print(model_input + desired_response)
```

La salida muestra que las entradas con un campo `'input'` vacío no contienen una sección `### Input:` en la entrada formateada:

```
Below is an instruction that describes a task. Write a response that
appropriately completes the request.

### Instruction:
What is an antonym of 'complicated'?

### Response:
An antonym of 'complicated' is 'simple'.
```

Antes de pasar a la configuración de los cargadores de datos de PyTorch en la siguiente sección, dividamos el conjunto de datos en conjuntos de entrenamiento, validación y prueba, de forma análoga a lo realizado con el conjunto de datos de clasificación de *spam* del capítulo anterior. El siguiente listado muestra cómo calculamos las porciones.

**Listado 7.3. Partición del conjunto de datos**

```
train_portion = int(len(data) * 0.85)     # Utiliza el 85 % de los datos para el entrenamiento
test_portion = int(len(data) * 0.1)       # Utiliza el 10 % para pruebas
val_portion = len(data) - train_portion - test_portion     # Utiliza el 5 % restante para la validación

train_data = data[:train_portion]
test_data = data[train_portion:train_portion + test_portion]
val_data = data[train_portion + test_portion:]

print("Training set length:", len(train_data))
print("Validation set length:", len(val_data))
print("Test set length:", len(test_data))
```

Esta partición da como resultado los siguientes tamaños de conjuntos de datos:

```
Training set length: 935
Validation set length: 55
Test set length: 110
```

Una vez descargado y dividido el conjunto de datos y comprendido su formato, estamos listos para la implementación básica del proceso de ajuste fino por instrucciones. A continuación, abordaremos la tarea de desarrollar el método para construir los lotes de entrenamiento para el ajuste fino del LLM.

## 7.3. Organización de los datos en lotes de entrenamiento

A medida que avanzamos en la fase de implementación de nuestro proceso de ajuste fino por instrucciones, el siguiente paso, ilustrado en la figura 7.5, se centra en la construcción eficaz de los lotes de entrenamiento, que implica definir un método que garantice que nuestro modelo recibe los datos de entrenamiento formateados durante el proceso de ajuste fino.

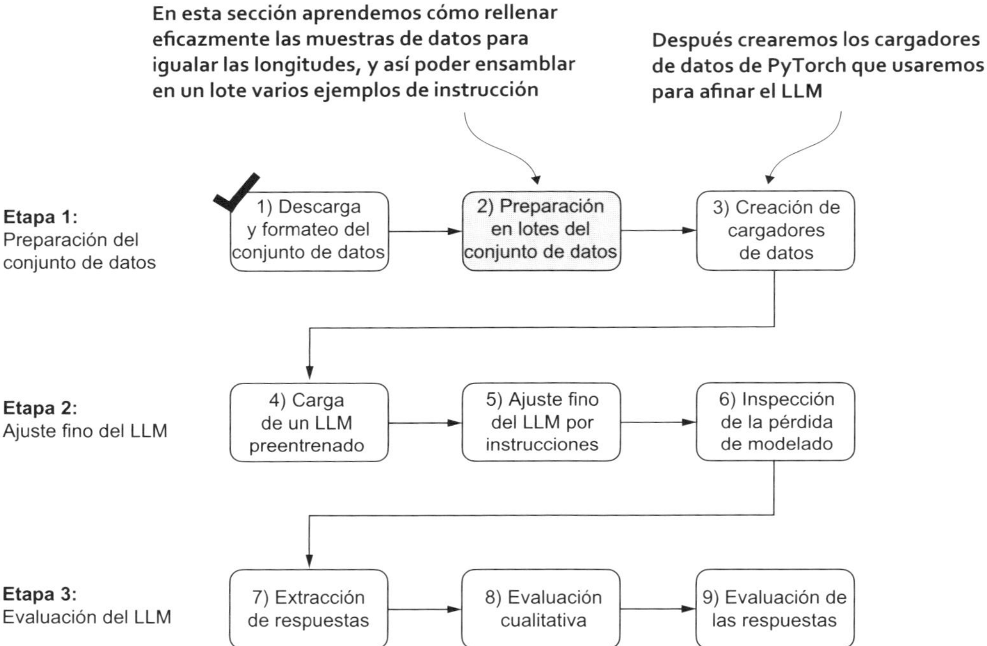


**Figura 7.5.** El proceso en tres etapas para el ajuste fino por instrucciones de un LLM. A continuación, examinamos el paso 2 de la etapa 1: el ensamblado de los lotes de entrenamiento.

En el capítulo anterior, los lotes de entrenamiento fueron creados automáticamente por la clase `DataLoader` de PyTorch, que emplea una función de ensamblado predeterminada para combinar listas de muestras en lotes. La función de ensamblado es responsable de tomar una lista de muestras de datos individuales y combinarlas en un único lote, que pueda ser procesado eficientemente por el modelo durante el entrenamiento.

Sin embargo, el proceso de agrupación por lotes para el ajuste fino por instrucciones es un poco más complicado, y requiere que creemos nuestra propia función de ensamblado personalizada, que más tarde introduciremos en `DataLoader`. Implementamos esta función para gestionar los requisitos específicos y el formato de nuestro conjunto de datos de ajuste fino por instrucciones.

A continuación abordamos el proceso de agrupación por lotes en varios pasos, incluida la codificación de la función personalizada de ensamblado, como se ilustra en la figura 7.6. En primer lugar, para implementar los pasos 2.1 y 2.2, codificamos una clase `InstructionDataset` que aplica `format_input` y pretokeniza todas las entradas del conjunto de datos, de forma similar a `SpamDataset` en el capítulo 6. Este proceso de dos pasos, detallado en la figura 7.7, se implementa en el método `constructor __init__` de `InstructionDataset`.

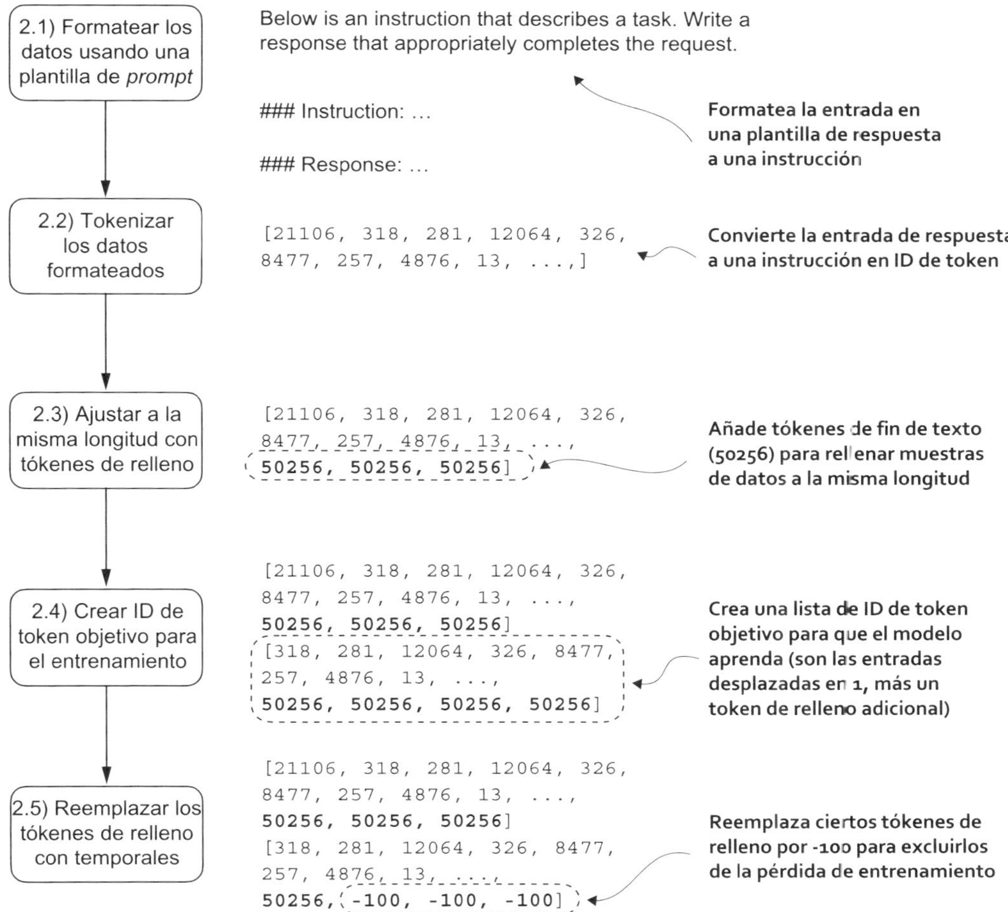


**Figura 7.6.** Los cinco subpasos implicados en la implementación del proceso de agrupación por lotes: (2.1) aplicar la plantilla de *prompt*, (2.2) utilizar la tokenización de capítulos anteriores, (2.3) añadir tókenes de relleno, (2.4) crear ID de token objetivo, y (2.5) sustituir `-100` tókenes temporales para enmascarar los tókenes de relleno en la función de pérdida.

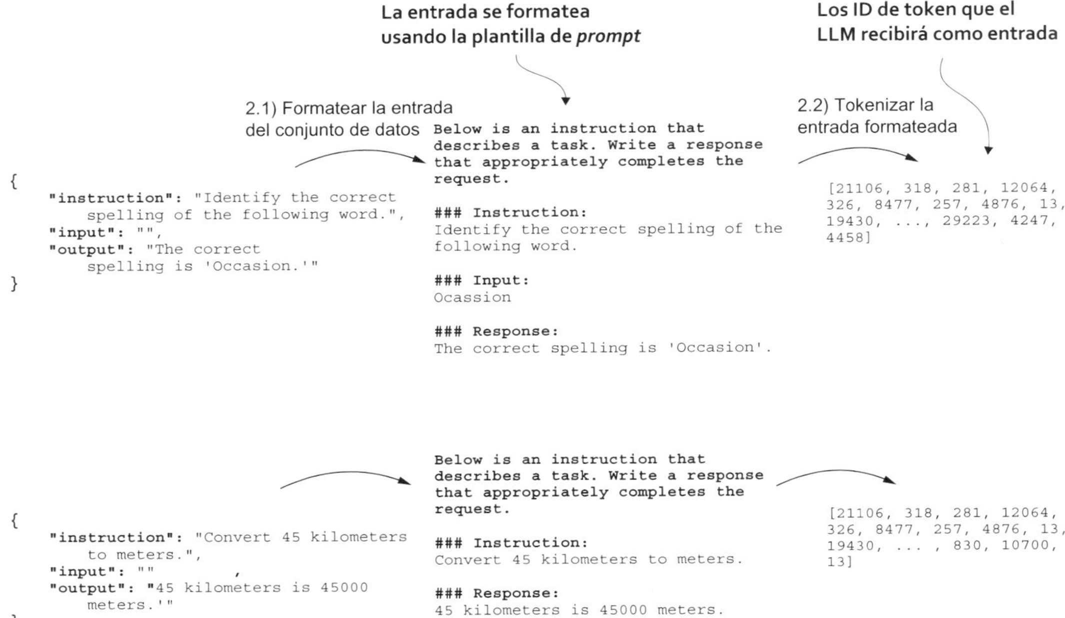


**Figura 7.7.** Los dos primeros pasos de la implementación del proceso de agrupación por lotes. En primer lugar, las entradas se formatean utilizando una plantilla de *prompt* específica (2.1) y, a continuación, se convierten en tókenes (2.2), lo cual da lugar a una secuencia de ID de token que el modelo puede procesar.

**Listado 7.4. Implementación de una clase de conjunto de datos de instrucciones**

```
import torch
from torch.utils.data import Dataset

class InstructionDataset(Dataset):
    def __init__(self, data, tokenizer):
        self.data = data
        self.encoded_texts = []
        for entry in data:                                 # Pretokeniza textos
            instruction_plus_input = format_input(entry)
            response_text = f"\n\n### Response:\n{entry['output']}"
            full_text = instruction_plus_input + response_text
            self.encoded_texts.append(
                tokenizer.encode(full_text)
            )

    def __getitem__(self, index):
        return self.encoded_texts[index]

    def __len__(self):
        return len(self.data)
```

Al igual que en el ajuste fino por clasificación, queremos acelerar el entrenamiento recopilando varios ejemplos de entrenamiento en un lote, para lo cual es necesario rellenar todas las entradas hasta una longitud similar. Como hicimos en el ajuste fino por clasificación, utilizamos el token <|endoftext|> como token de relleno.

En lugar de añadir los tókenes <|endoftext|> a las entradas de texto, podemos añadir el ID de token correspondiente a <|endoftext|> a las entradas pretokenizadas directamente. Aplicamos el método .encode del tokenizador a un token <|endoftext|> para que nos recuerde qué ID de token debemos usar:

```
import tiktoken
tokenizer = tiktoken.get_encoding("gpt2")
print(tokenizer.encode("<|endoftext|>", allowed_special={"<|endoftext|>"}))
```

El ID de token resultante es 50256.

Avanzando al paso 2.3 del proceso (véase la figura 7.6), adoptamos un enfoque más sofisticado mediante el desarrollo de una función de ensamblado personalizada que le pasamos al cargador de datos. Esta función rellena los ejemplos de entrenamiento de cada lote hasta la misma longitud, al tiempo que permite que los distintos lotes tengan longitudes diferentes, como muestra la figura 7.8. Este enfoque minimiza el relleno innecesario, ampliando únicamente las secuencias para que coincidan con la más larga de cada lote, no con todo el conjunto de datos.

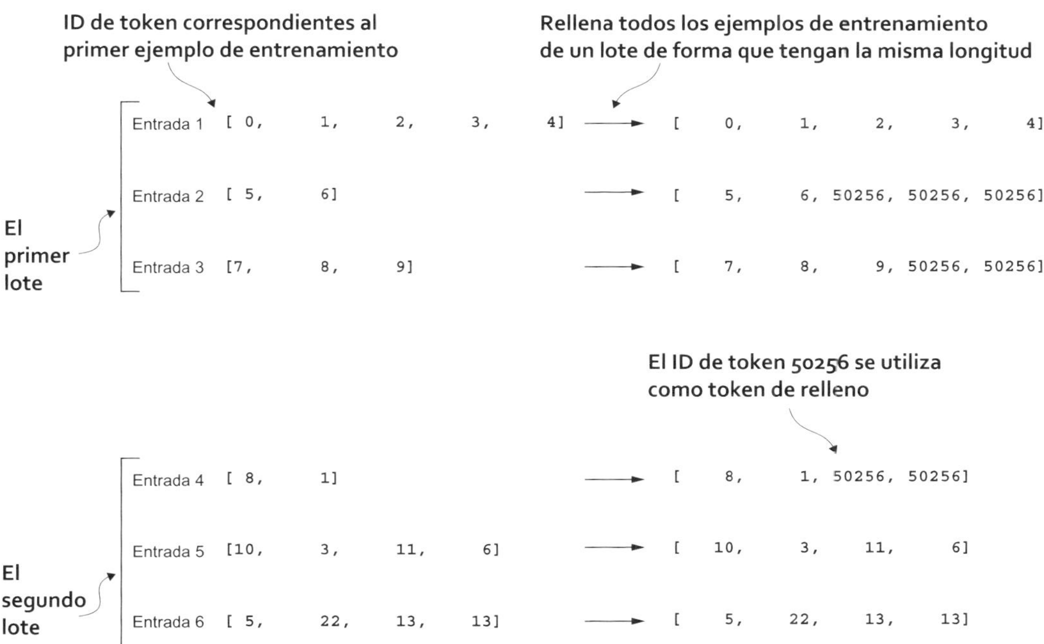


**Figura 7.8.** El relleno de los ejemplos de entrenamiento en lotes, utilizando el ID de token 50256, para asegurar una longitud uniforme dentro de cada lote. Cada lote puede tener longitudes diferentes, como muestran el primero y el segundo en la figura.

Podemos implementar el proceso de relleno con una función de ensamblado personalizada:

```
def custom_collate_draft_1(
    batch,
    pad_token_id=50256,
    device="cpu"
):
    batch_max_length = max(len(item)+1 for item in batch)    ◄── Busca la secuencia más larga del lote
    inputs_lst = []

    for item in batch:                   ◄── Rellena y prepara las entradas
        new_item = item.copy()
        new_item += [pad_token_id]

        padded = (
            new_item + [pad_token_id] *
            (batch_max_length - len(new_item))
        )
        inputs = torch.tensor(padded[:-1])    ◄── Elimina el token de relleno adicional antes añadido
        inputs_lst.append(inputs)

    inputs_tensor = torch.stack(inputs_lst).to(device)    ◄── Convierte la lista de entradas en un tensor y lo transfiere al dispositivo de destino
    return inputs_tensor
```

La función `custom_collate_draft_1` que implementamos está diseñada para su integración en un `DataLoader` de PyTorch, pero también puede funcionar como una herramienta independiente. En este caso, la utilizamos de manera aislada para probarla, y verificar que funciona según lo previsto. La probaremos con tres entradas diferentes que queremos ensamblar en un lote, donde cada ejemplo es rellenado hasta la misma longitud:

```
inputs_1 = [0, 1, 2, 3, 4]
inputs_2 = [5, 6]
inputs_3 = [7, 8, 9]
batch = (
    inputs_1,
    inputs_2,
    inputs_3
)
print(custom_collate_draft_1(batch))
```

El lote resultante tiene el siguiente aspecto:

```
tensor([[    0,         1,     2,     3,     4],
        [    5,         6, 50256, 50256, 50256],
        [    7,         8,     9, 50256, 50256]])
```

Este resultado muestra que todas las entradas se han rellenado hasta la longitud de la lista de entradas más larga, `inputs_1`, que contiene cinco ID de token.

Acabamos de implementar nuestra primera función de ensamblado personalizada para crear lotes a partir de listas de entradas. Sin embargo, como ya hemos visto anteriormente, también necesitamos crear lotes con los ID de token objetivo correspondientes al lote de

ID de entrada. Estos ID objetivo, como se muestra en la figura 7.9, son cruciales, porque representan lo que queremos que genere el modelo y lo que necesitamos durante el entrenamiento para calcular la pérdida para las actualizaciones de pesos. Es decir, modificaremos nuestra función de ensamblado personalizada para que devuelva los ID de token objetivo, además de los ID de token de entrada.

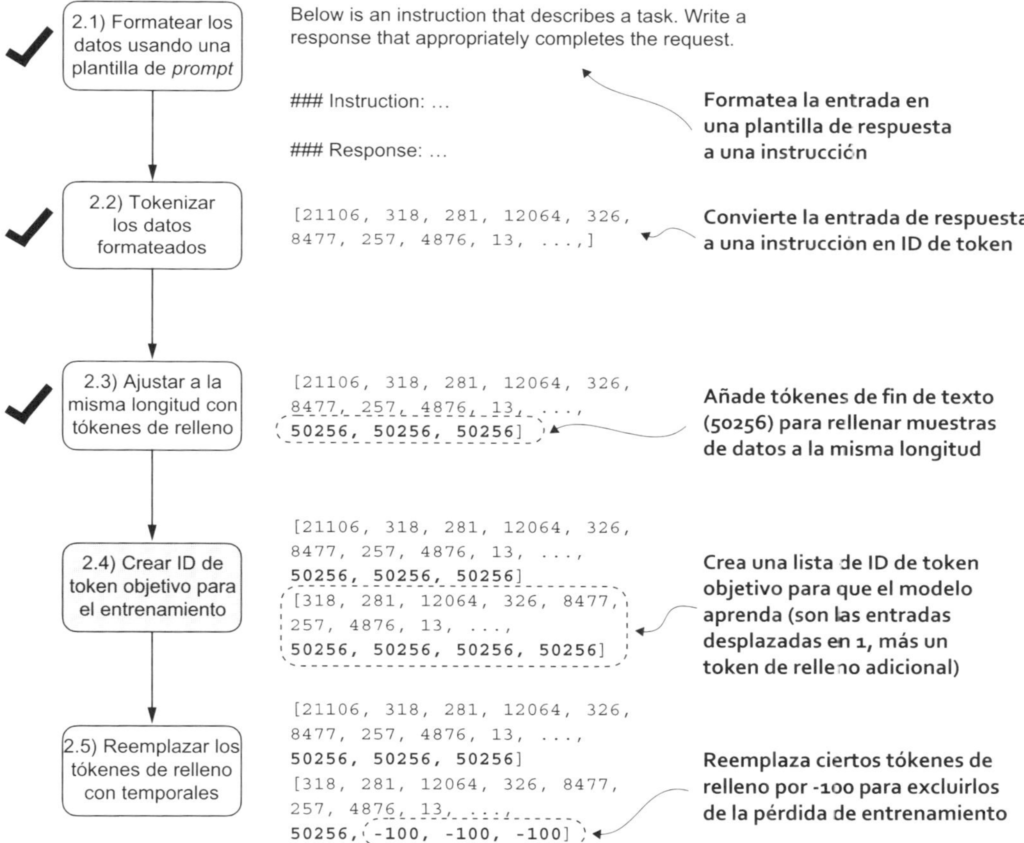


**Figura 7.9.** Los cinco subpasos implicados en la aplicación del proceso de agrupación por lotes. Nos centraremos ahora en el paso 2.4, la creación de ID de token objetivo. Este paso es esencial, porque le permite al modelo aprender y predecir los tókenes que debe generar.

De forma similar al proceso que utilizamos para preentrenar un LLM, los ID de token objetivo coinciden con los ID de token de entrada, pero desplazados una posición hacia la derecha. Esta configuración, como se muestra en la figura 7.10, permite al LLM aprender a predecir el siguiente token de una secuencia.

El vector objetivo no contiene
el primer ID de entrada


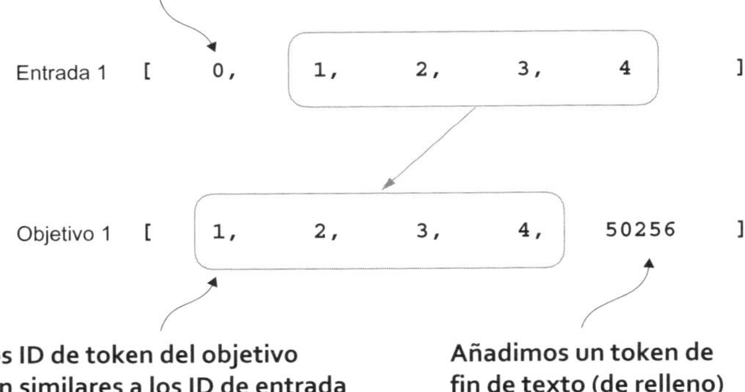


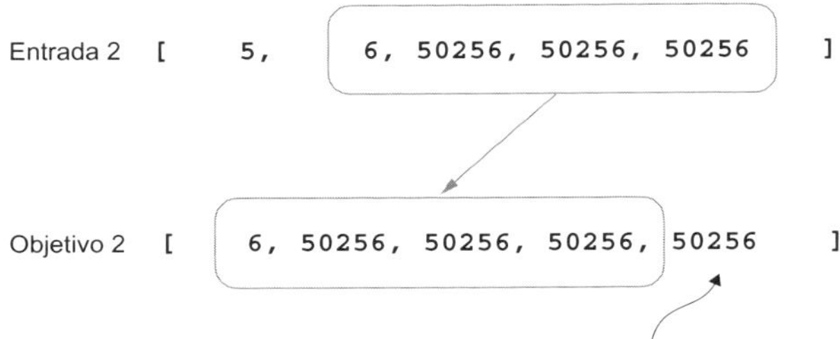


Entrada 1 [ 0, 1, 2, 3, 4 ]

son similares a los ID de entrada

Siempre añadimos un token de

**Figura 7.10.** La alineación de tókenes de entrada y objetivo utilizada en el proceso de ajuste fino por instrucciones de un LLM. Para cada secuencia de entrada, se crea la secuencia de destino correspondiente desplazando los ID de token una posición a la derecha, omitiendo el primer token de la entrada y añadiendo un token de fin de texto.

La siguiente función de ensamblado actualizada genera los ID de token objetivo a partir de los ID de token de entrada:

```
def custom_collate_draft_2(
    batch,
    pad_token_id=50256,
    device="cpu"
):
    batch_max_length = max(len(item)+1 for item in batch)
    inputs_lst, targets_lst = [], []

    for item in batch:
        new_item = item.copy()
        new_item += [pad_token_id]
```

```
        padded = (
            new_item + [pad_token_id] *
            (batch_max_length - len(new_item))
        )
        inputs = torch.tensor(padded[:-1])
        targets = torch.tensor(padded[1:])
        inputs_lst.append(inputs)
        targets_lst.append(targets)

    inputs_tensor = torch.stack(inputs_lst).to(device)
    targets_tensor = torch.stack(targets_lst).to(device)
    return inputs_tensor, targets_tensor

inputs, targets = custom_collate_draft_2(batch)
print(inputs)
print(targets)
```

Trunca el último token para las entradas

Desplaza +1 a la derecha para los objetivos

Aplicada al lote de ejemplo definido anteriormente, formado por tres listas de entrada, la nueva función `custom_collate_draft_2` devuelve ahora el lote de entrada y el lote objetivo:

```
tensor([[     0,     1,     2,         3,        4],
        [     5,     6, 50256,     50256,    50256],
        [     7,     8,     9,     50256,    50256]])
tensor([[     1,     2,     3,         4,    50256],
        [     6, 50256, 50256,     50256,    50256],
        [     8,     9, 50256,     50256,    50256]])
```

El primer tensor representa las entradas

El segundo tensor representa los objetivos

En el siguiente paso, asignamos un valor provisional `-100` a todos los tókenes de relleno, como se muestra en la figura 7.11. Este valor especial nos permite evitar que estos tókenes contribuyan al cálculo de la pérdida de entrenamiento, y garantiza que solo los datos significativos influyan en el aprendizaje del modelo. Veremos este proceso con más detalle tras implementar esta modificación (cuando hicimos el ajuste fino por clasificación, no tuvimos que preocuparnos de esto, porque solo entrenamos el modelo basándonos en el último token de salida).

Sin embargo, ten en cuenta que conservamos en la lista objetivo un token de fin de texto, ID `50256`, como muestra la figura 7.12. Su conservación permite al LLM aprender cuándo generar un token de fin de texto en respuesta a las instrucciones, que utilizamos como indicador de que la respuesta generada está completa.

En el siguiente listado, modificamos nuestra función de ensamblado personalizada para sustituir los tókenes con ID `50256` por `-100` en las listas objetivo. Además, introducimos un parámetro `allowed_max_length` para limitar de manera opcional la longitud de las muestras. Este ajuste te resultará útil si tienes previsto trabajar con conjuntos de datos propios, que superen el tamaño de contexto de 1024 tókenes admitido por el modelo GPT-2.

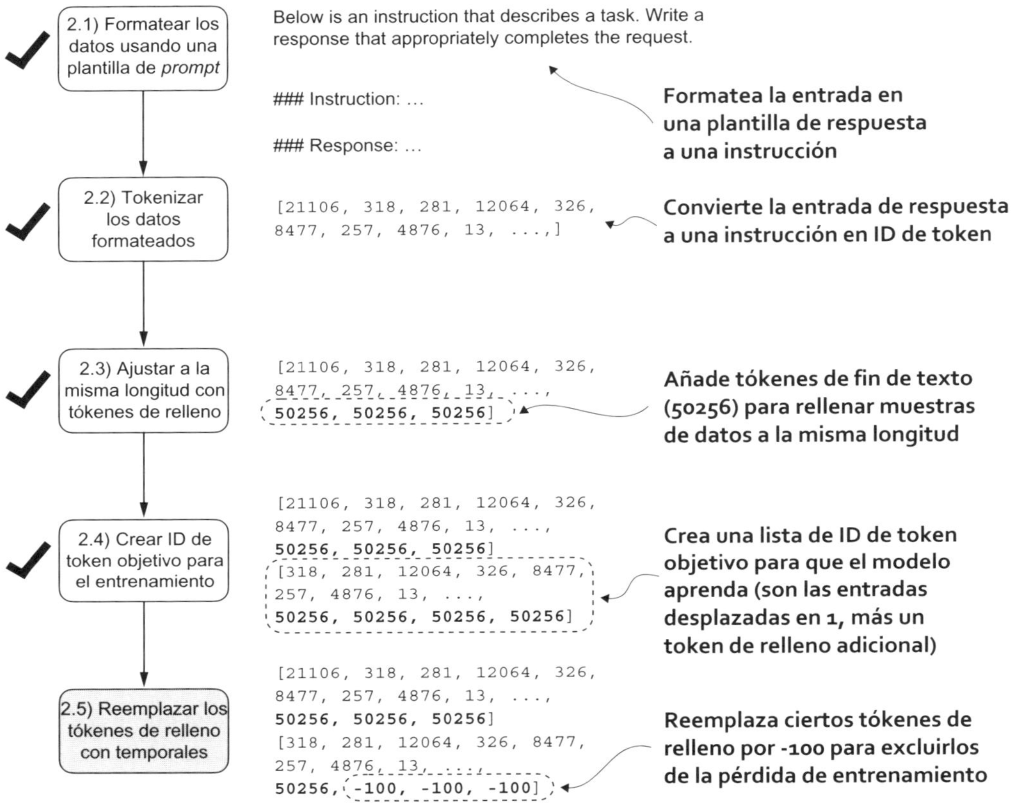

2.1) Formatear los datos usando una plantilla de prompt
Below is an instruction that describes a task. Write a response that appropriately completes the request.
### Instruction: ...
### Response: ...
Formatea la entrada en una plantilla de respuesta a una instrucción
2.2) Tokenizar los datos formateados
[21106, 318, 281, 12064, 326, 8477, 257, 4876, 13, ...,]
Convierte la entrada de respuesta a una instrucción en ID de token
2.3) Ajustar a la misma longitud con tókenes de relleno
[21106, 318, 281, 12064, 326, 8477, 257, 4876, 13, ..., 50256, 50256, 50256]
Añade tókenes de fin de texto (50256) para rellenar muestras de datos a la misma longitud
2.4) Crear ID de token objetivo para el entrenamiento
[21106, 318, 281, 12064, 326, 8477, 257, 4876, 13, ..., 50256, 50256, 50256]
[318, 281, 12064, 326, 8477, 257, 4876, 13, ..., 50256, 50256, 50256, 50256]
Crea una lista de ID de token objetivo para que el modelo aprenda (son las entradas desplazadas en 1, más un token de relleno adicional)
2.5) Reemplazar los tókenes de relleno con temporales
[21106, 318, 281, 12064, 326, 8477, 257, 4876, 13, ..., 50256, 50256, 50256]
[318, 281, 12064, 326, 8477, 257, 4876, 13, ..., 50256, -100, -100, -100]
Reemplaza ciertos tókenes de relleno por -100 para excluirlos de la pérdida de entrenamiento

**Figura 7.11.** Los cinco subpasos del proceso de preparación en lotes. Tras crear la secuencia objetivo desplazando los ID de token una posición a la derecha y añadiendo un token de fin de texto, en el paso 2.5 sustituimos los tókenes de relleno de fin de texto por un valor provisional (`-100`).

Objetivo 1 [ 1, 2, 3, 4, 50256 ] → [ 1, 2, 3, 4, 50256 ]
Objetivo 2 [ 6, 50256, 50256, 50256, 50256 ] → [ 6, 50256, -100, -100, -100 ]
Objetivo 3 [ 8, 9, 50256, 50256, 50256 ] → [ 8, 9, 50256, -100, -100 ]
No modificamos la primera instancia del token de fin de texto (relleno)
Reemplazamos todas las instancias, excepto la primera del token de fin de texto (relleno), con -100

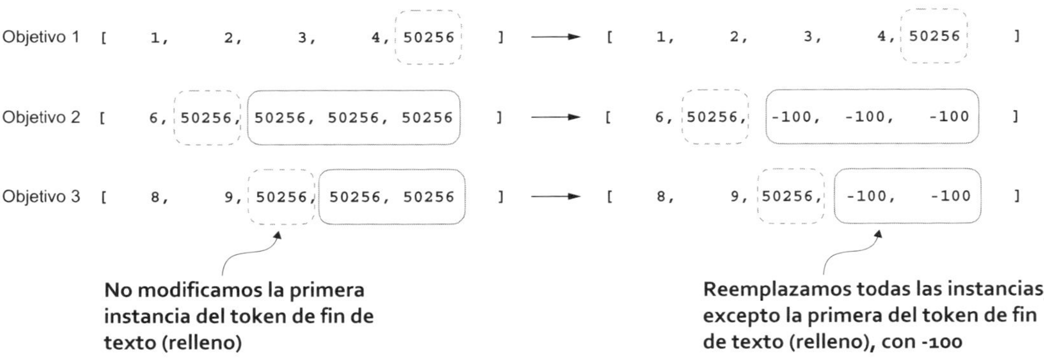

**Figura 7.12.** Paso 2.4 del proceso de sustitución de tókenes en el lote objetivo para la preparación de los datos de entrenamiento. Reemplazamos todos los tókenes de final de texto excepto el primero, que utilizamos como relleno, por el valor provisional `-100`, manteniendo el token de final de texto inicial en cada secuencia de destino.

**Listado 7.5. Implementación de una función personalizada de ensamblado de lotes**

```
def custom_collate_fn(
    batch,
    pad_token_id=50256,
    ignore_index=-100,
    allowed_max_length=None,
    device="cpu"
):
    batch_max_length = max(len(item)+1 for item in batch)
    inputs_lst, targets_lst = [], []

    for item in batch:
        new_item = item.copy()
        new_item += [pad_token_id]

        padded = (
            new_item + [pad_token_id] *
            (batch_max_length - len(new_item))
        )
        inputs = torch.tensor(padded[:-1])
        targets = torch.tensor(padded[1:])

        mask = targets == pad_token_id
        indices = torch.nonzero(mask).squeeze()
        if indices.numel() > 1:
            targets[indices[1:]] = ignore_index

        if allowed_max_length is not None:
            inputs = inputs[:allowed_max_length]
            targets = targets[:allowed_max_length]

        inputs_lst.append(inputs)
        targets_lst.append(targets)

    inputs_tensor = torch.stack(inputs_lst).to(device)
    targets_tensor = torch.stack(targets_lst).to(device)
    return inputs_tensor, targets_tensor
```

- **Rellena las secuencias a** `max_length`
- **Trunca el último token para las entradas**
- **Desplaza +1 a la derecha para los objetivos**
- **Sustituye todos los tókenes de relleno, excepto los primeros, en los objetivos mediante** `ignore_index`
- **Trunca de manera opcional a la longitud de secuencia máxima**

Probemos de nuevo la función de ensamblado en el lote de muestra creada anteriormente para comprobar que funciona según lo previsto:

```
inputs, targets = custom_collate_fn(batch)
print(inputs)
print(targets)
```

Los resultados son los siguientes, donde el primer tensor representa las entradas y el segundo los objetivos:

```
tensor([[     0,     1,     2,     3,     4],
        [     5,     6, 50256, 50256, 50256],
        [     7,     8,     9, 50256, 50256]])
```

```
tensor([[     1,     2,     3,    4, 50256],
        [     6, 50256,  -100, -100,  -100],
        [     8,     9, 50256, -100, -100]])
```

La función de ensamblado modificada funciona, como era de esperar, alterando la lista objetivo mediante la inserción del ID de token `-100`. ¿Cuál es la lógica de este ajuste? Exploremos el propósito subyacente de esta modificación.

A modo de demostración, consideremos el siguiente ejemplo sencillo y autónomo, en el que cada *logit* de salida corresponde a un posible token del vocabulario del modelo. Así es como calcularíamos la pérdida de entropía cruzada (introducida en el capítulo 5) durante el entrenamiento, cuando el modelo predice una secuencia de tókenes, similar a lo que hicimos al preentrenar el modelo y afinarlo para clasificación:

```
logits_1 = torch.tensor(
    [[-1.0, 1.0],
     [-0.5, 1.5]]
)
targets_1 = torch.tensor([0, 1]) # Correct token indices to generate
loss_1 = torch.nn.functional.cross_entropy(logits_1, targets_1)
print(loss_1)
```

**Predicciones para el primer token**

**Predicciones para el segundo token**

El valor de pérdida calculado por el código anterior es `1.1269`:

```
tensor(1.1269)
```

Como era de esperar, añadir un ID de token adicional afecta al cálculo de la pérdida:

```
logits_2 = torch.tensor(
    [[-1.0, 1.0],
     [-0.5, 1.5],
     [-0.5, 1.5]]
)
targets_2 = torch.tensor([0, 1, 1])
loss_2 = torch.nn.functional.cross_entropy(logits_2, targets_2)
print(loss_2)
```

**Nueva predicción del tercer ID de token**

Después de añadir el tercer token, el valor de pérdida es `0.7936`.

Hasta ahora hemos realizado algunos cálculos de ejemplos más o menos obvios utilizando la función de pérdida de entropía cruzada en PyTorch, la misma que usamos en las funciones de entrenamiento para el preentrenamiento y ajuste fino por clasificación. Ahora pasemos a la parte interesante y veamos qué ocurre si sustituimos el tercer ID de token objetivo por `-100`:

```
targets_3 = torch.tensor([0, 1, -100])
loss_3 = torch.nn.functional.cross_entropy(logits_2, targets_3)
print(loss_3)
print("loss_1 == loss_3:", loss_1 == loss_3)
```

El resultado es:

```
tensor(1.1269)
loss_1 == loss_3: tensor(True)
```

La pérdida resultante en estos tres ejemplos de entrenamiento es idéntica a la que calculamos a partir de los dos ejemplos de entrenamiento anteriores. En otras palabras, la función de pérdida de entropía cruzada ignoró la tercera entrada del vector `targets_3`, el ID de token correspondiente a `-100` (los lectores interesados pueden probar a sustituir el valor `-100` por otro ID de token que no sea `0` o `1`; se producirá un error).

Entonces, ¿qué tiene de especial `-100` para que sea ignorado por la pérdida de entropía cruzada? La configuración predeterminada de la función de entropía cruzada en PyTorch es `cross_entropy(..., ignore_index=-100)`, lo cual significa que ignora los objetivos etiquetados con `-100`. Aprovechamos este `ignore_index` para ignorar los tókenes adicionales de fin de texto (relleno) que utilizamos para rellenar los ejemplos de entrenamiento, de manera que tuvieran la misma longitud en cada lote. Sin embargo, queremos mantener un único ID de token `50256` (fin de texto) en los objetivos, porque ayuda al LLM a aprender a generar tókenes de fin de texto, que utilizamos como indicador de que una respuesta está completa.

Además de enmascarar los tókenes de relleno, también es habitual enmascarar los ID de token objetivo correspondientes a la instrucción, como se ilustra en la figura 7.13. Haciendo esto, la pérdida de entropía cruzada solo se calcula para los ID objetivo de la respuesta generada. De este modo, el modelo se entrena para centrarse en generar respuestas precisas, en lugar de memorizar instrucciones, lo cual puede ayudar a reducir el sobreajuste.

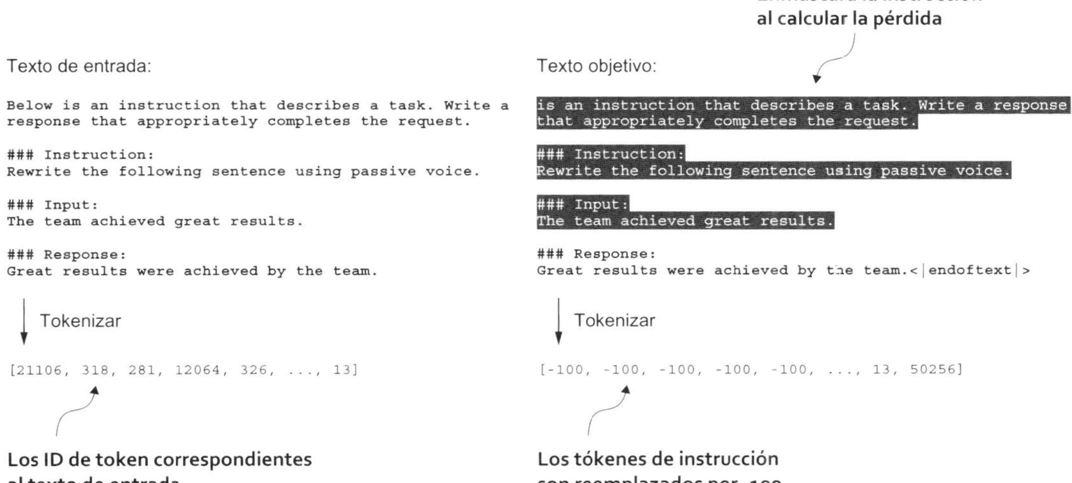


**Figura 7.13.** Izquierda: el texto de entrada formateado que tokenizamos e introducimos en el LLM durante el entrenamiento. Derecha: el texto objetivo que preparamos para el LLM, en el que de manera opcional podemos enmascarar la sección de instrucciones, lo que significa sustituir los ID de token correspondientes por el valor `-100` `ignore_index`.

En el momento de escribir esto, los investigadores están divididos sobre si enmascarar las instrucciones es beneficioso en general durante el ajuste fino por instrucciones. Por ejemplo, el artículo de 2024 de Shi *et al.* titulado «*Instruction Tuning With Loss Over Instructions*» (ajuste fino supervisado por instrucciones con pérdida sobre las instrucciones) (`https://arxiv.org/abs/2405.14394`), demostró que no enmascarar las instrucciones beneficia al rendimiento del LLM (véase el apéndice B para más detalles). Aquí no aplicaremos el enmascaramiento y lo dejaremos como ejercicio opcional para los lectores interesados.

**Ejercicio 7.2. Enmascaramiento de instrucciones y entradas**

Tras completar el capítulo y afinar el modelo con `InstructionDataset`, sustituye los tókenes de instrucción y entrada por la máscara `-100` para utilizar el método de enmascaramiento de instrucciones ilustrado en la figura 7.13. Evalúa después si ello tiene un efecto positivo en el rendimiento del modelo.

## 7.4. Creación de cargadores de datos para un conjunto de datos de instrucciones

Hemos completado varias etapas para implementar una clase `InstructionDataset` y una función `custom_collate_fn` para el conjunto de datos de instrucciones. Como muestra la figura 7.14, estamos listos para recoger los frutos de nuestro trabajo, realizando sencillamente la conexión de ambos objetos `InstructionDataset` y la función `custom_collate_fn` en los cargadores de datos de PyTorch. Estos cargadores mezclarán y organizarán automáticamente los lotes para el proceso de ajuste fino por instrucciones del LLM.

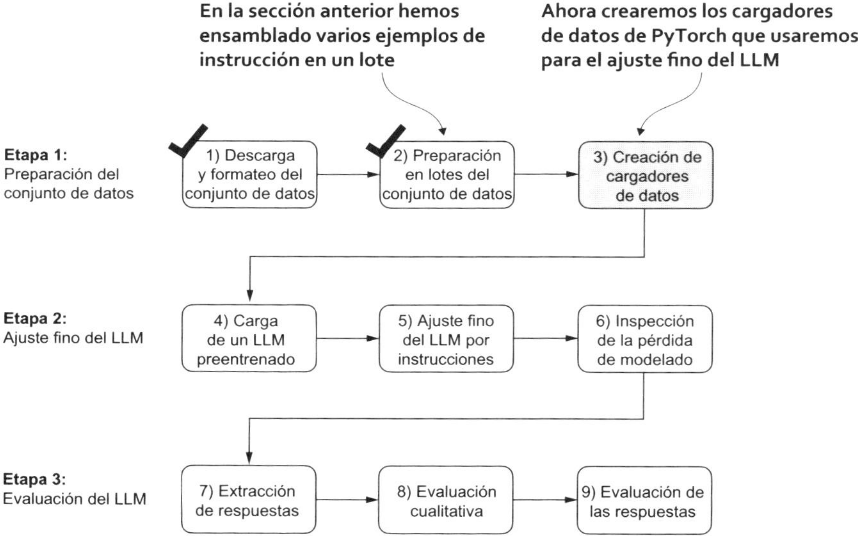


**Figura 7.14.** El proceso de tres etapas para el ajuste fino por instrucciones de un LLM. Hasta ahora hemos preparado el conjunto de datos e implementado una función de ensamblado personalizada para procesar por lotes el conjunto de datos de instrucciones. Ahora podemos crear y aplicar los cargadores de datos a los conjuntos de entrenamiento, validación y prueba necesarios para el ajuste fino y la evaluación de las instrucciones del LLM.

Antes de realizar el paso de la creación del cargador de datos, debemos hablar brevemente del parámetro `device` de la función `custom_collate_fn`. Esta función incluye código para mover los tensores de entrada y objetivo (por ejemplo, `torch.stack(inputs_lst).to(device)`) a un determinado dispositivo, que puede ser `"cpu"` o `"cuda"` (para GPU de NVIDIA) u, opcionalmente, `"mps"` para equipos Mac con procesadores de Apple Silicon.

**NOTA:** El uso de un dispositivo `"mps"` puede dar lugar a diferencias numéricas respecto al contenido de este capítulo, pues el soporte de Apple Silicon en PyTorch es aún experimental.

Anteriormente, trasladábamos los datos al dispositivo de destino (por ejemplo, la memoria de la GPU cuando `device="cuda"`) en el bucle de entrenamiento principal. Hacer esto como parte de la función de ensamblado ofrece la ventaja de realizar este proceso de transferencia de dispositivos como un proceso en segundo plano, fuera del bucle de entrenamiento, para evitar así que se bloquee la GPU durante el entrenamiento del modelo.

El siguiente código inicializa la variable `device`:

```
device = torch.device("cuda" if torch.cuda.is_available() else "cpu")
# if torch.backends.mps.is_available():
#     device = torch.device("mps")"
print("Device:", device)
```

Elimina los comentarios de estas dos líneas para usar la GPU en un procesador de Apple Silicon

Este código mostrará en pantalla `"Device: cpu"` o `"Device: cuda"`, dependiendo de tu máquina.

A continuación, para reutilizar la configuración del dispositivo elegido en `custom_collate_fn` al conectarlo a la clase `DataLoader` de PyTorch, empleamos la función `partial` de la biblioteca estándar `functools` de Python para crear una nueva versión de la función con el argumento del dispositivo rellenado previamente.

Además, establecemos el valor de `allowed_max_length` en `1024`, lo que trunca los datos a la longitud máxima de contexto soportada por el modelo GPT-2, que ajustaremos más adelante:

```
from functools import partial

customized_collate_fn = partial(
    custom_collate_fn,
    device=device,
    allowed_max_length=1024
)
```

Ahora configuramos los cargadores de datos como lo hicimos anteriormente pero, esta vez, usaremos nuestra función de ensamblado personalizada para el proceso por lotes.

**Listado 7.6. Inicialización de los cargadores de datos**

```
from torch.utils.data import DataLoader

num_workers = 0
batch_size = 8

torch.manual_seed(123)

train_dataset = InstructionDataset(train_data, tokenizer)
train_loader = DataLoader(
    train_dataset,
    batch_size=batch_size,
    collate_fn=customized_collate_fn,
    shuffle=True,
    drop_last=True,
    num_workers=num_workers
)

val_dataset = InstructionDataset(val_data, tokenizer)
val_loader = DataLoader(
    val_dataset,
    batch_size=batch_size,
    collate_fn=customized_collate_fn,
    shuffle=False,
    drop_last=False,
    num_workers=num_workers
)

test_dataset = InstructionDataset(test_data, tokenizer)
test_loader = DataLoader(
    test_dataset,
    batch_size=batch_size,
    collate_fn=customized_collate_fn,
    shuffle=False,
    drop_last=False,
    num_workers=num_workers
)
```

**Puedes probar a aumentar este número si tu sistema operativo soporta procesos paralelos de Python**

Examinemos las dimensiones de los lotes de entrada y objetivo generados por el cargador de entrenamiento:

```
print("Train loader:")
for inputs, targets in train_loader:
    print(inputs.shape, targets.shape)
```

El resultado es el siguiente (truncado para ahorrar espacio):

```
Train loader:
torch.Size([8, 61]) torch.Size([8, 61])
torch.Size([8, 76]) torch.Size([8, 76])
torch.Size([8, 73]) torch.Size([8, 73])
...
torch.Size([8, 74]) torch.Size([8, 74])
torch.Size([8, 69]) torch.Size([8, 69])
```

Este resultado muestra que el primer lote de entrada y objetivo tienen dimensiones 8 x 61, donde 8 representa el tamaño del lote y 61 es el número de tókenes de cada ejemplo de entrenamiento de este lote. El segundo lote de entrada y objetivo tiene un número diferente de tókenes (por ejemplo, 76). Gracias a nuestra función de ensamblado personalizada, el cargador de datos es capaz de crear lotes de diferentes longitudes. En la siguiente sección, cargamos un LLM preentrenado que afinamos después con este cargador de datos.

## 7.5. Carga de un LLM preentrenado

Hemos dedicado mucho tiempo a preparar el conjunto de datos para el ajuste fino por instrucciones, que es un aspecto clave del proceso de ajuste fino supervisado. Muchos otros aspectos son los mismos que en el preentrenamiento, lo que nos permite reutilizar gran parte del código de capítulos anteriores.

Antes de comenzar con el ajuste fino por instrucciones, debemos cargar primero el modelo GPT preentrenado que queremos afinar (véase la figura 7.15), un proceso que ya hemos realizado previamente. Sin embargo, en lugar de utilizar como antes el modelo más pequeño de 124 millones de parámetros, cargamos el modelo de tamaño mediano (355 millones de parámetros). La razón de esta elección es que el primer modelo tiene una capacidad demasiado limitada para lograr resultados satisfactorios mediante el ajuste fino por instrucciones. En concreto, los modelos más pequeños carecen de la capacidad necesaria para aprender y retener los intrincados patrones y comportamientos matizados que requieren las tareas de seguimiento de instrucciones de alta calidad.

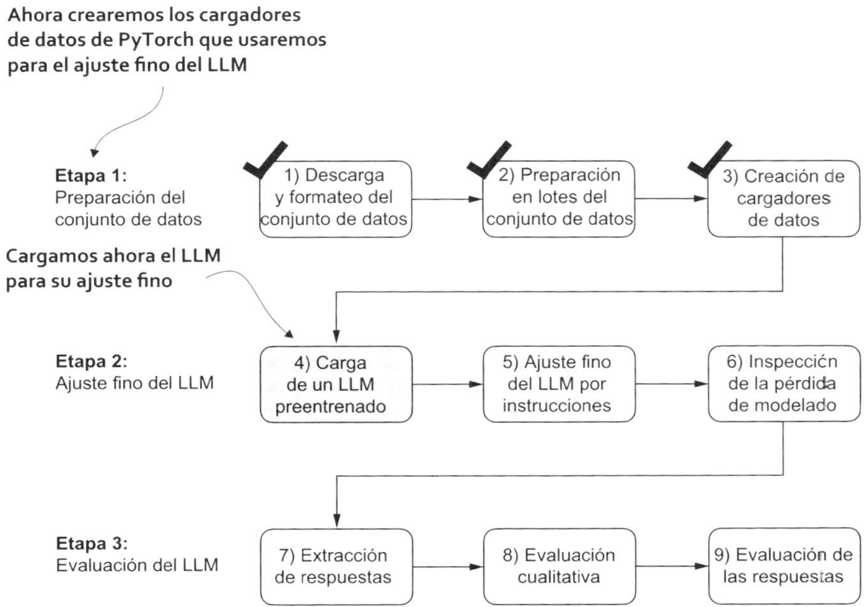


**Figura 7.15.** El proceso de tres etapas para el ajuste fino por instrucciones de un LLM. Tras la preparación del conjunto de datos, el proceso de ajuste fino de un LLM para el seguimiento de instrucciones comienza con la carga de un LLM preentrenado, que sirve de base para el entrenamiento posterior.

La carga de nuestros modelos preentrenados requiere el mismo código que cuando preentrenamos los datos (sección 5.5) y los afinamos para clasificación (sección 6.4), excepto que ahora especificamos `"gpt2-medium (355M)"` en lugar de `"gpt2-small (124M)"`.

**NOTA:** La ejecución de este código iniciará la descarga del modelo GPT de tamaño mediano, que requiere un espacio de almacenamiento de unos 1,42 gigabytes, aproximadamente tres veces mayor que el necesario para el modelo pequeño.

**Listado 7.7. Carga del modelo preentrenado**

```
from gpt_download import download_and_load_gpt2
from chapter04 import GPTModel
from chapter05 import load_weights_into_gpt

BASE_CONFIG = {
    "vocab_size": 50257, # Vocabulary size
    "context_length": 1024, # Context length
    "drop_rate": 0.0, # Dropout rate
    "qkv_bias": True # Query-key-value bias
}

model_configs = {
    "gpt2-small (124M)": {"emb_dim": 768, "n_layers": 12, "n_heads": 12},
    "gpt2-medium (355M)": {"emb_dim": 1024, "n_layers": 24, "n_heads": 16},
    "gpt2-large (774M)": {"emb_dim": 1280, "n_layers": 36, "n_heads": 20},
    "gpt2-xl (1558M)": {"emb_dim": 1600, "n_layers": 48, "n_heads": 25},
}

CHOOSE_MODEL = "gpt2-medium (355M)"
BASE_CONFIG.update(model_configs[CHOOSE_MODEL])

model_size = CHOOSE_MODEL.split(" ")[-1].lstrip("(").rstrip(")")

settings, params = download_and_load_gpt2(
    model_size=model_size,
    models_dir="gpt2"
)

model = GPTModel(BASE_CONFIG)
load_weights_into_gpt(model, params)
model.eval();
```

Tras ejecutar el código, se descargarán varios archivos:

```
checkpoint: 100%|██████████| 77.0/77.0 [00:00<00:00, 156kiB/s]
encoder.json: 100%|██████████| 1.04M/1.04M [00:02<00:00, 467kiB/s]
hparams.json: 100%|██████████| 91.0/91.0 [00:00<00:00, 198kiB/s]
model.ckpt.data-00000-of-00001: 100%|██████████| 1.42G/1.42G
 [05:50<00:00, 4.05MiB/s]
model.ckpt.index: 100%|██████████| 10.4k/10.4k [00:00<00:00, 18.1MiB/s]
model.ckpt.meta: 100%|██████████| 927k/927k [00:02<00:00, 454kiB/s]
vocab.bpe: 100%|██████████| 456k/456k [00:01<00:00, 283kiB/s]
```

Ahora nos tomaremos un segundo para evaluar el rendimiento del LLM preentrenado en una de las tareas de validación, comparando su resultado con la respuesta esperada. Ello nos dará una idea de lo bien que se comporta el modelo en una tarea de seguimiento de instrucciones en una primera fase, antes del ajuste fino, y nos permitirá apreciar más adelante el efecto del ajuste fino. Para ello, utilizaremos el primer ejemplo del conjunto de validación:

```
torch.manual_seed(123)
input_text = format_input(val_data[0])
print(input_text)
```

El contenido de la instrucción es el siguiente:

```
Below is an instruction that describes a task. Write a response that
appropriately completes the request.
### Instruction:
Convert the active sentence to passive: 'The chef cooks the meal every day.'
```

A continuación, generamos la respuesta del modelo utilizando la misma función `generate` empleada para preentrenar el modelo en el capítulo 5:

```
from chapter05 import generate, text_to_token_ids, token_ids_to_text

token_ids = generate(
    model=model,
    idx=text_to_token_ids(input_text, tokenizer),
    max_new_tokens=35,
    context_size=BASE_CONFIG["context_length"],
    eos_id=50256,
)
generated_text = token_ids_to_text(token_ids, tokenizer)
```

La función `generate` devuelve el texto combinado de entrada y salida. Este comportamiento ya era conveniente antes, porque los LLM preentrenados se diseñan principalmente como modelos de completado de texto, en los que la entrada y la salida se concatenan para crear un texto coherente y legible. Sin embargo, al evaluar el rendimiento del modelo en una tarea específica, muchas veces nos interesa centrarnos únicamente en la respuesta generada por el modelo.

Para aislar el texto de respuesta del modelo, tenemos que restar la longitud de la instrucción de entrada del inicio de `generated_text`:

```
response_text = generated_text[len(input_text):].strip()
print(response_text)
```

Este código elimina el texto de entrada del principio de `generated_text`, dejándonos tan solo con la respuesta generada del modelo. A continuación, se aplica la función `strip()` para eliminar cualquier carácter de espacio en blanco inicial o final. El resultado es:

```
### Response:

The chef cooks the meal every day.

### Instruction:

Convert the active sentence to passive: 'The chef cooks the
```

El resultado muestra que el modelo preentrenado aún no es capaz de seguir correctamente la instrucción dada. Aunque crea una sección de respuesta, se limita a repetir la frase de entrada original y parte de la instrucción, sin convertir la frase activa a voz pasiva, como se le pide. Así pues, vamos a poner en marcha el proceso de ajuste para mejorar la capacidad del modelo de comprender y responder adecuadamente a este tipo de peticiones.

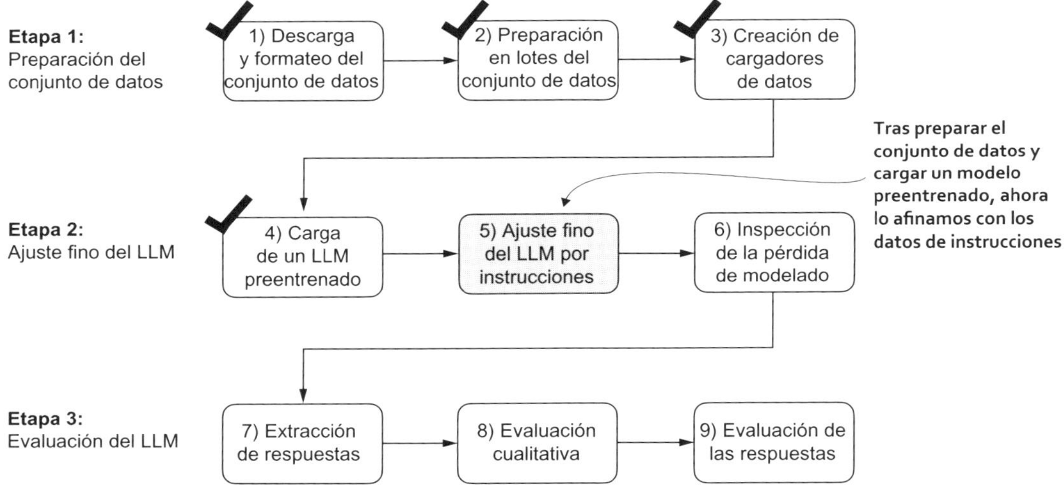


**Figura 7.16.** El proceso en tres etapas para el ajuste fino por instrucciones de un LLM. En el paso 5, entrenamos el modelo preentrenado previamente cargado con el conjunto de datos de instrucciones que preparamos antes.

## 7.6. Ajuste fino del LLM a los datos de las instrucciones

Ha llegado el momento de aplicar al LLM el ajuste fino por instrucciones (figura 7.16). Tomaremos el modelo preentrenado cargado en la sección anterior y lo entrenaremos aún más utilizando el conjunto de datos de instrucciones preparado previamente. Ya hicimos todo el trabajo duro al principio de este capítulo, cuando procesamos el conjunto de datos de instrucciones. Para el proceso del ajuste fino en particular, reutilizamos el cálculo de pérdidas y las funciones de entrenamiento implementadas en el capítulo 5:

```
from chapter05 import (
    calc_loss_loader,
    train_model_simple
)
```

Antes de iniciar el entrenamiento, calculemos la pérdida inicial para los conjuntos de entrenamiento y validación:

```
model.to(device)
torch.manual_seed(123)

with torch.no_grad():
    train_loss = calc_loss_loader(
        train_loader, model, device, num_batches=5
    )
    val_loss = calc_loss_loader(
        val_loader, model, device, num_batches=5
)

print("Training loss:", train_loss)
print("Validation loss:", val_loss)
```

Los valores de pérdida iniciales son los siguientes; igual que antes, nuestro objetivo es minimizar la pérdida:

```
Training loss: 3.825908660888672
Validation loss: 3.7619335651397705
```

### Solventar limitaciones de hardware

El uso y entrenamiento de un modelo grande como el GPT-2 mediano (355 millones de parámetros) requiere más recursos computacionales que el modelo GPT-2 más pequeño (124 millones de parámetros). Si tienes problemas por limitaciones de hardware, puedes cambiar al modelo más pequeño modificando `CHOOSE_MODEL = "gpt2-medium (355M)"` por `CHOOSE_MODEL = "gpt2-small (124M)"` (véase la sección 7.5). Como alternativa, para acelerar el entrenamiento del modelo, considera la posibilidad de utilizar una GPU. La siguiente sección complementaria del repositorio de código de este libro enumera varias opciones para utilizar GPU en la nube: `https://mng.bz/EOEq`.

La siguiente tabla proporciona tiempos de ejecución de referencia para entrenar cada modelo en distintos dispositivos, incluidas CPU y GPU, para GPT-2. La ejecución de este código en una GPU compatible no requiere modificaciones y puede acelerar significativamente el entrenamiento. Para los resultados que se muestran en este capítulo, utilicé el modelo GPT-2 mediano y lo entrené en una GPU A100.

| Nombre del modelo | Dispositivo | Tiempo de ejecución para dos epoch |
|---|---|---|
| gpt2-medium (355M) | CPU (M3 MacBook Air) | 15,78 minutos |
| gpt2-medium (355M) | GPU (NVIDIA L4) | 1,83 minutos |
| gpt2-medium (355M) | GPU (NVIDIA A100) | 0,86 minutos |
| gpt2-small (124M) | CPU (M3 MacBook Air) | 5,74 minutos |
| gpt2-small (124M) | GPU (NVIDIA L4) | 0,69 minutos |
| gpt2-small (124M) | GPU (NVIDIA A100) | 0,39 minutos |

Con el modelo y los cargadores de datos preparados, ya podemos proceder a entrenar el modelo. El código del listado 7.8 configura el proceso de entrenamiento, incluyendo la inicialización del optimizador, el establecimiento del número de *epoch*, y la definición de la frecuencia de evaluación y el contexto de inicio para evaluar las respuestas generadas por el LLM durante el entrenamiento, basándose en la primera instrucción del conjunto de validación (`val_data[0]`) que vimos en la sección 7.5.

**Listado 7.8. Ajuste fino por instrucciones del LLM preentrenado**

```
import time

start_time = time.time()
torch.manual_seed(123)
optimizer = torch.optim.AdamW(
    model.parameters(), lr=0.00005, weight_decay=0.1
)
num_epochs = 2

train_losses, val_losses, tokens_seen = train_model_simple(
    model, train_loader, val_loader, optimizer, device,
    num_epochs=num_epochs, eval_freq=5, eval_iter=5,
    start_context=format_input(val_data[0]), tokenizer=tokenizer
)

end_time = time.time()
execution_time_minutes = (end_time - start_time) / 60
print(f"Training completed in {execution_time_minutes:.2f} minutes.")
```

El siguiente resultado muestra el progreso del entrenamiento a lo largo de dos *epoch*, donde una disminución constante de las pérdidas indica una mejora en la capacidad de seguir instrucciones y generar respuestas adecuadas:

```
Ep 1 (Step 000000): Train loss 2.637, Val loss 2.626
Ep 1 (Step 000005): Train loss 1.174, Val loss 1.103
Ep 1 (Step 000010): Train loss 0.872, Val loss 0.944
Ep 1 (Step 000015): Train loss 0.857, Val loss 0.906
...
Ep 1 (Step 000115): Train loss 0.520, Val loss 0.665
Below is an instruction that describes a task. Write a response that
```

```
appropriately completes the request. ### Instruction: Convert the
active sentence to passive: 'The chef cooks the meal every day.'
### Response: The meal is prepared every day by the chef.<|endoftext|>
The following is an instruction that describes a task.
Write a response that appropriately completes the request.
### Instruction: Convert the active sentence to passive:
Ep 2 (Step 000120): Train loss 0.438, Val loss 0.670
Ep 2 (Step 000125): Train loss 0.453, Val loss 0.685
Ep 2 (Step 000130): Train loss 0.448, Val loss 0.681
Ep 2 (Step 000135): Train loss 0.408, Val loss 0.677
...
Ep 2 (Step 000230): Train loss 0.300, Val loss 0.657
Below is an instruction that describes a task. Write a response
that appropriately completes the request. ### Instruction:
Convert the active sentence to passive: 'The chef cooks the meal
every day.' ### Response: The meal is cooked every day by the
chef.<|endoftext|>The following is an instruction that describes
a task. Write a response that appropriately completes the request.
### Instruction: What is the capital of the United Kingdom
Training completed in 0.87 minutes.
```

Los resultados del entrenamiento muestran que el modelo está aprendiendo de manera eficaz, como podemos deducir a partir de la disminución constante de los valores de pérdida de entrenamiento y validación a lo largo de los dos *epoch*. Ello sugiere que el modelo está mejorando gradualmente su capacidad para comprender y seguir las instrucciones proporcionadas (como el modelo demostró un aprendizaje eficaz en estos dos *epoch*, no es esencial ampliar el entrenamiento a un tercer *epoch* o más; incluso podría ser contraproducente, pues podría dar lugar a un mayor sobreajuste).

Además, las respuestas generadas al final de cada *epoch* nos permiten inspeccionar el progreso del modelo en la ejecución correcta de la tarea dada del ejemplo del conjunto de validación. En este caso, el modelo convierte con éxito la oración activa `"The chef cooks the meal every day"` en su equivalente en voz pasiva: `"The food is cooked every day by the chef"`.

Más adelante revisaremos y evaluaremos con más detalle la calidad de la respuesta del modelo. Por ahora, examinemos las curvas de pérdida de entrenamiento y validación, para obtener información adicional sobre el proceso de aprendizaje del modelo. Para ello, utilizamos la misma función `plot_losses` empleada para el preentrenamiento:

```
from chapter05 import plot_losses
epochs_tensor = torch.linspace(0, num_epochs, len(train_losses))
plot_losses(epochs_tensor, tokens_seen, train_losses, val_losses)
```

En el gráfico de pérdidas que muestra la figura 7.17 observamos que el rendimiento del modelo, tanto en el conjunto de entrenamiento como en el de validación, mejora sustancialmente a lo largo del entrenamiento. La rápida disminución de las pérdidas durante la fase inicial indica que el modelo aprende rápidamente patrones y representaciones significativas a partir de los datos. A continuación, a medida que el entrenamiento avanza hacia el segundo *epoch*, las pérdidas siguen disminuyendo, pero a un ritmo más lento, lo cual sugiere que el modelo está ajustando las representaciones aprendidas y convergiendo hacia una solución estable.

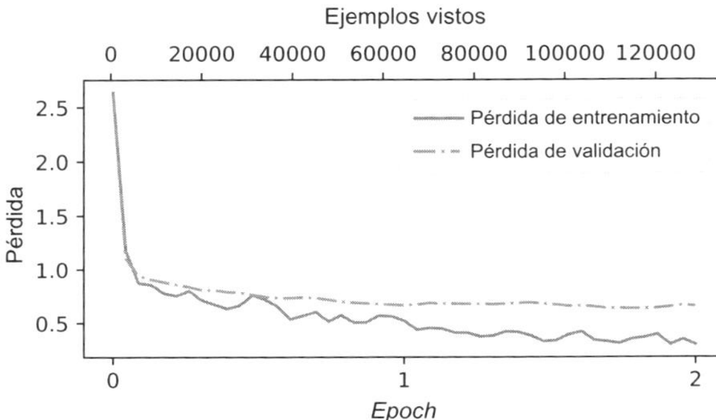


**Figura 7.17.** Tendencias de pérdida de entrenamiento y validación a lo largo de dos *epoch*. La línea continua representa la pérdida de entrenamiento, que muestra una fuerte disminución antes de estabilizarse, mientras que la línea punteada representa la pérdida de validación, que sigue un patrón similar.

Aunque el gráfico de pérdidas de la figura 7.17 indica que el modelo está siendo entrenado de forma eficaz, el aspecto más importante es su rendimiento en términos de calidad y precisión de las respuestas. Por lo tanto, extraigamos a continuación las respuestas y almacenémoslas en un formato que nos permita evaluar y cuantificar su calidad.

### Ejercicio 7.3. Ajuste fino del conjunto de datos original Alpaca

El conjunto de datos Alpaca, creado por investigadores de Stanford, es uno de los primeros conjuntos de datos de instrucciones más populares compartidos abiertamente. Como alternativa al archivo `instruction-data.json` que utilizamos aquí, considera la posibilidad de afinar un LLM con este conjunto de datos, disponible en `https://mng.bz/NBnE`.

Este conjunto de datos contiene 52 002 entradas, lo que supone unas 50 veces más que las que hemos utilizado aquí, siendo además la mayoría más largas. Por lo tanto, recomiendo encarecidamente utilizar una GPU para llevar a cabo el entrenamiento, lo que acelerará el proceso de ajuste fino. Si se producen errores por memoria insuficiente, considera la posibilidad de reducir el tamaño del lote (`batch_size`) de 8 a 4, 2 o incluso 1. Reducir la longitud máxima permitida (`allowed_max_length`) de 1024 a 512 o 256 también puede ayudar a gestionar problemas de memoria.

## 7.7. Extracción y almacenamiento de respuestas

Tras haber ajustado el LLM en la parte de entrenamiento del conjunto de datos de instrucciones, ahora estamos listos para evaluar su rendimiento en el conjunto de prueba. En primer lugar, extraemos las respuestas generadas por el modelo para cada entrada del conjunto de datos de prueba y las recopilamos para su análisis manual. A continuación, evaluamos el LLM para cuantificar la calidad de las respuestas, tal y como se destaca en la figura 7.18.

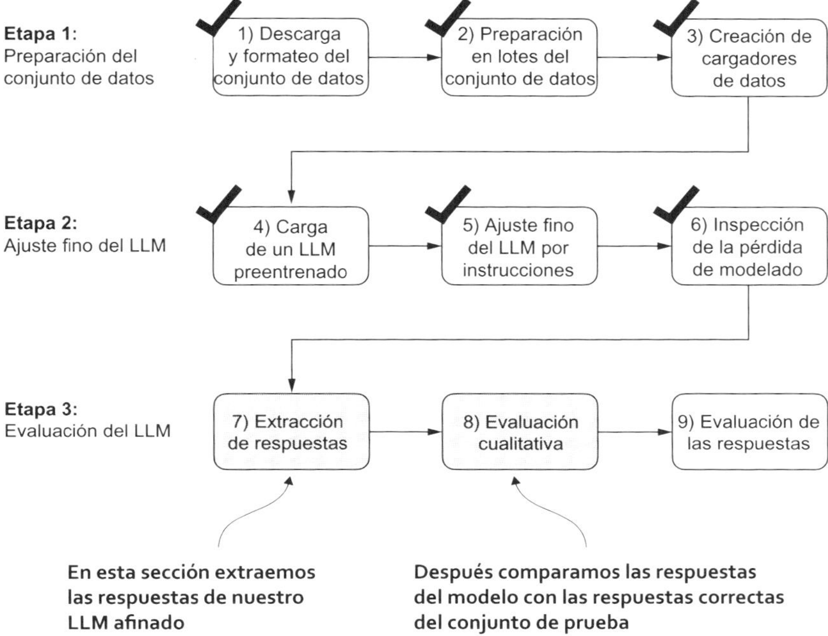


**Figura 7.18.** El proceso en tres etapas para el ajuste fino por instrucciones del LLM. En los dos primeros pasos de la etapa 3, extraemos y recopilamos las respuestas del modelo con el conjunto de datos de prueba para su posterior análisis y, a continuación, evaluamos el modelo para cuantificar el rendimiento del LLM afinado por instrucciones.

Para completar el paso de las instrucciones de respuesta, utilizamos la función `generate`. A continuación, mostramos en pantalla las respuestas del modelo junto con las respuestas esperadas del conjunto de prueba para las tres primeras entradas de este último conjunto, presentándolas una al lado de la otra para compararlas:

```
torch.manual_seed(123)

for entry in test_data[:3]:
    input_text = format_input(entry)
    token_ids = generate(
        model=model,
        idx=text_to_token_ids(input_text, tokenizer).to(device),
        max_new_tokens=256,
        context_size=BASE_CONFIG["context_length"],
        eos_id=50256
    )
    generated_text = token_ids_to_text(token_ids, tokenizer)

    response_text = (
        generated_text[len(input_text):]
        .replace("### Response:", "")
        .strip()
)
```

**Itera sobre las tres primeras muestras del conjunto de prueba**

**Utiliza la función `generate` importada en la sección 7.5** (anotación junto a `token_ids = generate(`)

```
print(input_text)
print(f"\nCorrect response:\n>> {entry['output']}")
print(f"\nModel response:\n>> {response_text.strip()}")
print("-------------------------------------")
```

Como se mencionó anteriormente, la función `generate` devuelve el texto combinado de entrada y salida, por lo que utilizamos la segmentación y el método `.replace()` en el contenido de `generated_text` para extraer la respuesta del modelo. A continuación se muestran las instrucciones, seguidas de la respuesta del conjunto de prueba dado y la respuesta del modelo.

Below is an instruction that describes a task. Write a response that appropriately completes the request.

**### Instruction:**

Rewrite the sentence using a simile.

**### Input:**

The car is very fast.

**Correct response:**

>> The car is as fast as lightning.

**Model response:**

>> The car is as fast as a bullet.

Below is an instruction that describes a task. Write a response that appropriately completes the request.

**### Instruction:**

What type of cloud is typically associated with thunderstorms?

**Correct response:**

>> The type of cloud typically associated with thunderstorms is cumulonimbus.

**Model response:**

>> The type of cloud associated with thunderstorms is a cumulus cloud.

Below is an instruction that describes a task. Write a response that appropriately completes the request.

**### Instruction:**

Name the author of 'Pride and Prejudice.'

**Correct response:**

>> Jane Austen.

**Model response:**

>> The author of 'Pride and Prejudice' is Jane Austen.

Como podemos ver en las instrucciones del conjunto de prueba, las respuestas dadas y las respuestas del modelo, este funciona relativamente bien. Las respuestas a la primera y última instrucción son claramente correctas, mientras que la segunda respuesta se acerca, pero no es del todo precisa. El modelo responde con «*cumulus cloud*» (nube cúmulo) en lugar de «*cumulonimbus*» (cumulonimbo), aunque cabe señalar que las nubes cúmulo pueden convertirse en cumulonimbos, capaces de producir tormentas eléctricas.

Lo más importante es que la evaluación del modelo no es tan sencilla como en el caso del ajuste fino por clasificación, en el que simplemente calculamos el porcentaje de etiquetas de clase correctas de *spam*/no *spam* para obtener la precisión de la clasificación. En la práctica, los LLM afinados por instrucciones, como los chatbot, se evalúan utilizando distintos métodos:

- Pruebas de referencia de respuesta corta y opción múltiple, como MMLU (*Measuring Massive Multitask Language Understanding*: medición de la comprensión de lenguaje masiva y multitarea; `https://arxiv.org/abs/2009.03300`), que evalúan los conocimientos generales de un modelo.
- Comparación de preferencias humanas con otros LLM, como el chatbot LMSYS Arena (`https://arena.lmsys.org`).
- Pruebas de referencia conversacionales automatizadas, en las que se utiliza otro LLM similar a GPT-4 para evaluar las respuestas, como AlpacaEval (`https://tatsu-lab.github.io/alpaca_eval/`).

En la práctica, puede resultar útil tener en cuenta los tres tipos de métodos de evaluación: preguntas de opción múltiple, evaluación humana y métricas automatizadas que miden el rendimiento en conversación. Sin embargo, como nuestro interés principal es evaluar el rendimiento en conversación y no solo la capacidad de responder preguntas de opción múltiple, la evaluación humana y las métricas automatizadas pueden resultar más relevantes.

**Rendimiento en conversación**

El rendimiento en conversación de los modelos LLM se refiere a su capacidad para participar en una comunicación similar a la humana mediante la comprensión del contexto, los matices y la intención. Abarca habilidades como proporcionar respuestas relevantes y coherentes, mantener la consistencia y adaptarse a diferentes temas y estilos de interacción.

Aunque proporciona información valiosa, la evaluación humana puede ser relativamente laboriosa y requerir mucho tiempo, especialmente cuando se trata de un gran número de respuestas. Por ejemplo, leer y asignar calificaciones a las 1100 respuestas requeriría un esfuerzo considerable.

Por lo tanto, teniendo en cuenta la magnitud de la tarea, implementaremos un enfoque similar a las pruebas de referencia conversacionales automatizadas, que consiste en evaluar las respuestas automáticamente utilizando otro LLM. Este método nos permitirá evaluar de manera eficiente la calidad de las respuestas generadas sin necesidad de una amplia participación humana, lo que nos permitirá ahorrar tiempo y recursos y, al mismo tiempo, obtener indicadores de rendimiento significativos.

Emplearemos un enfoque inspirado en AlpacaEval, usando otro LLM para evaluar las respuestas de nuestro modelo afinado. Sin embargo, en lugar de basarnos en un conjunto de datos de referencia disponible públicamente, utilizamos nuestro propio conjunto de prueba personalizado. Esta personalización permite una evaluación más específica y relevante del rendimiento del modelo en el contexto de nuestros casos de uso previstos, representados en nuestro conjunto de datos de instrucciones.

Para preparar las respuestas para este proceso de evaluación, añadimos las generadas por el modelo al diccionario `test_set` y guardamos los datos actualizados en un archivo `"instruction-data-with-response.json"` para su registro. Además, al guardar este archivo, podemos cargar y analizar fácilmente las respuestas en sesiones de Python distintas más adelante, si es necesario.

El siguiente listado de código utiliza el método `generate` igual que antes; sin embargo, ahora iteramos sobre todo el conjunto `test_set`. Además, en lugar de mostrar en pantalla las respuestas del modelo, las añadimos al diccionario `test_set`.

**Listado 7.9. Generación de respuestas del conjunto de prueba**

```
from tqdm import tqdm

for i, entry in tqdm(enumerate(test_data), total=len(test_data)):
    input_text = format_input(entry)

    token_ids = generate(
        model=model,
        idx=text_to_token_ids(input_text, tokenizer).to(device),
        max_new_tokens=256,
        context_size=BASE_CONFIG["context_length"],
        eos_id=50256
    )
    generated_text = token_ids_to_text(token_ids, tokenizer)

    response_text = (
        generated_text[len(input_text):]
        .replace("### Response:", "")
        .strip()
    )
    test_data[i]["model_response"] = response_text

with open("instruction-data-with-response.json", "w") as file:
    json.dump(test_data, file, indent=4)
```

Sangría para una impresión más clara

El procesamiento del conjunto de datos tarda aproximadamente 1 minuto en una GPU A100 y 6 minutos en un MacBook Air M3:

```
100%|██████████| 110/110 [01:05<00:00, 1.68it/s]
```

Verifiquemos que las respuestas se hayan añadido correctamente al diccionario `test_set` examinando una de las entradas:

```
print(test_data[0])
```

El resultado muestra que `model_response` se ha añadido correctamente:

```
{'instruction': 'Rewrite the sentence using a simile.',
 'input': 'The car is very fast.',
 'output': 'The car is as fast as lightning.',
 'model_response': 'The car is as fast as a bullet.'}
```

Por último, guardamos el modelo como un archivo `gpt2-medium355M-sft.pth` para poder reutilizarlo en futuros proyectos:

```
import re

file_name = f"{re.sub(r'[ ()]', '', CHOOSE_MODEL) }-sft.pth"
torch.save(model.state_dict(), file_name)
print(f"Model saved as {file_name}")
```

**Elimina los espacios en blanco y los paréntesis del nombre del archivo**

El modelo guardado se puede cargar mediante `model.load_state_dict(torch.load("gpt2-medium355M-sft.pth"))`.

## 7.8. Evaluación del LLM afinado

Previamente hemos evaluado el rendimiento de un modelo afinado por instrucciones analizando sus respuestas con tres ejemplos del conjunto de prueba. Aunque nos dé una idea aproximada del rendimiento del modelo, este método no se adapta bien a cantidades mayores de respuestas. Por eso implementamos un método para automatizar la evaluación de las respuestas del LLM afinado utilizando otro LLM más grande, como se destaca en la figura 7.19.

Para evaluar las respuestas del conjunto de prueba de forma automatizada, utilizamos un modelo Llama 3 de 8000 millones de parámetros afinado por instrucciones y desarrollado por Meta AI. Este modelo se puede ejecutar localmente utilizando la aplicación de código abierto Ollama (`https://ollama.com`).

> **NOTA:** Ollama es una aplicación eficiente para ejecutar LLM en un ordenador portátil. Sirve como envoltura de la biblioteca de código abierto `llama.cpp` (`https://github.com/ggerganov/llama.cpp`), que implementa LLM en C/C++ puro para maximizar la eficiencia. Sin embargo, Ollama no es más que una herramienta para generar texto utilizando LLM (inferencia), y no admite el entrenamiento ni el ajuste fino de LLM.

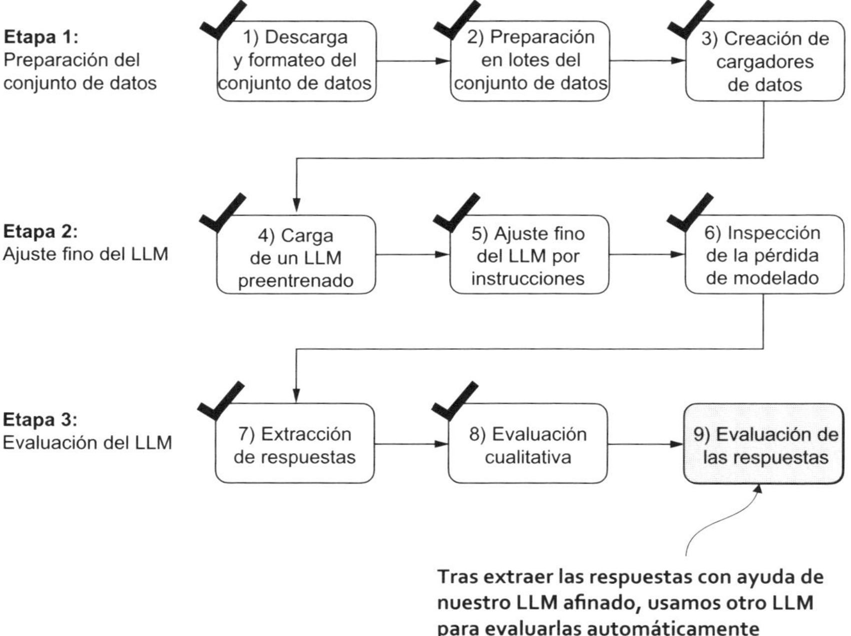


**Figura 7.19.** El proceso en tres etapas para el ajuste fino por instrucciones del LLM. En este último paso del proceso de ajuste fino por instrucciones, implementamos un método para cuantificar el rendimiento del modelo afinado, mediante la puntuación de las respuestas que generó para la prueba.

### Uso de LLM de mayor tamaño a través de API web

El modelo Llama 3, con 8000 millones de parámetros, es un LLM muy capaz que se ejecuta localmente. Sin embargo, no es tan capaz como modelos de mayor tamaño, como GPT-4 de OpenAI. Para los lectores interesados en explorar cómo utilizar GPT-4 mediante la API de OpenAI para evaluar las respuestas generadas por el modelo, junto a los materiales complementarios que acompañan a este libro está disponible un cuaderno de código opcional en `https://mng.bz/BgEv`.

Para ejecutar el siguiente código, instala Ollama en `https://ollama.com` siguiendo las instrucciones proporcionadas para tu sistema operativo:

- Para usuarios de macOS y Windows: abre la aplicación Ollama una vez descargada. Si se te solicita instalar el uso de la línea de comandos, acepta.
- Para usuarios de Linux: utiliza el comando de instalación disponible en el sitio web de Ollama.

Antes de implementar el código de evaluación del modelo, descarguemos primero el modelo Llama 3 y verifiquemos que Ollama funciona correctamente utilizándolo desde la terminal de la línea de comandos. Para ello, debes iniciar la aplicación Ollama o bien ejecutar `ollama serve` en un terminal independiente, como se muestra en la figura 7.20.

**Primera opción: asegúrate de iniciar ollama en un terminal distinto con el comando** `ollama serve`

**Segunda opción: si utilizas macOS, también puedes iniciar la aplicación Ollama y asegurarte de que se esté ejecutando en segundo plano, en lugar de ejecutar** `ollama serve`

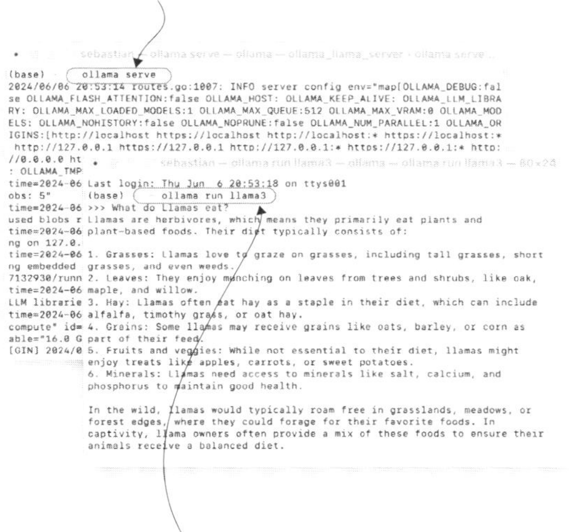


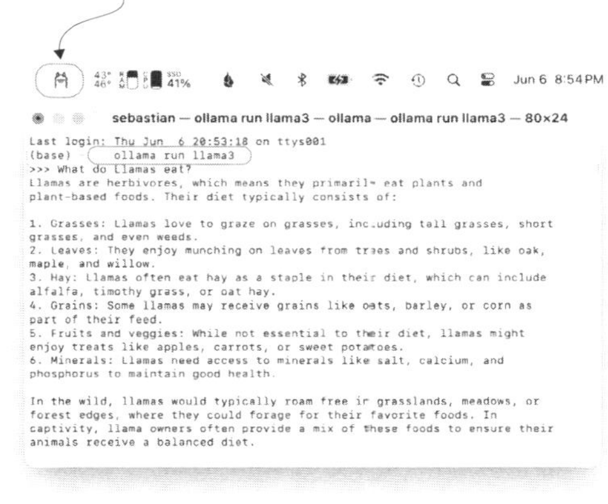


**Después ejecuta** `ollama run llama3` **para descargar y utilizar el modelo Llama 3 de 8000 millones de parámetros**

**Figura 7.20.** Dos opciones para ejecutar Ollama. El panel izquierdo ilustra cómo iniciar Ollama utilizando `ollama serve`. El panel derecho muestra una segunda opción en macOS, que consiste en ejecutar la aplicación Ollama en segundo plano, en lugar de utilizar el comando antes mencionado para iniciar la aplicación.

Con la aplicación Ollama u `ollama serve` ejecutándose en un terminal diferente, ejecuta el siguiente comando en la línea de comandos (no en una sesión de Python) para probar el modelo Llama 3 de 8000 millones de parámetros:

```
ollama run llama3
```

La primera vez que ejecutes este comando, este modelo, que ocupa 4,7 GB de espacio de almacenamiento, se descargará automáticamente. El resultado será similar al siguiente:

```
pulling manifest
pulling 6a0746a1ec1a... 100% |████████████████| 4.7 GB
pulling 4fa551d4f938... 100% |████████████████| 12 KB
pulling 8ab4849b038c... 100% |████████████████| 254 B
pulling 577073ffcc6c... 100% |████████████████| 110 B
pulling 3f8eb4da87fa... 100% |████████████████| 485 B
verifying sha256 digest
writing manifest
removing any unused layers
success
```

### Modelos alternativos a Ollama

La parte `llama3` del comando `ollama run llama3` hace referencia al modelo Llama 3, afinado por instrucciones y con 8000 millones de parámetros. Para utilizar Ollama con el modelo `llama3` se necesitan aproximadamente 16 GB de RAM. Si tu máquina no tiene suficiente memoria, puedes probar a usar un modelo más pequeño, como el modelo `phi3` de 3800 millones de parámetros mediante el comando `ollama run llama3`, que solo requiere unos 8 GB de RAM.

Para ordenadores más potentes, también puedes utilizar el modelo Llama 3 más grande, de 70 000 millones de parámetros, sustituyendo `llama3` por `llama3:70b`. No obstante, este modelo requiere muchos más recursos computacionales.

Una vez completada la descarga del modelo, se nos presenta una interfaz de línea de comandos que nos permite interactuar con el modelo. Por ejemplo, prueba a preguntarle lo siguiente: «*What do llamas eat?*».

```
>>> What do llamas eat?
Llamas are ruminant animals, which means they have a four-chambered
stomach and eat plants that are high in fiber. In the wild,
llamas typically feed on:

1. Grasses: They love to graze on various types of grasses, including tall
grasses, wheat, oats, and barley.
```

Ten en cuenta que la respuesta ofrecida puede variar, porque en el momento de escribir estas líneas Ollama no es determinista.

Puedes finalizar esta sesión de `ollama run llama3` con la entrada `/bye`. Pero asegúrate de mantener el comando `ollama serve` o la aplicación Ollama en ejecución durante el resto de este capítulo.

El siguiente código verifica que la sesión de Ollama se está ejecutando correctamente antes de utilizar la aplicación para evaluar las respuestas del conjunto de prueba:

```
import psutil

def check_if_running(process_name):
    running = False
    for proc in psutil.process_iter(["name"]):
        if process_name in proc.info["name"]:
            running = True
            break
    return running

ollama_running = check_if_running("ollama")

if not ollama_running:
    raise RuntimeError(
        "Ollama not running. Launch ollama before proceeding."
)
print("Ollama running:", check_if_running("ollama"))
```

Asegúrate de que el resultado de ejecutar el código anterior muestre `Ollama running: True`. Si muestra `False`, comprueba que o bien el comando `ollama serve` o la aplicación Ollama se esté ejecutando activamente.

### Ejecutar el código en una nueva sesión de Python

Si ya has cerrado tu sesión de Python o prefieres ejecutar el código restante en una sesión de Python diferente, usa el siguiente código, que carga el archivo de datos de instrucciones y respuestas creado anteriormente y redefine la función `format_input` antes empleada (la utilidad de barra de progreso `tqdm` se utiliza más adelante):

```
import json
from tqdm import tqdm

file_path = "instruction-data-with-response.json"
with open(file_path, "r") as file:
    test_data = json.load(file)

def format_input(entry):
    instruction_text = (
        f"Below is an instruction that describes a task. "
        f"Write a response that appropriately completes the request."
        f"\n\n### Instruction:\n{entry['instruction']}"
    )

    input_text = (
        f"\n\n### Input:\n{entry['input']}" if entry["input"] else ""
    )
    return instruction_text + input_text
```

Una alternativa al comando `ollama run` para interactuar con el modelo es a través de su API REST utilizando Python. La función `query_model` del siguiente listado muestra cómo utilizar la API.

**Listado 7.10. Consultar un modelo Ollama local**

```
import urllib.request

def query_model(
    prompt,
    model="llama3",
    url="http://localhost:11434/api/chat"
):
    data = {                                  # Crea la carga útil de datos como un diccionario
        "model": model,
        "messages": [
            {"role": "user", "content": prompt}
        ],
        "options": {                          # Configuración para respuestas deterministas
            "seed": 123,
```

```
            "temperature": 0,
            "num_ctx": 2048
        }
    }

    payload = json.dumps(data).encode("utf-8")
    request = urllib.request.Request(
        url,
        data=payload,
        method="POST"
    )

    request.add_header("Content-Type", "application/json")

    response_data = ""
    with urllib.request.urlopen(request) as response:
        while True:
        line = response.readline().decode("utf-8")
        if not line:
            break
        response_json = json.loads(line)
        response_data += response_json["message"]["content"]

    return response_data
```

**Convierte el diccionario en una cadena con formato JSON y la codifica en bytes**

**Crea un objeto `request`, estableciendo el método en POST y añadiendo los encabezados necesarios**

**Envía la solicitud y captura la respuesta**

Antes de ejecutar las siguientes celdas de código de este cuaderno, asegúrate de que Ollama siga en funcionamiento. Las celdas de código anteriores deberían mostrar `"Ollama running: True"` para confirmar que el modelo está activo y listo para recibir solicitudes.

A continuación se muestra un ejemplo de cómo utilizar la función `query_model` que acabamos de implementar:

```
model = "llama3"
result = query_model("What do Llamas eat?", model)
print(result)
```

La respuesta resultante es la siguiente:

```
Llamas are ruminant animals, which means they have a four-chambered
stomach that allows them to digest plant-based foods. Their diet
typically consists of:

1. Grasses: Llamas love to graze on grasses, including tall grasses,
short grasses, and even weeds.
...
```

Utilizando la función `query_model` definida anteriormente, podemos evaluar las respuestas generadas por nuestro modelo afinado, que solicita al modelo Llama 3 que califique las respuestas de nuestro modelo en una escala del 0 al 100, basándose en la respuesta del conjunto de prueba dado como referencia.

En primer lugar, aplicamos este enfoque a los tres primeros ejemplos del conjunto de prueba anteriormente examinado:

```
for entry in test_data[:3]:
    prompt = (
        f"Given the input `{format_input(entry)}` "
        f"and correct output `{entry['output']}`, "
        f"score the model response `{entry['model_response']}`"
        f" on a scale from 0 to 100, where 100 is the best score. "
    )
    print("\nDataset response:")
    print(">>", entry['output'])
    print("\nModel response:")
    print(">>", entry["model_response"])
    print("\nScore:")
    print(">>", query_model(prompt))
    print("\n-------------------------")
```

Este código muestra en pantalla resultados similares a los siguientes (en el momento de escribir estas líneas, Ollama no es totalmente determinista, por lo que los textos generados pueden variar):

### Dataset response:

>> The car is as fast as lightning.

### Model response:

>> The car is as fast as a bullet.

### Score:

>> I'd rate the model response "The car is as fast as a bullet." an 85 out of 100.

Here's why:

The response uses a simile correctly, comparing the speed of the car to something else (in this case, a bullet).

The comparison is relevant and makes sense, as bullets are known for their high velocity.

The phrase "as fast as" is used correctly to introduce the simile.

The only reason I wouldn't give it a perfect score is that some people might find the comparison slightly less vivid or evocative than others. For example, comparing something to lightning (as in the original response) can be more dramatic and attention grabbing. However, "as fast as a bullet" is still a strong and effective simile that effectively conveys the idea of the car's speed.

Overall, I think the model did a great job!

### Dataset response:

>> The type of cloud typically associated with thunderstorms is cumulonimbus.

### Model response:

>> The type of cloud associated with thunderstorms is a cumulus cloud.

### Score:

>> I'd score this model response as 40 out of 100.

Here's why:

The model correctly identifies that thunderstorms are related to clouds (correctly identifying the type of phenomenon).

However, it incorrectly specifies the type of cloud associated with thunderstorms. Cumulus clouds are not typically associated with thunderstorms; cumulonimbus clouds are.

The response lacks precision and accuracy in its description.

Overall, while the model attempts to address the instruction, it provides an incorrect answer, which is a significant error.

### Dataset response:

>> Jane Austen.

### Model response:

>> The author of 'Pride and Prejudice' is Jane Austen.

### Score:

>> I'd rate my own response as 95 out of 100. Here's why:

The response accurately answers the question by naming the author of Pride and Prejudice as Jane Austen.

The response is concise and clear, making it easy to understand.

There are no grammatical errors or ambiguities that could lead to confusion.

The only reason I wouldn't give myself a perfect score is that the response is slightly redundant—it's not necessary to rephrase the question in the answer. A more concise response would be simply "Jane Austen."

Las respuestas generadas muestran que el modelo Llama 3 proporciona evaluaciones razonables y es capaz de asignar puntos parciales cuando la respuesta del modelo no es del todo correcta. Por ejemplo, si consideramos la evaluación de la respuesta «nube cúmulo», el modelo reconoce la corrección parcial de la misma.

La instrucción anterior devuelve evaluaciones muy detalladas, además de la puntuación. Podemos modificar el *prompt* para que solo genere puntuaciones enteras comprendidas entre 0 y 100, donde 100 representa la mejor puntuación posible. Esta modificación nos permite calcular una puntuación media para nuestro modelo, lo que nos sirve como evaluación más concisa y cuantitativa de su rendimiento. La función `generate_model_scores` mostrada en el siguiente listado utiliza una instrucción modificada, que le dice al modelo `"Respond with the integer number only"` (es decir, que responda solo con el número entero).

**Listado 7.11. Evaluación del ajuste fino por instrucciones del LLM**

```
def generate_model_scores(json_data, json_key, model="llama3"):
    scores = []
    for entry in tqdm(json_data, desc="Scoring entries"):
        prompt = (
            f"Given the input `{format_input(entry)}` "
            f"and correct output `{entry['output']}`, "
            f"score the model response `{entry[json_key]}`"
            f" on a scale from 0 to 100, where 100 is the best score. "
            f"Respond with the integer number only."
        )
        score = query_model(prompt, model)
        try:
            scores.append(int(score))
        except ValueError:
            print(f"Could not convert score: {score}")
            continue

    return scores
```

Línea de la instrucción modificada para que devuelva solo la puntuación

Apliquemos ahora la función `generate_model_scores` a todo el conjunto de datos `test_data`, proceso que tarda aproximadamente 1 minuto en un Macbook Air M3:

```
scores = generate_model_scores(test_data, "model_response")
print(f"Number of scores: {len(scores)} of {len(test_data)}")
print(f"Average score: {sum(scores)/len(scores):.2f}\n")
```

Los resultados son los siguientes:

```
Scoring entries: 100%|████████████████████████| 110/110
[01:10<00:00, 1.56it/s]
Number of scores: 110 of 110
Average score: 50.32
```

Los resultados de la evaluación muestran que nuestro modelo afinado alcanza una puntuación media superior a 50, lo que proporciona un punto de referencia útil para compararlo con otros modelos o para experimentar con diferentes configuraciones de entrenamiento, y mejorar así su rendimiento.

Cabe señalar que, en el momento de escribir estas líneas, Ollama no es totalmente determinista en todos los sistemas operativos, lo cual significa que las puntuaciones obtenidas pueden variar ligeramente con respecto a las anteriores. Para obtener resultados más sólidos, se puede repetir la evaluación varias veces y calcular la media de las puntuaciones obtenidas.

Para mejorar aún más el rendimiento de nuestro modelo, podemos explorar diversas estrategias, como por ejemplo:

- Ajustar los hiperparámetros durante el ajuste fino, como la tasa de aprendizaje, el tamaño del lote o el número de *epoch*.
- Aumentar el tamaño del conjunto de datos de entrenamiento o diversificar los ejemplos para abarcar una gama más amplia de temas y estilos.
- Experimentar con diferentes instrucciones o formatos de instrucciones para guiar las respuestas del modelo de manera más eficaz.
- Utilizar un modelo preentrenado más grande, que puede tener mayor capacidad para capturar patrones complejos y generar respuestas más precisas.

**NOTA:** A modo de referencia, cuando se utiliza la metodología aquí descrita, el modelo base Llama 3 8B, sin ningún tipo de ajuste fino, alcanza una puntuación media de 58,51 en el conjunto de prueba. El modelo Llama 3 8B instruct, que ha sido afinado con un conjunto de datos generales de seguimiento de instrucciones, alcanza una impresionante puntuación media de 82,6.

**Ejercicio 7.4. Ajuste fino eficiente en parámetros con LoRA**

Para afinar un LLM de forma más eficiente, modifica el código de este capítulo para utilizar el método de adaptación de bajo rango LoRA (*Low-Rank Adaptation*) del apéndice E. Compara el tiempo de ejecución del entrenamiento y el rendimiento del modelo antes y después de la modificación.

## 7.9. Conclusiones

Este capítulo marca la conclusión de nuestro recorrido por el ciclo de desarrollo de un LLM. Hemos cubierto todos los pasos esenciales, incluidos la implementación de una arquitectura LLM, el preentrenamiento de un LLM y su ajuste fino para tareas específicas, tal y como se resume en la figura 7.21. Analicemos algunas ideas sobre qué investigar a continuación.

### 7.9.1. ¿Qué viene a continuación?

Aunque hemos cubierto los pasos esenciales, hay un paso opcional que se puede realizar después del ajuste fino por instrucciones: el ajuste fino por preferencias. Este tipo de ajuste fino es especialmente útil para personalizar un modelo con el fin de adaptarlo mejor a las preferencias específicas del usuario. Si te interesa profundizar en este tema, consulta la carpeta `04_preference-tuning-with-dpo` del repositorio GitHub complementario de este libro en `https://mng.bz/dZwD`.

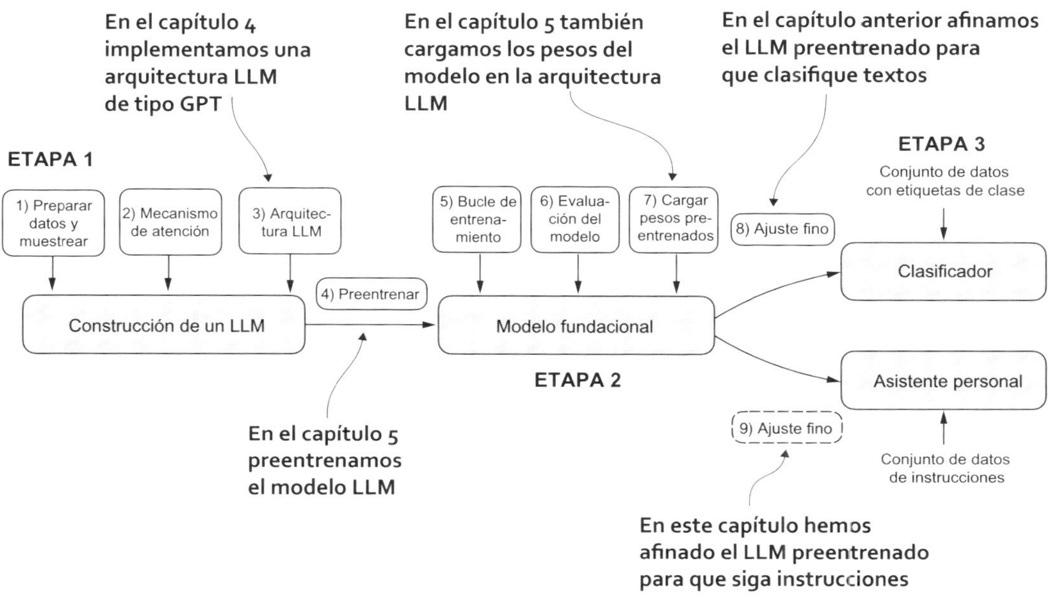


**Figura 7.21.** Las tres etapas principales de la codificación de un LLM.

Además del contenido principal abordado en este libro, el repositorio de GitHub también contiene una gran selección de material adicional, que puede resultarte útil. Si deseas más información sobre estos recursos adicionales, visita la sección de material adicional de la página README del repositorio: `https://mng.bz/r12g`.

## 7.9.2. Mantenerse al día en un campo en rápida evolución

Los campos de investigación en IA y LLM están evolucionando a un ritmo rápido (y, según a quién se le pregunte, emocionante). Una forma de mantenerse al día con los últimos avances es explorar los artículos de investigación recientes de arXiv en `https://arxiv.org/list/cs.LG/recent`. Además, muchos investigadores y profesionales son muy activos a la hora de compartir y debatir los últimos avances en plataformas de redes sociales como X (antes Twitter) y Reddit. El subreddit r/LocalLLaMA, en particular, es un buen recurso para conectar con la comunidad y mantenerse informado sobre las últimas herramientas y tendencias. También comparto regularmente mis conocimientos y escribo sobre las últimas novedades en investigación sobre LLM en mi blog, disponible en las páginas `https://magazine.sebastianraschka.com` y `https://sebastianraschka.com/blog/`.

## 7.9.3. Últimas palabras

Espero que hayas disfrutado de esta travesía por los procesos de implementación de un LLM y de codificación de las funciones de preentrenamiento y ajuste fino desde el principio. En mi opinión, construir un LLM desde cero es la forma más eficaz de obtener una comprensión profunda de cómo funcionan estos modelos de lenguaje. Espero que este enfoque práctico te haya proporcionado conocimientos valiosos y una base sólida en el desarrollo de LLM.

Aunque el objetivo principal de este libro es educativo, es posible que te interese utilizar otros LLM más potentes para aplicaciones del mundo real. Para ello, te recomiendo que explores conocidas herramientas como Axolotl (`https://github.com/OpenAccess-AI-Collective/axolotl`) o LitGPT (`https://github.com/Lightning-AI/litgpt`), en cuyo desarrollo participo activamente. Gracias por acompañarme en este viaje de aprendizaje, y te deseo los mejor en tus futuros proyectos en el apasionante campo de los LLM y la IA.

## Resumen

- El proceso de ajuste fino por instrucciones adapta un LLM preentrenado para que siga instrucciones humanas y genere las respuestas deseadas.
- La preparación del conjunto de datos implica descargar un conjunto de datos de instrucciones y respuestas, formatear las entradas y dividirlo en conjuntos de entrenamiento, validación y prueba.
- Los lotes de entrenamiento se construyen utilizando una función de ensamblado personalizada que rellena secuencias, crea ID de token objetivo y enmascara tókenes de relleno.
- Cargamos un modelo GPT-2 mediano preentrenado con 355 millones de parámetros para que sirva como punto de partida para el ajuste fino por instrucciones.
- El modelo preentrenado es afinado en el conjunto de datos de instrucciones utilizando un bucle de entrenamiento similar al preentrenamiento.
- La evaluación implica extraer las respuestas del modelo en un conjunto de prueba y puntuarlas (por ejemplo, utilizando otro LLM).
- Es posible utilizar la aplicación Ollama con un modelo Llama de 8000 millones de parámetros para puntuar automáticamente las respuestas del modelo afinado en el conjunto de prueba, y proporcionar una puntuación media para cuantificar el rendimiento.

# *Apéndice A. Introducción a PyTorch*

Este apéndice se propone dotarte de las habilidades y conocimientos necesarios para poner en práctica deep learning e implementar desde cero grandes modelos de lenguaje o LLM. PyTorch, una conocida biblioteca de deep learning basada en Python, será nuestra herramienta principal en este libro. Te guiaré a lo largo de la configuración de un espacio de trabajo de deep learning con la ayuda de PyTorch y con soporte de GPU.

A continuación, aprenderás el concepto esencial de los tensores y su uso en PyTorch. También profundizaremos en el motor de diferenciación automática de esta biblioteca, una característica que permite utilizar de forma cómoda y eficiente la retropropagación, un aspecto crucial del entrenamiento de redes neuronales.

Este apéndice pretende ser un manual para aquellos que se inician en deep learning con PyTorch. Aunque explica PyTorch desde cero, no pretende ser una cobertura exhaustiva de esta librería. En su lugar, nos centraremos en los fundamentos de PyTorch que emplearemos para implementar LLM. Si ya estás familiarizado con el aprendizaje profundo, puedes saltarte este apéndice y pasar directamente al capítulo 2.

## A.1. ¿Qué es PyTorch?

PyTorch (`https://pytorch.org/`) es una biblioteca de deep learning de código abierto basada en Python. Según Papers With Code (`https://paperswithcode.com/trends`), una plataforma que rastrea y analiza artículos de investigación, PyTorch ha sido, por un amplio margen, la biblioteca de aprendizaje profundo más utilizada para la investigación desde 2019. Según la encuesta Kaggle Data Science and Machine Learning Survey 2022 (`https://www.kaggle.com/c/kaggle-survey-2022`), el número de encuestados que utiliza PyTorch es de aproximadamente el 40 %, dato que crece cada año.

Una de las razones por las que PyTorch es tan popular es su eficiencia y su interfaz de fácil manejo. A pesar de su accesibilidad, no renuncia a la flexibilidad, y le permite a los usuarios avanzados modificar los aspectos más fundamentales de sus modelos para personalizarlos y optimizarlos. En resumen, PyTorch ofrece a muchos profesionales e investigadores el equilibrio perfecto entre facilidad de uso y prestaciones.

### A.1.1. Los tres componentes esenciales de PyTorch

PyTorch es una biblioteca relativamente amplia. Una forma de abordarla es centrarse en sus tres grandes componentes, resumidos en la figura A.1.

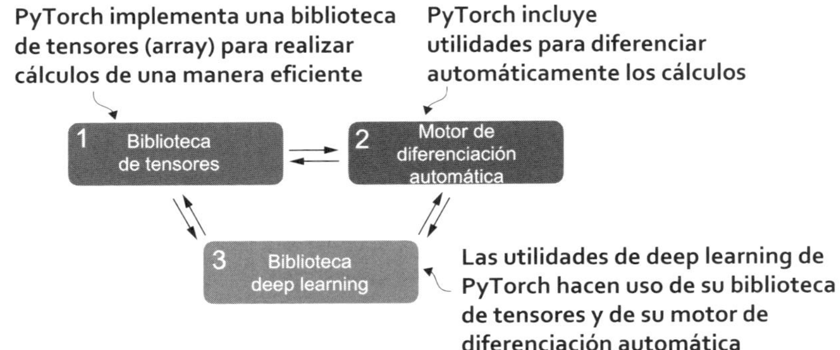


**Figura A.1.** Los tres componentes principales de PyTorch incluyen una biblioteca de tensores como elemento fundamental para el cálculo, la diferenciación automática para la optimización de modelos, y funciones auxiliares de deep learning. Todo esto facilita la implementación y el entrenamiento de modelos de redes neuronales profundas.

En primer lugar, PyTorch es una biblioteca de tensores que amplía el concepto de la biblioteca de programación orientada a matrices NumPy, con la característica adicional de acelerar el cálculo con GPU, lo cual facilita un cambio fluido entre CPU y GPU. En segundo lugar, PyTorch es un motor de diferenciación automática, también conocido como *autograd*, que permite el cálculo automático de gradientes para operaciones con tensores, lo que simplifica la retropropagación y la optimización de modelos. Por último, PyTorch es una biblioteca de deep learning. Ofrece bloques de construcción modulares, flexibles y eficientes, incluidos los modelos preentrenados y las funciones de pérdida y optimizadores, para diseñar y entrenar una amplia gama de modelos de DL, dirigidos tanto a investigadores como a desarrolladores.

### A.1.2. Definición de deep learning

En las noticias, los LLM suelen denominarse modelos de IA. Sin embargo, los LLM también son un tipo de red neuronal profunda, y PyTorch es una biblioteca de deep learning. ¿Te suena confuso? Dediquemos un momento a resumir la relación entre estos términos antes de continuar.

La IA se basa fundamentalmente en la creación de sistemas informáticos capaces de realizar tareas que normalmente requieren inteligencia humana. Estas tareas incluyen comprender el lenguaje natural, reconocer patrones y tomar decisiones (a pesar de los importantes avances que se están produciendo, la IA aún está lejos de alcanzar este nivel de inteligencia general).

Machine learning (aprendizaje automático) o ML representa un subcampo de la IA, como se ilustra en la figura A.2, que se centra en desarrollar y mejorar algoritmos de aprendizaje. La idea clave del machine learning es lograr que los ordenadores aprendan de los datos y hagan predicciones o tomen decisiones sin estar programados explícitamente para realizar la tarea. Ello implica desarrollar algoritmos capaces de identificar patrones, aprender de datos históricos y mejorar su rendimiento con el tiempo con más datos y retroalimentación.

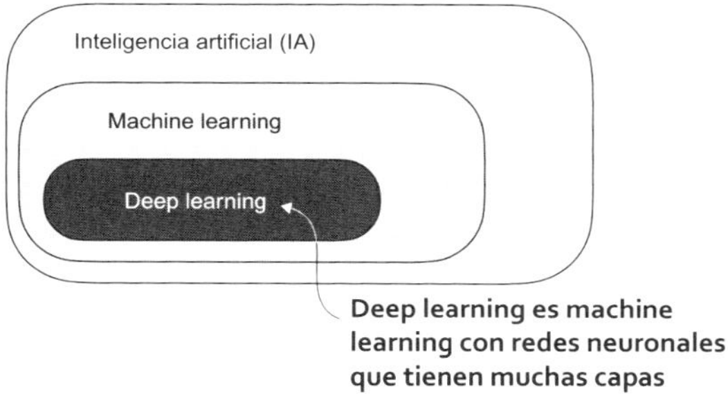


**Figura A.2.** Deep learning (o aprendizaje profundo) es una subcategoría del machine learning centrada en la implementación de redes neuronales profundas. Machine learning (o aprendizaje automático) es una subcategoría de la IA, que se ocupa de los algoritmos que aprenden a partir de datos. La IA es el concepto más amplio de máquinas capaces de realizar tareas que normalmente requieren inteligencia humana.

El machine learning ha sido fundamental en la evolución de la IA, pues ha impulsado muchos de los avances que vemos hoy en día, incluidos los LLM. También está detrás de tecnologías como los sistemas de recomendación utilizados por minoristas en línea y servicios de *streaming*, el filtrado de correo basura, el reconocimiento de voz en los asistentes virtuales e incluso los coches autónomos. La introducción y el progreso del ML han mejorado significativamente las capacidades de la IA, lo que le ha permitido ir más allá de los estrictos sistemas basados en reglas y adaptarse a nuevas entradas o entornos cambiantes.

Deep learning (aprendizaje profundo) o DL es una subcategoría del machine learning enfocada en el entrenamiento y la aplicación de redes neuronales profundas. Estas redes se inspiraron originalmente en el funcionamiento del cerebro humano, en particular en la interconexión entre muchas neuronas. El término «*deep*» (profundo) en deep learning se refiere a las múltiples capas ocultas de neuronas o nodos artificiales que les permiten modelar relaciones complejas y no lineales en los datos. A diferencia de las técnicas tradicionales de machine learning, que destacan en el reconocimiento de patrones simples, el deep learning es especialmente bueno para manejar datos no estructurados, como imágenes, audio o texto, por lo que resulta particularmente adecuado para los LLM.

En la figura A.3 se resume el flujo de trabajo característico del modelado predictivo (también denominado aprendizaje supervisado) en ML y DL.

Mediante un algoritmo de aprendizaje, se entrena un modelo con un conjunto de datos de entrenamiento que consta de ejemplos y sus etiquetas correspondientes. En el caso de un clasificador de correo electrónico no deseado, por ejemplo, el conjunto de datos de entrenamiento consta de correos electrónicos y sus etiquetas «*spam*» y «no *spam*» que ha identificado una persona. Después, el modelo entrenado puede utilizarse en nuevas observaciones (es decir, nuevos correos electrónicos) para predecir su etiqueta desconocida («*spam*» o «no *spam*»). Por supuesto, también queremos añadir una evaluación del modelo entre las etapas de entrenamiento e inferencia para asegurarnos de que el modelo cumple nuestros criterios de rendimiento antes de utilizarlo en una aplicación real.

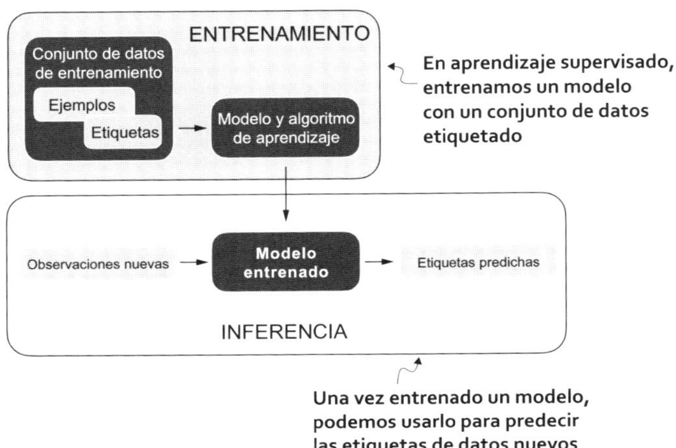


**Figura A.3.** El flujo de trabajo de aprendizaje supervisado para el modelado predictivo consiste en una etapa de entrenamiento, en la que se entrena un modelo con ejemplos etiquetados en un conjunto de datos de entrenamiento. El modelo entrenado puede utilizarse entonces para predecir las etiquetas de nuevas observaciones.

Si entrenamos y utilizamos LLM para clasificar textos, el flujo de trabajo para ello es similar al que se muestra en la figura A.3. Si lo que queremos es entrenar los LLM para generar textos (nuestro objetivo principal), la figura A.3 sigue siendo válida. En este caso, las etiquetas durante el preentrenamiento pueden obtenerse del propio texto (la tarea de predicción de la siguiente palabra introducida en el capítulo 1). El LLM generará un texto completamente nuevo (en lugar de predecir etiquetas), dada una instrucción de entrada durante la inferencia.

## A.1.3. Instalación de PyTorch

PyTorch se puede instalar como cualquier otra biblioteca o paquete de Python. Sin embargo, como se trata de una biblioteca muy extensa que incluye códigos compatibles con CPU y GPU, la instalación puede requerir explicaciones adicionales.

### La versión de Python

Muchas bibliotecas de computación científica no son compatibles de inmediato con la última versión de Python. Por lo tanto, al instalar PyTorch, es recomendable utilizar una versión de Python que sea una o dos versiones anterior. Por ejemplo, si la última versión de Python es la 3.13, se recomienda utilizar Python 3.11 o 3.12.

Hay dos versiones de PyTorch: una versión más ligera, que solo admite CPU, y una versión completa, que admite tanto CPU como GPU. Si tu máquina tiene una GPU compatible con CUDA que se puede utilizar para deep learning (lo ideal sería una NVIDIA T4, RTX 2080 Ti o más reciente), te recomiendo instalar la versión para GPU. En cualquier caso, el comando predeterminado para instalar PyTorch en un terminal de código es:

```
pip install torch
```

Supongamos que tu ordenador soporta una GPU compatible con CUDA. En ese caso, se instalará automáticamente la versión de PyTorch que admite aceleración de GPU a través de CUDA, siempre que el entorno Python en el que estés trabajando tenga instaladas las dependencias necesarias (como `pip`).

> **NOTA:** En el momento de escribir estas líneas, PyTorch también ha añadido compatibilidad experimental con GPU de AMD a través de ROCm. Consulta `https://pytorch.org` si necesitas instrucciones adicionales.

Para instalar de manera explícita la versión de PyTorch compatible con CUDA, normalmente es mejor especificar la versión de CUDA con la que se desea que PyTorch sea compatible. El sitio web oficial de PyTorch (`https://pytorch.org`) proporciona los comandos para instalar PyTorch con soporte para CUDA en diferentes sistemas operativos. La figura A.4 muestra un comando que también instalará PyTorch, así como las bibliotecas `torchvision` y `torchaudio`, opcionales para este libro.

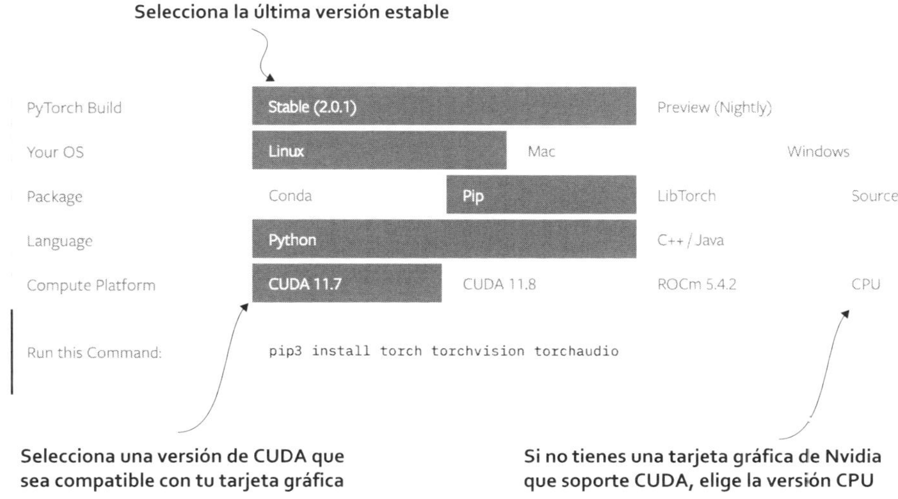


**Figura A.4.** Accede a las recomendaciones de instalación de PyTorch ofrecidas en `https://pytorch.org` para personalizar y seleccionar el comando de instalación adecuado para tu sistema.

Yo utilizo PyTorch 2.4.0 para los ejemplos, por lo que te recomiendo que uses el siguiente comando para instalar la versión exacta y garantizar la compatibilidad con este libro:

```
pip install torch==2.4.0
```

Sin embargo, como ya hemos dicho antes, el comando de instalación puede diferir del que se muestra aquí dependiendo de tu sistema operativo. Por lo tanto, te recomiendo que visites `https://pytorch.org` y utilices el menú de instalación (véase la figura A.4) para seleccionar el comando de instalación correcto para tu sistema operativo. Recuerda sustituir `torch` por `torch==2.4.0` en el comando.

Para comprobar la versión de PyTorch, ejecuta el siguiente código en PyTorch:

```
import torch
torch.__version__
```

El resultado es:

```
'2.4.0'
```

### PyTorch y Python

La biblioteca Python se llama PyTorch principalmente porque es una continuación de la biblioteca Torch, pero adaptada para Python (de ahí «PyTorch»). La parte «Torch» del término reconoce los orígenes de la biblioteca en Torch, una plataforma de computación científica con amplio soporte para algoritmos de machine learning, creada inicialmente utilizando el lenguaje de programación Lua.

Si buscas recomendaciones e instrucciones adicionales para configurar tu entorno Python o instalar las demás bibliotecas utilizadas en este libro, visita el repositorio de GitHub complementario de este libro en `https://github.com/rasbt/LLMs-from-scratch`.

Después de instalar PyTorch, puedes comprobar si tu instalación reconoce tu GPU de NVIDIA integrada ejecutando el siguiente código en Python:

```
import torch
torch.cuda.is_available()
```

El código da este resultado:

```
True
```

Si el comando devuelve `True`, ya está todo listo. Si el comando devuelve `False`, es posible que tu ordenador no tenga una GPU compatible o que PyTorch no la reconozca. Aunque las GPU no son necesarias para los primeros capítulos de este libro, que se centran en la implementación de LLM con fines educativos, pueden acelerar significativamente los cálculos relacionados con el aprendizaje profundo.

Si no tienes acceso a una GPU, existen varios proveedores de computación en la nube donde los usuarios pueden ejecutar cálculos con GPU por un coste por hora. Un entorno similar a Jupyter Notebook es Google Colab (`https://colab.research.google.com`), que en el momento de escribir estas líneas ofrece acceso a GPU limitado en el tiempo. Mediante el menú Runtime, es posible seleccionar una GPU, como se muestra en la captura de pantalla de la figura A.5.

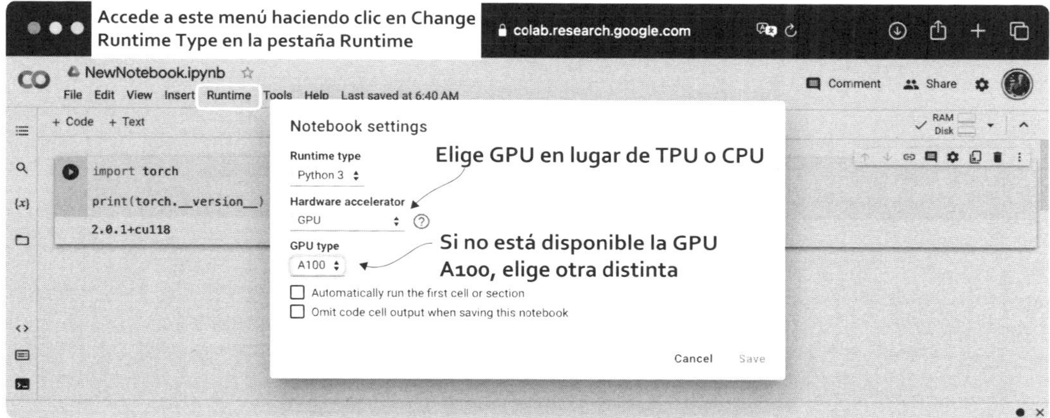


**Figura A.5.** Selecciona un dispositivo GPU para Google Colab en el menú Runtime/Change Runtime Type.

## PyTorch en Apple Silicon

Si tienes un Apple Mac con un procesador Apple Silicon (como el M1, M2, M3 o modelos más recientes), puedes utilizar sus capacidades para acelerar la ejecución del código PyTorch. Para usar tu Apple Silicon con PyTorch, primero debes instalar PyTorch como lo harías normalmente. Después, para comprobar si tu Mac, con su procesador Apple Silicon, es compatible con la aceleración de PyTorch, ejecuta un sencillo fragmento de código en Python:

```
print(torch.backends.mps.is_available())
```

Si devuelve `True`, significa que puedes utilizar el procesador Apple Silicon de tu Mac para acelerar el código PyTorch.

## Ejercicio A.1

Instala y configura PyTorch en tu ordenador.

## Ejercicio A.2

Ejecuta el código complementario localizado en `https://mng.bz/o05v`, que comprueba si tu entorno está correctamente configurado.

## A.2. Comprender los tensores

Los tensores representan un concepto matemático que generaliza los vectores y las matrices a muchas más dimensiones. En otras palabras, los tensores son objetos matemáticos caracterizados por su orden (o rango), que es lo que proporciona el número de dimensiones. Por ejemplo, un escalar (un simple número) es un tensor de rango 0, un vector es un tensor de rango 1 y una matriz es un tensor de rango 2, como se ilustra en la figura A.6.

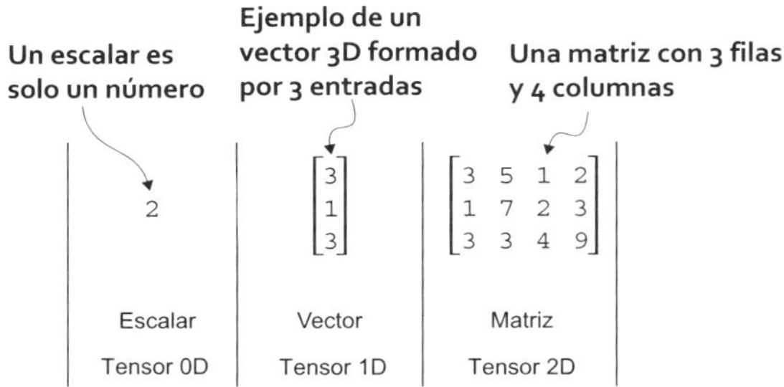


**Figura A.6.** Tensores con diferentes rangos. Aquí, 0D corresponde al rango 0, 1D al rango 1 y 2D al rango 2. Un vector tridimensional, que consta de tres elementos, sigue siendo un tensor de rango 1.

Desde una perspectiva computacional, los tensores sirven como contenedores de datos. Por ejemplo, almacenan datos multidimensionales, donde cada dimensión representa una característica diferente. Las bibliotecas de tensores como PyTorch pueden crear y manipular estas matrices y usarlas para realizar cálculos de manera eficiente. En este contexto, una biblioteca de tensores funciona como una biblioteca de matrices.

Los tensores de PyTorch son similares a las matrices de NumPy, pero tienen varias características adicionales importantes para deep learning. Por ejemplo, PyTorch incorpora un motor de diferenciación automática, lo que simplifica el cálculo de gradientes (véase la sección A.4). Los tensores de PyTorch también admiten cálculos con GPU para acelerar el entrenamiento de redes neuronales profundas (véase la sección A.9).

### PyTorch con una API de tipo NumPy

PyTorch adopta la mayor parte de la API de array NumPy y su sintaxis para sus operaciones tensoriales. Si eres nuevo en NumPy, en mi artículo *Scientific Computing in Python: Introduction to NumPy and Matplotlib* localizado en `https://sebastianraschka.com/blog/2020/numpy-intro.html` dispones de una breve descripción general de los conceptos más relevantes.

### A.2.1. Escalares, vectores, matrices y tensores

Como hemos dicho anteriormente, los tensores de PyTorch son contenedores de datos para estructuras similares a matrices. Un escalar es un tensor de dimensión cero (por ejemplo, un simple número), un vector es un tensor unidimensional y una matriz es un tensor bidimensional. No existe un término específico para los tensores de más dimensiones, por lo que normalmente nos referimos a un tensor tridimensional como un tensor 3D, y así sucesivamente. Creamos objetos de la clase `Tensor` de PyTorch utilizando la función `torch.tensor`, como se muestra en el siguiente listado.

**Listado A.1. Creación de tensores PyTorch**

```
import torch

tensor0d = torch.tensor(1)                  # Crea un tensor de dimensión cero
                                            # (escalar) a partir de un entero de Python

tensor1d = torch.tensor([1, 2, 3])          # Crea un tensor unidimensional (vector)
                                            # a partir de una lista de Python

tensor2d = torch.tensor([[1, 2],
                         [3, 4]])           # Crea un tensor bidimensional a partir
                                            # de una lista anidada de Python

tensor3d = torch.tensor([[[1, 2], [3, 4]],
                         [[5, 6], [7, 8]]]) # Crea un tensor tridimensional a partir
                                            # de una lista anidada de Python
```

## A.2.2. Tipos de datos de tensor

PyTorch adopta el tipo de datos entero de 64 bits predeterminado de Python. Accedemos al tipo de datos de un tensor mediante su atributo `.dtype`:

```
tensor1d = torch.tensor([1, 2, 3])
print(tensor1d.dtype)
```

Estas líneas de código dan como resultado:

```
torch.int64
```

Si creamos tensores a partir de números de punto flotante de Python, PyTorch crea tensores con una precisión de 32 bits de forma predeterminada:

```
floatvec = torch.tensor([1.0, 2.0, 3.0])
print(floatvec.dtype)
```

El resultado es:

```
torch.float32
```

Esta elección se debe principalmente al equilibrio entre precisión y eficiencia computacional. Un número de punto flotante de 32 bits ofrece suficiente precisión para la mayoría de las tareas de deep learning, al tiempo que consume menos memoria y recursos computacionales que un número del mismo tipo de 64 bits. Además, las arquitecturas de GPU están optimizadas para cálculos de 32 bits, y el uso de este tipo de datos puede acelerar significativamente el entrenamiento y la inferencia del modelo.

Es más, es posible cambiar la precisión utilizando el método `.to` de un tensor. El siguiente código lo demuestra, ya que convierte un tensor entero de 64 bits en un tensor de punto flotante de 32 bits:

```
floatvec = tensor1d.to(torch.float32)
print(floatvec.dtype)
```

El resultado de esto es:

```
torch.float32
```

Para obtener más información sobre los diferentes tipos de datos de tensor disponibles en PyTorch, consulta la documentación oficial en `https://pytorch.org/docs/stable/tensors.html`.

### A.2.3. Operaciones habituales con tensores en PyTorch

La cobertura exhaustiva de las diferentes operaciones y comandos de tensores de PyTorch queda fuera del alcance de este libro. Sin embargo, describiré brevemente las operaciones relevantes a medida que las introduzcamos a lo largo del libro.

Ya hemos presentado la función `torch.tensor()` para crear nuevos tensores:

```
tensor2d = torch.tensor([[1, 2, 3],
                         [4, 5, 6]])
print(tensor2d)
```

Este código da como resultado:

```
tensor([[1, 2, 3],
        [4, 5, 6]])
```

Además, el atributo `.shape` nos permite acceder a la forma de un tensor:

```
print(tensor2d.shape)
```

El resultado es:

```
torch.Size([2, 3])
```

Se observa que `.shape` devuelve `[2, 3]`, lo cual significa que el tensor tiene dos filas y tres columnas. Para cambiar la forma del tensor a un tensor 3 x 2, podemos utilizar el método `.reshape`:

```
print(tensor2d.reshape(3, 2))
```

Esto resulta en:

```
tensor([[1, 2],
        [3, 4],
        [5, 6]])
```

Sin embargo, conviene tener en cuenta que el comando más común para cambiar la forma de tensores en PyTorch es `.view()`:

```
print(tensor2d.view(3, 2))
```

El resultado de este línea de código es:

```
tensor([[1, 2],
        [3, 4],
        [5, 6]])
```

Al igual que `.reshape` y `.view`, en varios casos PyTorch ofrece múltiples opciones de sintaxis para ejecutar el mismo cálculo. PyTorch seguía inicialmente el convenio de sintaxis original de Lua Torch, pero luego, por petición popular, añadió otra sintaxis para que fuera similar a NumPy (la sutil diferencia entre `.view()` y `.reshape()` en PyTorch radica en su manejo de la disposición de la memoria: `.view()` requiere que los datos originales sean contiguos y fallará si no lo son, mientras que `.reshape()` funcionará de manera independiente, copiando los datos si es necesario para garantizar la forma deseada).

A continuación, utilizamos `.T` para transponer un tensor, lo cual implica voltearlo a lo largo de su diagonal. Ten en cuenta que esto no es lo mismo que cambiar su forma, como se puede ver en el siguiente resultado:

```
print(tensor2d.T)
```

El resultado es:

```
tensor([[1, 4],
        [2, 5],
        [3, 6]])
```

Por último, la forma habitual de multiplicar dos matrices en PyTorch es el método `.matmul`:

```
print(tensor2d.matmul(tensor2d.T))
```

Esta línea de código da como resultado:

```
tensor([[14, 32],
        [32, 77]])
```

Sin embargo, también podemos adoptar el operador `@`, que logra lo mismo de una forma más compacta:

```
print(tensor2d @ tensor2d.T)
```

Esto resulta en:

```
tensor([[14, 32],
        [32, 77]])
```

Como mencioné anteriormente, introduzco operaciones adicionales cuando es necesario. Para los lectores que deseen explorar las diferentes operaciones tensoriales disponibles en PyTorch (no necesitaremos la mayoría de ellas), recomiendo consultar la documentación oficial en `https://pytorch.org/docs/stable/tensors.html`.

## A.3. Visualización de modelos como gráficos computacionales

Veamos ahora el motor de diferenciación automática de PyTorch, también conocido como *autograd*. El sistema *autograd* de PyTorch proporciona funciones para calcular gradientes en gráficos computacionales dinámicos de forma automática.

Un gráfico computacional es un gráfico dirigido, que nos permite expresar y visualizar expresiones matemáticas. En el contexto del deep learning, un gráfico computacional establece la secuencia de cálculos necesarios para computar la salida de una red neuronal; lo necesitaremos para calcular los gradientes necesarios para la retropropagación, el principal algoritmo de entrenamiento para redes neuronales.

Veamos un ejemplo concreto para ilustrar el concepto de gráfico computacional. El código del siguiente listado implementa el paso hacia adelante (paso de predicción) de un clasificador de regresión logística simple, que puede considerarse como una red neuronal de una sola capa. Devuelve una puntuación entre 0 y 1, que se compara con la etiqueta de clase `True` (0 o 1) al calcular la pérdida.

**Listado A.2. Un paso hacia adelante de regresión logística**

```
import torch.nn.functional as F     # Esta sentencia import es un convenio habitual en PyTorch para evitar líneas de código largas

y = torch.tensor([1.0])             # Etiqueta True
x1 = torch.tensor([1.1])            # Atributo de entrada
w1 = torch.tensor([2.2])            # Parámetro de peso
b = torch.tensor([0.0])             # Unidad de sesgo
z = x1 * w1 + b                     # Entrada neta
a = torch.sigmoid(z)                # Activación y salida
loss = F.binary_cross_entropy(a, y)
```

Si no te resultan comprensibles todos los componentes del código anterior, no te preocupes. El objetivo de este ejemplo no es implementar un clasificador de regresión logística, sino ilustrar cómo podemos pensar en una secuencia de cálculos como un gráfico computacional, tal y como se muestra en la figura A.7.

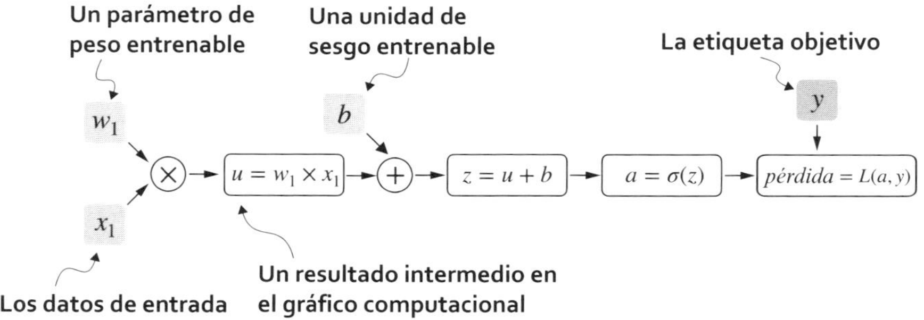


**Figura A.7.** Un paso hacia delante de regresión logística como gráfico computacional. El atributo de entrada $x_1$ se multiplica por un peso del modelo $w_1$ y se pasa a través de una función de activación σ después de añadir el sesgo. La pérdida se calcula comparando la salida del modelo *a* con una etiqueta dada *y*.

De hecho, PyTorch construye un gráfico computacional de este tipo en segundo plano, que podemos utilizar para calcular los gradientes de una función de pérdida con respecto a los parámetros del modelo (aquí $w_1$ y $b$) para el entrenamiento del modelo.

## A.4. La diferenciación automática simplificada

Si realizamos cálculos en PyTorch, se creará internamente un gráfico computacional de forma predeterminada si uno de sus nodos terminales tiene el atributo `requires_grad` establecido en `True`. Esto resulta útil si queremos calcular gradientes. Los gradientes son necesarios cuando se entrenan redes neuronales mediante el conocido algoritmo de retropropagación, que puede considerarse una implementación de la regla de la cadena para redes neuronales, ilustrada en la figura A.8.

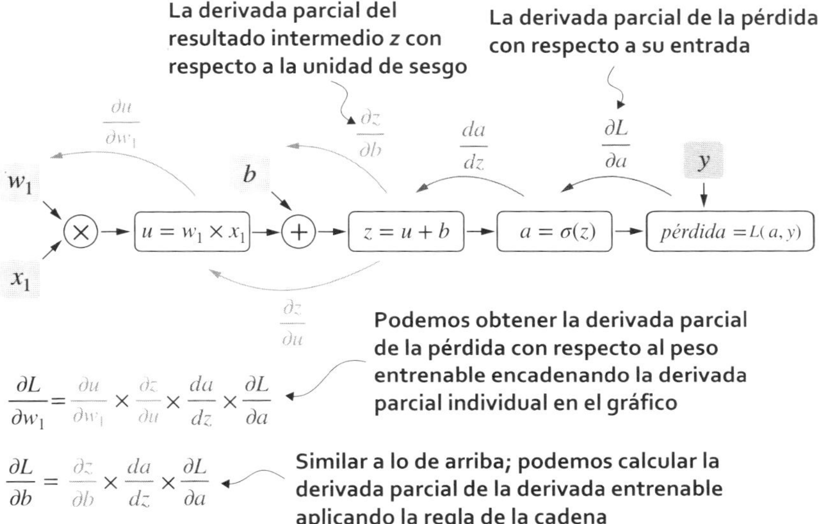


**Figura A.8.** La forma más habitual de calcular los gradientes de pérdida en un gráfico computacional consiste en aplicar la regla de la cadena de derecha a izquierda, también llamada diferenciación automática en modo inverso o retropropagación. Partimos de la capa de salida (o de la propia pérdida) y avanzamos hacia atrás a través de la red hasta la capa de entrada. Hacemos esto para calcular el gradiente de la pérdida con respecto a cada parámetro (pesos y sesgos) de la red, lo que nos indica cómo actualizar estos parámetros durante el entrenamiento.

#### DERIVADAS PARCIALES Y GRADIENTES

La figura A.8 muestra las derivadas parciales, que miden la velocidad a la que cambia una función con respecto a una de sus variables. Un gradiente es un vector que contiene todas las derivadas parciales de una función multivariable, es decir, una función con más de una variable como entrada.

Si no estás familiarizado con las derivadas parciales, los gradientes o la regla de la cadena, o no las recuerdas, no te preocupes. A grandes rasgos, todo lo que necesitas saber para este libro es que la regla de la cadena es una forma de calcular los gradientes de una función de pérdida, dados los parámetros del modelo en un gráfico computacional. Ello proporciona la información necesaria para actualizar cada parámetro con el fin de minimizar la función de pérdida, lo que sirve como *proxy* para medir el rendimiento del modelo mediante un método como el descenso de gradiente. Volveremos a examinar la implementación computacional de este bucle de entrenamiento en PyTorch en la sección A.7.

¿Cómo se relaciona todo esto con el motor de diferenciación automática (*autograd*), el segundo componente de la biblioteca PyTorch mencionado anteriormente? El motor *autograd* de PyTorch construye un gráfico computacional en segundo plano mediante el seguimiento de cada operación realizada en tensores. A continuación, llamando a la función `grad`, calculamos el gradiente de la pérdida en relación con el parámetro del modelo `w1`, como se muestra en el siguiente listado.

**Listado A.3. Cálculo de gradientes mediante *autograd***

```
import torch.nn.functional as F
from torch.autograd import grad

y = torch.tensor([1.0])
x1 = torch.tensor([1.1])
w1 = torch.tensor([2.2], requires_grad=True)
b = torch.tensor([0.0], requires_grad=True)

z = x1 * w1 + b
a = torch.sigmoid(z)

loss = F.binary_cross_entropy(a, y)

grad_L_w1 = grad(loss, w1, retain_graph=True)
grad_L_b = grad(loss, b, retain_graph=True)
```

**Por defecto, PyTorch destruye el gráfico computacional después de calcular los gradientes para liberar memoria. Sin embargo, como reutilizaremos enseguida este gráfico, establecemos `retain_graph=True` para que permanezca en la memoria**

Los valores resultantes de los gradientes de pérdida, dados los parámetros del modelo, son:

```
print(grad_L_w1)
print(grad_L_b)
```

El resultado de esto es:

```
(tensor([-0.0898]),)
(tensor([-0.0817]),)
```

Aquí hemos estado utilizando la función `grad` manualmente, lo que puede resultar útil para experimentar, depurar y demostrar conceptos. Sin embargo, en la práctica, PyTorch proporciona herramientas aún más avanzadas para automatizar este proceso. Por ejemplo, podemos llamar a `.backward` sobre la pérdida, y PyTorch calculará los gradientes de todos los nodos hoja del gráfico, que se almacenarán mediante los atributos `.grad` de los tensores:

```
loss.backward()
print(w1.grad)
print(b.grad)
```

Los resultados son:

```
(tensor([-0.0898]),)
(tensor([-0.0817]),)
```

Te he proporcionado mucha información y es posible que te sientas abrumado por los conceptos de cálculo, pero no te preocupes. Aunque esta jerga matemática es un medio para explicar el componente *autograd* de PyTorch, lo único que debes recordar es que PyTorch se encarga del cálculo por nosotros mediante el método `.backward`, por lo que no tendremos que calcular ninguna derivada o gradiente a mano.

## A.5. Implementación de redes neuronales multicapa

A continuación, nos centramos en PyTorch como biblioteca para implementar redes neuronales profundas. Para proporcionar un ejemplo concreto, veamos un perceptrón multicapa, una red neuronal totalmente conectada, como se ilustra en la figura A.9.

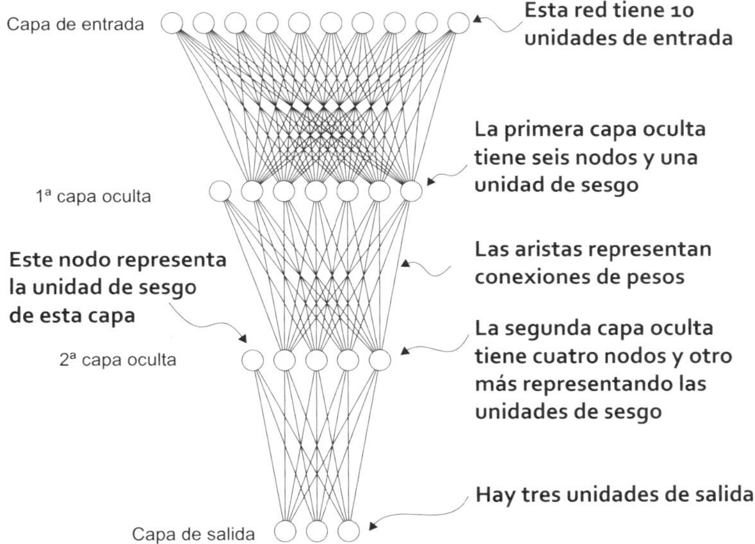


**Figura A.9.** Un perceptrón multicapa con dos capas ocultas. Cada nodo representa una unidad en la capa respectiva. A efectos ilustrativos, cada capa tiene un número muy reducido de nodos.

Al implementar una red neuronal en PyTorch, podemos crear una subclase de la clase `torch.nn.Module` para definir nuestra propia arquitectura de red personalizada. Esta clase base `Module` proporciona muchas funcionalidades, lo que facilita la creación y el entrenamiento de modelos. Por ejemplo, nos permite encapsular capas y operaciones, y realizar un seguimiento de los parámetros del modelo.

Dentro de esta subclase, definimos las capas de la red en el constructor `__init__` y especificamos cómo interactúan las capas en el método `forward`. El método `forward` describe cómo los datos de entrada pasan a través de la red y se combinan como un gráfico computacional. Por el contrario, el método `backward`, que normalmente no necesitamos implementar nosotros mismos, se utiliza durante el entrenamiento para calcular los gradientes de la función de pérdida dados los parámetros del modelo (véase la sección A.7). El código del siguiente listado implementa un perceptrón multicapa clásico con dos capas ocultas para ilustrar un uso habitual de la clase `Module`.

**Listado A.4. Un perceptrón multicapa con dos capas ocultas.**

```
class NeuralNetwork(torch.nn.Module):
    def __init__(self, num_inputs, num_outputs):
        super().__init__()

        self.layers = torch.nn.Sequential(

            # 1st hidden layer
            torch.nn.Linear(num_inputs, 30),
            torch.nn.ReLU(),

            # 2nd hidden layer
            torch.nn.Linear(30, 20),
            torch.nn.ReLU(),

            # output layer
            torch.nn.Linear(20, num_outputs),
        )

    def forward(self, x):
        logits = self.layers(x)
        return logits
```

Codificar el número de entradas y salidas como variables nos permite reutilizar el mismo código para conjuntos de datos con distintas cantidades de atributos y clases

La capa `Linear` toma el número de nodos de entrada y salida como argumentos

Las funciones de activación no lineales se colocan entre las capas ocultas

El número de nodos de salida de una capa oculta debe coincidir con el número de entradas de la siguiente capa

Las salidas de la última capa se denominan *logit*

A continuación, podemos instanciar un nuevo objeto de red neuronal de la siguiente manera:

```
model = NeuralNetwork(50, 3)
```

Antes de utilizar este nuevo objeto `model`, podemos llamar a `print` en el modelo para ver un resumen de su estructura:

```
print(model)
```

Esto resulta en:

```
NeuralNetwork(
    (layers): Sequential(
        (0): Linear(in_features=50, out_features=30, bias=True)
        (1): ReLU()
        (2): Linear(in_features=30, out_features=20, bias=True)
        (3): ReLU()
        (4): Linear(in_features=20, out_features=3, bias=True)
    )
)
```

Ten en cuenta que utilizamos la clase `Sequential` al implementar la clase `NeuralNetwork`. La primera no es obligatoria, pero puede facilitarnos la vida si tenemos una serie de capas que queremos ejecutar en un orden específico, como es el caso aquí. De esta manera, después de instanciar `self.layers = Sequential(...)` en el constructor `__init__`, solo tenemos que llamar a `self.layers` en lugar de llamar a cada capa individualmente en el método `forward` de `NeuralNetwork`.

A continuación, comprobemos el número total de parámetros entrenables de este modelo:

```
num_params = sum(p.numel() for p in model.parameters() if p.requires_grad)
print("Total number of trainable model parameters:", num_params)
```

El resultado de esto es:

```
Total number of trainable model parameters: 2213
```

Cada parámetro para el que `requires_grad=True` cuenta como un parámetro entrenable, y se actualizará durante el entrenamiento (véase la sección A.7).

En el caso de nuestro modelo de red neuronal con las dos capas ocultas anteriores, estos parámetros entrenables están contenidos en las capas `torch.nn.Linear`. Una capa `Linear` multiplica las entradas por una matriz de pesos y añade un vector de sesgo. En ocasiones se le denomina capa *feedforward* o capa totalmente conectada.

Basándonos en la llamada `print(model)` que hemos ejecutado aquí, vemos que la primera capa `Linear` se encuentra en la posición de índice 0 en el atributo `layers`. Accedemos a la matriz de parámetros de peso correspondiente de la siguiente manera:

```
print(model.layers[0].weight)
```

El resultado de esto es:

```
Parameter containing:
tensor([[ 0.1174, -0.1350, -0.1227,  ...,  0.0275, -0.0520, -0.0192],
        [-0.0169,  0.1265,  0.0255,  ..., -0.1247,  0.1191, -0.0698],
        [-0.0973, -0.0974, -0.0739,  ..., -0.0068, -0.0892,  0.1070],
        ...,
        [-0.0681,  0.1058, -0.0315,  ..., -0.1081, -0.0290, -0.1374],
        [-0.0159,  0.0587, -0.0916,  ..., -0.1153,  0.0700,  0.0770],
        [-0.1019,  0.1345, -0.0176,  ...,  0.0114, -0.0559, -0.0088]],
       requires_grad=True)
```

Como esta gran matriz no se muestra en su totalidad, utilicemos el atributo `.shape` para mostrar sus dimensiones:

```
print(model.layers[0].weight.shape)
```

Esto resulta en:

```
torch.Size([30, 50])
```

(Se puede acceder del mismo modo al vector de sesgo a través de `model.layers[0].bias`).

La matriz de pesos aquí es una matriz de 30 x 50, y podemos ver que `requires_grad` está establecido en `True`, lo cual significa que sus entradas son entrenables; esta es la configuración predeterminada para los pesos y sesgos en `torch.nn.Linear`.

Si ejecutas el código anterior en tu ordenador, es probable que los números de la matriz de pesos difieran de los que se muestran. Los pesos del modelo se inicializan con pequeños números aleatorios, que difieren cada vez que instanciamos la red. En deep learning, es deseable inicializar los pesos del modelo con pequeños números aleatorios para romper la simetría durante el entrenamiento. De lo contrario, los nodos realizarían las mismas operaciones y actualizaciones durante la retropropagación, lo que no permitiría a la red aprender asignaciones complejas de entradas a salidas.

Sin embargo, aunque queremos seguir utilizando números aleatorios pequeños como valores iniciales para los pesos de nuestras capas, podemos hacer que se pueda reproducir la inicialización de números aleatorios sembrando el generador de números aleatorios de PyTorch mediante `manual_seed`:

```
torch.manual_seed(123)
model = NeuralNetwork(50, 3)
print(model.layers[0].weight)
```

El resultado es:

```
Parameter containing:
tensor([[-0.0577,  0.0047, -0.0702,  ...,  0.0222,  0.1260,  0.0865],
        [ 0.0502,  0.0307,  0.0333,  ...,  0.0951,  0.1134, -0.0297],
        [ 0.1077, -0.1108,  0.0122,  ...,  0.0108, -0.1049, -0.1063],
        ...,
        [-0.0787,  0.1259,  0.0803,  ...,  0.1218,  0.1303, -0.1351],
        [ 0.1359,  0.0175, -0.0673,  ...,  0.0674,  0.0676,  0.1058],
        [ 0.0790,  0.1343, -0.0293,  ...,  0.0344, -0.0971, -0.0509]],
       requires_grad=True)
```

Ahora que hemos dedicado un tiempo a examinar la instancia `NeuralNetwork`, veamos brevemente cómo se utiliza mediante el paso hacia adelante:

```
torch.manual_seed(123)
X = torch.rand((1, 50))
out = model(X)
print(out)
```

El resultado es:

```
tensor([[-0.1262, 0.1080, -0.1792]], grad_fn=<AddmmBackward0>)
```

En el código anterior, hemos generado un único ejemplo de entrenamiento aleatorio `X` como entrada de prueba (ten en cuenta que nuestra red espera vectores de atributos de 50 dimensiones), lo hemos introducido en el modelo, y obtenido tres puntuaciones. Cuando llamamos a `model(x)`, se ejecuta automáticamente el paso hacia adelante del modelo.

El paso hacia adelante se refiere al cálculo de los tensores de salida a partir de los tensores de entrada, lo que implica pasar los datos de entrada a través de todas las capas de la red neuronal, comenzando por la capa de entrada, pasando por las capas ocultas y finalmente llegando a la capa de salida.

Estos tres números devueltos aquí corresponden a una puntuación asignada a cada uno de los tres nodos de salida. Observamos que el tensor de salida también incluye un valor `grad_fn`.

Aquí, `grad_fn=<AddmmBackward0>` representa la última función utilizada para calcular una variable en el gráfico computacional. En concreto, `grad_fn=<AddmmBackward0>` significa que el tensor que estamos inspeccionando se creó mediante una operación de multiplicación y suma de matrices. PyTorch utilizará esta información cuando calcule los gradientes durante la retropropagación. La parte `<AddmmBackward0>` de `grad_fn=<AddmmBackward0>` especifica la operación realizada. En este caso, se trata de una operación `Addmm`, que significa multiplicación de matrices (`mm`) seguida de una suma (`Add`).

Si solo queremos utilizar una red sin entrenamiento ni retropropagación (por ejemplo, si la usamos para la predicción después del entrenamiento), construir este gráfico computacional para la retropropagación puede ser un desperdicio, ya que realiza cálculos innecesarios y consume memoria adicional. Por lo tanto, cuando empleamos un modelo para la inferencia (por ejemplo, para hacer predicciones) en lugar de para el entrenamiento, la mejor práctica es utilizar el gestor de contexto `torch.no_grad()`. Esto le indica a PyTorch que no necesita realizar un seguimiento de los gradientes, lo que puede suponer un ahorro significativo de memoria y computación:

```
with torch.no_grad():
    out = model(X)
print(out)
```

El resultado es:

```
tensor([[-0.1262, 0.1080, -0.1792]])
```

En PyTorch, es habitual codificar los modelos de manera que devuelvan los resultados de la última capa (*logit*) sin pasarlos a una función de activación no lineal. Esto se debe a que las funciones de pérdida más utilizadas en PyTorch combinan la operación `softmax` (o `sigmoid` para clasificación binaria) con la pérdida de log-verosimilitud negativa en una sola clase. El motivo es la eficiencia numérica y la estabilidad. Por lo tanto, si queremos calcular las probabilidades de pertenencia a una clase para nuestras predicciones, tenemos que llamar explícitamente a la función `softmax`:

```
with torch.no_grad():
    out = torch.softmax(model(X), dim=1)
print(out)
```

Esto resulta en:

```
tensor([[0.3113, 0.3934, 0.2952]]))
```

Ahora los valores pueden interpretarse como probabilidades de pertenencia a una clase que suman 1. Los valores son aproximadamente iguales para esta entrada aleatoria, lo que es de esperar en un modelo inicializado aleatoriamente sin entrenamiento.

## A.6. Configuración de cargadores de datos eficientes

Antes de poder entrenar nuestro modelo, debemos analizar brevemente la creación de cargadores de datos eficientes en PyTorch, tarea que repetiremos durante el entrenamiento. La idea general de la carga de datos en PyTorch se ilustra en la figura A.10.

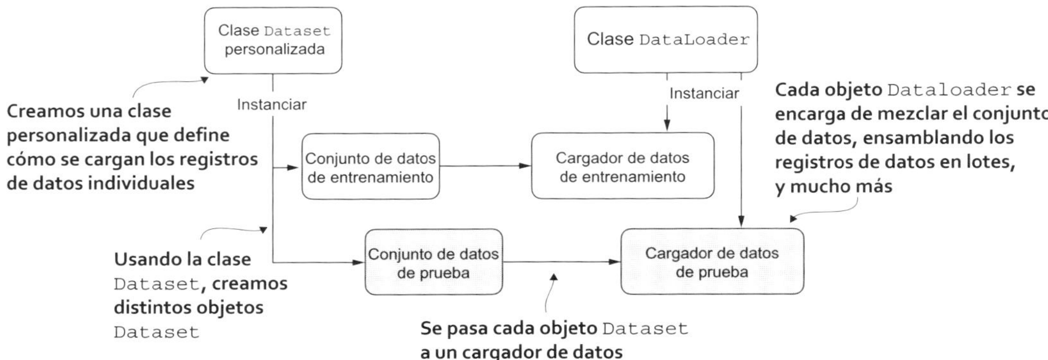


**Figura A.10.** PyTorch implementa una clase `Dataset` y otra `DataLoader`. La clase `Dataset` se utiliza para instanciar objetos que definen cómo se carga cada registro de datos, y `DataLoader` maneja el modo en que se mezclan y agrupan los datos en lotes.

Siguiendo la figura A.10, implementaremos una clase `Dataset` personalizada para crear un conjunto de datos de entrenamiento y otro de prueba, que utilizaremos a posteriori para crear los cargadores de datos. Comencemos creando un conjunto de datos sencillo con cinco ejemplos de entrenamiento y dos atributos cada uno. Además de los ejemplos de entrenamiento, creamos un tensor, que contiene las etiquetas de clase correspondientes: tres ejemplos pertenecen a la clase 0 y dos a la clase 1. Además, creamos un conjunto de prueba que consta de dos entradas. El código para crear este conjunto de datos se muestra en la siguiente lista.

**Listados A.5. Creación de un conjunto de datos «de juguete»**

```
X_train = torch.tensor([
    [-1.2, 3.1],
    [-0.9, 2.9],
    [-0.5, 2.6],
    [2.3, -1.1],
    [2.7, -1.5]
])
y_train = torch.tensor([0, 0, 0, 1, 1])

X_test = torch.tensor([
    [-0.8, 2.8],
    [2.6, -1.6],
])
y_test = torch.tensor([0, 1])
```

**NOTA:** PyTorch requiere que las etiquetas de clase comiencen con 0, y el valor más alto de la etiqueta de clase no debe exceder el número de nodos de salida menos 1 (ya que el recuento de índices de Python comienza en cero). Por lo tanto, si tenemos las etiquetas de clase 0, 1, 2, 3 y 4, la capa de salida de la red neuronal debe constar de cinco nodos.

A continuación, creamos una clase personalizada para el conjunto de datos, `ToyDataset`, mediante la subclasificación de la clase principal `Dataset` de PyTorch, como se muestra en el siguiente listado.

**Listados A.6. Definición de una clase `DataSet` personalizada**

```
from torch.utils.data import Dataset

class ToyDataset(Dataset):
    def __init__(self, X, y):
        self.features = X
        self.labels = y

    def __getitem__(self, index):
        one_x = self.features[index]
        one_y = self.labels[index]
        return one_x, one_y

    def __len__(self):
        return self.labels.shape[0]

train_ds = ToyDataset(X_train, y_train)
test_ds = ToyDataset(X_test, y_test)
```

Instrucciones para recuperar exactamente un solo registro de datos y la etiqueta correspondiente

Instrucciones para devolver la longitud total del conjunto de datos

El propósito de esta clase `ToyDataset` personalizada es instanciar un `DataLoader` de PyTorch. Pero, antes de llegar a este paso, repasemos brevemente la estructura general del código de `ToyDataset`.

En PyTorch, los tres componentes principales de una clase `Dataset` personalizada son el constructor `__init__`, el método `__getitem__` y el método `__len__` (véase el listado A.6). En el método `__init__`, configuramos los atributos a los que podemos acceder más adelante en los métodos `__getitem__` y `__len__`, que pueden ser rutas de archivos, objetos de archivo, conectores de bases de datos, etc. Ya que hemos creado un conjunto de datos de tensores que se encuentra en la memoria, simplemente asignamos `X` e `y` a estos atributos, provisionales para nuestros objetos de tensor.

En el método `__getitem__`, definimos instrucciones para devolver exactamente un elemento del conjunto de datos a través de un `index`, que se refiere a las características y la etiqueta de clase correspondientes a un único ejemplo de entrenamiento o instancia de prueba (el cargador de datos proporcionará este `index`, que veremos en breve).

Por último, el método `__len__` contiene instrucciones para recuperar la longitud del conjunto de datos. Aquí utilizamos el atributo `.shape` de un tensor para devolver el número de filas de la matriz de atributos. En el caso del conjunto de datos de entrenamiento, tenemos cinco filas, hecho que podemos comprobar por duplicado:

```
print(len(train_ds))
```

El resultado es:

```
5
```

Ahora que hemos definido una clase `Dataset` de PyTorch que utilizaremos para nuestro conjunto de datos de prueba, empleamos la clase `DataLoader` de PyTorch para obtener muestras del mismo, tal y como se muestra en el siguiente listado.

**Listado A.7. Instanciación de cargadores de datos**

```
from torch.utils.data import DataLoader

torch.manual_seed(123)

train_loader = DataLoader(
    dataset=train_ds,
    batch_size=2,
    shuffle=True,
    num_workers=0
)

test_loader = DataLoader(
    dataset=test_ds,
    batch_size=2,
    shuffle=False,
    num_workers=0
)
```

**La instancia `ToyDataset` creada anteriormente sirve como entrada para el cargador de datos** (dataset=train_ds)

**Si se deben mezclar los datos o no** (shuffle=True)

**El número de procesos en segundo plano** (num_workers=0)

**No es necesario mezclar un conjunto de datos de prueba** (shuffle=False)

Después de instanciar el cargador de datos de entrenamiento, podemos repetir el proceso una y otra vez. La iteración de `test_loader` funciona de manera similar, pero se omite por brevedad:

```
for idx, (x, y) in enumerate(train_loader):
    print(f"Batch {idx+1}:", x, y)
```

El resultado es:

```
Batch 1: tensor([[-1.2000, 3.1000],
                 [-0.5000, 2.6000]]) tensor([0, 0])
Batch 2: tensor([[ 2.3000, -1.1000],
                 [-0.9000, 2.9000]]) tensor([1, 0])
Batch 3: tensor([[ 2.7000, -1.5000]]) tensor([1])
```

Como observamos en el resultado anterior, `train_loader` itera sobre el conjunto de datos de entrenamiento, visitando cada ejemplo de entrenamiento exactamente una vez. Esto se conoce como *epoch* de entrenamiento. Dado que hemos inicializado aquí el generador de números aleatorios utilizando `torch.manual_seed(123)`, deberías obtener exactamente el mismo orden aleatorio de los ejemplos de entrenamiento. Sin embargo, si iteras sobre el conjunto de datos por segunda vez, verás que el orden en el que se mezcla cambiará. Esto es deseable para evitar que las redes neuronales profundas queden atrapadas en ciclos de actualización repetitivos durante el entrenamiento. Aquí hemos especificado un tamaño de lote de 2, pero el tercer lote solo contiene un único ejemplo. Esto se debe a que tenemos cinco ejemplos de entrenamiento, y 5 no es divisible por 2. En la práctica, tener un lote mucho más pequeño como último lote en un *epoch* de entrenamiento puede perturbar la convergencia durante el mismo. Para evitarlo, establece `drop_last=True`, lo que eliminará el último lote de cada *epoch*, como se muestra en la siguiente lista.

**Listado A.8. Un cargador de entrenamiento que elimina el último lote**

```
train_loader = DataLoader(
    dataset=train_ds,
    batch_size=2,
    shuffle=True,
    num_workers=0,
    drop_last=True
)
```

Ahora, al iterar sobre el cargador de entrenamiento, vemos que se omite el último lote:

```
for idx, (x, y) in enumerate(train_loader):
    print(f"Batch {idx+1}:", x, y)
```

El resultado es:

```
Batch 1: tensor([[-0.9000, 2.9000],
        [ 2.3000, -1.1000]]) tensor([0, 1])
Batch 2: tensor([[ 2.7000, -1.5000],
        [-0.5000, 2.6000]]) tensor([1, 0])
```

Por último, analicemos la configuración `num_workers=0` en `DataLoader`. Este parámetro de la función `DataLoader` de PyTorch es crucial para paralelizar la carga y el preprocesamiento de datos. Cuando `num_workers` se establezca en 0, la carga de datos se realizará en el proceso principal y no en procesos de trabajo distintos. Quizá parezca que esto no es un problema, pero puede provocar ralentizaciones significativas durante el entrenamiento del modelo, al entrenar redes más grandes con una GPU. En lugar de centrarse únicamente en el procesamiento del modelo de deep learning, la CPU también debe dedicar tiempo a cargar y preprocesar los datos. Como resultado, la GPU puede permanecer inactiva mientras espera a que la CPU termine estas tareas. Por el contrario, cuando `num_workers` se establece en un número mayor que 0, se lanzan múltiples procesos de trabajo para cargar datos en paralelo, liberando el proceso principal para que se centre en entrenar el modelo y utilizar mejor los recursos del sistema (figura A.11).

Sin embargo, si trabajamos con conjuntos de datos muy pequeños, quizá no sea necesario establecer `num_workers` en 1 o más, ya que el tiempo total de entrenamiento solo requiere fracciones de segundo. Por lo tanto, si trabajas con conjuntos de datos pequeños o entornos interactivos como Jupyter Notebook, aumentar `num_workers` puede no suponer una aceleración notable. De hecho, puede provocar problemas. Uno de estos posibles problemas es la sobrecarga que supone poner en marcha varios procesos de trabajo, lo que podría llevar más tiempo que la carga real de datos cuando el conjunto de datos es pequeño.

Además, en el caso de Jupyter Notebook, establecer `num_workers` en un valor superior a 0 puede provocar en ocasiones problemas relacionados con el uso compartido de recursos entre diferentes procesos, dando lugar a errores o fallos en los cuadernos. Por lo tanto, es esencial comprender las ventajas e inconvenientes y tomar una decisión calculada en lo que se refiere a la configuración del parámetro `num_workers`. Si se utiliza correctamente, puede ser una herramienta beneficiosa, pero debe adaptarse al tamaño específico de tu conjunto de datos y a tu entorno computacional para obtener resultados óptimos.

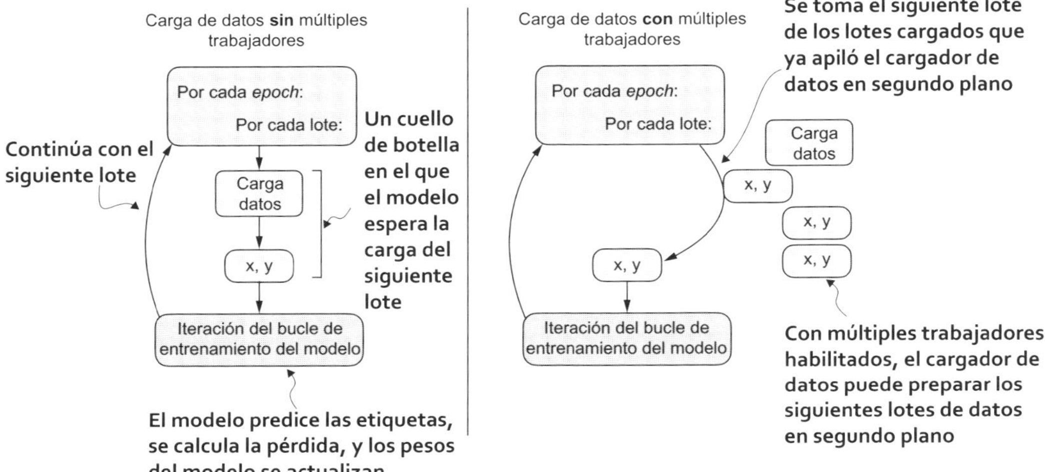


**Figura A.11.** Cargar datos sin varios trabajadores (estableciendo `num_workers=0`) creará un cuello de botella en la carga de datos, en el que el modelo permanecerá inactivo hasta que se cargue el siguiente lote (izquierda). Si se habilitan varios trabajadores, el cargador de datos puede poner en cola el siguiente lote en segundo plano (derecha).

Según mi experiencia, establecer `num_workers=4` suele dar lugar a un rendimiento óptimo en muchos conjuntos de datos reales, pero la configuración óptima depende del hardware y del código utilizado para cargar un ejemplo de entrenamiento definido en la clase `Dataset`.

## A.7. Un bucle de entrenamiento habitual

Entrenemos ahora una red neuronal con el conjunto de datos «de juguete». El siguiente listado muestra el código de entrenamiento.

**Listado A.9. Entrenamiento de red neuronal en PyTorch**

```
import torch.nn.functional as F

torch.manual_seed(123)
model = NeuralNetwork(num_inputs=2, num_outputs=2)
optimizer = torch.optim.SGD(
    model.parameters(), lr=0.5
)

num_epochs = 3
for epoch in range(num_epochs):
```

El conjunto de datos tiene dos atributos y dos clases

El optimizador necesita saber qué parámetros optimizar

```
model.train()
    for batch_idx, (features, labels) in enumerate(train_loader):
        logits = model(features)

        loss = F.cross_entropy(logits, labels)

        optimizer.zero_grad()
        loss.backward()
        optimizer.step()

        ### LOGGING
        print(f"Epoch: {epoch+1:03d}/{num_epochs:03d}"
            f" | Batch {batch_idx:03d}/{len(train_loader):03d}"
            f" | Train Loss: {loss:.2f}")

    model.eval()
    # Insert optional model evaluation code
```

Establece los gradientes de la ronda anterior en o para evitar la acumulación involuntaria de gradientes
Calcula los gradientes de la pérdida dados los parámetros del modelo
El optimizador utiliza los gradientes para actualizar los parámetros del modelo

Al ejecutar este código se obtienen los siguientes resultados:

```
Epoch: 001/003 | Batch 000/002 | Train Loss: 0.75
Epoch: 001/003 | Batch 001/002 | Train Loss: 0.65
Epoch: 002/003 | Batch 000/002 | Train Loss: 0.44
Epoch: 002/003 | Batch 001/002 | Trainl Loss: 0.13
Epoch: 003/003 | Batch 000/002 | Train Loss: 0.03
Epoch: 003/003 | Batch 001/002 | Train Loss: 0.00
```

Observamos que la pérdida llega a 0 después de tres *epoch*, lo que indica que el modelo convergió en el conjunto de entrenamiento. Aquí, inicializamos un modelo con dos entradas y dos salidas, porque nuestro conjunto de datos «de juguete» tiene dos atributos de entrada y dos etiquetas de clase que predecir. Utilizamos un optimizador de descenso de gradiente estocástico (`SGD`) con una tasa de aprendizaje (`lr`) de 0.5. La tasa de aprendizaje es un hiperparámetro, es decir, un ajuste modificable, con el que debemos experimentar basándonos en la observación de la pérdida. Lo ideal es elegir una tasa de aprendizaje tal que la pérdida converja después de un cierto número de *epoch*; el número de *epoch* es otro hiperparámetro que hay que introducir.

### Ejercicio A.3

¿Cuántos parámetros tiene la red neuronal presentada en el listado A.9?

En la práctica, solemos utilizar un tercer conjunto de datos, denominado conjunto de datos de validación, para hallar la configuración óptima de los hiperparámetros. Un conjunto de datos de validación es similar a un conjunto de prueba. Sin embargo, mientras solo utilizamos un conjunto de prueba exactamente una vez para evitar sesgar la evaluación, el conjunto de validación se suele usar varias veces para ajustar la configuración del modelo.

También hemos introducido nuevas configuraciones denominadas `model.train()` y `model.eval()`. Como sus nombres indican, estos ajustes se utilizan para poner el modelo en modo de entrenamiento y evaluación. Esto es necesario para los componentes que se comportan de manera diferente durante el entrenamiento y la inferencia, como las capas de *dropout* o de normalización por lotes. Dado que en nuestra clase `NeuralNetwork` no tenemos componentes de *dropout* u otros que se vean afectados por estos parámetros, el uso de `model.train()` y `model.eval()` es redundante en nuestro código anterior. Sin embargo, es una buena práctica incluirlos de todos modos para evitar comportamientos inesperados al cambiar la arquitectura del modelo o reutilizar el código para entrenar un modelo diferente.

Como se ha comentado anteriormente, pasamos los *logit* directamente a la función de pérdida `cross_entropy`, que aplicará la función `softmax` internamente por razones de eficiencia y estabilidad numérica. A continuación, al llamar a `loss.backward()` se calcularán los gradientes en el gráfico computacional que PyTorch ha construido en segundo plano. El método `optimizer.step()` utilizará los gradientes para actualizar los parámetros del modelo y minimizar la pérdida. En el caso del optimizador SGD (*Stochastic Gradient Descent*: descenso de gradiente estocástico), esto significa multiplicar los gradientes por la tasa de aprendizaje y sumar a los parámetros el gradiente negativo escalado.

**NOTA:** Para evitar la acumulación excesiva de gradientes, es importante incluir una llamada a `optimizer.zero_grad()` en cada ronda de actualización para restablecer los gradientes a 0. De lo contrario, los gradientes se acumularán, lo que puede no ser deseable.

Una vez entrenado el modelo, lo utilizamos para realizar predicciones:

```
model.eval()
with torch.no_grad():
    outputs = model(X_train)
print(outputs)
```

Los resultados son:

```
tensor([[ 2.8569, -4.1618],
        [ 2.5382, -3.7548],
        [ 2.0944, -3.1820],
        [-1.4814, 1.4816],
        [-1.7176, 1.7342]])
```

Para obtener las probabilidades de pertenencia a una clase, podemos utilizar la función `softmax` de PyTorch:

```
torch.set_printoptions(sci_mode=False)
probas = torch.softmax(outputs, dim=1)
print(probas)
```

Esto da como resultado:

```
tensor([[    0.9991,    0.0009],
        [    0.9982,    0.0018],
        [    0.9949,    0.0051],
        [    0.0491,    0.9509],
        [    0.0307,    0.9693]])
```

Consideremos la primera línea del código anterior. El primer valor (columna) significa que el ejemplo de entrenamiento tiene una probabilidad del 99,91 % de pertenecer a la clase 0 y una probabilidad del 0,09 % de pertenecer a la clase 1 (la llamada `set_printoptions` se utiliza aquí para que los resultados sean más legibles).

Convertimos estos valores en predicciones de etiquetas de clase utilizando la función `argmax` de PyTorch, que devuelve la posición de índice del valor más alto de cada fila si establecemos `dim=1` (establecer `dim=0` devolvería el valor más alto de cada columna):

```
predictions = torch.argmax(probas, dim=1)
print(predictions)
```

Esto resulta en:

```
tensor([0, 0, 0, 1, 1])
```

Ten en cuenta que no es necesario calcular las probabilidades `softmax` para obtener las etiquetas de clase. También podríamos aplicar la función `argmax` directamente a los *logit* (salidas):

```
predictions = torch.argmax(outputs, dim=1)
print(predictions)
```

El resultado es:

```
tensor([0, 0, 0, 1, 1])
```

Hemos calculado aquí las etiquetas predichas para el conjunto de datos de entrenamiento. Dado que el conjunto de datos de entrenamiento es relativamente pequeño, hemos podido compararlo visualmente con las etiquetas de entrenamiento reales, comprobando que el modelo es 100 % correcto. Lo verificamos utilizando el operador de comparación `==`:

```
predictions == y_train
```

Los resultados son:

```
tensor([True, True, True, True, True])
```

Usando `torch.sum`, podemos contar el número de predicciones correctas:

```
torch.sum(predictions == y_train)
```

El resultado es:

```
5
```

Dado que el conjunto de datos consta de cinco ejemplos de entrenamiento, tenemos cinco predicciones correctas de cinco, lo que supone una precisión de predicción 5/5 x 100 % = 100 %.

Para generalizar el cálculo de la precisión de la predicción, implementemos una función `compute_accuracy`, como se muestra en el siguiente listado.

**Listado A.10. Una función para calcular la precisión de la predicción**

```
def compute_accuracy(model, dataloader):

    model = model.eval()
    correct = 0.0
    total_examples = 0

    for idx, (features, labels) in enumerate(dataloader):

        with torch.no_grad():
            logits = model(features)

        predictions = torch.argmax(logits, dim=1)
        compare = labels == predictions
        correct += torch.sum(compare)
        total_examples += len(compare)

    return (correct / total_examples).item()
```

Devuelve un tensor con valores `True/False`, dependiendo de si las etiquetas coinciden o no

La operación de suma cuenta el número de valores `True`

La fracción de predicción correcta, un valor entre 0 y 1. `.item()` devuelve el valor del tensor como un número de punto flotante de Python

El código itera sobre un cargador de datos para calcular el número y la fracción de predicciones correctas. Cuando trabajamos con conjuntos de datos grandes, normalmente solo podemos llamar al modelo sobre una pequeña parte del conjunto de datos debido a las limitaciones de memoria. La función `compute_accuracy` es un método general que se adapta a conjuntos de datos de tamaño arbitrario, ya que, en cada iteración, el fragmento del conjunto de datos que recibe el modelo es del mismo tamaño que el tamaño del lote visto durante el entrenamiento. El funcionamiento interno de `compute_accuracy` es similar a lo que utilizamos anteriormente al convertir los *logit* en etiquetas de clase.

A continuación, aplicamos la función al entrenamiento:

```
print(compute_accuracy(model, train_loader))
```

El resultado es:

```
1.0
```

Del mismo modo, podemos aplicar la función al conjunto de prueba:

```
print(compute_accuracy(model, test_loader))
```

Esto da como resultado:

```
1.0
```

## A.8. Guardar y cargar modelos

Ahora que hemos entrenado nuestro modelo, veamos cómo guardarlo para poder reutilizarlo más adelante. A continuación se muestra la forma recomendada de guardar y cargar modelos en PyTorch:

```
torch.save(model.state_dict(), "model.pth")
```

El `state_dict` del modelo es un objeto diccionario de Python que asigna cada capa del modelo a sus parámetros entrenables (pesos y sesgos). `"model.pth"` es un nombre de archivo arbitrario para el archivo del modelo guardado en el disco. Podemos darle cualquier nombre y extensión de archivo que queramos; sin embargo, `.pth` y `.pt` son las más comunes. Una vez hayamos guardado el modelo, lo restauramos desde el disco:

```
model = NeuralNetwork(2, 2)
model.load_state_dict(torch.load("model.pth"))
```

La función `torch.load("model.pth")` lee el archivo `"model.pth"` y reconstruye el objeto diccionario de Python que contiene los parámetros del modelo, mientras que `model.load_state_dict()` aplica estos parámetros al modelo, para restaurar eficazmente su estado aprendido desde el momento en que lo guardamos.

La línea `model = NeuralNetwork(2, 2)` no es estrictamente necesaria si ejecutas este código en la misma sesión en la que guardaste un modelo. Sin embargo, la he incluido aquí para ilustrar que necesitamos una instancia del modelo en la memoria para aplicar los parámetros guardados. En este caso, la arquitectura `NeuralNetwork(2, 2)` debe coincidir exactamente con el modelo original guardado.

## A.9. Optimización del rendimiento del entrenamiento con GPU

A continuación, veamos cómo utilizar las GPU, que aceleran el entrenamiento de redes neuronales profundas, en comparación con las CPU normales. Primero, veremos los conceptos principales de la computación con GPU en PyTorch. Después, entrenaremos un modelo con una sola GPU. Por último, veremos el entrenamiento distribuido utilizando varias GPU.

### A.9.1. Cálculos PyTorch en dispositivos GPU

Modificar el bucle de entrenamiento para que se ejecute de manera opcional con una GPU es relativamente sencillo; requiere tan solo cambiar tres líneas de código (véase la sección A.7). Antes de realizar las modificaciones, es fundamental comprender el concepto principal que subyace a los cálculos de la GPU en PyTorch. En PyTorch, un dispositivo es el lugar donde se realizan los cálculos y residen los datos. La CPU y la GPU son ejemplos de dispositivos. Un tensor de PyTorch reside en un dispositivo y sus operaciones se ejecutan en él.

Veamos cómo funciona esto en la práctica. Suponiendo que has instalado una versión de PyTorch compatible con GPU (véase la sección A.1.3), comprobamos que nuestro tiempo de ejecución es compatible con los cálculos de GPU mediante el siguiente código:

```
print(torch.cuda.is_available())
```

El resultado es:

```
True
```

Supongamos ahora que tenemos dos tensores que podemos sumar; este cálculo se llevará a cabo en la CPU de forma predeterminada:

```
tensor_1 = torch.tensor([1., 2., 3.])
tensor_2 = torch.tensor([4., 5., 6.])
print(tensor_1 + tensor_2)
```

Esto da como resultado:

```
tensor([5., 7., 9.])
```

Ahora podemos utilizar el método `.to()`. Es el mismo que utilizamos para cambiar el tipo de datos de un tensor (véase 2.2.2) y poder así transferir estos tensores a una GPU, realizando allí la suma:

```
tensor_1 = tensor_1.to("cuda")
tensor_2 = tensor_2.to("cuda")
print(tensor_1 + tensor_2)
```

Este código resulta en:

```
tensor([5., 7., 9.], device='cuda:0')
```

El tensor resultante incluye ahora la información del dispositivo, `device='cuda:0'`, lo cual significa que los tensores residen en la primera GPU. Si tu máquina alberga varias GPU, puedes especificar a qué GPU deseas transferir los tensores. Para ello, indica el ID del dispositivo en el comando de transferencia. Por ejemplo, puedes utilizar `.to("cuda:0")`, `.to("cuda:1")`, y así sucesivamente.

Sin embargo, todos los tensores deben estar en el mismo dispositivo. De lo contrario, el cálculo fallará, ya que un tensor reside en la CPU y el otro en la GPU:

```
tensor_1 = tensor_1.to("cpu")
print(tensor_1 + tensor_2)
```

Los resultados de esto son:

```
RuntimeError Traceback (most recent call last)
<ipython-input-7-4ff3c4d20fc3> in <cell line: 2>()
1 tensor_1 = tensor_1.to("cpu")
----> 2 print(tensor_1 + tensor_2)
RuntimeError: Expected all tensors to be on the same device, but found at
least two devices, cuda:0 and cpu!
```

En resumen, solo tenemos que transferir los tensores al mismo dispositivo GPU y PyTorch se encargará del resto.

### A.9.2. Entrenamiento con una sola GPU

Ahora que ya sabemos cómo transferir tensores a la GPU, podemos modificar el bucle de entrenamiento para que se ejecute en una GPU. Este paso solo requiere cambiar tres líneas de código, como se muestra en el siguiente listado.

**Listado A.11. Un bucle de entrenamiento en una GPU**

```
torch.manual_seed(123)
model = NeuralNetwork(num_inputs=2, num_outputs=2)

device = torch.device("cuda")
model = model.to(device)

optimizer = torch.optim.SGD(model.parameters(), lr=0.5)

num_epochs = 3

for epoch in range(num_epochs):

    model.train()
    for batch_idx, (features, labels) in enumerate(train_loader):
        features, labels = features.to(device), labels.to(device)
        logits = model(features)
        loss = F.cross_entropy(logits, labels) # Loss function

        optimizer.zero_grad()
        loss.backward()
        optimizer.step()

        ### LOGGING
        print(f"Epoch: {epoch+1:03d}/{num_epochs:03d}"
            f" | Batch {batch_idx:03d}/{len(train_loader):03d}"
            f" | Train/Val Loss: {loss:.2f}")

    model.eval()
    # Insert optional model evaluation code
```

Define una variable de dispositivo cuyo valor predeterminado es una GPU

Transfiere el modelo a la GPU

Transfiere los datos a la GPU

Al ejecutar el código anterior, se obtendrá el siguiente resultado, similar a los obtenidos con la CPU (sección A.7):

```
Epoch: 001/003 | Batch 000/002 | Train/Val Loss: 0.75
Epoch: 001/003 | Batch 001/002 | Train/Val Loss: 0.65
Epoch: 002/003 | Batch 000/002 | Train/Val Loss: 0.44
Epoch: 002/003 | Batch 001/002 | Train/Val Loss: 0.13
Epoch: 003/003 | Batch 000/002 | Train/Val Loss: 0.03
Epoch: 003/003 | Batch 001/002 | Train/Val Loss: 0.00
```

Podemos usar `.to("cuda")` en lugar de `device = torch.device("cuda")`. Transferir un tensor a `"cuda"` en lugar de `torch.device("cuda")` también funciona y es más corto (véase la sección A.9.1). También podemos modificar la instrucción, para hacer que el mismo código sea ejecutable en una CPU si no hay una GPU disponible. Esto se considera una buena práctica cuando se comparte código PyTorch:

```
device = torch.device("cuda" if torch.cuda.is_available() else "cpu")
```

En el caso que nos ocupa del bucle de entrenamiento modificado, probablemente no veremos aceleración, debido al coste de transferencia de memoria de la CPU a la GPU. Sin embargo, sí podemos esperar una aceleración significativa al entrenar redes neuronales profundas, especialmente LLM.

### PyTorch en macOS

Si tienes un Apple Mac con procesador Apple Silicon (como el M1, M2, M3 o modelos más recientes), en lugar de un ordenador con una GPU Nvidia, para aprovechar este procesador puedes cambiar:

```
device = torch.device("cuda" if torch.cuda.is_available() else "cpu")
```

por:

```
device = torch.device(
    "mps" if torch.backends.mps.is_available() else "cpu"
)
```

### Ejercicio A.4

Compara el tiempo de ejecución de la multiplicación de matrices con una CPU con el de una GPU. ¿A partir de qué tamaño de matriz empiezas a observar que la multiplicación de matrices en la GPU es más rápida que en la CPU? Sugerencia: utiliza el comando `%timeit` en Jupyter para comparar el tiempo de ejecución. Por ejemplo, dadas las matrices `a` y `b`, ejecuta el comando `%timeit a @ b` en una nueva celda del cuaderno.

## *A.9.3 Entrenar con varias GPU*

El entrenamiento distribuido consiste en dividir el entrenamiento del modelo entre varias GPU y distintas máquinas. ¿Por qué lo necesitamos? Aunque es posible entrenar un modelo en una sola GPU o máquina, el proceso puede llevar mucho tiempo. El tiempo de entrenamiento se puede reducir significativamente distribuyendo el proceso de entrenamiento entre varias máquinas, cada una de ellas posiblemente con varias GPU. Esto es especialmente importante en las fases experimentales del desarrollo del modelo, en las que pueden ser necesarias numerosas iteraciones de entrenamiento para ajustar los parámetros y la arquitectura del modelo.

**NOTA:** Para este libro, no es necesario tener acceso a varias GPU, ni utilizarlas. Esta sección se incluye para quienes estén interesados en el funcionamiento de la computación con varias GPU en PyTorch.

Comencemos con el caso más básico de entrenamiento distribuido: la estrategia `DistributedDataParallel` (DDP) de PyTorch. DDP permite el paralelismo dividiendo los datos de entrada entre los dispositivos disponibles, y procesando estos subconjuntos de datos simultáneamente.

¿Cómo funciona? PyTorch inicia un proceso independiente en cada GPU, y cada proceso recibe y conserva una copia del modelo; estas copias se sincronizarán durante el entrenamiento. Para ilustrar esta explicación, supongamos que queremos utilizar dos GPU para entrenar una red neuronal, como se muestra en la figura A.12.

Cada una de las dos GPU recibirá una copia del modelo. A continuación, en cada iteración del entrenamiento, cada modelo recibirá un minilote (o simplemente «lote») del cargador de datos. Podemos utilizar un `DistributedSampler` para garantizar que cada GPU reciba un lote diferente y no superpuesto al utilizar DDP.

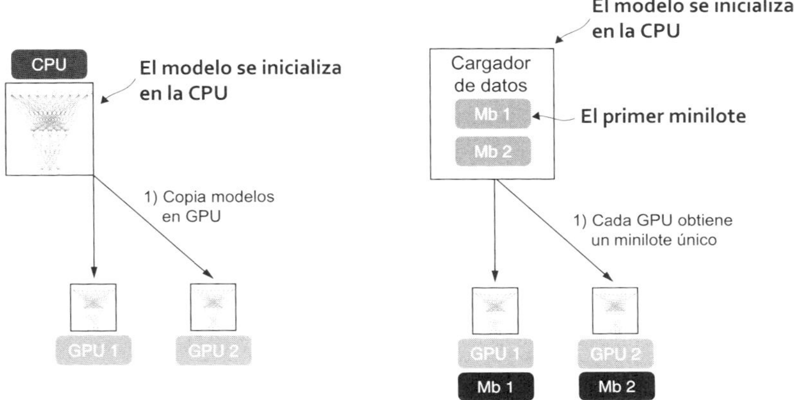


**Figura A.12.** La transferencia de modelos y datos en DDP implica dos pasos clave. En primer lugar, creamos una copia del modelo en cada una de las GPU. A continuación, dividimos los datos de entrada en minilotes únicos que pasamos a cada copia del modelo.

Como cada copia del modelo verá una muestra diferente de los datos de entrenamiento, las distintas copias devolverán diferentes *logit* como resultados, y calcularán diferentes gradientes durante el paso hacia atrás. A continuación, estos gradientes se promedian y sincronizan durante el entrenamiento para actualizar los modelos. De esta forma, nos aseguramos de que los modelos no diverjan, como se ilustra en la figura A.13.

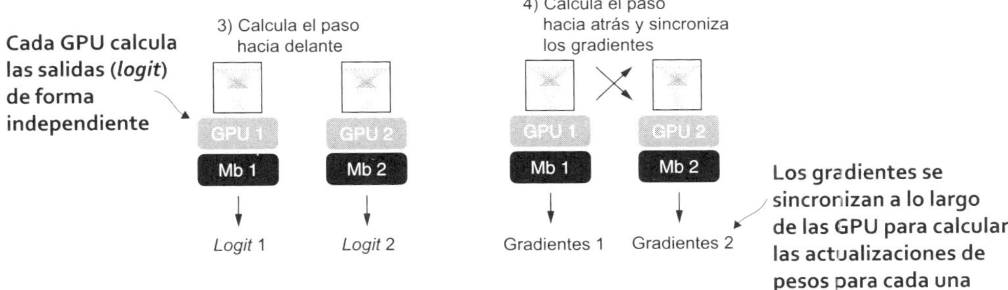


**Figura A.13.** Los pasos hacia adelante y hacia atrás en DDP se ejecutan de forma independiente en cada GPU con su subconjunto de datos correspondiente. Una vez completados ambos, los gradientes de cada réplica del modelo (en cada GPU) se sincronizan en todas las GPU. Esto garantiza que todas las réplicas tengan los mismos pesos actualizados.

La ventaja de utilizar DDP es su mayor velocidad para procesar el conjunto de datos en comparación con una sola GPU. Salvo una pequeña sobrecarga de comunicación entre dispositivos que conlleva el uso de DDP, en teoría puede procesar un *epoch* de entrenamiento en la mitad de tiempo con dos GPU, en comparación con una sola. La eficiencia en el tiempo aumenta con el número de GPU, lo que nos permite procesar un *epoch* ocho veces más rápido si tenemos ocho GPU, y así sucesivamente.

**NOTA:** DDP no funciona correctamente en entornos Python interactivos como Jupyter Notebook, donde no se gestiona el multiprocesamiento de la misma manera que lo hace un código Python independiente. Por lo tanto, el siguiente código debe ejecutarse como un código independiente, no dentro de una interfaz como Jupyter. DDP necesita generar múltiples procesos, y cada proceso debe tener su propia instancia del intérprete de Python.

Veamos ahora cómo funciona esto en la práctica. Para abreviar, me centraré en las partes fundamentales del código que deben ajustarse para el entrenamiento DDP. Sin embargo, los lectores que deseen ejecutar el código en su propia máquina con varias GPU o en una instancia en la nube de su elección deben utilizar el código independiente que se proporciona en el repositorio GitHub de este libro en `https://github.com/rasbt/LLMs-from-scratch`.

En primer lugar, importamos algunos submódulos, clases y funciones adicionales para el entrenamiento distribuido de PyTorch, como se muestra en la siguiente lista.

**Listado A.12. Utilidades de PyTorch para el entrenamiento distribuido**

```
import torch.multiprocessing as mp
from torch.utils.data.distributed import DistributedSampler
from torch.nn.parallel import DistributedDataParallel as DDP
from torch.distributed import init_process_group, destroy_process_group
```

Antes de profundizar en los cambios necesarios para que el entrenamiento sea compatible con DDP, repasemos brevemente la justificación y el uso de estas utilidades recién importadas que necesitamos además de la clase `DistributedDataParallel`. El submódulo `multiprocessing` de PyTorch contiene funciones como `multiprocessing.spawn`, que utilizaremos para generar múltiples procesos y aplicar una función a varias entradas en paralelo. La emplearemos también para generar un proceso de entrenamiento por cada GPU. Si generamos varios procesos para el entrenamiento, necesitaremos una forma de dividir el conjunto de datos entre estos diferentes procesos. Para ello, utilizaremos `DistributedSampler`.

`init_process_group` y `destroy_process_group` se utilizan para inicializar y salir de los modos de entrenamiento distribuido. La función `init_process_group` debe llamarse al comienzo del código de entrenamiento para inicializar un grupo de procesos para cada proceso de la configuración distribuida, y `destroy_process_group` debe llamarse al final del código para destruir un grupo de procesos determinado y liberar sus recursos. El código del siguiente listado ilustra cómo se utilizan estos nuevos componentes para realizar entrenamiento DDP para el modelo `NeuralNetwork` que implementamos anteriormente.

**Listado A.13. Entrenamiento de modelos con la estrategia `DistributedDataParallel`**

```
def ddp_setup(rank, world_size):
    os.environ["MASTER_ADDR"] = "localhost"
    os.environ["MASTER_PORT"] = "12345"
    init_process_group(
        backend="nccl",
        rank=rank,
        world_size=world_size
    )
    torch.cuda.set_device(rank)

def prepare_dataset():
    # insert dataset preparation code
    train_loader = DataLoader(
        dataset=train_ds,
        batch_size=2,
        shuffle=False,
        pin_memory=True,
        drop_last=True,
        sampler=DistributedSampler(train_ds)
    )
    return train_loader, test_loader

def main(rank, world_size, num_epochs):
    ddp_setup(rank, world_size)
    train_loader, test_loader = prepare_dataset()
    model = NeuralNetwork(num_inputs=2, num_outputs=2)
    model.to(rank)
    optimizer = torch.optim.SGD(model.parameters(), lr=0.5)
    model = DDP(model, device_ids=[rank])
    for epoch in range(num_epochs):
    for features, labels in train_loader:
            features, labels = features.to(rank), labels.to(rank)
            # insert model prediction and backpropagation code
            print(f"[GPU{rank}] Epoch: {epoch+1:03d}/{num_epochs:03d}"
                f" | Batchsize {labels.shape[0]:03d}"
                f" | Train/Val Loss: {loss:.2f}")

    model.eval()
    train_acc = compute_accuracy(model, train_loader, device=rank)
    print(f"[GPU{rank}] Training accuracy", train_acc)
    test_acc = compute_accuracy(model, test_loader, device=rank)
    print(f"[GPU{rank}] Test accuracy", test_acc)
    destroy_process_group()

if __name__ == "__main__":
    print("Number of GPUs available:", torch.cuda.device_count())
    torch.manual_seed(123)
    num_epochs = 3
    world_size = torch.cuda.device_count()
    mp.spawn(main, args=(world_size, num_epochs), nprocs=world_size)
```

- **Dirección del nodo principal** (`os.environ["MASTER_ADDR"]`)
- **Cualquier puerto libre de la máquina** (`os.environ["MASTER_PORT"]`)
- `nccl` **son las siglas de NVIDIA Collective Communication Library**
- `rank` **se refiere al índice de la GPU que queremos usar**
- `world_size` **es el número de GPU que se van a utilizar**
- **Establece el dispositivo GPU actual en el que se asignarán los tensores y se realizarán las operaciones** (`torch.cuda.set_device(rank)`)
- `DistributedSampler` **se encarga ahora de mezclar** (`shuffle=False`)
- **Permite una transferencia de memoria más rápida cuando se entrena con GPU** (`pin_memory=True`)
- **Divide el conjunto de datos en subconjuntos distintos y no superpuestos para cada proceso (GPU)** (`sampler=DistributedSampler(train_ds)`)
- **La función principal que ejecuta el entrenamiento del modelo** (`def main`)
- `rank` **es el ID de la GPU** (`features.to(rank), labels.to(rank)`)
- **Libera los recursos asignados** (`destroy_process_group()`)
- **Inicia la función principal con varios procesos, donde** `nprocs=world_size` **significa un proceso por GPU** (`mp.spawn`)

Antes de ejecutar este código, resumamos su funcionamiento, además de las anotaciones anteriores. Tenemos una cláusula `__name__ == "__main__"` en la parte inferior, la cual contiene el código que se pone en marcha cuando lo ejecutamos como un *script* de Python en lugar de importarlo como un módulo. Este código imprime primero el número de GPU disponibles utilizando `torch.cuda.device_count()`, establece una semilla aleatoria para la reproducibilidad y, a continuación, genera nuevos procesos mediante la función `multiprocessing.spawn` de PyTorch. Aquí, la función `spawn` lanza un proceso por cada GPU estableciendo `nproces=world_size`, donde `world_size` es el número de GPU disponibles. Esta función `spawn` lanza el código de la función `main` que definimos en el mismo *script*, con algunos argumentos adicionales proporcionados a través de `args`. Tengamos en cuenta que la función principal tiene un argumento `rank` no incluido en la llamada `mp.spawn()`. Esto se debe a que `rank`, que se refiere al ID del proceso que utilizamos como ID de la GPU, ya se pasa automáticamente.

La función `main` configura el entorno distribuido a través de `ddp_setup` (otra función que hemos definido), carga los conjuntos de entrenamiento y prueba, configura el modelo y lleva a cabo el entrenamiento. En comparación con el entrenamiento con una sola GPU (sección A.9.2), ahora transferimos el modelo y los datos al dispositivo objetivo mediante `.to(rank)`, que utilizamos para referirnos al ID del dispositivo GPU. Además, envolvemos el modelo mediante `DDP`, lo que permite la sincronización de los gradientes entre las diferentes GPU durante el entrenamiento. Una vez finalizado el entrenamiento y evaluados los modelos, usamos `destroy_process_group()` para salir limpiamente del entrenamiento distribuido y liberar los recursos asignados.

Previamente mencioné que cada GPU recibirá una submuestra diferente de los datos de entrenamiento. Para garantizarlo, establecemos `sampler=DistributedSampler(train_ds)` en el cargador de entrenamiento.

La última función que comentaremos es `ddp_setup`. Establece la dirección y el puerto del nodo principal para permitir la comunicación entre los diferentes procesos, inicializa el grupo de procesos con el *backend* NCCL (diseñado para la comunicación entre GPU) y establece `rank` (identificador del proceso) y `world_size` (número total de procesos). Por último, le especifica el dispositivo GPU correspondiente al rango del proceso de entrenamiento del modelo actual.

### SELECCIÓN DE LAS GPU DISPONIBLES EN UNA MÁQUINA CON VARIAS GPU

Si deseas restringir el número de GPU utilizadas para el entrenamiento en una máquina con varias GPU, la forma más sencilla es mediante la variable de entorno `CUDA_VISIBLE_DEVICES`. Para ilustrar su uso, supongamos que tu máquina tiene varias GPU y que solo deseas utilizar una, por ejemplo, la GPU con índice 0. En lugar de `python some_script.py`, puedes ejecutar el siguiente código desde la terminal:

```
CUDA_VISIBLE_DEVICES=0 python some_script.py
```

O bien, si tu máquina tiene cuatro GPU y solo quieres utilizar las GPU primera y tercera, basta con que utilices:

```
CUDA_VISIBLE_DEVICES=0,2 python some_script.py
```

Configurar `CUDA_VISIBLE_DEVICES` de esta manera es una forma sencilla y eficaz de gestionar la asignación de GPU sin modificar los *script* de PyTorch. Ejecutemos ahora este código y veamos cómo funciona en la práctica lanzando el código como un *script* desde la terminal:

```
python ch02-DDP-script.py
```

Tengamos en cuenta que debería funcionar tanto en máquinas con una sola GPU como en otras con varias GPU. Si ejecutamos este código en una sola GPU, deberíamos ver el siguiente resultado:

```
PyTorch version: 2.2.1+cu117
CUDA available: True
Number of GPUs available: 1
[GPU0] Epoch: 001/003 | Batchsize 002 | Train/Val Loss: 0.62
[GPU0] Epoch: 001/003 | Batchsize 002 | Train/Val Loss: 0.32
[GPU0] Epoch: 002/003 | Batchsize 002 | Train/Val Loss: 0.11
[GPU0] Epoch: 002/003 | Batchsize 002 | Train/Val Loss: 0.07
[GPU0] Epoch: 003/003 | Batchsize 002 | Train/Val Loss: 0.02
[GPU0] Epoch: 003/003 | Batchsize 002 | Train/Val Loss: 0.03
[GPU0] Training accuracy 1.0
[GPU0] Test accuracy 1.0
```

El resultado del código es similar al que se obtiene con una sola GPU (sección A.9.2), lo cual es una buena comprobación de coherencia. Pero, si ejecutamos el mismo comando y código en una máquina con dos GPU, deberíamos ver lo siguiente:

```
PyTorch version: 2.2.1+cu117
CUDA available: True
Number of GPUs available: 2
[GPU1] Epoch: 001/003 | Batchsize 002 | Train/Val Loss: 0.60
[GPU0] Epoch: 001/003 | Batchsize 002 | Train/Val Loss: 0.59
[GPU0] Epoch: 002/003 | Batchsize 002 | Train/Val Loss: 0.16
[GPU1] Epoch: 002/003 | Batchsize 002 | Train/Val Loss: 0.17
[GPU0] Epoch: 003/003 | Batchsize 002 | Train/Val Loss: 0.05
[GPU1] Epoch: 003/003 | Batchsize 002 | Train/Val Loss: 0.05
[GPU1] Training accuracy 1.0
[GPU0] Training accuracy 1.0
[GPU1] Test accuracy 1.0
[GPU0] Test accuracy 1.0
```

Como era de esperar, observamos que algunos lotes se procesan en la primera GPU (GPU0) y otros en la segunda (GPU1). Sin embargo, vemos líneas de salida duplicadas al imprimir las precisiones de entrenamiento y prueba. Cada proceso (es decir, cada GPU) muestra en pantalla la precisión de la prueba de forma independiente. Como DDP replica el modelo en cada GPU y cada proceso se ejecuta de forma independiente, si tienes una instrucción de impresión dentro de tu bucle de prueba, cada proceso la ejecutará, lo cual dará lugar a líneas de salida repetidas. Si esto te molesta, puedes solucionarlo utilizando el rango de cada proceso para controlar tus instrucciones de impresión:

```
if rank == 0:
    print("Test accuracy: ", accuracy)
```

**Imprime solo el primer proceso**

En resumen, así es como funciona el entrenamiento distribuido a través de DDP. Si te interesa obtener más detalles, te recomiendo consultar la documentación oficial de la API en `https://mng.bz/9dPr`.

### API alternativas de PyTorch para el entrenamiento con varias GPU

Si prefieres una forma más sencilla de utilizar varias GPU en PyTorch, puedes considerar API complementarias, como la biblioteca de código abierto Fabric. En el artículo *Accelerating PyTorch Model Training: Using Mixed-Precision and Fully Sharded Data Parallelism* (`https://mng.bz/jXle`) escribo sobre ella.

## Resumen

- PyTorch es una biblioteca de código abierto con tres componentes principales: una biblioteca de tensores, funciones de diferenciación automática y utilidades de deep learning.
- La biblioteca de tensores de PyTorch es similar a bibliotecas de matrices como NumPy.
- En el contexto de PyTorch, los tensores son estructuras de datos similares a matrices, que representan escalares, vectores, matrices y arrays de muchas dimensiones.
- Los tensores de PyTorch se pueden ejecutar en la CPU, pero una de las principales ventajas del formato tensor de PyTorch es su compatibilidad con la GPU para acelerar los cálculos.
- Las capacidades de diferenciación automática (*autograd*) de PyTorch nos permiten entrenar cómodamente redes neuronales utilizando retropropagación, sin tener que derivar manualmente los gradientes.
- Las utilidades de aprendizaje profundo de PyTorch proporcionan los componentes básicos para crear redes neuronales profundas personalizadas.
- PyTorch incluye las clases `Dataset` y `DataLoader` para configurar flujos eficientes de carga de datos.
- Lo más fácil es entrenar modelos en una CPU o una sola GPU.
- El uso de `DistributedDataParallel` es la forma más sencilla de acelerar el entrenamiento en PyTorch si se dispone de varias GPU.

# Apéndice B. Referencias y lecturas adicionales

## Capítulo 1

Los LLM personalizados son capaces de superar a los LLM de uso general, tal y como demostró un equipo de Bloomberg, con una versión de GPT preentrenada desde cero con datos financieros. El LLM personalizado superó a ChatGPT en tareas financieras, al tiempo que mantuvo un buen rendimiento en las pruebas de referencia generales de LLM:

- *BloombergGPT: A Large Language Model for Finance* (2023) de Wu *et al.*, `https://arxiv.org/abs/2303.17564`.

Otros LLM existentes también pueden adaptarse y afinarse para superar a LLM generales, tal y como demostraron los equipos de Google Research y Google DeepMind en un contexto médico:

- *Towards Expert-Level Medical Question Answering with Large Language Models* (2023) de Singhal *et al.*, `https://arxiv.org/abs/2305.09617`.

El siguiente artículo propuso la arquitectura original *Transformer*:

- *Attention Is All You Need* (2017) de Vaswani *et al.*, `https://arxiv.org/abs/1706.03762`.

Sobre el *Transformer* original codificador, denominado BERT, véase:

- *BERT: Pre-training of Deep Bidirectional Transformers for Language Understanding* (2018) de Devlin *et al.*, `https://arxiv.org/abs/1810.04805`.

El artículo que describe el modelo GPT-3 de tipo decodificador, inspirador de los LLM modernos, y que se utilizará como plantilla para implementar un LLM desde cero en este libro, es el siguiente:

- *Language Models are Few-Shot Learners* (2020) de Brown *et al.*, `https://arxiv.org/abs/2005.14165`.

A continuación se describe el *Transformer* original para clasificar imágenes, ilustrando además que las arquitecturas *Transformer* no se limitan únicamente a las entradas de texto:

- *An Image is Worth 16x16 Words: Transformers for Image Recognition at Scale* (2020) de Dosovitskiy *et al.*, `https://arxiv.org/abs/2010.11929`.

Las siguientes arquitecturas LLM experimentales (pero menos conocidas) sirven como ejemplo de que no todos los LLM tienen que basarse en la arquitectura *Transformer*:

- *RWKV: Reinventing RNNs for the Transformer Era* (2023) de Peng *et al.*, `https://arxiv.org/abs/2305.13048`.
- *Hyena Hierarchy: Towards Larger Convolutional Language Models* (2023) de Poli *et al.*, `https://arxiv.org/abs/2302.10866`.
- *Mamba: Linear-Time Sequence Modeling with Selective State Spaces* (2023) de Gu y Dao, `https://arxiv.org/abs/2312.00752`.

El modelo de Meta AI es una implementación conocida de un modelo similar a GPT disponible públicamente, a diferencia de GPT-3 y ChatGPT:

- *Llama 2: Open Foundation and Fine-Tuned Chat Models* (2023) de Touvron *et al.*, `https://arxiv.org/abs/2307.09288`.

Para los lectores interesados en obtener más detalles sobre las referencias del conjunto de datos de la sección 1.5, este artículo describe el conjunto de datos The Pile, disponible públicamente y seleccionado por Eleuther AI:

- *The Pile: An 800GB Dataset of Diverse Text for Language Modeling* (2020) de Gao *et al.*, `https://arxiv.org/abs/2101.00027`.

El siguiente artículo ofrece la referencia de InstructGPT para el ajuste fino de GPT-3, que se mencionó en la sección 1.6 y se tratará con más detalle en el capítulo 7:

- *Training Language Models to Follow Instructions with Human Feedback* (2022) de Ouyang *et al.*, `https://arxiv.org/abs/2203.02155`.

## Capítulo 2

Los lectores interesados en el debate sobre la comparación de los espacios de *embedding* con los espacios latentes y la noción general de las representaciones vectoriales encontrarán más información en el primer capítulo de mi libro:

- *Machine Learning Q and AI* (2023) de Sebastian Raschka, `https://leanpub.com/machine-learning-q-and-ai`.

El siguiente artículo ofrece un análisis más detallado sobre el uso de la codificación de pares de símbolos como método de tokenización:

- *Neural Machine Translation of Rare Words with Subword Units* (2015) de Sennrich *et al.*, `https://arxiv.org/abs/1508.07909`.

El código para crear el tokenizador de codificación de pares de símbolos empleado para entrenar GPT-2 fue publicado como código abierto por OpenAI:

- `https://github.com/openai/gpt-2/blob/master/src/encoder.py`.

OpenAI ofrece una interfaz de usuario web interactiva para ilustrar cómo funciona el tokenizador de pares de símbolos en los modelos GPT:

- `https://platform.openai.com/tokenizer`.

Para los lectores interesados en programar y entrenar un tokenizador BPE desde cero, el repositorio `minbpe` de GitHub de Andrej Karpathy ofrece una implementación mínima y legible:

- *A Minimal Implementation of a BPE Tokenizer*, `https://github.com/karpathy/minbpe`.

Los lectores interesados en estudiar esquemas de tokenización alternativos utilizados por otros LLM conocidos encontrarán más información en estos dos artículos:

- *SentencePiece: A Simple and Language Independent Subword Tokenizer and Detokenizer for Neural Text Processing* (2018) de Kudo y Richardson, `https://aclanthology.org/D18-2012/`.
- *Fast WordPiece Tokenization* (2020) de Song *et al.*, `https://arxiv.org/abs/2012.15524`.

## Capítulo 3

Los lectores interesados en saber más sobre la atención de Bahdanau para RNN y la traducción de idiomas encontrarán información detallada en el siguiente artículo:

- *Neural Machine Translation by Jointly Learning to Align and Translate* (2014) de Bahdanau, Cho y Bengio, `https://arxiv.org/abs/1409.0473`.

El concepto de autoatención como atención por producto escalar escalado se introdujo en el artículo original sobre el *Transformer*:

- *Attention Is All You Need* (2017) de Vaswani *et al.*, `https://arxiv.org/abs/1706.03762`.

FlashAttention es una implementación muy eficiente de un mecanismo de autoatención, que acelera el proceso de cálculo, optimizando los patrones de acceso a la memoria. FlashAttention es matemáticamente igual que el mecanismo de autoatención estándar, pero optimiza el proceso computacional para mejorar así la eficiencia:

- *FlashAttention: Fast and Memory-Efficient Exact Attention with IO-Awareness* (2022) de Dao *et al.*, `https://arxiv.org/abs/2205.14135`.
- *FlashAttention-2: Faster Attention with Better Parallelism and Work Partitioning* (2023) de Dao, `https://arxiv.org/abs/2307.08691`.

PyTorch implementa una función para la autoatención y la atención causal, que admite FlashAttention para mayor eficiencia. Esta función está en pruebas y sujeta a cambios:

- Documentación sobre `scaled_dot_product_attention`: `https://mng.bz/NRJd`.

PyTorch también implementa una eficiente clase `MultiHeadAttention` basada en la función `scaled_ dot_product`:

- Documentación sobre `MultiHeadAttention`: `https://mng.bz/DdJV`.

El *dropout* es una técnica de regularización utilizada en redes neuronales para evitar el sobreajuste mediante la eliminación aleatoria de unidades (junto con sus conexiones) de la red neuronal durante el entrenamiento:

- *Dropout: A Simple Way to Prevent Neural Networks from Overfitting* (2014) de Srivastava *et al.*, `https://jmlr.org/papers/v15/srivastava14a.html`.

Aunque el uso de la *multi-head attention* basada en la atención por producto escalar escalado sigue siendo la variante más común de la autoatención en la práctica, algunos autores han descubierto que también es posible obtener un buen rendimiento sin la matriz de pesos de valores y la capa de proyección:

- *Simplifying Transformer Blocks* (2023) de He y Hofmann, `https://arxiv.org/abs/2311.01906`.

## Capítulo 4

El siguiente artículo presenta una técnica que estabiliza redes neuronales con dinámicas de estado oculto mediante la normalización de las entradas sumadas a las neuronas dentro de una capa oculta, lo cual reduce significativamente el tiempo de entrenamiento, en comparación con los métodos anteriormente publicados:

- *Layer Normalization* (2016) de Ba, Kiros y Hinton, `https://arxiv.org/abs/1607.06450`.

Post-LayerNorm, utilizado en el modelo *Transformer* original, aplica la normalización de capas después de las redes de autoatención y *feedforward*. Por el contrario, Pre-LayerNorm, tal y como se adopta en modelos como GPT-2 y los LLM más recientes, aplica la normalización de capas antes de estos componentes, lo que puede conducir a una dinámica de entrenamiento más estable, y ha demostrado mejorar el rendimiento en algunos casos, tal y como se discute en los siguientes artículos:

- *On Layer Normalization in the Transformer Architecture* (2020) de Xiong *et al.*, `https://arxiv.org/abs/2002.04745`.
- *ResiDual: Transformer with Dual Residual Connections* (2023) de Tie *et al.*, `https://arxiv.org/abs/2304.14802`.

Una variante conocida de LayerNorm es RMSNorm, utilizada en los LLM modernos por su mejor eficiencia computacional. Simplifica el proceso de normalización, porque organiza las entradas utilizando solo su media cuadrática, sin restarla antes de elevar al cuadrado, con lo cual no centra los datos antes de calcular la escala. RMSNorm se describe con más detalle en:

- *Root Mean Square Layer Normalization* (2019) de Zhang y Sennrich, `https://arxiv.org/abs/1910.07467`.

Para representar las salidas de la capa, la función de activación GELU (*Gaussian Error Linear Unit*: unidad lineal de error gaussiano) combina las propiedades de la función de activación ReLU clásica y de la función de distribución acumulativa de la distribución normal, lo cual permite la regularización estocástica y las no linealidades en los modelos de deep learning:

- *Gaussian Error Linear Units (GELUs)* (2016) de Hendricks y Gimpel, `https://arxiv.org/abs/1606.08415`.

El artículo sobre GPT-2 presentaba una serie de LLM basados en *Transformer* con diferentes tamaños: 124 millones, 355 millones, 774 millones y 1500 millones de parámetros:

- *Language Models Are Unsupervised Multitask Learners* (2019) de Radford *et al.*, `https://mng.bz/DMv0`.

El modelo GPT-3 de OpenAI utiliza básicamente la misma arquitectura que GPT-2, salvo que la versión de mayor tamaño (175 000 millones de parámetros) es 100 veces mayor que el modelo GPT-2 más grande, y se ha entrenado con muchos más datos. Los lectores interesados pueden consultar el documento oficial de OpenAI sobre GPT-3 y la descripción técnica de Lambda Labs, que calcula que entrenar el modelo GPT-3 en una sola GPU RTX 8000 para consumidores llevaría 665 años:

- *Language Models are Few-Shot Learners* (2023) de Brown *et al.*, `https://arxiv.org/abs/2005.14165`.
- *OpenAI's GPT-3 Language Model: A Technical Overview*, `https://lambdalabs.com/blog/demystifying-gpt-3`.

NanoGPT es un repositorio de código con una implementación minimalista, pero eficiente, de un modelo GPT-2, similar al modelo implementado en este libro. Aunque el código que nosotros hemos utilizado aquí es diferente al de nanoGPT, este repositorio inspiró la reorganización de una gran implementación de la clase padre GPT Python en submódulos más pequeños:

- *NanoGPT, a Repository for Training Medium-Sized GPTs*, `https://github.com/karpathy/nanoGPT`.

A continuación tienes una informativa entrada de un blog, que muestra que la mayor parte del cálculo en los LLM se realiza en las capas *feedforward* en lugar de en las capas de atención (cuando el tamaño del contexto es inferior a 32 000 tókenes):

- *In the Long (Context) Run* de Harm de Vries, `https://www.harmdevries.com/post/context-length/`.

## Capítulo 5

Para obtener información sobre cómo detallar la función de pérdida y aplicar una transformación logarítmica, de modo que se facilite su manejo para la optimización matemática, aquí tienes un vídeo de mi conferencia:

- *L8.2 Logistic Regression Loss Function*, `https://www.youtube.com/watch?v=GxJe0DZvydM`.

Las siguientes dos referencias de quien suscribe, una conferencia y un ejemplo de código, explican los entresijos del manejo de las funciones de entropía cruzada de PyTorch:

- *L8.7.1 OneHot Encoding and Multi-category Cross Entropy*, `https://www.youtube.com/watch?v=4n71-tZ94yk`.
- *Understanding Onehot Encoding and Cross Entropy in PyTorch*, `https://mng.bz/o05v`.

Los dos artículos siguientes especifican el conjunto de datos, los hiperparámetros y los detalles de la arquitectura utilizados para preentrenar LLM:

- *Pythia: A Suite for Analyzing Large Language Models Across Training and Scaling* (2023) de Biderman *et al.*, `https://arxiv.org/abs/2304.01373`.
- *OLMo: Accelerating the Science of Language Models* (2024) de Groeneveld *et al.*, `https://arxiv.org/abs/2402.00838`.

El siguiente código complementario disponible para este libro contiene instrucciones para preparar 60 000 libros de dominio público del Proyecto Gutenberg para el entrenamiento de LLM:

- *Pretraining GPT on the Project Gutenberg Dataset*, `https://mng.bz/Bdw2`.

El capítulo 5 trata sobre el preentrenamiento de los LLM, y el apéndice D aborda funciones de entrenamiento más avanzadas, como el calentamiento lineal y el enfriamiento cosenoidal. El siguiente artículo descubre que se pueden aplicar con éxito técnicas similares para continuar el preentrenamiento de LLM ya preentrenados, junto con consejos e ideas adicionales:

- *Simple and Scalable Strategies to Continually Pre-train Large Language Models* (2024) de Ibrahim *et al.*, `https://arxiv.org/abs/2403.08763`.

BloombergGPT es un ejemplo de LLM específico de un dominio, creado mediante el entrenamiento en corpus de texto, tanto generales como específicos de un dominio, concretamente en el campo de las finanzas:

- *BloombergGPT: A Large Language Model for Finance* (2023) de Wu *et al.*, `https://arxiv.org/abs/2303.17564`.

GaLore es un proyecto de investigación reciente, cuyo objetivo es hacer más eficiente el preentrenamiento de LLM. El cambio de código necesario se reduce a sustituir el optimizador AdamW de PyTorch en la función de entrenamiento por el optimizador GaLoreAdamW proporcionado por el paquete `galore-torch` de Python:

- *GaLore: Memory-Efficient LLM Training by Gradient Low-Rank Projection* (2024) de Zhao *et al.*, `https://arxiv.org/abs/2403.03507`.
- Repositorio de código de GaLore, `https://github.com/jiaweizzhao/GaLore`.

Los siguientes artículos y recursos comparten grandes conjuntos de datos de preentrenamiento de libre acceso para LLM, que consisten en cientos de gigabytes o terabytes de datos de texto:

- *Dolma: An Open Corpus of Three Trillion Tokens for LLM Pretraining Research* (2024) de Soldaini *et al.*, `https://arxiv.org/abs/2402.00159`.
- *The Pile: An 800GB Dataset of Diverse Text for Language Modeling* (2020) de Gao *et al.*, `https://arxiv.org/abs/2101.00027`.
- *The RefinedWeb Dataset for Falcon LLM: Outperforming Curated Corpora with Web Data, and Web Data Only* (2023) de Penedo *et al.*, `https://arxiv.org/abs/2306.01116`.
- *RedPajama* de Together AI, `https://mng.bz/d6nw`.
- El conjunto de datos FineWeb, que incluye más de 15 billones de tókenes de datos web en inglés limpios, sin duplicados y obtenidos de CommonCrawl, `https://mng.bz/rVzy`.

El artículo que introdujo originalmente el muestreo *top-k* es:

- *Hierarchical Neural Story Generation* (2018) de Fan *et al.*, `https://arxiv.org/abs/1805.04833`.

Una alternativa al muestreo *top-k* es el muestreo *top-p* (no tratado en el capítulo 5), que selecciona dentro del conjunto más pequeño de tókenes más probables, cuya probabilidad acumulada supera un umbral *p*, mientras que el muestreo *top-k* elige entre los *k* tókenes más probables por probabilidad:

- *Muestreo top-p*, `https://en.wikipedia.org/wiki/Top-p_sampling`.

La búsqueda en haz (no tratada en el capítulo 5) es un algoritmo de decodificación alternativo que genera secuencias de salida, conservando solo las secuencias parciales con mayor puntuación en cada paso para equilibrar la eficiencia y la calidad:

- *Diverse Beam Search: Decoding Diverse Solutions from Neural Sequence Models* (2016) de Vijayakumar *et al.*, `https://arxiv.org/abs/1610.02424`.

## Capítulo 6

Algunos recursos adicionales que abordan los diferentes tipos de ajuste fino son:

- *Using and Finetuning Pretrained Transformers*, `https://mng.bz/VxJG`.
- *Finetuning Large Language Models*, `https://mng.bz/x28X`.

En el material de código complementario de GitHub se pueden encontrar experimentos adicionales, incluida una comparación entre el ajuste fino del primer y último token de salida:

- *Additional spam classification experiments*, `https://mng.bz/AdJx`.

Para una tarea de clasificación binaria, como la clasificación de *spam*, es técnicamente posible utilizar un solo nodo de salida en lugar de dos, como explico en el siguiente artículo:

- *Losses Learned—Optimizing Negative Log-Likelihood and Cross-Entropy in PyTorch*, `https://mng.bz/ZEJA`.

En el siguiente artículo encontrarás experimentos adicionales sobre el ajuste fino de diferentes capas de un LLM, que muestra que el ajuste fino del último bloque *Transformer*, además de la capa de salida, mejora sustancialmente el rendimiento predictivo:

- *Finetuning Large Language Models*, `https://mng.bz/RZJv`.

Los lectores encontrarán recursos e información adicionales para trabajar con conjuntos de datos de clasificación desequilibrados en la documentación de la página Imbalanced-learn:

- *Imbalanced-Learn User Guide*, `https://mng.bz/2KNa`.

Para los lectores interesados en clasificar correos electrónicos basura en lugar de mensajes de texto del mismo tipo, el siguiente recurso proporciona un gran conjunto de datos de clasificación de *spam* de correo electrónico en un cómodo formato CSV, similar al formato del conjunto de datos utilizado en el capítulo 6:

- Conjunto de datos de clasificación de *spam* de correo electrónico, `https://mng.bz/1GEq`.

GPT-2 es un modelo basado en el módulo decodificador de la arquitectura *Transformer*, y su objetivo principal es generar texto nuevo. Como alternativa, los modelos basados en codificadores como BERT y RoBERTa pueden ser eficaces para tareas de clasificación:

- *BERT: Pre-training of Deep Bidirectional Transformers for Language Understanding* (2018) de Devlin *et al.*, `https://arxiv.org/abs/1810.04805`.
- *RoBERTa: A Robustly Optimized BERT Pretraining Approach* (2019) de Liu *et al.*, `https://arxiv.org/abs/1907.11692`.
- *Additional Experiments Classifying the Sentiment of 50k IMDB Movie Reviews*, `https://mng.bz/PZJR`.

Varios artículos recientes muestran que el rendimiento de la clasificación puede mejorarse aún más eliminando la máscara causal durante el ajuste fino por clasificación, junto con otras modificaciones:

- *Label Supervised LLaMA Finetuning* (2023) de Li *et al.*, `https://arxiv.org/abs/2310.01208`.
- *LLM2Vec: Large Language Models Are Secretly Powerful Text Encoders* (2024) de BehnamGhader *et al.*, `https://arxiv.org/abs/2404.05961`.

## Capítulo 7

El conjunto de datos Alpaca para el ajuste fino por instrucciones contiene 52 000 pares de instrucciones y respuestas, y es uno de los primeros conjuntos de datos disponibles públicamente para este tipo de ajuste fino:

- *Stanford Alpaca: An Instruction-Following Llama Model*, `https://github.com/tatsu-lab/stanford_alpaca`.

Entre otros conjuntos de datos de acceso público adecuados para el ajuste fino por instrucciones se incluyen:

- LIMA, `https://huggingface.co/datasets/GAIR/lima`.
  - Para más información, consulta *LIMA: Less Is More for Alignment*, Zhou *et al.*, `https://arxiv.org/abs/2305.11206`.
- UltraChat, `https://huggingface.co/datasets/openchat/ultrachat-sharegpt`.
  - Un conjunto de datos a gran escala que consta de 805 000 pares de instrucciones y respuestas; para más información, consulta *Enhancing Chat Language Models by Scaling High-quality Instructional Conversations*, de Ding *et al.*, `https://arxiv.org/abs/2305.14233`.
- Alpaca GPT4, `https://mng.bz/Aa0p`.
  - Un conjunto de datos similar a Alpaca, con 52 000 pares de instrucciones y respuestas generados con GPT-4 en lugar de GPT-3.5.

Phi-3 es un modelo de 3800 millones de parámetros con una variante de ajuste fino por instrucciones que, según se informa, es comparable a modelos propietarios mucho más grandes, como GPT-3.5:

- *Phi-3 Technical Report: A Highly Capable Language Model Locally on Your Phone* (2024) de Abdin *et al.*, `https://arxiv.org/abs/2404.14219`.

Los investigadores proponen un método sintético de generación de datos de instrucciones, que genera 300 000 pares de instrucciones y respuestas de alta calidad a partir de un modelo original Llama-3 afinado por instrucciones. Un modelo base Llama 3 preentrenado y afinado con estos ejemplos de instrucciones ofrece un rendimiento comparable al del modelo Llama-3 original:

- *Magpie: Alignment Data Synthesis from Scratch by Prompting Aligned LLMs with Nothing* (2024) de Xu *et al.*, `https://arxiv.org/abs/2406.08464`.

Las investigaciones han demostrado que no enmascarar las instrucciones y las entradas en ajuste fino por instrucciones mejora eficazmente el rendimiento en diversas tareas de PLN y en pruebas de generación abierta, especialmente cuando se entrena con conjuntos de datos con instrucciones largas y salidas breves, o cuando se utiliza un número reducido de ejemplos de entrenamiento:

- *Instruction Tuning with Loss Over Instructions* (2024) de Shi, `https://arxiv.org/abs/2405.14394`.

Prometheus y PHUDGE son LLM de código abierto que igualan a GPT-4 en la evaluación de respuestas largas con criterios personalizables. No los utilizamos porque, en el momento de escribir estas líneas, no son compatibles con Ollama y, por lo tanto, no se pueden ejecutar de manera eficiente en un ordenador portátil:

- *Prometheus: Inducing Finegrained Evaluation Capability in Language Models* (2023) de Kim *et al.*, `https://arxiv.org/abs/2310.08491`.
- *PHUDGE: Phi-3 as Scalable Judge* (2024) de Deshwal y Chawla, `https://arxiv.org/abs/2405.08029`.
- *Prometheus 2: An Open Source Language Model Specialized in Evaluating Other Language Models* (2024) de Kim *et al.*, `https://arxiv.org/abs/2405.01535`.

Los resultados del siguiente informe respaldan la opinión de que los grandes modelos de lenguaje adquieren principalmente conocimientos fácticos durante el preentrenamiento, y que el ajuste fino mejora de manera notable su eficiencia en el uso de estos conocimientos. Además, este estudio explora cómo el ajuste fino de los grandes modelos de lenguaje con nueva información fáctica afecta a su capacidad para utilizar los conocimientos preexistentes, y revela que los modelos aprenden nuevos hechos más lentamente y que su introducción durante el ajuste fino aumenta la tendencia del modelo a generar información incorrecta:

- *Does Fine-Tuning LLMs on New Knowledge Encourage Hallucinations?* (2024) de Gekhman, `https://arxiv.org/abs/2405.05904`.

El ajuste fino por preferencias es un paso opcional tras el ajuste fino por instrucciones para acercar más el LLM a las preferencias humanas. Los siguientes artículos del que suscribe ofrecen más información sobre este proceso:

- *LLM Training: RLHF and Its Alternatives*, `https://mng.bz/ZVPm`.
- *Tips for LLM Pretraining and Evaluating Reward Models*, `https://mng.bz/RNXj`.

## Apéndice A

Aunque el apéndice A debería ser suficiente para ponerte al día, si buscas una introducción más completa al deep learning, te recomiendo los siguientes libros:

- *Machine Learning with PyTorch and Scikit-Learn* (2022) de Sebastian Raschka, Hayden Liu y Vahid Mirjalili. ISBN 978-1801819312.
- *Deep Learning with PyTorch* (2021) de Eli Stevens, Luca Antiga y Thomas Viehmann. ISBN 978-1617295263.

Para una introducción más detallada a los conceptos relacionados con los tensores, los lectores pueden encontrar un tutorial en vídeo de 15 minutos grabado por mi mismo:

- *Lecture 4.1: Tensors in Deep Learning*, `https://www.youtube.com/watch?v=JXfDlgrfOBY`.

Si quieres saber más sobre la evaluación de modelos en machine learning, te recomiendo mi artículo:

- *Model Evaluation, Model Selection, and Algorithm Selection in Machine Learning* (2018) de Sebastian Raschka, `https://arxiv.org/abs/1811.12808`.

Para los lectores interesados en un repaso o una introducción al cálculo, he escrito un capítulo sobre este tema disponible gratuitamente en mi sitio web:

- *Introduction to Calculus*, de Sebastian Raschka, `https://mng.bz/WEyW`.

¿Por qué PyTorch no llama automáticamente a `optimizer.zero_grad()` en segundo plano? En algunos casos, puede ser conveniente acumular los gradientes, y PyTorch nos deja esta opción. Si deseas saber más sobre la acumulación de gradientes, consulta el siguiente artículo:

- *Finetuning Large Language Models on a Single GPU Using Gradient Accumulation* de Sebastian Raschka, `https://mng.bz/8wPD`.

Este apéndice trata sobre DDP, un enfoque muy utilizado para entrenar modelos de deep learning con varias GPU. Para casos de uso más avanzados, en los que un único modelo no cabe en la GPU, también puedes considerar el método FSDP (*Fully Sharded Data Parallel*: paralelismo de datos totalmente fragmentado) de PyTorch, que realiza paralelismo de datos distribuido y reparte capas grandes entre diferentes GPU. Para obtener más información, consulta esta descripción general con enlaces adicionales a la documentación de la API:

- *Introducing PyTorch Fully Sharded Data Parallel (FSDP) API*, `https://mng.bz/EZJR`.

# *Apéndice C. Soluciones a los ejercicios*

Los ejemplos de código completos para las respuestas de los ejercicios se pueden encontrar en el repositorio GitHub complementario en `https://github.com/rasbt/LLMs-from-scratch`.

## Capítulo 2

### Ejercicio 2.1

Puedes obtener los ID de token individuales pasándole al codificador una cadena cada vez:

```
print(tokenizer.encode("Ak"))
print(tokenizer.encode("w"))
# ...
```

El resultado de esto es:

```
[33901]
[86]
# ...
```

A continuación, utiliza el siguiente código para ensamblar la cadena original:

```
print(tokenizer.decode([33901, 86, 343, 86, 220, 959]))
```

Esto da como resultado:

```
'Akwirw ier'
```

### Ejercicio 2.2

El código para el cargador de datos con `max_length=2` y `stride=2` es el siguiente:

```
dataloader = create_dataloader(
    raw_text, batch_size=4, max_length=2, stride=2
)
```

Estas líneas de código producen lotes con el siguiente formato:

```
tensor([[ 40, 367],
        [2885, 1464],
        [1807, 3619],
        [ 402, 271]])
```

El código del segundo cargador de datos con `max_length=8` y `stride=2` es:

```
dataloader = create_dataloader(
    raw_text, batch_size=4, max_length=8, stride=2
)
```

Un lote de ejemplo tiene este aspecto:

```
tensor([[ 40, 367, 2885, 1464, 1807, 3619, 402, 271],
        [ 2885, 1464, 1807, 3619, 402, 271, 10899, 2138],
        [ 1807, 3619, 402, 271, 10899, 2138, 257, 7026],
        [ 402, 271, 10899, 2138, 257, 7026, 15632, 438]])
```

## Capítulo 3

### Ejercicio 3.1

La asignación correcta del peso es:

```
sa_v1.W_query = torch.nn.Parameter(sa_v2.W_query.weight.T)
sa_v1.W_key = torch.nn.Parameter(sa_v2.W_key.weight.T)
sa_v1.W_value = torch.nn.Parameter(sa_v2.W_value.weight.T)
```

### Ejercicio 3.2

Para lograr una dimensión de salida de 2, similar a la que teníamos en la atención de una sola cabeza, debemos cambiar la dimensión de proyección `d_out` a 1.

```
d_out = 1
mha = MultiHeadAttentionWrapper(d_in, d_out, block_size, 0.0, num_heads=2)
```

### Ejercicio 3.3

La inicialización para el modelo GPT-2 más pequeño es:

```
block_size = 1024
d_in, d_out = 768, 768
num_heads = 12
mha = MultiHeadAttention(d_in, d_out, block_size, 0.0, num_heads)
```

# Capítulo 4

## Ejercicio 4.1

Calculamos el número de parámetros en los módulos de *feedforward* y atención de la siguiente manera:

```
block = TransformerBlock(GPT_CONFIG_124M)

total_params = sum(p.numel() for p in block.ff.parameters())
print(f"Total number of parameters in feed forward module: {total_params:,}")

total_params = sum(p.numel() for p in block.att.parameters())
print(f"Total number of parameters in attention module: {total_params:,}")
```

Se observa que el módulo de *feedforward* contiene aproximadamente el doble de parámetros que el módulo de atención:

```
Total number of parameters in feed forward module: 4,722,432
Total number of parameters in attention module: 2,360,064
```

## Ejercicio 4.2

Para instanciar los otros tamaños del modelo GPT, modificamos el diccionario de configuración de la siguiente manera (aquí se muestra para GPT-2 XL):

```
GPT_CONFIG = GPT_CONFIG_124M.copy()
GPT_CONFIG["emb_dim"] = 1600
GPT_CONFIG["n_layers"] = 48
GPT_CONFIG["n_heads"] = 25
model = GPTModel(GPT_CONFIG)
```

A continuación, reutilizando el código de la sección 4.6 para calcular el número de parámetros y los requisitos de RAM, descubrimos que:

```
gpt2-xl:
Total number of parameters: 1,637,792,000
Number of trainable parameters considering weight tying: 1,557,380,800
Total size of the model: 6247.68 MB
```

## Ejercicio 4.3

Hay tres lugares distintos en el capítulo 4 donde utilizamos capas de *dropout*: la capa de *embedding*, la capa de atajo y el módulo de *multi-head attention*. Controlamos las tasas de *dropout* de cada una de las capas codificándolas por separado en el archivo de configuración y modificando la implementación del código en consecuencia. La configuración modificada es la siguiente:

```
GPT_CONFIG_124M = {
    "vocab_size": 50257,
    "context_length": 1024,
    "emb_dim": 768,
```

```
    "n_heads": 12,
    "n_layers": 12,
    "drop_rate_attn": 0.1,
    "drop_rate_shortcut": 0.1,
    "drop_rate_emb": 0.1,
    "qkv_bias": False
}
```

*Dropout* para *multi-head attention*

*Dropout* para conexiones de atajo

*Dropout* para capa de *embedding*

El *TransformerBlock* y *GPTModel* modificados tienen el siguiente aspecto:

```
class TransformerBlock(nn.Module):
    def __init__(self, cfg):
        super().__init__()
        self.att = MultiHeadAttention(
            d_in=cfg["emb_dim"],
            d_out=cfg["emb_dim"],
            context_length=cfg["context_length"],
            num_heads=cfg["n_heads"],
            dropout=cfg["drop_rate_attn"],
            qkv_bias=cfg["qkv_bias"])
        self.ff = FeedForward(cfg)
        self.norm1 = LayerNorm(cfg["emb_dim"])
        self.norm2 = LayerNorm(cfg["emb_dim"])
        self.drop_shortcut = nn.Dropout(
            cfg["drop_rate_shortcut"]
        )

    def forward(self, x):
        shortcut = x
        x = self.norm1(x)
        x = self.att(x)
        x = self.drop_shortcut(x)
        x = x + shortcut

        shortcut = x
        x = self.norm2(x)
        x = self.ff(x)
        x = self.drop_shortcut(x)
        x = x + shortcut
        return x

class GPTModel(nn.Module):
    def __init__(self, cfg):
        super().__init__()
        self.tok_emb = nn.Embedding(
            cfg["vocab_size"], cfg["emb_dim"]
        )
        self.pos_emb = nn.Embedding(
            cfg["context_length"], cfg["emb_dim"]
        )
        self.drop_emb = nn.Dropout(cfg["drop_rate_emb"])
        self.trf_blocks = nn.Sequential(
            *[TransformerBlock(cfg) for _ in range(cfg["n_layers"])])
```

*Dropout* para *multi-head attention*

*Dropout* para conexiones de atajo

*Dropout* para capa de *embedding*

```
        self.final_norm = LayerNorm(cfg["emb_dim"])
        self.out_head = nn.Linear(
            cfg["emb_dim"], cfg["vocab_size"], bias=False
        )

    def forward(self, in_idx):
        batch_size, seq_len = in_idx.shape
        tok_embeds = self.tok_emb(in_idx)
        pos_embeds = self.pos_emb(
            torch.arange(seq_len, device=in_idx.device)
       )
       x = tok_embeds + pos_embeds
       x = self.drop_emb(x)
       x = self.trf_blocks(x)
       x = self.final_norm(x)
       logits = self.out_head(x)
       return logitss
```

# Capítulo 5

## Ejercicio 5.1

Podemos imprimir el número de veces que se muestrea el token (o palabra) «pizza» utilizando la función `print_sampled_tokens` definida en esta sección. Comencemos con el código que hemos definido en la sección 5.3.1.

El token «pizza» se muestrea 0 veces si la temperatura es 0 o 0.1, y se muestrea 32 veces si la temperatura sube hasta 5. La probabilidad estimada es 32/1000 x 100 % = 3,2 %. La probabilidad real es del 4,3 % y está contenida en el tensor de probabilidad *softmax* reescalado (`scaled_probas[2][6]`).

## Ejercicio 5.2

El muestreo *top-k* y el escalado de temperatura son parámetros que deben adaptarse en función del LLM y del grado deseado de diversidad y aleatoriedad en la salida.

Cuando se utilizan valores *top-k* relativamente pequeños (por ejemplo, inferiores a 10) y la temperatura se establece por debajo de 1, la salida del modelo se vuelve menos aleatoria y más determinista. Esta configuración es útil cuando necesitamos que el texto generado sea más predecible, coherente y cercano a los resultados más probables basados en los datos de entrenamiento.

Las aplicaciones de configuraciones tan bajas de *k* y temperatura incluyen la generación de documentos o informes formales, en los que la claridad y la precisión son lo más importante. Otros ejemplos de aplicaciones son tareas de análisis técnico o generación de código, donde la precisión es crucial. Además, las respuestas a preguntas y los contenidos educativos requieren respuestas precisas, por lo que una temperatura inferior a 1 resulta útil.

Por otro lado, los valores *top-k* más altos (por ejemplo, valores en el rango de 20 a 40) y los valores de temperatura superiores a 1 son útiles cuando se utilizan LLM para lluvia de ideas o para generación de contenido creativo, como la ficción.

### Ejercicio 5.3

Hay varias formas de forzar un comportamiento determinista con la función `generate`:

1. Establecer `top_k=None` y no aplicar escalado de temperatura.
2. Establecer `top_k=1`.

### Ejercicio 5.4

En esencia, debemos cargar el modelo y el optimizador que guardamos en el capítulo principal:

```
checkpoint = torch.load("model_and_optimizer.pth")
model = GPTModel(GPT_CONFIG_124M)
model.load_state_dict(checkpoint["model_state_dict"])
optimizer = torch.optim.AdamW(model.parameters(), lr=5e-4, weight_decay=0.1)
optimizer.load_state_dict(checkpoint["optimizer_state_dict"])
```

A continuación, llama a `train_simple_function` con `num_epochs=1` para entrenar el modelo durante otro *epoch*.

### Ejercicio 5.5

Utilizamos el siguiente código para calcular las pérdidas del conjunto de entrenamiento y validación del modelo GPT:

```
train_loss = calc_loss_loader(train_loader, gpt, device)
val_loss = calc_loss_loader(val_loader, gpt, device)
```

Las pérdidas resultantes para el parámetro de 124 millones son las siguientes:

```
Training loss: 3.754748503367106
Validation loss: 3.559617757797241
```

La principal observación es que los resultados de los conjuntos de entrenamiento y validación están en el mismo rango, lo cual puede tener varias explicaciones:

1. *The Verdict* no formaba parte del conjunto de datos de preentrenamiento cuando OpenAI entrenó GPT-2. Por lo tanto, el modelo no se sobreajusta de manera explícita al conjunto de entrenamiento, y funciona igual de bien en las partes de entrenamiento y validación de *The Verdict* (la pérdida del conjunto de validación es ligeramente inferior a la del conjunto de entrenamiento, algo poco habitual en deep learning. Sin embargo, es probable que se deba a ruido aleatorio, porque el conjunto de datos es relativamente pequeño. En la práctica, si no hay sobreajuste, se espera que los rendimientos de los conjuntos de entrenamiento y validación sean más o menos idénticos).
2. *The Verdict* formaba parte del conjunto de datos de entrenamiento de GPT-2. En este caso, no podemos saber si el modelo se está sobreajustando a los datos de entrenamiento, ya que el conjunto de validación también se habría utilizado para el entrenamiento. Para evaluar el grado de sobreajuste, necesitaríamos un nuevo conjunto de datos generado después de que OpenAI terminara de entrenar GPT-2 para asegurarnos de que no pudiera haber formado parte del preentrenamiento.

### Ejercicio 5.6

En el capítulo principal, experimentamos con el modelo GPT-2 más pequeño, que solo tiene 124 millones de parámetros. El motivo era mantener en el mínimo posible los requisitos de recursos. Sin embargo, es posible experimentar fácilmente con modelos más grandes con cambios mínimos en el código. Por ejemplo, para cargar los 1558 millones de pesos del modelo en vez de los 124 millones del capítulo 5, las únicas dos líneas de código que necesitamos cambiar son las siguientes:

```
hparams, params = download_and_load_gpt2(model_size="124M", models_dir="gpt2")
model_name = "gpt2-small (124M)"
```

El código actualizado es:

```
hparams, params = download_and_load_gpt2(model_size="1558M", models_dir="gpt2")
model_name = "gpt2-xl (1558M)"
```

## Capítulo 6

### Ejercicio 6.1

Rellenamos las entradas hasta el número máximo de tókenes que admite el modelo, estableciendo la longitud máxima en `max_length = 1024` al inicializar los conjuntos de datos:

```
train_dataset = SpamDataset(..., max_length=1024, ...)
val_dataset = SpamDataset(..., max_length=1024, ...)
test_dataset = SpamDataset(..., max_length=1024, ...)
```

Sin embargo, el relleno adicional da como resultado una precisión de la prueba notablemente peor del 78,33 % (frente al 95,67 % del capítulo principal).

### Ejercicio 6.2

En lugar de afinar solo el bloque *Transformer* final, afinamos todo el modelo eliminando del código las siguientes líneas:

```
for param in model.parameters():
param.requires_grad = False
```

Esta modificación da como resultado una mejora del 1 % en la precisión de la prueba, que pasa a ser del 96,67 % (frente al 95,67 % del capítulo principal).

### Ejercicio 6.3

En lugar de afinar el último token de salida, afinamos el primero cambiando `model(input_batch)[:, -1, :]` por `model(input_batch)[:, 0, :]` en todo el código.

Como era de esperar, como el primer token contiene menos información que el último, este cambio da como resultado una precisión de la prueba bastante peor del 75,00 % (frente al 95,67 % del capítulo principal).

# Capítulo 7

## Ejercicio 7.1

El formato de *prompt* Phi-3, que se muestra en la figura 7.4, tiene el siguiente aspecto para un ejemplo de entrada dado:

```
<user>
Identify the correct spelling of the following word: 'Occasion'

<assistant>
The correct spelling is 'Occasion'.
```

Para utilizar esta plantilla, modificamos la función `format_input` de la siguiente manera:

```
def format_input(entry):
    instruction_text = (
        f"<|user|>\n{entry['instruction']}"
    )
    input_text = f"\n{entry['input']}" if entry["input"] else ""
    return instruction_text + input_text
```

Por último, también tenemos que actualizar la forma en que extraemos la respuesta generada al recopilar las respuestas del conjunto de pruebas:

```
for i, entry in tqdm(enumerate(test_data), total=len(test_data)):
    input_text = format_input(entry)
    tokenizer=tokenizer
    token_ids = generate(
        model=model,
        idx=text_to_token_ids(input_text, tokenizer).to(device),
        max_new_tokens=256,
        context_size=BASE_CONFIG["context_length"],
        eos_id=50256
    )
    generated_text = token_ids_to_text(token_ids, tokenizer)
    response_text = (
        generated_text[len(input_text):]
        .replace("<|assistant|>:", "")
        .strip()
    )
    test_data[i]["model_response"] = response_text
```

**Nuevo: ajustar** `###Response` `to<|assistant|>`

El ajuste fino del modelo con la plantilla Phi-3 es aproximadamente un 17 % más rápido, porque da como resultado entradas de modelo más cortas. La puntuación es cercana a 50, ubicada en el mismo rango que la obtenida anteriormente con las indicaciones de estilo Alpaca.

## Ejercicio 7.2

Para enmascarar las instrucciones como se muestra en la figura 7.13, necesitamos realizar ligeras modificaciones en la clase `InstructionDataset` y en la función `custom_collate_fn`.

Modificamos la clase `InstructionDataset` para recopilar las longitudes de las instrucciones, que usaremos de la siguiente manera al codificar la función de ensamblado para localizar las posiciones del contenido de las instrucciones en los objetivos:

```
class InstructionDataset(Dataset):
    def __init__(self, data, tokenizer):
        self.data = data
        self.instruction_lengths = []
        self.encoded_texts = []

        for entry in data:
            instruction_plus_input = format_input(entry)
            response_text = f"\n\n### Response:\n{entry['output']}"
            full_text = instruction_plus_input + response_text

            self.encoded_texts.append(
                tokenizer.encode(full_text)
            )
            instruction_length = (
                len(tokenizer.encode(instruction_plus_input)
            )
            self.instruction_lengths.append(instruction_length)

    def __getitem__(self, index):
        return self.instruction_lengths[index], self.encoded_texts[index]
    def __len__(self):
        return len(self.data)
```

**Lista diferente para las longitudes de las instrucciones**

**Recopila longitudes de instrucciones**

**Devuelve por separado tanto las longitudes de las instrucciones como los textos**

A continuación, actualizamos `custom_collate_fn`, donde cada lote es ahora una tupla que contiene `(instruction_length, item)` en lugar de solo `item`, debido a los cambios en el conjunto de datos `InstructionDataset`. Además, enmascaramos ahora los tókenes de instrucción correspondientes en la lista de ID objetivo:

```
def custom_collate_fn(
    batch,
    pad_token_id=50256,
    ignore_index=-100,
    allowed_max_length=None,
    device="cpu"
):

    batch_max_length = max(len(item)+1 for instruction_length, item in batch)
    inputs_lst, targets_lst = [], []

    for instruction_length, item in batch:
        new_item = item.copy()
        new_item += [pad_token_id]
        padded = (
            new_item + [pad_token_id] * (batch_max_length - len(new_item)
        )
        inputs = torch.tensor(padded[:-1])
        targets = torch.tensor(padded[1:])
        mask = targets == pad_token_id
```

**El lote ahora es una tupla**

```
        indices = torch.nonzero(mask).squeeze()
        if indices.numel() > 1:
            targets[indices[1:]] = ignore_index

        targets[:instruction_length-1] = -100

        if allowed_max_length is not None:
            inputs = inputs[:allowed_max_length]
            targets = targets[:allowed_max_length]

        inputs_lst.append(inputs)
        targets_lst.append(targets)

    inputs_tensor = torch.stack(inputs_lst).to(device)
    targets_tensor = torch.stack(targets_lst).to(device)

    return inputs_tensor, targets_tensor
```

Oculta todos los tókenes de entrada e instrucción en los objetivos

Al evaluar un modelo afinado con este método de enmascaramiento de instrucciones, su rendimiento es ligeramente inferior (aproximadamente 4 puntos utilizando el método Ollama Llama 3 del capítulo 7). Esto concuerda con las observaciones del artículo *Instruction Tuning With Loss Over Instructions* (`https://arxiv.org/abs/2405.14394`).

## *Ejercicio 7.3*

Para afinar el modelo con el conjunto de datos Alpaca original de Stanford (`https://github.com/tatsu-lab/stanford_alpaca`), solo tenemos que cambiar la siguiente URL del archivo:

```
url = "https://raw.githubusercontent.com/rasbt/LLMs-from-scratch/main/ch07/01_
main-chapter-code/instruction-data.json"
```

por:

```
url = "https://raw.githubusercontent.com/tatsu-lab/stanford_alpaca/main/alpaca_
data.json"
```

Ten en cuenta que el conjunto de datos contiene 52 000 entradas (50 veces más que en el capítulo 7), y que las entradas son más largas que las utilizadas en el capítulo 7.

Por lo tanto, se recomienda encarecidamente realizar el entrenamiento en una GPU.

Si se producen errores de memoria insuficiente, considera la posibilidad de reducir el tamaño del lote de 8 a 4, 2 o 1. Además de hacer esto, también puedes pensar en reducir el valor de `allowed_max_length` de 1024 a 512 o 256. A continuación se muestran algunos ejemplos del conjunto de datos Alpaca, incluidas las respuestas generadas por el modelo:

## *Ejercicio 7.4*

Para afinar por instrucciones el modelo utilizando LoRA, utiliza las clases y funciones pertinentes del apéndice E:

```
from appendix_E import LoRALayer, LinearWithLoRA, replace_linear_with_lora
```

A continuación, añade las siguientes líneas de código después del código de la carga del modelo de la sección 7.5:

```
total_params = sum(p.numel() for p in model.parameters() if p.requires_grad)
print(f"Total trainable parameters before: {total_params:,}")

for param in model.parameters():
    param.requires_grad = False

total_params = sum(p.numel() for p in model.parameters() if p.requires_grad)
print(f"Total trainable parameters after: {total_params:,}")
replace_linear_with_lora(model, rank=16, alpha=16)

total_params = sum(p.numel() for p in model.parameters() if p.requires_grad)
print(f"Total trainable LoRA parameters: {total_params:,}")
model.to(device)
```

Ten en cuenta que, en una GPU Nvidia L4, el ajuste fino con LoRA tarda 1,30 minutos en ejecutarse con una L4. Con la misma GPU, la ejecución del el código original requiere 1,80 minutos. Por lo tanto, LoRA es aproximadamente un 28 % más rápido en este caso. La puntuación, evaluada con el método Ollama Llama 3 del capítulo 7, es de alrededor de 50, en el mismo rango que el modelo original.

# Apéndice A

## Ejercicio A.1

El documento de consejos de configuración de Python que encontrarás en `https://github.com/rasbt/LLMs-from-scratch/tree/main/setup/01_optional-python-setup-preferences` contiene recomendaciones adicionales si necesitas más ayuda para configurar tu entorno Python.

## Ejercicio A.2

El documento de instalación de bibliotecas usadas en este libro que encontrarás en `https://github.com/rasbt/LLMs-from-scratch/tree/main/setup/02_installing-python-libraries` contiene utilidades para comprobar si tu entorno está correctamente configurado.

## Ejercicio A.3

La red tiene dos entradas y dos salidas. Además, hay dos capas ocultas con 30 y 20 nodos, respectivamente. Desde el punto de vista de la programación, calculamos el número de parámetros de la siguiente manera:

```
model = NeuralNetwork(2, 2)
num_params = sum(p.numel() for p in model.parameters() if p.requires_grad)
print("Total number of trainable model parameters:", num_params)
```

El resultado de esto es:

```
752
```

También podemos calcularlo manualmente de la siguiente manera:

- Primera capa oculta: 2 entradas multiplicadas por 30 unidades ocultas más 30 unidades de sesgo.
- Segunda capa oculta: 30 unidades entrantes multiplicadas por 20 nodos más 20 unidades de sesgo.
- Capa de salida: 20 nodos entrantes multiplicados por 2 nodos de salida más 2 unidades de sesgo.

Entonces, sumando todos los parámetros de cada capa, el resultado es 2 x 30 + 30 + 30 x 20 + 20 + 20 x 2 + 2 = 752.

## Ejercicio A.4

Los resultados exactos del tiempo de ejecución serán específicos del hardware empleado para este experimento. En mis experimentos, al utilizar una instancia de Google Colab conectada a una GPU V100, observé aumentos significativos de la velocidad, incluso para multiplicaciones de matrices pequeñas como la siguiente:

```
a = torch.rand(100, 200)
b = torch.rand(200, 300)
%timeit a@b
```

En la CPU, esto dio como resultado:

```
63.8 µs ± 8.7 µs per loop
```

Al ejecutarlo en una GPU:

```
a, b = a.to("cuda"), b.to("cuda")
%timeit a @ b
```

El resultado fue:

```
13.8 µs ± 425 ns per loop
```

En este caso, en una V100, el cálculo fue aproximadamente cuatro veces más rápido.

# *Apéndice D. Incorporación de funcionalidades adicionales al bucle de entrenamiento*

En este apéndice, mejoraremos la función de entrenamiento para los procesos de preentrenamiento y ajuste fino tratados en los capítulos 5 a 7. En concreto, se trata del calentamiento de la tasa de aprendizaje, la atenuación cosenoidal y el recorte de gradientes, técnicas que incorporaremos más tarde a la función de entrenamiento para posteriormente preentrenar un LLM.

Para que el código sea autónomo, reinicializamos el modelo entrenado en el capítulo 5:

```
import torch
from chapter04 import GPTModel

GPT_CONFIG_124M = {
    "vocab_size": 50257,        # Tamaño del vocabulario

    "context_length": 256,      # Longitud del contexto acortada (original: 1024)
    "emb_dim": 768,             # Dimensión de embedding
    "n_heads": 12,              # Número de cabezas de atención
    "n_layers": 12,             # Número de capas
    "drop_rate": 0.1,           # Tasa de dropout
    "qkv_bias": False           # Sesgo de consulta-clave-valor
}
device = torch.device("cuda" if torch.cuda.is_available() else "cpu")
torch.manual_seed(123)
model = GPTModel(GPT_CONFIG_124M)
model.to(device)
model.eval()
```

Después de inicializar el modelo, necesitamos hacer lo mismo con los cargadores de datos. Primero, cargamos el cuento corto *The Verdict*:

```
import os
import urllib.request

file_path = "the-verdict.txt"

url = (
    "https://raw.githubusercontent.com/rasbt/LLMs-from-scratch/"
    "main/ch02/01_main-chapter-code/the-verdict.txt"
)

if not os.path.exists(file_path):
    with urllib.request.urlopen(url) as response:
        text_data = response.read().decode('utf-8')
    with open(file_path, "w", encoding="utf-8") as file:
        file.write(text_data)
else:
    with open(file_path, "r", encoding="utf-8") as file:
        text_data = file.read()
```

A continuación, cargamos `text_data` en los cargadores de datos:

```
from previous_chapters import create_dataloader_v1

train_ratio = 0.90
split_idx = int(train_ratio * len(text_data))
torch.manual_seed(123)
train_loader = create_dataloader_v1(
    text_data[:split_idx],
    batch_size=2,
    max_length=GPT_CONFIG_124M["context_length"],
    stride=GPT_CONFIG_124M["context_length"],
    drop_last=True,
    shuffle=True,
    num_workers=0
)
val_loader = create_dataloader_v1(
    text_data[split_idx:],
    batch_size=2,
    max_length=GPT_CONFIG_124M["context_length"],
    stride=GPT_CONFIG_124M["context_length"],
    drop_last=False,
    shuffle=False,
    num_workers=0
)
```

## D.1. Calentamiento de la tasa de aprendizaje

La implementación de un calentamiento de la tasa de aprendizaje estabiliza el entrenamiento de modelos complejos como los LLM. Este proceso consiste en aumentar gradualmente la tasa de aprendizaje desde un valor inicial muy bajo (`initial_lr`) hasta un valor máximo especificado por el usuario (`peak_lr`). Comenzar el entrenamiento con actualizaciones de peso más pequeñas reduce el riesgo de que el modelo encuentre actualizaciones grandes y desestabilizadoras durante su fase de entrenamiento.

Supongamos que nuestra intención es entrenar un LLM durante 15 *epoch*, comenzando con una tasa de aprendizaje inicial de 0.0001 y aumentándola hasta una tasa máxima de 0.01:

```
n_epochs = 15
initial_lr = 0.0001
peak_lr = 0.01
```

El número de pasos de calentamiento suele fijarse entre el 0,1 % y el 20 % del número total de pasos, que calculamos de la siguiente manera:

```
total_steps = len(train_loader) * n_epochs
warmup_steps = int(0.2 * total_steps)          ← Calentamiento del 20 %
print(warmup_steps)
```

El resultado es `27`, lo cual significa que tenemos 20 pasos de calentamiento para aumentar la tasa de aprendizaje inicial de 0.0001 a 0.01 en los primeros 27 pasos de entrenamiento.

A continuación, implementamos una plantilla de bucle de entrenamiento para ilustrar este proceso de calentamiento:

```
optimizer = torch.optim.AdamW(model.parameters(), weight_decay=0.1)
lr_increment = (peak_lr - initial_lr) / warmup_steps

global_step = -1
track_lrs = []

for epoch in range(n_epochs):
    for input_batch, target_batch in train_loader:
        optimizer.zero_grad()
        global_step += 1

        if global_step < warmup_steps:
            lr = initial_lr + global_step * lr_increment
        else:
            lr = peak_lr

        for param_group in optimizer.param_groups:
            param_group["lr"] = lr
        track_lrs.append(optimizer.param_groups[0]["lr"])
```

**Este incremento viene determinado por cuánto aumentamos `inital_lr` en cada uno de los 20 pasos de calentamiento**

**Ejecuta un bucle de entrenamiento típico que itera sobre los lotes del cargador de entrenamiento en cada *epoch***

**Actualiza la tasa de aprendizaje si todavía estamos en la fase de calentamiento**

**Aplica la tasa de aprendizaje calculada al optimizador**

**En un bucle de entrenamiento completo, se calcularían la pérdida y las actualizaciones del modelo, que se omiten aquí para simplificar**

Tras ejecutar el código anterior, observamos que el bucle de entrenamiento cambió la tasa de aprendizaje, para verificar que el calentamiento de esta funciona según lo previsto:

```
import matplotlib.pyplot as plt

plt.ylabel("Learning rate")
plt.xlabel("Step")
total_training_steps = len(train_loader) * n_epochs
plt.plot(range(total_training_steps), track_lrs);
plt.show()
```

El gráfico resultante muestra que la tasa de aprendizaje comienza con un valor bajo y aumenta durante 20 pasos hasta alcanzar el valor máximo (figura D.1).

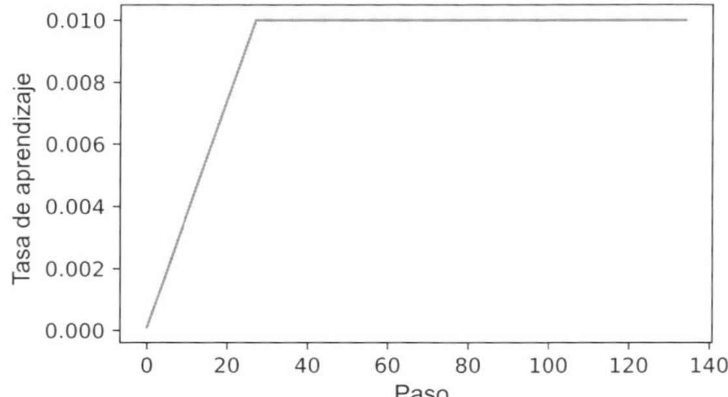


**Figura D.1.** El calentamiento aumenta la tasa de aprendizaje durante los primeros 20 pasos de entrenamiento. Una vez transcurridos, la tasa de aprendizaje alcanza el pico de 0.01 y se mantiene constante durante el resto del entrenamiento.

Ahora modificaremos aún más la tasa de aprendizaje para que disminuya después de alcanzar su valor máximo, contribuyendo así a mejorar aún más el entrenamiento del modelo.

## D.2. Atenuación cosenoidal

Otra técnica ampliamente adoptada para entrenar redes neuronales profundas complejas y LLM es la atenuación cosenoidal. Este método modula la tasa de aprendizaje a lo largo de los *epoch* de entrenamiento, haciéndole seguir una curva de coseno después de la etapa de calentamiento.

En su variante más habitual, la atenuación cosenoidal reduce (o atenúa) la tasa de aprendizaje hasta casi cero, imitando la trayectoria de un medio ciclo de coseno. El objetivo de la disminución gradual del aprendizaje en la atenuación cosenoidal es disminuir el ritmo al que el modelo actualiza sus pesos, algo particularmente importante, porque ayuda a minimizar el riesgo de sobrepasar los mínimos de pérdida durante el proceso de entrenamiento, lo cual es esencial para garantizar la estabilidad del entrenamiento durante sus fases posteriores.

Modificamos la plantilla del bucle de entrenamiento añadiendo la atenuación cosenoidal:

```
import math

min_lr = 0.1 * initial_lr
track_lrs = []
lr_increment = (peak_lr - initial_lr) / warmup_steps
global_step = -1

for epoch in range(n_epochs):
    for input_batch, target_batch in train_loader:
        optimizer.zero_grad()
        global_step += 1

        if global_step < warmup_steps:                    # Aplica calentamiento lineal
            lr = initial_lr + global_step * lr_increment
        else:                                             # Utiliza atenuación cosenoidal después del calentamiento
            progress = ((global_step - warmup_steps) /
                        (total_training_steps - warmup_steps))
            lr = min_lr + (peak_lr - min_lr) * 0.5 * (
```

```
            1 + math.cos(math.pi * progress)
        )

    for param_group in optimizer.param_groups:
        param_group["lr"] = lr
    track_lrs.append(optimizer.param_groups[0]["lr"])
```

Para verificar que la tasa de aprendizaje ha cambiado según lo previsto, la volvemos a trazar:

```
plt.ylabel("Learning rate")
plt.xlabel("Step")
plt.plot(range(total_training_steps), track_lrs)
plt.show()
```

El gráfico resultante muestra que la tasa de aprendizaje comienza con una fase de calentamiento lineal, que aumenta durante 20 pasos hasta alcanzar el valor máximo. Una vez transcurridos estos 20 pasos, se activa la atenuación cosenoidal, que reduce la tasa de aprendizaje gradualmente hasta alcanzar su mínimo (figura D.2).

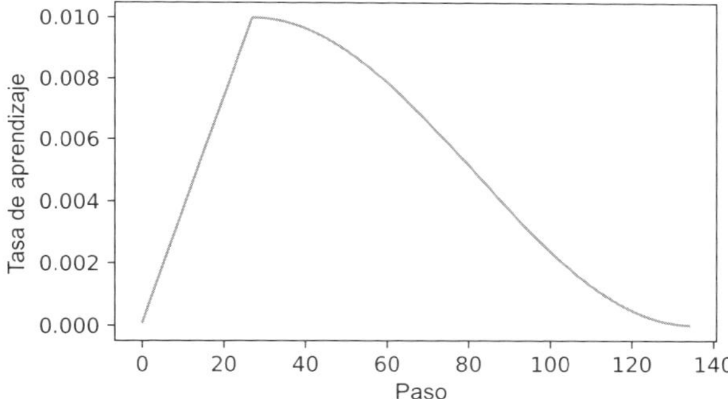


**Figura D.2.** Los primeros 20 pasos del calentamiento de la tasa de aprendizaje lineal van seguidos de una atenuación cosenoidal, que reduce la tasa de aprendizaje en medio ciclo de coseno hasta alcanzar su punto mínimo al final del entrenamiento.

## D.3. Recorte de gradientes

El recorte de gradientes es otra técnica importante para mejorar la estabilidad durante el entrenamiento de LLM. Consiste en establecer un umbral por encima del cual los gradientes se reducen a una magnitud máxima predeterminada. Este proceso garantiza que las actualizaciones de los parámetros del modelo durante la retropropagación se mantengan dentro de un rango manejable.

Por ejemplo, aplicar el parámetro `max_norm=1.0` dentro de la función `clip_grad_norm_` de PyTorch garantiza que la norma de los gradientes no supere 1.0. Aquí, el término «norma» significa la medida de la longitud del vector de gradiente, o la magnitud, dentro del espacio de parámetros del modelo, haciendo referencia en especial a la norma L2, también conocida como norma euclidiana.

En términos matemáticos, para un vector $v$ compuesto por componentes $v = [v_1, v_2, ..., v_n]$, la norma L2 es:

$$|\boldsymbol{v}|_2 = \sqrt{v_1^2 + v_2^2 + \cdots + v_n^2}$$

Este método de cálculo también se aplica a las matrices. Por ejemplo, consideremos una matriz de gradientes dada por:

$$\mathbf{G} = \begin{bmatrix} 1 & 2 \\ 3 & 4 \end{bmatrix}$$

Si queremos recortar estos gradientes a un `max_norm` de 1, primero calculamos su norma L2, que es:

$$|\mathbf{G}|_2 = \sqrt{1^2 + 2^2 + 2^2 + 4^2} = \sqrt{25} = 5$$

Dado que $|G|_2 = 5$ supera nuestro `max_norm` de 1, reducimos los gradientes para garantizar que su norma sea exactamente igual a 1, lo que logramos mediante un factor de escala, calculado como `max_norm`/$|G|_2 = 1/5$. En consecuencia, la matriz de gradientes ajustada G' se convierte en:

$$\mathbf{G}' = \frac{1}{5} \times G = \begin{bmatrix} \frac{1}{5} & \frac{2}{5} \\ \frac{2}{5} & \frac{4}{5} \end{bmatrix}$$

Para ilustrar este proceso de recorte de gradientes, comenzamos inicializando un nuevo modelo y calculando la pérdida para un lote de entrenamiento, de forma similar al procedimiento usado en un bucle de entrenamiento estándar:

```
from chapter05 import calc_loss_batch

torch.manual_seed(123)
model = GPTModel(GPT_CONFIG_124M)
model.to(device)
loss = calc_loss_batch(input_batch, target_batch, model, device)
loss.backward()
```

Al llamar al método `.backward()`, PyTorch calcula los gradientes de pérdida y los almacena en un atributo `.grad` para cada tensor (parámetro) de peso del modelo.

Para clarificar este punto, definimos la siguiente función auxiliar `find_highest_gradient` para identificar el valor de gradiente más alto, revisando todos los atributos `.grad` de los tensores de peso del modelo después de llamar a `.backward()`:

```
def find_highest_gradient(model):
    max_grad = None
    for param in model.parameters():
        if param.grad is not None:
            grad_values = param.grad.data.flatten()
            max_grad_param = grad_values.max()
            if max_grad is None or max_grad_param > max_grad:
                max_grad = max_grad_param
    return max_grad
print(find_highest_gradient(model))
```

El mayor valor de gradiente identificado por el código anterior es:

```
tensor(0.0411)
```

Apliquemos ahora el recorte de gradientes y veamos cómo afecta a dicho valor:

```
torch.nn.utils.clip_grad_norm_(model.parameters(), max_norm=1.0)
print(find_highest_gradient(model))
```

El mayor valor de gradiente tras aplicar el recorte de gradientes con un `max_norm` de 1 es bastante más pequeño que antes:

```
tensor(0.0185)
```

## D.4. La función de entrenamiento modificada

Por último, mejoraremos la función de entrenamiento `train_model_simple` (véase el capítulo 5) añadiendo los tres conceptos introducidos en este documento: calentamiento lineal, atenuación cosenoidal y recorte de gradientes. En conjunto, estos métodos ayudan a estabilizar el entrenamiento de LLM.

El código, con los cambios con respecto a `train_model_simple` comentados, es el siguiente:

```
from chapter05 import evaluate_model, generate_and_print_sample

def train_model(model, train_loader, val_loader, optimizer, device,
                n_epochs, eval_freq, eval_iter, start_context, tokenizer,
                warmup_steps, initial_lr=3e-05, min_lr=1e-6):

    train_losses, val_losses, track_tokens_seen, track_lrs = [], [], [], []
    tokens_seen, global_step = 0, -1

    peak_lr = optimizer.param_groups[0]["lr"]    # Recupera la tasa de aprendizaje inicial del optimizador, asumiendo que la utilizamos como tasa de aprendizaje máxima
    total_training_steps = len(train_loader) * n_epochs    # Calcula el número total de iteraciones en el proceso de entrenamiento
    lr_increment = (peak_lr - initial_lr) / warmup_steps    # Calcula el incremento de la tasa de aprendizaje durante la fase de calentamiento

    for epoch in range(n_epochs):
        model.train()
        for input_batch, target_batch in train_loader:
            optimizer.zero_grad()
            global_step += 1

            if global_step < warmup_steps:    # Ajusta la tasa de aprendizaje en función de la fase actual (calentamiento o atenuación cosenoidal)
                lr = initial_lr + global_step * lr_increment
            else:
                progress = ((global_step - warmup_steps) /
                            (total_training_steps - warmup_steps))
                lr = min_lr + (peak_lr - min_lr) * 0.5 * (
                    1 + math.cos(math.pi * progress))
```

```
            for param_group in optimizer.param_groups:
                param_group["lr"] = lr
            track_lrs.append(lr)
            loss = calc_loss_batch(input_batch, target_batch, model, device)
            loss.backward()

            if global_step >= warmup_steps:
                torch.nn.utils.clip_grad_norm_(
                    model.parameters(), max_norm=1.0
                )

            optimizer.step()
            tokens_seen += input_batch.numel()

            if global_step % eval_freq == 0:
                train_loss, val_loss = evaluate_model(
                    model, train_loader, val_loader,
                    device, eval_iter
                )
                train_losses.append(train_loss)
                val_losses.append(val_loss)
                track_tokens_seen.append(tokens_seen)
                print(f"Ep {epoch+1} (Iter {global_step:06d}): "
                      f"Train loss {train_loss:.3f}, "
                      f"Val loss {val_loss:.3f}"
                )


        generate_and_print_sample(
            model, tokenizer, device, start_context
        )

    return train_losses, val_losses, track_tokens_seen, track_lrs
```

**Aplica al optimizador la tasa de aprendizaje calculada**

**Aplica el recorte de gradientes después de la fase de calentamiento para evitar la explosión de gradientes**

**Todo lo que aparece a partir de aquí permanece sin cambios con respecto a la función** `train_model_simple` **del capítulo 5**

Después de definir la función `train_model`, podemos utilizarla de forma similar para entrenar el modelo en comparación con el método `train_model_simple` usado para el preentrenamiento:

```
import tiktoken

torch.manual_seed(123)
model = GPTModel(GPT_CONFIG_124M)
model.to(device)
peak_lr = 0.001
optimizer = torch.optim.AdamW(model.parameters(), weight_decay=0.1)
tokenizer = tiktoken.get_encoding("gpt2")

n_epochs = 15
train_losses, val_losses, tokens_seen, lrs = train_model(
    model, train_loader, val_loader, optimizer, device, n_epochs=n_epochs,
    eval_freq=5, eval_iter=1, start_context="Every effort moves you",
    tokenizer=tokenizer, warmup_steps=warmup_steps,
    initial_lr=1e-5, min_lr=1e-5
)
```

El entrenamiento tardará unos 5 minutos en completarse en un MacBook Air o un portátil similar y ofrecerá los siguientes resultados:

```
Ep 1 (Iter 000000): Train loss 10.934, Val loss 10.939
Ep 1 (Iter 000005): Train loss 9.151, Val loss 9.461
Every effort moves you,,,,,,,,,,,,,,,,,,,,,,,,,,,,,,,,,,,,,,,,,,,,,,,,,,,
Ep 2 (Iter 000010): Train loss 7.949, Val loss 8.184
Ep 2 (Iter 000015): Train loss 6.362, Val loss 6.876
Every effort moves you,,,,,,,,,,,,,,,,,,,,, the,,,,,,,,, the,,,,,,,,,,,
the,,,,,,,,
...
Ep 15 (Iter 000130): Train loss 0.035, Val loss 6.938
Every effort moves you?" "Yes--quite insensible to the irony. She wanted him
vindicated--and by me!" He laughed again, and threw back his head to look up
at the sketch of the donkey. "There were days when I
```

Al igual que en el preentrenamiento, el modelo comienza a sobreajustarse después de unos pocos *epoch*, pues se trata de un conjunto de datos muy pequeño y lo iteramos varias veces. No obstante, podemos ver que la función está cumpliendo, porque minimiza la pérdida del conjunto de entrenamiento.

Animo a los lectores a entrenar el modelo en un conjunto de datos de texto más grande, para después comparar los resultados obtenidos con esta función de entrenamiento más sofisticada con los resultados que se pueden lograr con la función `train_model_simple`.

# Apéndice E. Ajuste fino eficiente en parámetros con LoRA

La adaptación de bajo rango (LoRA: *Low-Rank Adaptation*) es una de las técnicas más utilizadas para el ajuste fino eficiente en parámetros. El siguiente análisis se basa en el ejemplo de ajuste fino de clasificación de *spam* examinado en el capítulo 6, aunque el ajuste fino LoRA también es aplicable al ajuste fino supervisado por instrucciones abordado en el capítulo 7.

## E.1. Introducción a LoRA

LoRA es una técnica que modifica un modelo preentrenado para que se adapte mejor a un conjunto de datos específico, a menudo más pequeño, ajustando solo un pequeño subconjunto de los parámetros de peso del modelo. La expresión «de bajo rango» se refiere al concepto matemático de limitar los ajustes del modelo a un subespacio dimensional del espacio total de parámetros de peso. De este modo se capturan eficazmente las direcciones más influyentes de los cambios de los parámetros de peso durante el entrenamiento. El método LoRA es útil y conocido, porque permite un ajuste fino eficaz de modelos de gran tamaño con datos de tareas específicas, y reduce significativamente los costes computacionales y los recursos necesarios para el ajuste fino.

Supongamos que una gran matriz de pesos $W$ está asociada a una capa específica. Es posible aplicar LoRA a todas las capas lineales de un LLM pero, a efectos ilustrativos, nos centraremos en una sola capa.

Al entrenar redes neuronales profundas, durante la retropropagación descubrimos una matriz $\Delta W$, que contiene información sobre cuánto queremos actualizar los parámetros de peso originales para minimizar la función de pérdida durante el entrenamiento. En adelante, utilizaré el término «peso» como abreviatura de parámetros de peso del modelo.

En el entrenamiento regular y el ajuste fino, la actualización del peso se define como sigue:

$$W_{actualizada} = W + \Delta W$$

El método LoRA, propuesto por Hu *et al.* (`https://arxiv.org/abs/2106.09685`), ofrece una alternativa más eficiente al cálculo de las actualizaciones de peso $\Delta W$, mediante el aprendizaje de una aproximación de la misma:

$$\Delta W \approx AB$$

Aquí, $A$ y $B$ son dos matrices mucho más pequeñas que $W$, y $AB$ representa el producto de la multiplicación de ambas matrices.

Utilizando LoRA, reformulamos la actualización de peso previamente definida:

$$W_{actualizada} = W + AB$$

La figura E.1 ilustra la comparación entre las fórmulas de actualización de peso para el ajuste fino completo y para LoRA.

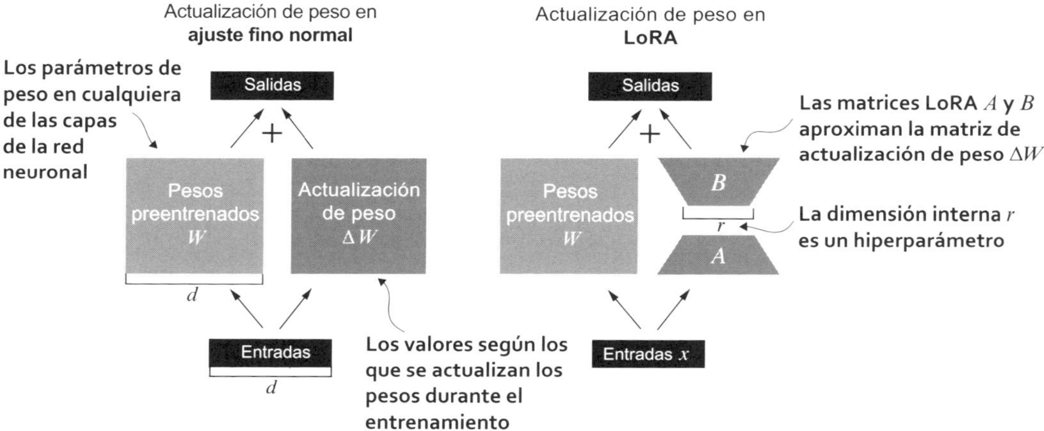


**Figura E.1.** Comparación entre los métodos de actualización de peso: ajuste fino normal y LoRA. El ajuste fino normal consiste en actualizar la matriz de pesos $W$ preentrenada directamente con $\Delta W$ (izquierda). LoRA utiliza dos matrices más pequeñas, $A$ y $B$, para aproximar $\Delta W$, donde el producto $AB$ se suma a $W$, y $r$ denota la dimensión interna, un hiperparámetro ajustable (derecha).

Si has prestado mucha atención, habrás notado que las representaciones visuales de ajuste fino completo y LoRA de la figura E.1 difieren ligeramente de las fórmulas presentadas anteriormente. Esta variación se atribuye a la ley distributiva de la multiplicación de matrices, que nos permite separar los pesos originales y actualizados en lugar de combinarlos. Por ejemplo, en el caso del ajuste fino normal con $x$ como dato de entrada, podemos expresar el cálculo como:

$$x(W + \Delta W) = xW + x\Delta W$$

Del mismo modo, podemos escribir lo siguiente para LoRA:

$$x(W + AB) = xW + xAB$$

Además de reducir el número de pesos a actualizar durante el entrenamiento, la capacidad de mantener las matrices de pesos LoRA separadas de los pesos del modelo original hace que LoRA sea aún más útil en la práctica. Así, esto permite que los pesos del modelo preentrenado permanezcan sin cambios, aplicando las matrices LoRA dinámicamente después del entrenamiento cuando se utiliza el modelo.

Mantener los pesos LoRA separados es muy útil en la práctica, porque permite la personalización del modelo sin necesidad de almacenar varias versiones completas de un LLM. Ello reduce los requisitos de almacenamiento y mejora la escalabilidad, pues solo las matrices LoRA más pequeñas deben ajustarse y guardarse cuando personalizamos los LLM para cada cliente o aplicación en particular.

A continuación veremos cómo se puede utilizar LoRA para ajustar un LLM para clasificación de *spam*, similar al ejemplo de ajuste fino del capítulo 6.

## E.2. Preparación del conjunto de datos

Antes de aplicar LoRA al ejemplo de clasificación de *spam*, debemos cargar el conjunto de datos y el modelo preentrenado con el que trabajaremos. El código es exactamente el mismo que el de la preparación de datos del capítulo 6 (en lugar de repetir el código, podríamos abrir y ejecutar el cuaderno del capítulo 6 e insertar el código LoRA de la sección E.4 de este apéndice).

En primer lugar, descargamos el conjunto de datos y lo guardamos como archivos CSV.

**Listado E.1. Descarga y preparación del conjunto de datos**

```
from pathlib import Path
import pandas as pd
from ch06 import (
    download_and_unzip_spam_data,
    create_balanced_dataset,
    random_split
)

url = \
"https://archive.ics.uci.edu/static/public/228/sms+spam+collection.zip"
zip_path = "sms_spam_collection.zip"
extracted_path = "sms_spam_collection"
data_file_path = Path(extracted_path) / "SMSSpamCollection.tsv"

download_and_unzip_spam_data(url, zip_path, extracted_path, data_file_path)

df = pd.read_csv(
    data_file_path, sep="\t", header=None, names=["Label", "Text"]
)
balanced_df = create_balanced_dataset(df)
balanced_df["Label"] = balanced_df["Label"].map({"ham": 0, "spam": 1})

train_df, validation_df, test_df = random_split(balanced_df, 0.7, 0.1)
train_df.to_csv("train.csv", index=None)
validation_df.to_csv("validation.csv", index=None)
test_df.to_csv("test.csv", index=None)
```

A continuación creamos las instancias de `SpamDataset`.

**Listado E.2. Instanciación de los conjuntos de datos de PyTorch**

```
import torch
from torch.utils.data import Dataset
import tiktoken
from chapter06 import SpamDataset

tokenizer = tiktoken.get_encoding("gpt2")
train_dataset = SpamDataset("train.csv", max_length=None,
    tokenizer=tokenizer
)
val_dataset = SpamDataset("validation.csv",
    max_length=train_dataset.max_length, tokenizer=tokenizer
)
test_dataset = SpamDataset(
   "test.csv", max_length=train_dataset.max_length, tokenizer=tokenizer
)
```

Una vez creados los objetos del conjunto de datos PyTorch, instanciamos los cargadores de datos.

**Listado E.3. Creación de los cargadores de datos de PyTorch**

```
from torch.utils.data import DataLoader

num_workers = 0
batch_size = 8

torch.manual_seed(123)

train_loader = DataLoader(
    dataset=train_dataset,
    batch_size=batch_size,
    shuffle=True,
    num_workers=num_workers,
    drop_last=True,
)

val_loader = DataLoader(
    dataset=val_dataset,
    batch_size=batch_size,
    num_workers=num_workers,
    drop_last=False,
)

test_loader = DataLoader(
    dataset=test_dataset,
    batch_size=batch_size,
    num_workers=num_workers,
    drop_last=False,
)
```

Como paso de verificación, iteramos a través de los cargadores de datos y comprobamos que los lotes contienen ocho ejemplos de entrenamiento cada uno, formado cada uno de ellos por 120 tókenes:

```
print("Train loader:")
for input_batch, target_batch in train_loader:
    pass

print("Input batch dimensions:", input_batch.shape)
print("Label batch dimensions", target_batch.shape)
```

El resultado es:

```
Train loader:
Input batch dimensions: torch.Size([8, 120])
Label batch dimensions torch.Size([8])
```

Por último, obtenemos el número total de lotes de cada conjunto de datos:

```
print(f"{len(train_loader)} training batches")
print(f"{len(val_loader)} validation batches")
print(f"{len(test_loader)} test batches")
```

En este caso, tenemos el siguiente número de lotes por conjunto de datos:

```
130 training batches
19 validation batches
38 test batches
```

## E.3. Inicialización del modelo

Repetimos el código del capítulo 6 para cargar y preparar el modelo GPT preentrenado. Comenzamos descargando los pesos del modelo y cargándolos en la clase `GPTModel`.

**Listado E.4. Carga de un modelo GPT preentrenado**

```
from gpt_download import download_and_load_gpt2
from chapter04 import GPTModel
from chapter05 import load_weights_into_gpt

CHOOSE_MODEL = "gpt2-small (124M)"
INPUT_PROMPT = "Every effort moves"

BASE_CONFIG = {
    "vocab_size": 50257,          ← Tamaño del vocabulario
    "context_length": 1024,       ← Longitud del contexto
    "drop_rate": 0.0,             ← Tasa de dropout
    "qkv_bias": True              ← Sesgo consulta-clave-valor
}

model_configs = {
    "gpt2-small (124M)": {"emb_dim": 768, "n_layers": 12, "n_heads": 12},
    "gpt2-medium (355M)": {"emb_dim": 1024, "n_layers": 24, "n_heads": 16},
```

```
    "gpt2-large (774M)": {"emb_dim": 1280, "n_layers": 36, "n_heads": 20},
    "gpt2-xl (1558M)": {"emb_dim": 1600, "n_layers": 48, "n_heads": 25},
}

BASE_CONFIG.update(model_configs[CHOOSE_MODEL])

model_size = CHOOSE_MODEL.split(" ")[-1].lstrip("(").rstrip(")")
settings, params = download_and_load_gpt2(
     model_size=model_size, models_dir="gpt2"
)

model = GPTModel(BASE_CONFIG)
load_weights_into_gpt(model, params)
model.eval()
```

Para asegurarnos de que el modelo se ha cargado correctamente, comprobemos de nuevo que genera un texto coherente:

```
from chapter04 import generate_text_simple
from chapter05 import text_to_token_ids, token_ids_to_text

text_1 = "Every effort moves you"

token_ids = generate_text_simple(
    model=model,
    idx=text_to_token_ids(text_1, tokenizer),
    max_new_tokens=15,
    context_size=BASE_CONFIG["context_length"]
)

print(token_ids_to_text(token_ids, tokenizer))
```

El siguiente resultado muestra que el modelo genera un texto coherente, indicador de que los pesos del modelo se han cargado correctamente:

```
Every effort moves you forward.
The first step is to understand the importance of your work
```

A continuación, preparamos el modelo para el ajuste fino por clasificación, similar a lo que hicimos en el capítulo 6, en el que sustituimos la capa de salida:

```
torch.manual_seed(123)
num_classes = 2
model.out_head = torch.nn.Linear(in_features=768, out_features=num_classes)
device = torch.device("cuda" if torch.cuda.is_available() else "cpu")
model.to(device)
```

Por último, calculamos la precisión de clasificación inicial del modelo no afinado (esperamos que se sitúe en torno al 50 %, lo que significa que el modelo aún no es capaz de distinguir entre mensajes *spam* y no *spam* de forma fiable):

```
from chapter06 import calc_accuracy_loader

torch.manual_seed(123)
train_accuracy = calc_accuracy_loader(
    train_loader, model, device, num_batches=10
)
val_accuracy = calc_accuracy_loader(
    val_loader, model, device, num_batches=10
)
test_accuracy = calc_accuracy_loader(
    test_loader, model, device, num_batches=10
)

print(f"Training accuracy: {train_accuracy*100:.2f}%")
print(f"Validation accuracy: {val_accuracy*100:.2f}%")
print(f"Test accuracy: {test_accuracy*100:.2f}%")
```

Las precisiones de predicción iniciales son:

```
Training accuracy: 46.25%
Validation accuracy: 45.00%
Test accuracy: 48.75%
```

## E.4. Ajuste fino eficiente en parámetros con LoRA

A continuación, modificamos y afinamos el LLM utilizando LoRA. Comenzamos inicializando una capa LoRALayer que crea las matrices $A$ y $B$, junto con el factor de escala `alpha` y el parámetro `rank` ($r$). Esta capa acepta una entrada y calcula la salida correspondiente, como se ilustra en la figura E.2.

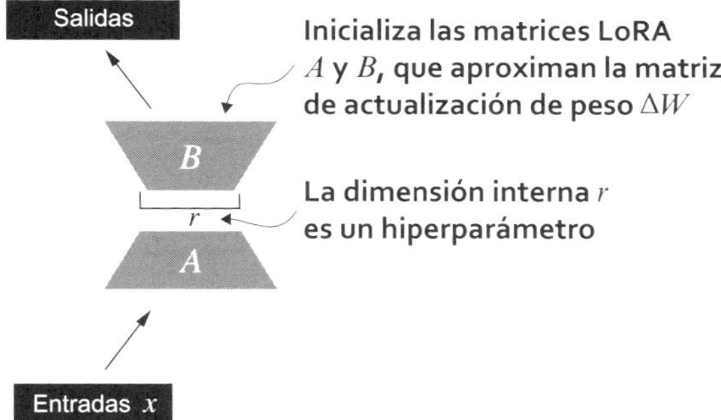


**Figura E.2.** Las matrices LoRA $A$ y $B$ se aplican a las entradas de las capas y participan en el cálculo de las salidas del modelo. La dimensión interna $r$ de estas matrices sirve para ajustar el número de parámetros entrenables variando el tamaño de $A$ y $B$.

En código, esta capa LoRA puede implementarse de la siguiente manera:

**Listado E.5. Implementación de una capa LoRA**

```
import math

class LoRALayer(torch.nn.Module):
    def __init__(self, in_dim, out_dim, rank, alpha):
        super().__init__()
        self.A = torch.nn.Parameter(torch.empty(in_dim, rank))
        torch.nn.init.kaiming_uniform_(self.A, a=math.sqrt(5))
        self.B = torch.nn.Parameter(torch.zeros(rank, out_dim))
        self.alpha = alpha

    def forward(self, x):
        x = self.alpha * (x @ self.A @ self.B)
        return x
```

La misma inicialización utilizada para las capas `Linear` en PyTorch

El parámetro `rank` rige la dimensión interna de las matrices $A$ y $B$. En esencia, este ajuste determina el número de parámetros adicionales introducidos por LoRA, creando un equilibrio entre la adaptabilidad del modelo y su eficiencia a través del número de parámetros utilizados.

El otro parámetro importante, `alpha`, funciona como un factor de escala para la salida de la adaptación de bajo rango. Principalmente dicta el grado en que la salida de la capa adaptada puede afectar a la capa original, lo que puede verse como una forma de regular el efecto de la adaptación de bajo rango sobre la salida de la capa. La clase `LoRALayer` que implementamos hasta ahora nos permite transformar las entradas de una capa.

En LoRA, el objetivo suele ser sustituir las capas `Linear` existentes, permitiendo que las actualizaciones del peso se apliquen directamente a los pesos preentrenados preexistentes, como se ilustra en la figura E.3.

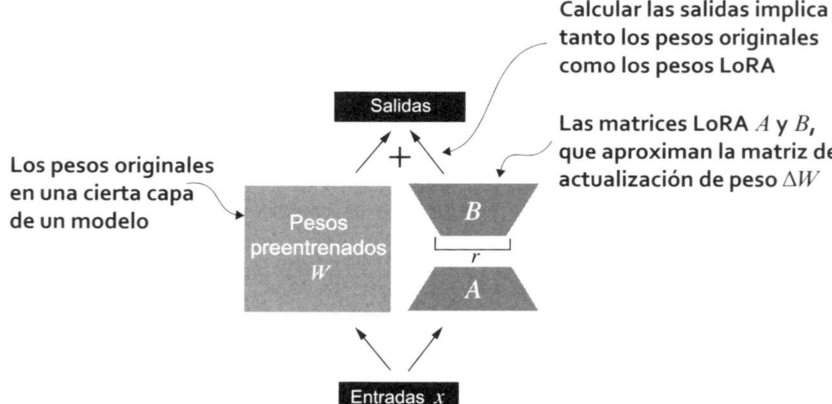


**Figura E.3.** La integración de LoRA en una capa del modelo. Los pesos originales preentrenados ($W$) de una capa se combinan con las salidas de las matrices LoRA ($A$ y $B$), que aproximan la matriz de actualización de peso ($\Delta W$). La salida final se calcula sumando la salida de la capa adaptada (utilizando los pesos LoRA) a la salida original.

Para integrar los pesos de la capa `Linear` original, creamos ahora una capa `LinearWithLoRA`. Esta capa utiliza la capa `LoRALayer` previamente implementada, diseñada para reemplazar capas `Linear` existentes dentro de una red neuronal, como los módulos de autoatención o *feedforward* en el `GPTModel`.

**Listado E.6. Sustitución de capas `Linear` por capas `LinearWithLora`**

```
class LinearWithLoRA(torch.nn.Module):
    def __init__(self, linear, rank, alpha):
        super().__init__()
        self.linear = linear
        self.lora = LoRALayer(
            linear.in_features, linear.out_features, rank, alpha
        )

    def forward(self, x):
        return self.linear(x) + self.lora(x)
```

Este código combina una capa `Linear` estándar con la capa `LoRALayer`. El método `forward` calcula la salida sumando los resultados de la capa lineal original y la capa LoRA.

Como la matriz de pesos $B$ (`self.B` en `LoRALayer`) se inicializa con valores cero, el producto de las matrices $A$ y $B$ da como resultado una matriz cero. Así se asegura que la multiplicación no altere los pesos originales, pues añadir cero no los cambia.

Para aplicar LoRA al `GPTModel` definido anteriormente, introducimos una función `replace_linear_with_lora`, que intercambiará todas las capas `Linear` existentes en el modelo con las capas `LinearWithLoRA` recién creadas:

```
def replace_linear_with_lora(model, rank, alpha):
    for name, module in model.named_children():
        if isinstance(module, torch.nn.Linear):
            setattr(model, name, LinearWithLoRA(module, rank, alpha))
        else:
            replace_linear_with_lora(module, rank, alpha)
```

Sustituye la capa `Linear` por `LinearWithLoRA`

Aplica de manera recursiva la misma función a los módulos hijos

Ya hemos implementado todo el código necesario para sustituir las capas `Linear` en el `GPTModel` por las nuevas capas `LinearWithLoRA` para un ajuste fino eficiente en parámetros. A continuación, aplicaremos la actualización `LinearWithLoRA` a todas las capas `Linear` que se encuentran en la *multi-head attention*, los módulos *feedforward* y la capa de salida del `GPTModel`, como muestra la figura E.4.

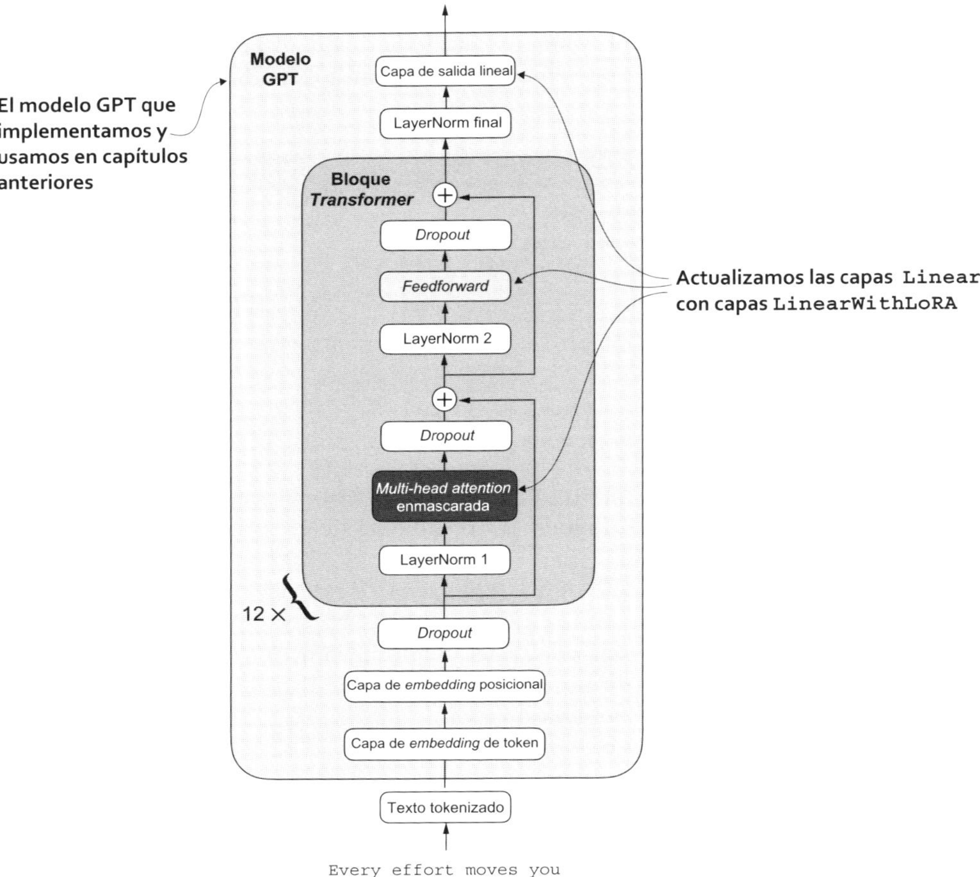


**Figura E.4.** La arquitectura del modelo GPT. Destaca las partes del modelo en las que las capas `Linear` se convierten en capas `LinearWithLoRA` para un ajuste fino eficiente en parámetros.

Antes de aplicar las actualizaciones de la capa `LinearWithLoRA`, primero congelamos los parámetros del modelo original:

```
total_params = sum(p.numel() for p in model.parameters() if p.requires_grad)
print(f"Total trainable parameters before: {total_params:,}")

for param in model.parameters():
    param.requires_grad = False

total_params = sum(p.numel() for p in model.parameters() if p.requires_grad)
print(f"Total trainable parameters after: {total_params:,}")
```

Ahora observamos que ninguno de los 124 millones de parámetros del modelo es entrenable:

```
Total trainable parameters before: 124,441,346
Total trainable parameters after: 0
```

A continuación, utilizamos `replace_linear_with_lora` para sustituir las capas `Linear`:

```
replace_linear_with_lora(model, rank=16, alpha=16)
total_params = sum(p.numel() for p in model.parameters() if p.requires_grad)
print(f"Total trainable LoRA parameters: {total_params:,}")
```

Tras añadir las capas LoRA, el número de parámetros entrenables es el siguiente:

```
Total trainable LoRA parameters: 2,666,528
```

Vemos que se reduce el número de parámetros entrenables casi 50 veces al utilizar LoRA. Un `rank` y un `alpha` de 16 son buenas opciones predeterminadas, pero también es habitual aumentar el parámetro de rango, lo que a su vez aumenta el número de parámetros entrenables. Se suele elegir que el parámetro `alpha` sea la mitad, el doble o igual que el rango.

Verifiquemos que las capas se han modificado según lo previsto mostrando en pantalla la arquitectura del modelo:

```
device = torch.device("cuda" if torch.cuda.is_available() else "cpu")
model.to(device)
print(model)
```

El resultado es:

```
GPTModel(
    (tok_emb): Embedding(50257, 768)
    (pos_emb): Embedding(1024, 768)
    (drop_emb): Dropout(p=0.0, inplace=False)
    (trf_blocks): Sequential(
        ...
        (11): TransformerBlock(
            (att): MultiHeadAttention(
            (W_query): LinearWithLoRA(
                (linear): Linear(in_features=768, out_features=768, bias=True)
                (lora): LoRALayer()
            )
            (W_key): LinearWithLoRA(
                (linear): Linear(in_features=768, out_features=768, bias=True)
                (lora): LoRALayer()
            )
            (W_value): LinearWithLoRA(
                (linear): Linear(in_features=768, out_features=768, bias=True)
                (lora): LoRALayer()
            )
                (out_proj): LinearWithLoRA(
                    (linear): Linear(in_features=768, out_features=768, bias=True)
                    (lora): LoRALayer()
                )
                (dropout): Dropout(p=0.0, inplace=False)
            )
            (ff): FeedForward(
                (layers): Sequential(
                    (0): LinearWithLoRA(
                     (linear): Linear(in_features=768, out_features=3072, bias=True)
                     (lora): LoRALayer()
                    )
```

```
                    (1): GELU()
                    (2): LinearWithLoRA(
                     (linear): Linear(in_features=3072, out_features=768, bias=True)
                     (lora): LoRALayer()
                    )
                )
            )
            (norm1): LayerNorm()
            (norm2): LayerNorm()
            (drop_resid): Dropout(p=0.0, inplace=False)
        )
    )
    (final_norm): LayerNorm()
    (out_head): LinearWithLoRA(
        (linear): Linear(in_features=768, out_features=2, bias=True)
        (lora): LoRALayer()
    )
)
```

El modelo incluye ahora las nuevas capas `LinearWithLoRA`, que a su vez están formadas por las capas `Linear` originales, configuradas como no entrenables, y las nuevas capas LoRA, que afinaremos.

Antes de empezar a afinar el modelo, calculemos la precisión de la clasificación inicial:

```
torch.manual_seed(123)

train_accuracy = calc_accuracy_loader(
    train_loader, model, device, num_batches=10
)
val_accuracy = calc_accuracy_loader(
    val_loader, model, device, num_batches=10
)
test_accuracy = calc_accuracy_loader(
    test_loader, model, device, num_batches=10
)

print(f"Training accuracy: {train_accuracy*100:.2f}%")
print(f"Validation accuracy: {val_accuracy*100:.2f}%")
print(f"Test accuracy: {test_accuracy*100:.2f}%")
```

Los valores de precisión resultantes son:

```
Training accuracy: 46.25%
Validation accuracy: 45.00%
Test accuracy: 48.75%
```

Estos valores de precisión son idénticos a los del capítulo 6. Este resultado se produce porque inicializamos la matriz LoRA $B$ con ceros. En consecuencia, el producto de matrices $AB$ da como resultado una matriz cero. Esto garantiza que la multiplicación no altere los pesos originales, porque la adición de cero no los cambia.

Ahora pasemos a la parte emocionante: afinar el modelo utilizando la función de entrenamiento del capítulo 6. El entrenamiento tarda unos 15 minutos en un portátil M3 MacBook Air y menos de medio minuto en una GPU V100 o A100.

**Listado E.7. Ajuste fino de un modelo con capas LoRA**

```
import time
from chapter06 import train_classifier_simple

start_time = time.time()
torch.manual_seed(123)
optimizer = torch.optim.AdamW(model.parameters(), lr=5e-5, weight_decay=0.1)

num_epochs = 5
train_losses, val_losses, train_accs, val_accs, examples_seen = \
    train_classifier_simple(
        model, train_loader, val_loader, optimizer, device,
        num_epochs=num_epochs, eval_freq=50, eval_iter=5,
        tokenizer=tokenizer
    )

end_time = time.time()
execution_time_minutes = (end_time - start_time) / 60
print(f"Training completed in {execution_time_minutes:.2f} minutes.")
```

La salida que vemos durante el entrenamiento es:

```
Ep 1 (Step 000000): Train loss 3.820, Val loss 3.462
Ep 1 (Step 000050): Train loss 0.396, Val loss 0.364
Ep 1 (Step 000100): Train loss 0.111, Val loss 0.229
Training accuracy: 97.50% | Validation accuracy: 95.00%
Ep 2 (Step 000150): Train loss 0.135, Val loss 0.073
Ep 2 (Step 000200): Train loss 0.008, Val loss 0.052
Ep 2 (Step 000250): Train loss 0.021, Val loss 0.179
Training accuracy: 97.50% | Validation accuracy: 97.50%
Ep 3 (Step 000300): Train loss 0.096, Val loss 0.080
Ep 3 (Step 000350): Train loss 0.010, Val loss 0.116
Training accuracy: 97.50% | Validation accuracy: 95.00%
Ep 4 (Step 000400): Train loss 0.003, Val loss 0.151
Ep 4 (Step 000450): Train loss 0.008, Val loss 0.077
Ep 4 (Step 000500): Train loss 0.001, Val loss 0.147
Training accuracy: 100.00% | Validation accuracy: 97.50%
Ep 5 (Step 000550): Train loss 0.007, Val loss 0.094
Ep 5 (Step 000600): Train loss 0.000, Val loss 0.056
Training accuracy: 100.00% | Validation accuracy: 97.50%
Training completed in 12.10 minutes.
```

Entrenar el modelo con LoRA llevó más tiempo que entrenarlo sin LoRA (véase el capítulo 6), porque las capas LoRA introducen un cálculo adicional durante el paso hacia delante. Sin embargo, para modelos más grandes, donde la retropropagación se vuelve más costosa, los modelos suelen entrenarse más rápido con LoRA que sin él.

Como podemos ver, el modelo recibió un entrenamiento perfecto y una precisión de validación muy alta. Visualicemos también las curvas de pérdidas para ver mejor si el entrenamiento ha convergido:

```
from chapter06 import plot_values

epochs_tensor = torch.linspace(0, num_epochs, len(train_losses))
examples_seen_tensor = torch.linspace(0, examples_seen, len(train_losses))
```

```
plot_values(
    epochs_tensor, examples_seen_tensor,
    train_losses, val_losses, label="loss"
)
```

La figura E.5 muestra los resultados.

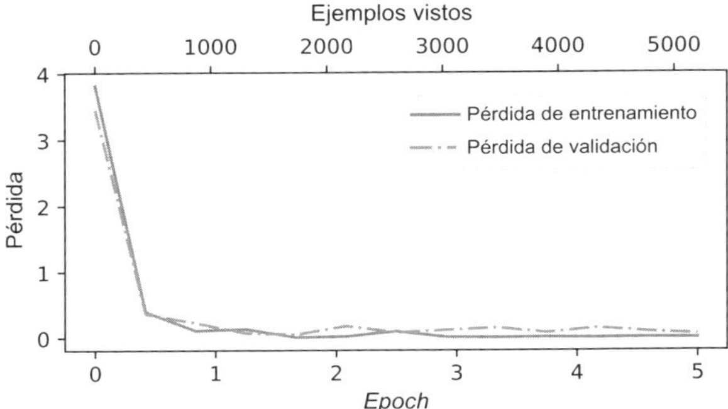


**Figura E.5.** Las curvas de pérdidas de entrenamiento y validación a lo largo de seis *epoch* para un modelo de aprendizaje automático. Al principio, tanto la pérdida de entrenamiento como la de validación disminuyen bruscamente y luego se estabilizan, lo cual indica que el modelo está convergiendo, es decir, que no se espera que mejore notablemente con más entrenamiento.

Además de evaluar el modelo basándonos en las curvas de pérdidas, calculemos también las precisiones en el conjunto completo de entrenamiento, validación y prueba (durante el entrenamiento, hemos aproximado las precisiones de los conjuntos de entrenamiento y validación a partir de cinco lotes mediante el parámetro `eval_iter=5`):

```
train_accuracy = calc_accuracy_loader(train_loader, model, device)
val_accuracy = calc_accuracy_loader(val_loader, model, device)
test_accuracy = calc_accuracy_loader(test_loader, model, device)

print(f"Training accuracy: {train_accuracy*100:.2f}%")
print(f"Validation accuracy: {val_accuracy*100:.2f}%")
print(f"Test accuracy: {test_accuracy*100:.2f}%")
```

Los valores de precisión resultantes son:

```
Training accuracy: 100.00%
Validation accuracy: 96.64%
Test accuracy: 98.00%
```

Estos resultados muestran que el modelo funciona bien en los conjuntos de datos de entrenamiento, validación y prueba. Con una precisión de entrenamiento del 100 %, el modelo ha aprendido perfectamente los datos de entrenamiento. Sin embargo, las precisiones de validación y prueba ligeramente inferiores (96,64 % y 97,33 %, respectivamente) sugieren un pequeño grado de sobreajuste, porque el modelo no generaliza tan bien con datos no vistos en comparación con el conjunto de entrenamiento. En general, los resultados son realmente impresionantes, teniendo en cuenta que solo hemos afinado un número relativamente pequeño de pesos del modelo (2,7 millones de pesos LoRA, en lugar de los 124 millones de pesos originales del modelo).

# Índice alfabético

## Números



## A

## B



## C

## D

## E



## F

## G

## I



## L



## M

## R



## S



## T

## V



## W